사립대학의 경영과 회계

사립대학의 경영과 회계

이동규 저

선학사

머 리 말

대학은 21세기 국가경쟁력을 가름하는 중요한 역할을 하고 있다. 그만큼 국가적·사회적 관심도는 높을 수밖에 없다. 학부모로서 그리고 국가의 장래를 걱정하는 일반시민으로서 대학이 설립목적을 제대로 달성하고 있는지, 대학이 사회와 국가에 어떻게, 그리고 얼마나 공헌하고 있는지, 그 대학을 졸업하면 취업이 잘 되는지, 학문적인 업적을 남길 수 있는 졸업생이 배출되는지 등을 알고 싶어한다. 또한 대학이 목적을 달성하는데 충분한 자원을 조달하고 있는지, 그리고 그 자원은 어떤 방식으로 조달되고 있는지, 등록금수준은 어느 정도인지 등에 대해서도 깊은 관심을 가지고 있다.

대학의 교육과 연구 등이 국민적 관심사인만큼 매년 1학기에 전개되는 대학등록금관련 분규에 대해서도 국민의 관심이 큰 부분이다. 원칙적으로 대학의 예산과 회계는 공시하도록 규정되어 있다. 대학의 재무적 투명성을 확보하기 위한 제도적인 장치는 되어 있는 셈이다. 일반적으로 재무면의 투명성에 대한 대학구성원의 공감대를 얻지 못하는 대학은 끊임없이 등록금관련 학사분규에 직면한다. 근래 매스컴에서 보도하고 있는 경인지역의 기성회비 불납사건, 등록금인상 반대를 관철하기 위한 총장실점거 등은 이러한 것이 현실임을 분명히 인식시켜 주고 있다.

이 책은 대학경영의 효율성과 효과성을 높이기 위해 핵심정보인 회계 및 예산을 중심으로 대학경영과 회계정보, 대학의 재무회계, 대학경영분석, 대학원가계산 및 원가정보의 활용, 대학의 파산, 대학의 업적평가, 대학의 세무 등에 대해 다룬다.

이 책은 대학의 경영자 및 실무자, 대학원에서 정부 및 비영리조직에 관한 회계를 연구하는 연구자는 물론 공인회계사나 세무사 등 실무계에 도움이 되기 위해 노력한 책이다. 여러 부분이 미흡하지만 발전을 위한 초석을 놓는다는 마음으로 집필한 것이니만큼 앞으로 관심 있는 분들의 많은 비평과 조언을 기대하고 있다.

이 책의 집필에는 서갑수·윤기정의 『사립대학 회계실무』(진영문화사, 1999), 이동규의 『IMF하의 대학경영』(선학사, 1998), 송자의 『21세기 대학경영』(중앙일보사, 1997), 이동규 등의 『사학기관의 재무제표분석』(선학사, 1999), 이동규의 『비영리조직회계(대학회계 및 예산)』(형설출판사, 1993), 윤성식 등의 『정부회계』(법문사, 1997) 및 NACUBO의 『대학경영』(CUBA, 1992), 일본의 『사학기관회계』, 한국사학진흥재단(1999)의 『대학경영정보』 등이 기초가 되었다.

항상 따뜻한 칭찬으로 격려해 주시는 어머님과 한결같은 사랑으로 감싸주는 아내와 민경, 종선 그리고 이도희 원생(박사과정)의 꼼꼼한 원고 정리 및 김주찬 박사의 교정 등이 있어 이 책이 탄생된 것이다. 끝으로 어려운 여건에서도 전문서적을 기꺼이 출간해 주신 선학사 이찬규 사장에게 감사의 말씀을 드린다.

2001. 2.

대전시 유성구 궁동 충남대 경상대학 연구동 403호에서

이 동 규

차례

제1부 경영과 회계

제1장 대학의 경영

제2장 대학의 재정

제3장 대학의 회계시스템

제2부 대학회계목적 및 인식기준

제4장 대학의 재무보고목적과 SEA 보고

제5장 대학회계의 인식기준 및 감가상각회계

제3부　대학의 재무회계

제6장 사학기관 재무제표의 종류, 구조 및 작성방법

제5부　대학의 예·결산회계

제13장 대학예산개요

제14장　예산편성

제15장 예산의 실행과 통제

제16장 대학예산 및 결산실무

제17장 대학예산의 통합정보화

부록

제1부

경영과 회계

대학의 경영

|제1절| 대학의 경영관리

① 경영관리 일반

1990년대에 이르러 우리 나라 대학에도 경영마인드가 도입되어야 한다는 분위기가 조성되었다. 총장직선제가 실시된 이후 후보들은 급변하는 환경에 대응하기 위해 이른바 발전기금모금 목표액을 공약사항으로 제시하였다. 또한, 한국대학교육협의회에서도 대학수준을 높이려는 목적으로 대학에 대한 종합평가 및 계열별 평가를 본격적으로 수행하였다. 그리고 교육부에서는 대학에 대한 평가결과를 바탕으로 차등지원하는 시스템을 제도화시켰다. 이에 따라 대학은 불가피하게 대학경영의 효율성을 추구하지 않으면 생존하기 어렵다는 인식을 바탕으로 새로운 경영기법의 도입이 가시적으로 이루어지고 있다. 특히, 1997년에 불어닥친 IMF는 이를 가속화시켰다고 볼 수 있다. 그러나 미국이나 일본 등 선진제국에 비교하면 우리의 대학경영력은 아주 낮은 상태로 평가되고 있다.

대학경영관리의 목적은 대학이 현재의 경영환경에서 인적 · 물적 자원, 즉 사람 · 조직 · 정보 · 자금 · 시설 · 설비 · 시스템 등 가용자원을 최대한 확보하고, 이를 효율적 · 효과적으로 교육활동, 연구활동, 공공봉사활동 등에 활용함으로써 대학의 유지 · 존속 및 발전을 도모하는 데 있다.

사립대학의 경우에는 설립 당시부터 각각 독특한 건학정신(建學精神)을 바탕으로 특색 있는 교육 연구활동을 전개하고 있다. 그러나 해방 이후 우리 나라에서는 우후죽순격으로 수많은 사립대학이 설립되어, 대학 졸업자를 대량으로 배출하는 데만 의의를 가질 정도로 지나치게 양적인 성과를 올리는 데만 치우쳐 왔다. 건학이념도, 사립대학으로서 특성도 갖추지 못한 채, 학생정원을 늘리기 위한 백화점식의 학과개설, 입학만 하면 졸업장은 어려움 없이 받게 되는 느슨한 학사관리 등 대학의 무개성화 · 무특성화는 사회적으로 많은 비판의 대상이 되었다.

이렇게 된 이유는 대학도 조직인 이상 ① 명확히 목표를 설정하고, ② 조직을 건전화하며, ③ 적정인원을 적재적소에 배치하고, ④ 자원의 효율성이 극대화될 수 있도록 적절한 경영통제장치를 가동시켜야 하는 데도 그렇지 못하였다는 것을 말한다. 즉, 대학에는 지금까지 진정한 의미에서 대학경영이 이루어지지 못하였다고 볼 수 있으며, 경영이념은 물론 경영자원의 효율적 관리에 대한 개념이 거의 없었다는 것을 뜻한다.

대학경영자는 대학의 설립목적을 이해하고, 그 실현을 위해 사회적인 제관계를 원만히 유지하여야 한다. 또한 구성원의 의사조정과 통합을 통해 대학의 경영정책을 결정하고, 그 결정된 정책을 실현할 수 있는 충분한 리더십을 갖춰야 한다. 그러나 대학은 일반영리기업과 비교하여 볼 때 조직구조가 복잡하고, 목적달성의 성과파악이 곤란하며 의사결정이 다원적이라는 특성을 가지고 있다. 특히 사립대학의 경우에는 대학의 목적인 교육 · 연구라는 것과 사립대학을 설립한 법인의 존재라는 복합적인 유기체이다.

② 대학경영의 특성

대학의 경영관리에서 가장 중요한 사항은 경영정책의 결정에 대한 것이다. 경영정책의 결정은 일반적으로는 최고경영자가 조직의 존속과 발전을 확보하기 위해 조직의 이념과 사명 및 기본목적에 바탕을 두고, 이를 실현하기 위한 방향을 정하는 것이다. 즉, 경영환경 변화를 중시하면서 조직의 장기적인 존속과 발전을 도모하는 것이 경영정책 결정의 핵심이며 이것이 대학경영의 1차적 기능이라 할 수 있다.

그런데 대학의 경영정책 결정방법은 기업과 너무 다르게 이루어진다. 사립대학의 경영정책은 일반적으로 대학의 이념과 사명 및 건학정신에 바탕을 둔 기본목적에 의해 개발되고, 그것은 교육과 연구에 직접적인 책임을 가진 교수회의에서 검토되며, 최종적으로 각 단과대학의 학장으로 구성된 학무회의 또는 전교적인 심의를 거쳐 이사회에서 결정된다. 물론, 이사장이나 총장이 정책을 결정할 수도 있으나, 이 경우에도 교수회의의 심의를 거치는 것이 일반적이다. 이러한 경영정책 결정과정은 대학의 경영관리를 아주 어렵게 하는 걸림돌 중 하나이다. 특히, 학교법인과 대학이라는 이중 조직구조를 가진 사립대학은 의사결정에 많은 문제점을 가지게 된다. 사립대학의 설립과 운영을 보면, 종교법인이 설립하여 운영하는 경우, 사회단체가 설립하여 운영하는 경우, 또는 기업이나 재단이 설립하여 운영하는 경우 등 여러 가지가 있다. 여기에서 설립자와 학교는 동전의 양면과 같이 서로 뗄 수 없는 관계를 가진다. 따라서 사립대학은 경영에 대해 최종책임을 지는 학교법인과 교육과 연구라는 대학의 본래 기능에 대해 책임을 지는 대학 양자가 어떻게 조화를 이루느냐 하는 것이 경영상 가장 큰 과제가 된다. 학교법인에는 이사회, 감사 등의 법정기관이 있으며, 대학에는 총장, 교수회의 등의 기관이 있다.

|제2절| 우리 나라 대학의 발전

어떤 존재의 본질을 알기 위해서는 그 존재의 현재까지의 역사, 특히 기원을 잘 알 필요가 있다. 대학이 근거하고 있는 법적 기반에 대해서도 마찬가지의 관점으로 역사를 거슬러 올라가 검토하는 것이 필요하다. 대학이 오래 전부터 설립·운영되어 온 유럽에서는 대학과 사회 간의 관계가 상당히 장기간에 걸쳐 밀접한 관계를 유지하여 왔음을 볼 수 있다. 그러나 한국과 같이 유럽 대학보다 훨씬 늦게 대학이 설립된 국가에서는 제1기와 제2기, 즉 설립기와 확장기에 상당하는 시기가 짧고, 따라서 대학의 역사적인 기초가 약하며, 존재기반이 취약하다고 할 수 있다.

① 1945년 8월 14일 이전

우리 나라의 전통적인 고등교육기관으로는 372년 고구려의 태학, 신라·백제시대의 국학, 고려의 국자감 그리고 조선시대의 성균관 등을 들 수 있다. 그러나 이들은 이른바 유학(儒學)중심의 관학(官學)으로서 오늘날 이야기하는 대학과는 전혀 다르다. 우리 나라에서 근대적인 의미의 고등교육 기관은 1885년의 배재학당(培材學堂), 1886년의 이화학당(梨花學堂) 그리고 1887년의 숭실학당(崇實學堂) 등이 그 효시(嚆矢)라고 할 수 있다. 그리고 1905년에는 숭실학당이 숭실대학(崇實大學)으로 개편되어 우리 나라 최초의 대학이 된다.

일제하에 들어오면서 관학은 일제의 관료주의와 조선의 식민주의화를 위한 동화정책의 수단으로 장려되었다. 이에 대해 사학은 민족자주정신을 바탕으로 한 민족적 저항정신의 근원으로서 역할을 하였다. 일제하의 고등교육기관으로서는 오신학교(傲信學校 : 후에 연희전문학교 문학부로 바뀜), 이화학당, 광혜원(후에 세브란스 전문학교가 됨) 등을 들 수 있다. 이들은 1915년 사립학교 규칙과 함께 이루어진 전문학교규칙의 공포(公布)에 발맞추어 전문학교시대를 열었다.

구한말(舊韓末)로부터 1945년 해방에 이르기까지의 고등교육과 관련된 사학기관 관련법령 및 그 내용을 보면 다음과 같다.

① 1885~1887년 : 배재학당, 이화학당, 숭실학당의 설립
② 1886~1908년 : 약 5,000여 개의 사립교육기관 설립
③ 1908년 : 사립학교령으로 사립학교 설립규제
④ 1911년 : 조선교육령 및 사립학교규칙의 제정
⑤ 1915년 : 사립학교 규칙개정
⑥ 1922년 : 제2차 조선교육령 제정·공포(대학교육 학제의 제도화)
⑦ 1935년 : 제3차 조선교육령 제정·공포
⑧ 1943년 : 제4차 조선교육령 제정·공포

그런데 이들 근대 사립대학의 뿌리는 기울어져 가는 나라의 운명을 바로잡기 위한 일제하의 민족정신이었다고 할 수 있다. 그런만큼 사학에 대한 일제의 억압이 컸음은 부인할 수 없는 역사적 사실이다. 일제는 1908년에 사립학교령을 발표하여 통제를 위한 기본골격을 갖춘 다음 1915년 이 법을 개정하여 본격적인 통제에 들어간다. 학교의 설립, 교사의 임면, 기타 재산의 사용 등에 대하여 정부기관의 승인을 얻도록 한 조치 등이 대표적인 통제의 예이다.

1908년의 사립학교령 내용은 다음과 같다.

이 법은 항일 애국사상의 온상인 사립학교를 감시할 목적으로 제정된 것이다. 이러한 목적을 달성하기 위해 이 법에서는 다음과 같은 명분을 내세우고 있다. "······사립학교 유지의 기반이 될 만한 재원을 얻으려 하지 않고 경솔하게 그 설립을 기획하여 기부금을 강요하거나 재원의 소속을 다투는 많은 논쟁이 일어날 수 있다. 이는 세인의 향학심을 저해하는

것이므로 그 폐풍을 막아야 할 것이다." 또한, 이 법 제2조는 1개년간의 수지예산, 수지의 유지방법 그리고 수업료 및 입학금에 관한 사항 등을

〈표 1-1〉 각급학교일람(1912, 1919년까지)　　　　　(단위 : 명)

교명		학교수		직원수						학생수					
				1912년 4월말 현재			1919년 5월말 현재			1912년 4월말 현재			1919년 5월말 현재		
				일인	한인	계	일인	한인	계	남	여	계	남	여	계
보통학교	관립	2	2	6	8	14	10	5	15	269	138	407	302	159	461
	공립	328	482	362	1,029	1,391	725	1,659	2,384	38,837	3,362	42,200	73,726	10,580	84,306
	사립	25	33	24	67	91	24	102	126	1,534	497	2,031	3,211	1,310	4,521
	계	355	517	392	1,104	1,496	759	1,766	2,552	40,640	3,998	44,638	77,239	12,049	89,288
고등보통학교	관립	2	5	41	15	26	74	14	88	565	-	565	1,705	-	1,705
	사립	1	7	3	3	6	22	58	80	88	-	88	1,449	-	1,449
	계	3	12	44	18	62	96	72	168	653	-	653	3,154	-	3,154
여자고등보통학교	관립	1	2	8	1	9	926	7	33	-	151	151	-	378	378
	공립	2	4	9	11	20	2,023	15	38	-	113	113	-	309	309
	계	3	6	17	12	29	49	22	71	-	264	264	-	687	687
전문학교	관립	1	4	7	1	8	59	7	66	93	-	93	474	-	474
	공립	-	2	-	-	-	12	14	26	-	-	-	111	-	111
	계	1	6	7	1	8	71	21	92	93	-	93	585	-	585
실업학교	농업 공립	15	17	51	22	73	64	18	82	941	-	941	1,334	-	1,344
	농업 사립	1	-	1	4	5	-	-	-	30	-	30	-	-	-
	상업 공립	2	3	9	3	12	16	3	19	335	-	335	359	-	359
	상업 사립	1	1	6	1	7	20	2	22	150	-	150	162	-	162
	공업 공립	-	1	-	-	-	15	2	17	-	-	-	179	-	179
	계	19	22	67	30	97	115	25	140	1,456	-	1,456	2,034	-	2,034
간이실업학교	농업 공립	15	49	2	2	4	44	21	65	454	-	454	806	-	806
	수산 공립	-	2	-	-	-	3	1	4	-	-	-	44	-	44
	상업 공립	3	6	-	1	1	9	3	12	165	-	165	258	-	258
	공업 공립	1	10	-	-	-	18	6	24	15	-	15	144	-	144
	계	19	67	2	3	5	74	31	105	634	-	634	1,252	-	1,252
각종학교	일반 사립	823	430	124	1,655	1,779	54	840	894	34,289	1,688	35,977	19,021	1,058	20,079
	종교 공립	494	260	29	1,070	1,099	29	616	645	14,574	4,762	19,336	9,777	5,119	14,896
	계	1,317	690	153	2,725	2,878	83	1,456	1,539	48,863	6,450	55,313	28,798	6,177	34,975
합계		1,717	1,320	682	3,893	4,575	1,247	3,393	4,640	92,339	10,712	103,051	113,062	18,913	131,975
서당		16,540	23,556			16,771			23,795	141,034	570	141,604	267,572		268,607

자료 : 오천석, 『한국신교육사』, 현대교육총서출판사, 1984, p.196.

명백히 하여 학부대신의 인가를 맡도록 규정하고 있다. 이 밖에 기부금도 받지 못하도록 규제함으로써 사학을 억제하려는 제도적인 장치를 하고 있음을 볼 수 있다.

1911년의 사립학교규칙에서도 1년간의 수지예산 및 수지의 유지방법, 기본재산, 기부금 등에 관한 증빙서류를 갖추어 인가를 받도록 하고 있으며, 사립학교의 장은 회계에 관한 장부를 비치하고 매년 5월 말일 현재의 회계상황을 익월 중에 조선총독부에 제출하도록 강화하고 있다.

한편, 1915년에 개정된 사립학교규칙은 전문학교를 고등교육기관으로 규정하고 있으며, 일단 신고한 사항의 변경도 정부의 승인을 받도록 하고 수업료의 변경까지도 승인이 있어야 가능하도록 규제하고 있다.

사학기관의 통제를 기하려는 일제의 이러한 입장은 1919년 3.1운동 이후 내세운 문민화정책에 불구하고 1922년에 공포된 조선교육령으로 이어지고 있다. 이 교육령에 근거하여 1924년 경성제국대학이 설립되고 이어서 여러 사립대학이 설립된다. 이 조선교육령은 그 이후 4차에 걸쳐 개정을 하고 1945년 전시교육령으로 이어졌다.

1945년까지의 근대 우리 나라 고등교육현황은 〈표 1-1〉, 〈표 1-2〉, 〈표 1-3〉, 〈표 1-4〉와 같다.

〈표 1-2〉 사립전문학교(1923년 5월 말) (단위 : 년, 명, 원)

학교명	수업연한	학생수	경 비		
			경상부	임시부	계
세브란스 의학 전문학교	4	63	53,600	-	53,600
보 성 전 문 학 교	3	260	46,604	-	46,604
연 희 전 문 학 교	4	122	40,340	101,899	142,239
계		445	140,544	101,899	242,443

주 : 1923년 5월 말 현재 관립전문학교는 5개교, 학생수는 1,061명(한인 480, 일인 581).
자료 : 손인주, 『한국근대학교사(1885~1945)』, 연세대출판부, 1984, p.174.

〈표 1-3〉 사립전문학교(1936~1943년도) (단위 : 명)

연 도	학 교 명	학 생 수
1943	보성전문학교	571
	의학전문학교	587
	연희전문학교	531
	이화전문학교	617
	경성의학전문학교	469
	경성악학전문학교	376
	혜화전문학교	311
	경성여자의학전문학교	310
	대동공업전문학교	153
	숙명여자전문학교	294
	명륜전문학교	101
계	11개교	4,025
1942	11개교	13,917
1941	10개교	3,416
1940	10개교	2,871
1939	10개교	2,781
1938	8개교	2,408
1937	8개교	2,390
1936	8개교	2,440

자료 : 오천석, 『한국신교육사』, 현대교육총서출판사, 1984, p.198.

〈표 1-4〉 각종학교 통계(1943년도)　(단위 : 명)

학 년	학 생 수	교 원 수	학 생 수
초등	226	917	59,030
중등(남)	18	251	9,056
중등(여)	17	145	2,590
전문(남)	5	66	703
전문(여)	2	12	212
계	268	1,391	71,591

자료 : 오천석, 『한국신교육사』, 현대교육총서출판사, 1984. p.198.

② 1945년 8월 15일 이후

1945년 해방과 함께 폭발적인 대학교육 욕구에 부응하여 수많은 사립 대학이 설립된다. 1905년에 민족자본으로 출발한 보성전문학교는 1946

년에 고려대학교로 승격하고, 1886년에 설립된 오신학교는 1915년에 대학부를 개강하고, 1917년에 사립연희전문학교로, 다시 1947년에는 연희대학교로, 그리고 1967년에는 세브란스 의과대학과 합병하여 연세대학교가 된다. 1906년의 명진학교는 1930년에 중앙불교전문학교로, 다시 1940년에는 혜화전문학교로 그리고 1946년에는 동국대학교로 승격한다.

대표적인 사학의 발전연대표를 보면 다음과 같다.

① 1885년 광혜원 – 1917년 세브란스 의학전문학교 – (1945년 해방) – 세브란스 의대 – 연희대학교와 합병(1947) – 연세대학교

② 1886년 오신학교 – 1915년 오신학교 대학부 – 연희전문학교 – (1945년 해방) – 1967년 세브란스 의과대학 합병(1947) – 연세대학교

③ 1905년 보성학교 – 1921년 보성전문학교 – (1945년 해방) – 고려대학교(1946)

④ 1886년 이화학당 – 1925년 이화전문학교 – (1945년 해방) – 이화여자대학교

⑤ 1887년 숭실학당 – 1905년 숭실전문학교 – (1945년 해방) – 숭실대학교

⑥ 1906년 명진학교 – 1930년 중앙불교전문학교 – 1940년 혜화전문학교 – (1945년 해방) – 동국대학교(1946)

이상에서 볼 수 있는 바와 같이 8.15 해방과 더불어 일제의 억압정책에서 벗어난 고등교육은 당시까지의 전문학교상태에서 대학 또는 대학교로 승격하게 되고 아울러 사회적인 요구에 따라서 수많은 대학이 신설되었다.

국·공립대학과는 달리 사학재단의 재산 대부분은 토지였고, 1949년 토지개혁에 의해 지가증권(地價證券)으로 전환되었다. 그런데 1950년의 6.25 전쟁과 함께 학교건물은 모두 불타고 지가증권은 쓸모가 없게 되어 결국 사학재정은 원천적으로 그 기반을 잃어버리게 된다. 사학재단이 취

약하게 되자 사립대학의 재정은 법인의 전입금보다는 학생들의 등록금에 의존하는 파행적 구조를 갖게 되었고, 이러한 현상은 오늘날까지 이어지고 있다고 볼 수 있다. 한편 교육부 당국은 고등교육에 대한 국민의 교육열을 정부재정으로서는 해결할 수 없어 그 대안으로서 사립대학제도를 활용하게 되었다. 이에 따라 정부는 사립대학에 대해 재정적인 지원을 해 주지 못하면서 고등교육의 공공성 유지라는 명목으로 강한 통제력을 행사하는 기형적인 관계를 성립하였다. 한국 사회의 제도적인 현실과 관련되어 나타난 사립대학의 특성으로는 다음과 같은 것을 들 수 있다.

① 사학재단이 취약하여 사학재정의 대부분을 학생등록금에 의존하고 있다.

② 해방 이후 국민들의 대학교육에 대한 폭발적인 욕구가 오늘날까지 계속되고 있다.

③ 전통적으로 사학경영자는 대학의 합리적인 경영을 통한 창학이념의 구현보다는 여하히 학생수를 늘리느냐, 학생들의 등록금수준을 높이느냐를 토대로 한 대학의 외형적 확대를 첫째의 경영전략으로 삼아 왔다.

④ 사학재단은 국가의 지원을 한 푼 받지 않고서도 대학교육이라는 국가의 백년지대계(百年之大計) 사업을 맡고 있으므로 대학운영을 위한 어떠한 행동도 대학운영상 어쩔 수밖에 없다고 하는 자기 합리화가 일반화되어 왔다.

⑤ 교육당국은 공공성을 앞세워 엄청난 통제권을 가지고 있으면서도 사학에 대해 재정적인 지원을 해주지 못하기 때문에 엄정한 법규의 적용을 하지 못하고 있다는 비판을 받아 왔다.

⑥ 대부분의 학교법인 이사회는 친족 내지는 친지로 구성되어 비영리 재단법인인 사학이 기업이나 마찬가지로 소유권이 있는 것처럼 주장되고 있다.

③ 현재의 상태

대학의 정원은 늘었으나 입학생은 줄어들고 있는 현상이 확연하게 나타나고 있다. 2003년 이후부터는 대학의 정원에 비해 대학진학생이 오히려 부족하게 될 것으로 예측되어 이러한 현상은 더욱 심화될 전망이다. 따라서 종래의 외형적인 확장보다는 대학의 경쟁력향상을 통한 대학의 유지와 발전이 대학경영의 핵심이 되고 있다. 이러한 현상은 지원자 절대인구의 감소, 입학생 내지는 등록학생의 감소현상, 수도권대학으로의 집중현상, 4년제 대학으로의 이동현상 등으로 인해 지방의 대학교, 지방의 전문대학일수록 대학운영의 심각한 문제점이 되고 있다. 즉, 대학입시제도에 따라 복수로 응시할 수 있기 때문에 지방대학의 경우 4대 1의 입시경쟁률을 보였다고 하여도 실제는 간신히 정원을 채우는 어려움을 겪고 있다. 그리고 입학정원을 채웠다고 하여도 편입제도로 인해 지방 전문대학 재학생은 수도권 전문대 또는 4년제 대학으로, 지방 4년제 재학생은 도시권·수도권 4년제 대학으로 편입이 이루어지는 대이동이 발생하여 지방대가 실제정원을 유지하기란 어려운 현실이 되어 버렸다. 2000년 1학기만 해도 1만 8천여 명의 지방대 학생이 도시와 서울, 인천, 경기 등 수도권 대학으로 이동한 것으로 나타났다. 지방대학의 경우 취업률이 낮고, 설사 취업된다 하여도 대기업에 취업하기는 어렵다는 질적인 차이점, 정부와 재단의 대학투자 미흡 등은 학생들이 지방대학을 기피하는 주요 이유가 되고 있다.

전반적으로 18~24세의 대학 적령인구만으로는 대학을 유지하기 어렵게 되고 있다. 우리 나라 대학도 선진국에서 볼 수 있는 것처럼 25세 이상에서, 그리고 여성층에서 새로운 대학자원을 개발하여야 할 처지이다. 또한 대학원교육, 특수고급교육, 재교육을 통해 대학자원의 확장전략을 적극 전개하여야 생존이 가능한 현실이 된 것이다.

지방대학은 사학법인의 전입금증대, 광역권개발과 연계한 대학의 육성, 정부의 지역특성에 맞는 재정지원, 교육 인프라스트럭처의 구축, 인기 전문대학원의 지방설치, 지방대학 졸업자의 취업우대, 지역주민과의 연계체제 확충 등이 이루어져야 경쟁력을 회복할 수 있을 것이다.

〈표 1-5〉 연도별 대학수 및 정원

구 분		1995	1996	1997	1998	1999	2000
대학수 (개)	수도권	55	56	62	66	66	66
	지방	76	78	88	90	92	95
학생수 (명)	수도권	102,430	102,660	106,925	115,095	115,880	115,625
	지방	150,750	165,355	175,735	190,500	195,360	198,785

자료 : 한겨레신문 2000. 6. 7. 「학생들 수도권으로 텅 빈 캠퍼스」

〈표 1-6〉 수도권, 지방대 신입생 미충원율

구 분	1997	1998	1999	2000
수도권	0.57	0.61	0.57	0.62
지방	1.90	4.00	3.90	3.00
전체	1.37	2.84	2.83	2.20

주 : 미충원율=(1-입학생/입학정원)×100
자료 : 한겨레신문 2000. 6. 7. 「학생들 수도권으로 텅빈 캠퍼스」

〈표 1-7〉 휴학생의 변동추이(교육대, 산업대 제외)

	1998년 1학기	1998년 2학기	1999년 1학기	1999년 2학기	2000년 1학기
휴학생수(명)	411,473	458,782	484,679	502,543	508,647
휴학생비율(%)	27.8	31.4	30.5	32.4	30.5

주 : 휴학사유는 군입대 59.8%, 일반휴학(가정형편 등) 38.1%이며, 휴학현상은 수도권보다 지방대학에 집중되어 있다.
자료 : 매일경제신문 2000. 6. 7.

|제3절| 학교법인과 사립대학

1 조직

대학에 대해 이를 제도상 규정하고 있는 법규는 고등교육법 및 대학설립·운영규정이다. 고등교육법은 교육기본법을 바탕으로 1997년에 제정된 법으로 기본이념으로서는 교육의 기회균등, 고등교육의 보급과 학술문화의 진전을 도모하기 위해 대학의 문호를 널리 개방하는 일, 교육목적·목표의 명시, 교육의 자주성 등을 열거하고 있다. 이 법에서는 대학의 교육목적으로서 "대학은 인격을 도야하고 국가와 인류사회의 발전에 필요한 학술의 심오한 이론과 그 응용방법을 교수·연구하여 국가와 인류사회에 공헌함을 목적으로 한다(고등교육법 제28조)"고 규정하고 있다. 또 고등교육법 제3조는 대학설치자를 국가, 지방공공단체 및 학교법인으로 한정하고 있다. 이는 학교가 공적(公的)인 성질을 가지고 있다는 것으로부터 학교로서의 영속성·견실성·공공성을 확보한다는 취지라고 해석된다. 대학이 이러한 최적조건을 항상 만족시킬 수 있도록 하기 위해 대학설치·운영규정을 제정하여 재정적 기반과 조직의 영속성을 제도화하고 대학교육이 일정수준을 하회(下回)하지 않도록 그 인적·물적 조직 등에 대한 기준을 제시하고 있다. 대학의 교육·연구에 관한 조직운영에 대해서는 고등교육법과 대학설치·운영규정에 규정되어 있다. 여기에서는 대학교육의 골격, 즉 학부의 설치, 수업연한, 입학자격, 전공 등과 함께 인적 조직으로서 총·학장, 교수, 직원 등을 규정하고 있다.

학교법인에서 설치한 사립대학은 독자의 학풍과 건학정신(建學精神)에 기초하여 특색 있는 교육연구를 하고 이를 계승·발전시키는 것에 존재의의가 있다. 각 대학의 성격과 규모에 따라 다르지만 학부, 대학원, 전공학과(학부), 도서관, 연구소 등을 주요한 구성요소로 하여 여기에 부속초·중·고, 부속병원 기타의 교육·연구시설을 설치한 대학도 있다. 대학을 구성하는 이들 기관 중 대학의 주체로서 교육·연구활동을 전개하는 것은 단과대학과 대학원이다.

학교교육법은 헌법 및 교육기본법에 따라 천명된 새로운 교육이념을 구체화한 것이기 때문에 헌법에 규정되어 있는 학문의 자유를 보장할 수 있는 각종 제도를 학칙으로 규정하도록 하고 있다.

② 학교법인과 대학의 관계

사립학교법은 사립학교의 설치자인 학교법인의 설립·관리·해산에 대해 규정하고 있다. 또 학교교육법 제5조는 "학교의 설치자는 그 설치하는 학교를 관리하며 법령에 특별히 정하고 있는 경우를 제외하고는 그 학교의 경비를 부담한다"고 규정함으로써, 학교법인이 그 학교를 관리한다는 것을 명시하고 있다. 학교법인은 학교설치를 목적으로 하며, 교육기타 활동을 포함하여 대학의 모든 활동에 대해 최종적인 책임을 부담하는 독립법인으로 권리의무 주체로서의 자격이 인정되어 있다. 학교법인의 법적 성격은 공익법인이다. 그리고 사단·재단법인의 유형별 관점에서 보면, 학교법인의 설립은 시설·설비 기타 재산의 존재를 요건으로 하고 있으며, 사원 또는 사단에 대해 어떠한 규정이 없으므로 재단법인의 유형에 속한다고 할 수 있다. 그러나 실질적으로는 다분히 사단적(社團的)인 요소를 가지고 있는 특별법인이라고 할 수 있다.

학교법인은 국가 및 지방공공단체와는 달리 그 설치하는 학교가 인가되지 않으면 존재할 수 없는 법인이기 때문에 대학설치 인가와 학교법인 설립인가는 동시에 이루어진다. 이와 같이 학교법인은 그 설치하는 학교가 없으면 법인격을 취득할 수 없으며, 사립학교는 그 설치자가 학교법인이 아니면 정규학교로서 존립할 수 없는 관계를 가지고 있다.

사립대학의 설치자인 학교법인은 "그가 설치하는 사립학교에 필요한 시설 및 설비 또는 이에 소요되는 자금 및 그가 설치하는 사립학교의 경영에 필요한 재산을 갖추지 않으면 안 된다"(사립학교법 제25조)는 것이 요건이며, 그 설치하는 학교의 재정면, 물질적인 면에서 권리의무의 주체로 규정되어 있다. 이에 대해 대학은 대학설치의 목적에 따라 교육연구활동을 수행하기 위하여 만들어진 조직체이다.

학교법인의 존재의의는 대학을 설치·관리하는 데 있으며, 결국 학교를 설치하여 원활하게 경영한다고 하는 데 목적이 있다. 이에 대해 대학은 대학설치를 목적으로 제공된 재산을 활용하여 교육·연구활동을 수행하기 위해 만들어진 조직체이다. 학교법인이 설치하는 학교가 대학인 경우에는 헌법상 학문의 자유에 바탕을 둔 대학의 자유, 그리고 대학의 자치를 누리는 것이다. 학교법인이 대학을 하급기관으로 보는 것은 허용되지 않는다.

학교법인 이사회의 역할은 "학교관리기관은 총(학)장, 교원 기타 직원의 임면, 복무감독 등을 하는 일(인적 관리), 교지·교사를 유지관리하는 일(물적 관리), 학교의 운영에 관한 지휘감독, 지도조언을 하는 일(운영관리)의 세 영역에 걸친 것이다"라고 규정되어 있다.

학교법인은 이사, 감사, 이사회 등의 관리기관을 가지고 있다. 사립학교법에 따르면 학교법인의 업무는 별도로 규정한 것이 아니면 이사의 과반수로서 결정하는 것으로 규정되어 있다. 이사회는 설치학교 경영의 건전성을 염두에 두어 학교를 설치목적에 맞도록 발전·향상시키기 위한 최고의 의사결정기관이며 집행기관이다. 또 학장 또는 총장은 교무를 장악하여 소속교직원을 총괄감독하는 대학의 최고 경영관리기관이다. 대학은 이와 같이 교육기관으로서 특수성을 가지고 있기 때문에 이사회가 가진 지휘감독권에는 스스로 한계가 있다. 이사회는 대학경영의 건전성을 도모하는 교육적 배려를 우선으로 하며, 총(학)장에게 대폭적으로 권한을 위양(委讓)하는 것이 필요하다. 이렇게 함으로써 학교법인과 대학 간 일원적인 경영관리가 이루어지고, 대학의 건전한 발전을 추구할 수 있게 된다.

이처럼 학교법인과 대학은 함께 대학설치의 목적에 제공된 재산을 중심으로 하여 학교법인은 사립대학의 법적 주체, 권리의무의 귀속 주체로서, 대학은 교육·연구를 목적으로 한 인적 및 물적인 조직체로서 존재한다. 학교법인이 법인으로서 설립되고 기능을 발휘하는 것은 그가 설치하는 학교를 통해서만 가능하다고 하는 관계이므로 학교법인과 학교(대학)는 실질적으로 하나가 된다. 이를 사립대학에 대해 정리한다면 권리의무의 주체라는 관점에서 보는 경우 학교법인이며, 교육·연구목적을 달성하기 위한 조직체라는 관점에서 보는 경우 대학이라고 할 수 있다.

③ 학교법인의 조직과 기능

사립대학의 조직이 국·공립대학과 근본적으로 다른 것은 사립대학이 학교의 설치를 목적으로 하는 학교법인에 의해 고유의 건학이념을 바탕으로 설치된다는 것이다. 따라서 사립대학 조직의 특질은 학교의 설치와 경영에 관계되는 학교법인과 교육·연구를 하는 대학의 역할이 기능적으로 나뉘어 있으나 실제의 대학운영에서는 양자가 표리일체의 관계에 있다는 것이다.

사립학교법은 학교법인의 조직과 운영의 기본적인 골격에 대해서 규정하고 있다. 이 법에 따르면 학교법인의 운영에서는 이사·감사 등의 임원이 있지만, 학교운영의 공공성을 유지하는 의미에서 임원의 자격요건을 엄격하게 규정하고 있다. 또한 그 조직과 운영에 민법과 상법상의 법인에 관한 규정에는 없는 규제가 추가되어 있다. 다른 한편으로 교육법과 사립학교법은 사립학교에 대한 소관청의 권한을 한정함과 동시에 그 권한을 행사하는 경우에도 사립학교 관계자의 의견을 듣는 것을 요건으로 하는 등 사립학교의 자주성을 존중하기 위한 제도적인 조치를 강구하고 있다. 이와 같이 학교법인, 즉 사립학교의 독자성과 공공성의 유지는 법률상으로도 여러 부분에서 언급을 하고 있다.

학교법인과 설치하는 학교의 관계는 대학의 경우에서도 기타 학교와 기본적으로 같지만 교육·연구기관으로서 대학에는 관리·운영에 대해 사회적으로도 대폭적인 자치가 존중되고 있다.

④ 대학의 전체조직

사립학교법인 및 대학의 각 조직은 서로 유기적인 관련을 가지며 대학의 목적달성을 위해 다양한 활동을 전개한다.

(1) 교육·연구의 기본조직

고등교육법 시행령 제9조에서는 "대학에는 학부 또는 학과를 둔다"고 규정되어 있다. 그리고 각 학부 또는 학과는 단과대학을 구성하고 있다. 단과대학의 기본적인 조직과 운영에 대해서는 고등교육법에 규정되어 있다. 고등교육법시행령에서는 이에 관련되는 제반사항을 상세하게 규정하고 있다.

일반적으로 대학의 교육연구활동의 중심을 담당하는 것은 대학이다. 대학원과 부설연구시설 등 대학의 다양한 교육·연구활동도 거의 대부분 단과대학의 교육연구활동을 기반으로 하여 추진된다. 단과대학은 중요한 교무, 학생사항에 대해 교수회가 광범위한 자치권을 가지고 있다. 또한 단과대학은 대학전체의 관리·운영을 위한 각종의 보직, 위원회 등에 참여하여 대학교의 운영전반에 단과대학의 뜻을 충분히 반영할 수 있도록 하고 있다. 이와 같이 단과대학은 교무·학생면뿐만이 아니라 대학의 운영면에도 큰 영향력을 가지고 있으며, 대학전체의 운영에서도 중심적인 존재이다. 그러나 한편으로는 이러한 단과대학의 자치가 대학전체 중에서 단과대학의 이익만을 추구하는 이른바 단과대학의 섹셔널리즘 (sectionalism)으로 대학의 개혁을 늦추게 하는 커다란 요인이 될 수 있다. 학문의 세분화 또는 통합화 등 전체대학과 단과대학을 둘러싼 환경의 커다란 변화가 계속되고 있어 일단 설치된 단과대학과 학과가 영원히 그 형태가 유지된다는 보장은 없다. 학부·학과재편 등의 요청에 대학이 전체적으로 대응해 가는 것은 교육·연구의 근간에 관련된 문제임과 동시에 대학이 자주적으로 장래를 향해 존속할 수 있을지 여부에 관계되는 중대한 문제이기도 하다.

(2) 교육·연구를 촉진시키는 조직

대학이 교육·연구활동을 유지하고 촉진시킴과 동시에 대학의 경영과 관리를 담당하는 사무직의 활동이 중요하다. 특히 재정적으로 어려운 상황에 놓여 있는 사립대학의 경우, 적은 자원을 최대한 유용하게 활용할 수 있도록 기능적이며 유연한 경영관리조직이 필요하다. 대학의 사무조직은 일반적으로, 직접경영관리를 담당하는 부문(총무·재무·인사·시설 등)과 교육·연구활동을 지원하는 부문(도서·국제교류·교무·학생·입학·취직 등)으로 나눌 수 있지만, 모두가 대학의 교육·연구활동을 유지시키고 발전시켜야 한다는 공통목표를 가지고 있다.

오늘날의 대학은 급격하게 규모가 커지고 교육·연구활동과 경영·관리 업무에 컴퓨터가 도입되는 등 경영·관리조직에 대해서도 지금까지와는 다른 지식과 기술이 요구되고 있다. 또 대학의 기획조사부문과 정보처리부문의 확충 등 종래의 대학에서는 전혀 생각지 못하였던 업무도 오늘날은 점점 더 중요하게 생각되고 있으며, 현재의 교육·연구도 이러한 스태프의 지원 없이는 충분히 그 활동을 전개하기 어렵게 되었다. 장래 대학의 교육·연구활동의 충실, 비약적인 발전을 생각할 때, 사무조직의 역할도 지금까지와 같은 후방지원조직으로서 머무는 것은 허용되지 않게 되고, 보다 적극적으로 환경의 변화에 대응하여 나가야 할 것이다.

⑤ 사립대학의 구조적 특징과 경영관리

고등교육법은 그 목적을 달성하기 위해 총·학장, 교원, 직원을 두는 것과 중요사항을 심의하기 위해 교수회의를 설치한다는 것을 규정하고 있으며, 교육·연구의 주체가 대학임을 명확히 하고 있다. 사립학교법에 따라 그 경영주체가 되는 학교법인과 고등교육법에 따라 교육·연구의 주체가 되는 대학의 관계에 대해 의론이 분분하지만 사립학교법에서 총·학장 등을 당해 학교법인의 당연직 이사로 규정함으로써 학교법인과 대학 간 경영상의 문제에 대학의 의견이 반영될 수 있도록 제도화하고 있다.

사립대학의 경영에 대해서는 기업 등과 비교하면 효율성면에서 뒤진다는 비판에서 벗어나기 어려운 것이 사실이다. 다만 대학의 목적은 교육·연구이므로 경제적인 척도만으로는 측정이 어려운 것이며, 기업적인 경영관리의 사고방식을 도입하는 문제에 대해서는 신중한 대응이 필요하다고 볼 수 있다. 그러나 효율화하려는 노력은 정부보조금의 정체, 18세 인구의 급감 등 사립대학 경영환경의 어려움 가중 등으로 인해 오늘날 더욱 강하게 요청되고 있다. 사립대학의 경영·관리책임자는 이러한 어려운 상황에 대응하는 것이 중요한 책무이며, 기업 등의 경영·관리방식을 배우고 원용하는 것이 절실하게 필요한 실정이다.

대학경영에서 또 하나의 특색은 졸업생이 이사, 감사 등 학교법인의 임원에 취임하거나 교원과 직원으로서 모교에 남을 수 있다는 점이다. 대부분의 경우, 졸업생은 동창회(교우회, OB회) 등의 활동을 통하여 졸업 후에도 여러 가지 형태로 대학과의 관계를 계속한다. 그러나 요즘 대학의 대규모화·대중화·서열화가 진전됨에 따라서 대학의 특성이 점점 없어지고 동시에 대학에 대한 학생의 귀속감도 엷어지고 있다. 사회의 다양한 분야에서 획일화가 문제되는 현실에서 사립대학도 그 영향에서 벗어날 수 없는 것이지만, 본래 독자의 건학정신 아래 발전되어 온 대학 고유의 특성을 잃어버린다는 것은 큰 문제라고 할 수 있다. 대학공동체 란 졸업생이 사회에 나와서도 모교와 연결되어 재학생과 졸업생 그리고 대학이 하나의 공동체가 되는 것을 뜻한다. 이를 위해서는 졸업생에 대 해서도 졸업 후 교육서비스(AS : after service)와 함께 끊임없이 대학의 소 식을 전달함으로써 졸업생과 대학이 교감할 수 있도록 하는 노력이 있어 야 한다. 현재 각 대학에서 추진되고 있는 입시방법의 다양화, 학부·학 과의 신설 및 통합, 대학의 정비, 건학정신의 회복, 대학발전기금의 모금 등도 대학공동체라는 튼튼한 기초가 있어야 제대로 실행될 수 있는 것이 다. 호적은 바꿔도 졸업한 대학을 바꿀 수는 없다고 하듯이 졸업생에 대 한 체계적이고 철저한 관계를 지속적으로 맺어갈 때 대학의 유지와 발전 이 이루어질 수 있다는 것을 대학경영자는 인식하여야 할 것이다.

제 **2** 장

대학의 재정

|제1절| **대학활동과 재정**

① 대학의 재정 및 재무

대학이 목적으로 하는 교육·연구사업을 제대로 수행하기 위해서는 인적 자원인 교직원이 필요하며 물적 자원인 교육용 시설과 설비를 구비하여야 한다. 이러한 인적 조건과 물적 조건을 충족시키고, 교육·연구체제를 갖추려면 많은 자금이 필요하다. 따라서 대학설립자는 이를 충족시키기 위해 자원을 조달하고, 이를 효율적으로 운용하여 대학을 유지·발전시키지 않으면 안 된다. 대학이 이러한 재화를 어떤 방법으로 조달할 것인가, 대학의 유지·발전을 위해서는 어떻게 하여야 할 것인가 등은 각각의 대학이 사회에 제공하고 있는 역할과 목적 그리고 이를 달성하기 위한 수단과 방법에 따라 정해진다.

사립대학의 재정이라고 하면 사립대학에서 수입과 지출에 관한 일체의 활동을 총괄한 말이라고 할 수 있다. 이에 대해 사립대학의 재무란 사립대학의 경제활동에 관련되는 사무적인 측면, 예를 들면 수입·지출에 대한 회계와 자금의 관리운용, 재산관리 또는 예산·결산의 관리사무 등을 지칭할 때 사용된다.

② 교육재정과 사립대학재정

교육에서 재정을 나타내는 개념으로서 교육재정, 학교재정 또는 학교회계 등의 용어가 사용된다. 교육재정이란 공교육을 대상으로 하는 재정활동에 대해 적용된다. 즉, 국민경제에서 차지하는 교육비 중 국가 및 지방자치단체가 부담하는 부분, 또는 부담하여야 할 부분에 관련되는 재정의 영역을 지칭할 때 사용되는 용어이다. 본래 교육비는 이러한 공재정지출 부분만 있는 것은 아니다. 학교교육의 경우, 일반적으로 재원은 국가와 지방공공단체, 학교법인 및 가계 등 3자가 분담한다. 따라서 교육재정의 역할로서는, 첫째 넓게 볼 때 가계·기업·지역사회 및 국가 등 각 방면의 교육수요에 부응하여 각각에 대해 최적량의 자원을 배분하는 일, 둘째는 개인의 능력, 적성, 의사 등에 부응하여 교육기회를 공평하게 제공하는 동시에 교육비부담의 공평화를 도모함으로써 사회적인 기회균등화에 기여하는 일, 셋째는 국·공·사립의 교육사업이 적절한 수준을 유지하고 균형을 가지면서 안정된 발전을 수행할 수 있도록 배려하는 일, 그리고 넷째는 공사(公私)의 교육사업에 경영관리와 교육활동의 능률화를 도모함과 동시에 그 성과의 질적 향상을 촉진시키는 일 등을 들 수 있다.

또한, 학교 재정이라고 하는 용어는 '중앙정부인 교육부나 지방자치단체의 교육청을 정점으로 하여 운영되는 초·중등학교의 재정'이라는 의미와 '학교 내부의 재무회계'라는 뜻으로 쓰이고 있으나, 일반적으로는 "대학 이외의 학교에 관한 것을 말하거나 공립학교의 재정"을 지칭한다.

|제2절| 교육재정의 변천과 사학진흥책의 추이

① 사학에 대한 자유방임기(1945. 8. 15. 직후 ~ 1960년까지)

우리 나라에서는 1945년 해방 이후 3년 이내에 폭발적인 대학교육 욕구에 부응하여 수많은 사립대학이 설립된다. 1905년에 민족자본으로 출발한 보성전문학교는 1946년에 고려대학교로 승격하고, 1886년에 설립된 오신학교는 1915년에 대학부를 개강하고, 1917년에는 사립연희전문학교로, 1947년에는 연희대학교로, 그리고 1967년에는 세브란스 의과대학과 합병하여 연세대학교가 된다. 1906년의 명진학교는 1930년에 중앙불교전문학교로, 1940년에는 혜화전문학교로 그리고 1946년에 동국대학교로 승격한다.

이와 같이 8·15 해방과 더불어 일제의 억압정책에서 벗어난 고등교육은 당시까지의 전문학교상태에서 대학 또는 대학교로 승격하게 되고 또 사회적인 요구에 따라 수많은 대학이 신설되었다. 그런데 해방 이후 사학재단의 재산 대부분은 토지였고, 이들이 1949년 토지개혁에 의해 지가증권으로 전환된 다음 6·25의 발발과 함께 학교건물은 모두 불타고 지가증권은 쓸모가 없게 되어 결국 사학재정은 근본적으로 그 기반을 잃어버리게 된다. 이렇게 되어 사립대학은 재단으로부터의 전입금보다는 학생들의 등록금에 의존하는 파행적 구조가 되어 버렸다.

② 사학통제기(1960~1980년)

민주주의를 기조로 한 해방 이후의 학제개혁은 교육목적을 국가를 위한 것으로부터 국민을 위한 것으로 전환하는 것이었다. 이에 따라 사립대학도 교육의 공공적인 성격면에서 국립대학이나 마찬가지의 법적 기반을 가진 교육기관이 되었다. 즉, 1963년 사학의 특성에 바탕을 두어 자주성을 중시하고 공공성을 높임에 의해 사학의 건전한 발전을 도모할 것을 목적으로 하는 사립학교법이 제정되어 사립대학의 설립자는 특별법인으로서 학교법인이 되었다. 이와 같이 하여 사립대학은 법적으로 그 기반이 확립되었으나 재정적으로는 새로운 어려움에 봉착하게 되었다.

1970년대에 이르러 우리 나라는 경제성장에 성공하고 곧 1980년대의 고도성장기에 들어갔다. 대학졸업자에 대한 사회적인 수요가 급속히 늘어났고 입학지원자수도 급증하였다. 특히 1980년 대학졸업제 시행과 함께 정원이 30%나 늘어났으며, 증과·증원은 주로 사립대학을 중심으로 이루어졌다.

이러한 사회적 상황을 배경으로 하여 많은 사립대학의 신설, 대폭적인 교지·교사의 정비확충이 이루어짐과 동시에 여기에 필요한 재원을 확보하기 위해 무리한 학생정원의 증원, 학비인상 등이 이루어졌다.

③ 사학조성기(1980년 이후)

재정난에 처해 있으면서도 사립대학은 고등교육의 대중화와 다양화가 진행됨에 따라 〈표 2-1〉과 같이 우리 나라 대학교육의 75%를 담당할 정도로 성장하였다.

이처럼 우리 나라의 고등교육에서 사립대학이 차지하는 위치가 중요해짐에 따라, 사립대학이 장기간에 걸쳐 추진해 온 국고보조의 필요성은 사회적 공감대를 얻었고, 1989년에는 사학을 지원하기 위한 사학진흥재단법(법 제4103호)이 공포되었다. 이 법에 따라 1989년 12월 4일에는 한국사학진흥재단이 설립되어 간접적·장기적인 사학재정지원책이 마련되고, 아울러 각종의 직접지원 보조금제도도 확충되었다.

연도	학교		학생수		교수수	
	국·공립(%)	사립(%)	국·공립(%)	사립(%)	국·공립(%)	사립(%)
1980	24	76	28	72	32	68
1985	22	78	26	74	31	69
1990	22	78	24	76	31	69
1991	21	79	24	76	31	69
1992	20	80	24	76	30	70
1993	20	80	24	76	30	70
1994	20	80	25	75	30	70
1995	20	80	25	75	28	72
1996	19	81	24	76	27	73
1997	17	83	24	76	26	74
1998	17	83	24	76	28	72

자료 : 교육부, 『교육통계편람』, 1999.

〈표 2-2〉 한국사학진흥재단의 기금조성 실적(1989~1997)

구 분	계	정부출연금	자체조성기금
1989	150	150	-
1990	218	200	18
1991	225	200	25
1992	243	200	23
1993	254	200	54
1994	186	100	86
1995	294	200	94
1996 (예산)	532	400	132
계	2,082	1,650	432

자료 : 한국사학진흥재단자료집, 1996.

사립대학이 제대로 대학교육을 수행하기 위한 대학설립 운영규정상의 최소기준을 맞추기 위해서는 장기·저리의 많은 자금이 필요하지만 일반 금융기관에서 이를 조달하기는 어렵다. 사학진흥재단은 바로 이러한 사

〈표 2-3〉 한국사학진흥재단의 융자배당 실적(1990~1997)

구분	신청		배정		신청대비배정비율(%)	
	학교수	금액(억원)	학교수	금액(억원)	학교수	금액
중등학교	379	1,838.9	265	851.2	69.93	46.28
전문대학	280	3,423.7	225	1310.3	80.36	38.27
대학교	551	11,087.9	422	3179.0	76.59	28.67
계*	1,221	16,477.5	920	5,380	75.34	32.65

주 : 초등과 유치원이 포함되었음.
자료 : 한국사학진흥재단.

〈표 2-4〉 교육환경개선사업 내용(1990~1998)

구분	신축	증축	개보수 기타	기타	합계
기 본 시 설	259,790	68,900	4,730	2,150	335,640
지 원 시 설	85,090	14,250	1,200	2,350	102,890
부속시설, 기타	64,700	8,050	1,800	11,530	86,080
내 부 시 설				2,400	2,400
기 자 재				10,990	10,990
계	409,580	91,270	7,730	29,420	538,000

자료 : 한국사학진흥재단.

학의 장기·저리자금을 제공하기 위한 기관으로 설립된 것이다. 주요 업무로서는 ① 사립학교경영에 필요한 자금의 대부, ② 사립학교의 교육진흥 사업에 대한 조성, ③ 사립학교 직원의 연수, 복리후생사업 등을 들 수 있으나, 주업무는 학교법인에 대한 융자이다. 〈표 2-2〉, 〈표 2-3〉, 〈표 2-4〉는 1989년 이후 한국 사학진흥재단의 사업실적을 보여 주고 있다.

④ 사립대학의 기여도

우리 나라의 사립대학은 대학교육의 양적·질적 측면에서 매우 중요

한 역할을 수행하여 왔다. 사립대학이 기여한 부분을 요약하면 다음과 같다.[1]

첫째, 해방 이후 반세기 동안 국민에게 고등교육기회를 확대·제공함으로써 국민의 자기실현과 인격함양의 기회를 넓혀 주었고, 보다 나은 삶을 영위할 수 있는 바탕을 제공하였다.

둘째, 정치발전과 관련하여 민주주의를 신장시키고 민주제도의 운영기반을 구축하는 데 기여하였다.

셋째, 경제발전과 관련하여 필요한 다양한 인력을 공급하고, 지식 및 정보 등을 창출하여 경제발전에 기여하였다.

넷째, 사회발전과 관련하여 전통사회의 전근대적 가치관을 탈피하게 하고 미래지향적·발전적 가치관 형성에 기여하였다.

다섯째, 문화적 측면에서 일반적인 문화수준의 향상과 민족문화의 창달 및 인류문화의 창조에 기여하였다.

여섯째, 교육수요의 상당부분을 충족시킴으로써 부족한 공공교육계정을 보충하는 역할을 수행하였다.

|제3절| 사립대학의 교육비

1 교육비의 구성

사립학교의 교육비는 대학에 필요한 시설과 설비관계에 필요한 자본적 지출비와 대학의 경영에 필요한 인건비, 교육·연구경비 등의 소비적 지출 그리고 채무상환비 등으로 크게 나뉜다. 채무상환비란 교지의 취득

---

[1] 손인수·한기인·송용의·서정화·이형행, 『한국의 교육발전과 사학』, 사립학교교원연금 관리공단, 1991, pp. 484~486.

〈표 2-5〉 우리 나라 사립대학교의 교육비현황   (단위 : 백만 원, %)

연 도	합 계	자본적 지출	소비적 지출	채무상환비
1994	5,103,536	43.3	38.0	18.7
1995	5,916,981	41.9	40.1	18.01
1996	6,134,445	35.1	58.4	6.5
1997	6,917,214	34.4	60.5	5.1

과 교사의 건축 등이 필요한 경우, 수년간에 걸쳐 들어올 것으로 예상되는 시설비수입을 상환자금으로 하여 장기차입한 다음 그 건설과 설비의 구입을 조기에 수행하고 관련되는 차입금의 원리금에 대한 상환 지출을 말한다.

〈표 2-5〉에서 볼 수 있는 것과 같이 갈수록 소비적 지출의 비중이 커지고 있다. 이에 대해 자본적 지출과 채무상환비는 줄어들고 있다. 소비적 지출이 많아진다는 것은 그만큼 경상적 교육에 많은 자원이 투입되고 있다는 것을 뜻한다.

② 소비적 지출(운영경비)

우리 나라는 일제식민지 지배와 6·25전쟁을 거쳤으면서도 1980년대 고도경제성장을 할 수 있었던 것은 교육의 결과라 할 수 있다. 1990년대에 이르면서 우리 나라의 대학교육도 고도의 과학기술과 지식사회에 적응할 수 있는 창조적인 인재양성쪽으로 방향을 잡고 있다. 대학은 지식과 기술개발의 선두에 서서 연구하고, 그 성과를 사회에 환원한다. 그리고 그 성과의 전달을 받은 사람 스스로가 사회의 현장에서 다시 지식과 기술의 재생산역할을 수행한다. 대학에서는 이러한 일을 수행할 수 있는 창조성이 풍부한 자립형 인간을 교육시키는 책무를 부담한다. 이와 같은 연구와 교육의 지속적 추진을 위해서는 이에 적합한 교직원이 필요하며,

연 도	지출계 (T)	소비적 지출(A)	인건비 (a)	교육연구 경비(b)	관리경비 (c)	자본적 지출(B)	채무상환비 등 (C)
1994	40,128	22,703	11,609	7,086	4,008	15,968	1,457
	100%	56.58	28.93	17.66	9.99	39.79	3.63
1995	46,774	28,485	14,259	9,270	4,956	17,206	1,083
	100%	60.90	30.48	19.82	10.60	36.79	2.21
1996	51,136	34,141	19,040	9,369	5,732	20,045	−3,050
	100%	66.77	37.23	18.32	11.21	39.20	—

주 : 교육외비용은 채무상환비로 분류하였음.

(T)=(A)+(B)+(C)……대문자

(A)=(a)+(b)+(c) ……소문자

교육·연구를 위한 새로운 경비도 필요하게 된다. 이에 따라 갈수록 경상경비로서 인건비와 교육연구경비의 증가가 요청되고 있다.

소비적 지출의 대부분이 인건비와 교육연구경비이지만, 그 구성비율만으로 교육·연구조건의 양부를 판단하기는 어렵다. 바람직한 것은 인건비의 비중이 낮아지면서 상대적으로 교육·연구비의 비중이 높아지는 것이지만, 이것도 사립대학의 재정이 건실한 가운데 이루어져야 할 것이다.

③ 자본적 지출

교육은 물론 연구활동이 성과를 올리려면 장기간이 소요된다. 이는 단순한 직관적인 발상과 개인적인 노력에 의해 가능한 것이 아니라 그에 상응한 시설과 설비의 정비와 인적 자원이 있을 때 가능해진다. 대학이 대중화·다양화·국제화, 열린 대학 등의 과제를 실현하기 위해서는 대학의 교육연구체제를 쇄신함과 동시에 교육·연구시설·설비의 질적·양적인 확충과 정비가 당연히 필요하다. 즉, 하루가 다르게 발전하고 있는 과학기술에 대응하고, 교육·연구의 질적 충실을 기하기 위해서는 교육·연구용 시설·설비의 확충과 정비가 불가피한 상황이다. 특히, 오늘날 정보의 대량화, 과학기술 등의 급속한 발달에 대응하기 위해서는 현재의 시설·설비의 개량과 개선 및 고액의 도서, 기계장치 등을 다량으로, 그리고 매년 계속해서 구입하고, 순차적으로 대체·갱신할 필요가 있다.

자본적 지출에는 토지구입, 건물건축비, 기계·비품과 도서를 구입하는 설비비가 있다. 우리 나라 사립대학의 경우, 대부분의 자본적 지출은 기본금대체액이라는 형식으로 회계처리되고 있다. 그러나 기본금대체액의 한도, 범위 등에 대한 명확한 규정이 없는 상태에서 이루어지고 있다는 문제가 쟁점이 되고 있다. 따라서 학교기관에 대해 한시적으로 규정되어 있는 고유목적사업적립금을 활용하여 장기적으로 고정자산을 취득하는 방법이 앞으로 매력을 가질 것으로 전망된다.

④ 채무상환비

채무상환비란 장기차입금, 학교채 등을 상환한 원리금 비용을 말한다. 특히, 장기차입금에 대응하는 상환비를 취급하는 장기차입금항목은 일반적으로 필요한 교지의 취득, 건물과 구축물의 건설과 증·개축 또는 대형기기의 구입 등 시설·설비의 확충·정비를 수행하는 경우에 이루어지는 차입이다. 따라서 장기차입금 등의 채무상환비에 대해서는 자본적 지출을 비교하면서 그 추세를 볼 필요가 있다.

연도	건물면적(천m²)			학생수(인)			학생1인당 건물면적(m²)		
	국·공립	사립	계	국·공립	사립	계	국·공립	사립	계
1970	562,192.8	1,534,226.4	2,093,720.2	36,038	110,376	146,414	15.6	13.9	14.3
1980	1,318,889.0	3,286,540.2	4,634,258.5	114,686	288,293	402,979	11.5	11.4	11.5
1990	3,286,249.2	7,618,554.6	10,921,743.0	254,748	785,418	1,040,166	12.9	9.7	10.5
1997	5,350,848.0	12,098,186.1	16,695,224.2	334,428	1,034,033	1,368,461	16.0	11.7	12.2

|제4절| 사립대학의 수입원천

① 사립대학의 재정수입

우리 나라 사립대학 수입의 대부분은 학생납부금이다. 해방 이후 대학교육에 대한 공공성 관점으로부터 사립대학의 운영비에 대해서는 공적부담의 필요성을 역설하였고, 그 타당성에 대한 논의를 거쳐 1989년에는 사립학교진흥조성법의 제정에 이르렀다. 한국사학진흥재단의 각종 융자금은 이러한 경과를 거쳐 착실한 신장을 보였지만, 학생납부금 수준에는 아직 별영향을 미치지 못하고 있다. 어찌 되었든 사립대학의 재정은 그 자금조달면에서 국가의 교육재정과 큰 연계를 가진다. 본장에서는 이러한 관점에서 국민소득과 고등교육비를 비교하고, 고등교육비 중 사립대학의 교육비가 어느 정도 비율을 차지하는지, 그리고 사립대학의 재정수입 추세를 개관한다.

먼저 국민소득·고등교육비·사립대학교육비와 관련된 제반통계는 다음과 같다.

이러한 고등교육비 전반의 급신장은 앞에서 언급한 바와 같이 우리 나

〈표 2-8〉 국민소득과 교육비 등 비교 (단위 : 억 원)

연도	국민소득 (A)	고등교육비(B)		사립대학 교육비(C)		비고
		금액	(B)/(A)	금액	(C)/(B)	
1970	591,527	6,817	1.152%	2,938	43.1%	
1980	1,950,487	29,278	1.501%	13,953	47.7%	

자료 : 한국교육개발원, 『세계 속의 한국교육』, 1997.

〈표 2-9〉 연도별 정부예산 대비 교육예산 및 고등교육예산 (단위 : 백만 원)

연도	GNP(A) (주)	정부예산 (B)	교육부예산 (C)	고등교육기관에 대한 교육부 예산 (D)	D/A (%)	B/A (%)	C/B (%)	D/C (%)
1970	2,684,000	446,273	78,478	27,636	1.03	16.7	17.6	33.2
1980	34,321,600	5,804,061	1,099,159	565,157	1.65	16.9	18.9	51.4
1985	71,262,000	12,532,361	2,492,608	1,362,952	1.91	17.6	19.9	54.7
1990	178,262,100	22,689,432	5,062,431	2,378,413	1.33	12.7	22.3	47.0
1995	348,979,300	54,845,022	12,495,810	6,421,745	1.84	15.7	22.8	51.4
1996	386,640,400	64,926,818	15,565,216	7,966,449	2.06	16.8	24.0	51.2

자료 : 교육부, 『교육통계연보-1997』, 『통계로 본 한국교육의 발자취-1997』,
한국교육개발원, 『한국의 교육지표-1997』.

〈표 2-10〉 주요국의 GDP 대 공교육비 국제비교 (단위 : %)

국 가	연 도	총 계	초중등 교육비	고등교육비
한 국	1994	8.2	3.9	1.8
일 본	1994	4.9	3.1	1.1
미 국	1994	6.6	3.9	2.4
프랑스	1994	6.2	3.8	1.1
OECD	1994	5.6	3.7	1.3

자료 : 한국교육개발원, 『세계 속의 한국교육』, 1997.

라 경제의 고도성장기에 이루어진 고등교육의 대중화현상에 따른 것으로 볼 수 있다. 또, 고등교육비에서 차지하는 사립대학교육비 비율신장은 우

<표 2-11> 주요국의 공교육비 규모비교

국 가	연 도	공교육비 비교 (%)		학생 1인당 공교육비 ($)		
		GNP대비	정부예산대비	초등	중등	고등
한 국	1994	6.2	17.4	1,840	2,170	4,560
일 본	1994	4.9	10.8	4,110	4,580	8,880
미 국	1994	6.6	13.6	5,300	6,680	15,510
프랑스	1994	6.2	10.8	3,280	5,810	6,010
OECD	1994	5.6	13.0	3,310	4,340	7,740

자료 : 한국교육개발원, 『세계 속의 한국교육』, 1997.

<표 2-12> 우리 나라 공교육비의 재원별 구성비　　　　　　(단위 : %)

연도	전　　체				초·중등학교				고등교육기관			
	국·공립		사립		국·공립		사립		국·공립		사립	
	정부	민간	정부	민간	정부	민간	정부	민간	정부	민간	정부	민간
1990	80.2	19.8	25.1	74.9	82.9	17.1	29.4	70.6	60.1	39.9	21.8	78.2
1995	83.5	16.5	34.6	65.4	85.6	14.4	45.4	54.6	67.6	32.4	29.0	71.0
1997	85.3	14.7	35.8	64.2	87.5	12.5	47.8	52.2	66.8	33.2	30.5	69.5

자료 : 한국교육개발원, 『한국의 교육지표』, 1997.

<표 2-13> 공교육비 기능의 구성비　　　　　　(단위 : %)

연 도	초등학교			중등학교			고등학교			고등교육기관		
	인건비	운영비	시설비	인건비	운영비	시설비	인건비	운영비	시설비	인건비	운영비	시설비
1980	77.6	10.2	12.2	64.8	23.1	12.1	60.9	25.2	13.9	31.2	40.2	28.6
1985	73.3	10.0	16.7	69.6	12.8	17.6	73.2	18.9	7.9	44.1	30.6	25.3
1990	81.6	8.9	9.5	80.8	11.8	7.4	80.5	13.4	6.1	53.4	28.3	18.3
1995	77.4	10.6	12.0	79.3	11.3	9.3	75.0	14.4	10.6	45.6	27.7	26.7
1997	69.5	11.0	19.5	75.3	11.2	13.5	51.8	31.6	16.6	40.5	31.1	28.4

자료 : 한국교육개발원, 『한국의 교육지표』, 1997.

리 나라 고등교육제도에서 차지하는 사립대학의 중추적인 역할을 여실히 말해 주는 것이다. 다만, 학생수와 교육비의 관계로서 학생 1인당 교육비

연 도	수입구성비		지출구성비				
	기성회비	기타	인건비	물건비	경상이전비	자본적경비	예비비·기타
1995	284,086	133,727	160,245	73,707	44,783	74,030	5,705
1996	365,905	161,304	194,717	92,961	63,446	105,519	13,454
1997	400,485	135,631	212,158	110,209	73,214	116,476	24,058

주 : 1997년은 예산치임.
자료 :『교육부, 교육통계연보』, 1995~1997.

〈표 2-15〉 사립대학의 수입　　　　(단위 : 천 원)

연도	수입계 (A)	운영수입						
		학생 납부금	수수료 수입	전입 기부금	기본재산 수입	사업 수입	기타 교육수입	기타 수입
1994	4,034,635,869	1,486,117,759	47,854,354	578,789,868	5,757,884	109,636,518	38,752,996	140,143,361
	100%	36.8%	1.3%	14.3%	0.2%	2.7%	0.96%	3.7%
1995	4,878,874,194	1,795,490,880	64,325,221	700,293,663	6,315,540	141,659,482	48,324,832	163,969,955
	100%	36.8%	1.4%	14.5%	0.2%	2.9%	0.1%	3.4%
1996	4,998,486,847	3,263,604,240	-	1,095,731,436	-	-	99,309,309	256,218,875
	100%	65.3%		21.9%			2.0%	5.13%
1997	5,961,241,774	3,906,311,962	-	1,301,884,000	-	-	116,496,938	336,784,122
	100%	65.5%		21.8%			2.0%	5.6%

를 국립대학과 비교하면, 사립대학의 경우, 아직까지는 국립대학 수준에 미치지 못한다는 점은 앞으로의 개선사항이므로 유의할 필요가 있다.

『교육통계요람』에 의해 작성한 〈표 2-15〉에서 사립대학의 수입을 개관해 볼 수 있다. 〈표 2-15〉는 사립대학의 수입을 일반수입, 사업수입, 차입금 등의 수입으로 크게 구분하였다.

1994년 사립대학의 수입총액은 4조 346억 원이며, 1997년에는 5조 9천 612억 원으로 147.75%로 증가하였다. 사립대학의 운영수입은 학생납부금, 수수료, 기부금, 보조금, 자산운용수입, 자산매각수입, 기타 잡수입으로 구분된다. 이 중에서 학생납부금은 163%가 증대되어 사립대학의 수입을 주도하고 있음을 알 수 있다. 앞으로 등록금 수입 이외의 여타 수입을 상대적으로 증대시키는 재무전략을 수행하여야 할 것으로 보인다.

예를 들어 사학기관의 자산운용수입에는 장학기금 등의 운용수입, 예금, 대부금 등의 이자수입, 주식배당금 등이 포함되어 있다. 이 부분도 근래에 급속하게 신장되고 있다. 각 사립대학이 자기자금조달에 적극적으로 자구노력을 계속하여 이룩한 좋은 결과라고 할 수 있다. 그리고 자산매각수입은 부동산과 유가증권을 처분한 경우의 매각수입이다. 이 수입은 원래 임시적 성격을 가지는 것이며, 경상적인 재원이라고 할 수는 없다.

사업수입은 보조활동수입, 부속사업수입(의료수입을 포함함), 수탁사업수입, 수익사업수입 등으로 구성되지만, 그 중 95%는 의료수입이다. 사업수입이 수입총액에서 차지하는 비율은 계속 증대되고 있다. 다만 대부분은 의대, 치대 등을 설치한 대학의 부속병원수입이라는 점에 유의할 필요가 있다. 부속병원 이외에 식당, 기숙사 등 교육활동에 부수되는 보조활동수입과 수익사업수입도 포함된다.

② 학생납부금

학생납부금은 일반적으로 학비라고 지칭되며, 각 대학은 수업료, 입학금, 시설설비자금, 실험실습비, 기타의 필요한 징수과목 등을 설정하여 학생에게 부담시키고 있다. 학생납부금은 사립대학의 최대 수입재원이며, 그 의의는 "학교법인이 그가 설치하는 학교의 경영에 필요한 경비 및 고정자산의 취득 등에 충당할 목적으로 학칙에 따라 해당되는 모든 학생을 대상으로 하여 평등하게 부과하는 금전"이다. 또, 그 법적 성질로서는 "학교법인과 학생 간의 재학계약에 기초하여 학교법인이 인적·물적 조직체인 대학을 통해 교육을 제공하고, 학생이 그 대가로서 지급하는 것"

〈표 2-16〉 학생납부금과 인건비　　(단위 : 백만 원)

연도	학생납부금(A)	인건비(B)	B/A
1994	2,147,579	1,194,227	0.556
1995	2,588,760	1,430,848	0.553
1996	3,382,853	1,989,771	0.586
1997	3,906,312	2,278,580	0.583

으로 볼 수 있다.

사립대학의 경비는 설립자부담주의에 따라 학교법인이 부담하는 것이 원칙으로 되어 있다. 그리고 그 경비의 일부를 수익자부담주의에 따라 수업료로서 교육의 수익자인 학생에게 부담시킬 수 있다. 등록금 금액에 대해서는 각 대학이 그 교육목적과 재정적 관점에서 자율적으로 결정하는 것으로 하고 있다. 즉, 학비부담액을 결정하는 경우 기본원칙은 교육원가, 대학의 사회전체에 대한 공헌도, 공공성과 수익자 개인소득과 형평을 바탕으로 이루어져야 할 것으로 생각된다. 그런데 현실적으로는 각 대학이 학비를 설정할 때, 먼저 재정상의 수요액을 기초로 하여 여기에 이른바, '주변 상황'을 가미하여 결정하는 것이 일반적인 방법이다. 이와 같이 과거에는 "세출을 계산하여 세입을 통제한다(量出制入)"는 사고에 따라 등록금이 결정되어 왔으나, 오늘날에는 명백하게 "세입을 예상하여 세출을 통제해야 한다(量入制出)"는 어려운 상황에 놓여 있다.

〈표 2-16〉에서 학생납부금과 인건비를 비교해 보면, 인건비 지출이 학생납부금 수입의 절반 이상을 차지하고 있다. 그리고 그 비율은 매년 커지고 있어 사립대학 재정운영이 경직화하고 있음을 볼 수 있다.

③ 기부금

기부금은 사립대학의 재정에 불가피한 재원 중 하나이며, 회계적으로

는 용도가 지정된 특별기부금과 용도지정이 없는 일반기부금으로 구분된
다. 여기에 현물기부금도 추가된다. 오늘날에는 기부금이라는 용어보다
는 대학발전기금이라는 용어가 광범위하게 사용되고 있다.

기부금은 개인 또는 법인 등의 증여에 의한 금전 및 기타 재산이며, 그
성질로서는 임의성과 무상성(無償性)이 필수조건이다. 기부금은 그 성질
상 경상적인 재원이 되기는 어렵다. 즉, 경상적인 재원이 되려면 시기와
금액 양자가 확정되는 것이 필요하지만 기부금은 이러한 확정요소가 결
여되어 있다. 그러나 임시적인 사업자금 또는 각종 기금의 원금으로서
중요하게 활용된다.

현실에서 사립대학 기부금에 대한 특징을 보면, 첫째는 의과·치과 대
학 등 부속병원이 있는 대학에서는 이 비중이 아주 높다는 점, 둘째는 기
부금의 대부분이 학생과 부모로부터 제공된다는 점이다. 발전기금의 증
대를 위해서는 기업의 적극적인 참여와 함께 동문에 대한 지속적·제도
적인 모금활동 체제를 갖추는 등 여러 방법을 고안하여 추진할 필요가
있다. 본래, 모금이 매우 어렵다는 것은 말할 필요도 없다. 이러한 상황
에서 모금 효과를 올리기 위해서는 사립대학이 사회 속의 대학, 사회와
함께 하는 대학으로서 사회에 무엇을 환원할 수 있을 것인가라는 점에서
방안을 만들고 또 조세제도상의 개선을 통해 기부금의 활성화가 이루어
져야 한다.

④ 국고보조금

사립대학의 일반수입 중 약 85%는 학생납부금과 전입기부금이다. 여
기에 국고보조금 4.3%(1996)를 가산하면 이 세 항목은 사립대학 운영수
입의 90%에 이르게 된다. 이 중에서 등록금수입은 63%(1996)를 차지하
고 있다. 이러한 운영수입 이외에 사학기관이 자금을 조달하는 것은 사

학진홍재단의 융자금과 학교채 등이라고 할 수 있다.

교육법에 따르면 사립대학도 국립대학이나 마찬가지고 '공적(公的)인 성격'을 가진다. 그리고 그 공공적인 역할에 대해서는 교육관계법령에 의해 곳곳에서 명시되고 있다. 학교법인이 해산되는 경우 자산은 교육사업을 하는 자 또는 국고에 귀속된다고 하는 점 등도 이러한 사학기관의 공공성 논리에 따라 규정된 것이라 할 수 있다.

국가에서는 공적인 기관으로서 사학기관의 역할을 지원하기 위해 고등교육예산을 통해 직접 지원하거나 한국사학진흥재단에 출연하는 방식으로 간접 지원하고 있다. 국가의 사학기관에 대한 이러한 지원액은 매년 증대되고 있다. 그러나 사학기관에 대한 지원액은 그 절대액이 과소하여 큰 역할을 수행하지 못하고 있는 형편이다.

국·공·사립대학 간의 학비부담 격차, 국비부담의 격차는 헌법에서 보장된 교육기회균등의 이념에 비추어 볼 때, 학비부담의 공평성, 국비부담의 평등성에도 위배되며, 국고보조금을 통해 격차를 해소하는 것이 합리적인 방향이다. 앞으로 고등교육재정의 확보와 함께 사학기관에 대해 일반 경상비에 대한 지원금은 물론 특별 교육환경개선금을 지원할 수 있도록 국고지원이 강화되어야 할 것이다.

|제5절| 사립대학재정의 제문제

1 사립대학의 존립과 재정기반

사립대학은 법제상 국·공립대학과 마찬가지로 공적인 성격을 가지고 있으며, 국민전체에 대해 교육적·문화적인 책임을 분담하는 사회적 사명을 가진 교육연구기관이다. 사립대학은 공공성을 유지하면서, 그 특성의 하나인 자주성을 활성화하여 독자의 학풍과 건학정신에 바탕을 둔 특색 있는 교육·연구를 자유롭게 하며, 그것을 승계·발전시킨다는 데 사회적 존재의 의의가 있다고 할 수 있다. 사립대학이 그 존재의의에 담겨 있는 사명을 충분히 완수하기 위해서는 재정기반의 안정이 중요한 과제이다. 사립학교법에서도 이 점에 유의하여 학교법인이 사립학교를 설치하는 경우에는 여기에 소요되는 자금과 경영에 필요한 재산을 보유하여야 한다고 규정하고 있으며, 또한 그 건전한 운영을 확보하기 위해 학교법인의 관리에 대해서도 규정하고 있다.

사립대학의 재정기반에서 가장 중요한 문제점은 국립대학의 경우 대부분의 재원이 국민의 세수에 바탕을 둔 국가재정에 의해 지원되지만, 사립대학의 경우는 대부분이 학생납부금이기 때문에 과도하게 등록금이 책정되면 국민경제에 문제가 될 수 있다는 점이다. 그런데 사립대학 재정의 과제는 "사립대학의 독자성을 선명히 유지하면서, 교육·연구를 실행하기 위하여 필요한 재정기반을 확립하는 일"에 있다고 할 수 있다. 따라서 사립대학은 어떻게 하면 국·공립대학에 뒤지지 않도록 안정적인 재원을 확보할 것인가가 가장 핵심적인 재정과제가 된다. 현재 상태에서 국립대학과 사립대학을 비교하여 보면, 건물면적, 교지면적, 장서수, 교수확보율 등에서 격차가 큰 상태이다.

② 사학재정의 특성

사립대학의 재정은 교육·연구 등을 전개할 수 있는 충분한 수입을 확보하고, 이를 효율적으로 지출하며, 수지균형을 바탕으로 하되, 항상 양호한 상태가 유지되도록 하는 것이 기본과제이다. 사립학교법은 학교법인이 보유하여야 할 자산으로서 "학교법인은 그 설치하는 사립학교에 필요한 시설과 설비 또는 여기에 소요되는 자금", 즉 기본재산과 "그 설치하는 사립학교의 경영에 필요한 재산", 즉 수익재산에 대해 규정하고, 사립대학의 재정이 수업료 등 경상적 수입과 전입기부금, 교육부대수입 등에 의해 매년도의 경상지출을 충당하며, 수입과 지출 간의 균형을 유지하는 것이 필요하다고 하는 원칙을 명시하고 있다. 학교법인은 필요한 재정확보를 통해 대학이 정상적으로 가동될 수 있도록 하여야 하며, 재정파탄은 해산으로 이어진다는 것을 인식하여야 한다. 그러나 학교법인은 교육사업체이기 때문에 기업과는 차이가 있다. 즉, 일반기업은 영리를 목적으로 하는 사업체이며, 그 영업활동은 이윤을 추구하므로 매출을 증대하고 원가를 절감하는 것이 과제로서 요구된다. 이에 대하여 사립대학은 교육·연구를 하고, 유지·존속하는 것을 사명으로 하는 비영리조직체이다.

학교법인이 그 사업을 수행하기 위해서는 다수의 교수진과 정비된 시설·장비를 필요로 하며, 구비하여야 할 인적·물적 제조건에 대해서는 그 최저한도가 대학설립·운영규정에 명시되어 있다. 대학의 교육·연구 활동, 특히 교육사업은 유용한 인재를 양성하여 사회에 내보내는 것을 사명으로 하며, 사람과 사람, 즉 교직원과 학생의 신뢰관계가 근간이 된다. 따라서 인적 구성이 얼마나 충실한가는 대학의 목적수행상 가장 중요한 조건이다. 한편 연구면에는 과학기술의 급속한 진전과 정보의 다량화·다양화에 대처하기 위해 도서·시설·장비 등의 설비확충이라고 하는 연구조건의 정비가 항상 요구된다. 그리고, 여기에 소요되는 자금은 교육·연구의 효과를 올리려고 할수록 증대된다. 따라서 교육·연구조건의 향상을 위한 지출요인이 무한히 증대될수록 이에 비례하여 더 많은 재원이 필요하게 되지만, 이를 충당하지 못하는 경우 재정의 건전성과 대학의 매력도는 떨어지게 된다는 상반된 관계가 생성된다고 할 수 있다. 즉, 교육·연구조건의 정비·확충과 재정의 건전성은 서로 뗄 수 없는 동전의 양면관계이며, 이러한 이율배반의 과제를 부담하는 것이 사립대학 경영의 숙명이며 사학재정의 특성이다.

여기서 한 가지 더 거론한다면, 인플레이션과 같은 경제변동에 대해 사학기관의 대응이 몹시 늦다는 특징이 있다. 소비경제를 특색으로 하는 조직체에 공통적인 것이지만, 사립대학의 경우는 주요 수입원이 학생등록금이기 때문에 연도 중에 그 변경이 곤란하며, 다음 해까지 기다리지 않으면 안 된다는 점, 또한 학생의 경제적인 부담을 고려하여 일시에 대폭적으로 인상하기는 대단히 어렵다는 점이다.

③ 공공성과 수익자

국민경제 중에서 대학의 교육비, 특히 사립대학의 경비를 어디에서 획득할 것인가는 고등교육체제를 어떻게 할 것인가라는 교육 정책상의 중요한 과제이다.

대학교육의 공공성, 그 사회적 역할은 각각의 설립목적에 따라 대학별로 특색이 있다고 하여도, 교육의 궁극적인 목표는 같으며, 국·공·사립대학 간 차이가 없다. 교육·연구를 하기 위한 교육조직·교원조직·이수조건·학생수·기타 시설·설비 등 이른바 대학의 하드웨어에 관해서는 공통의 대학설립·운영규정에 기초하여 교육을 수행한다는 것은 마찬가지이지만, 소프트웨어라는 관점에서 사립대학은 개인의 기부재산에 의해 설립·운영된다는 원칙에 수반되는 특성으로부터 창설자의 건학정신과 독자적인 교풍, 또는 특정의 종교적 특성을 가지며, 개성적인 교육체제를 유지하면서 운영될 수 있는 것이다.

사립대학이 각각의 독자적인 존재의의를 가지고, 그것이 전체로서 다양한 대학군을 구성하는 것은 교육제도의 질적 충실에 연계되는 것이며, 교육을 받는 처지인 일반인에게도 이러한 사립대학의 존재는 바람직한 것이다. 사립대학은 그 설립 당시 출연한 기부재산을 기초로 하여 운영되지만, 그 후 확충정비에 필요한 자산의 취득은 자기자금에 의하지 않으면 안 된다. 역사적으로 보면 이들 중 상당부분은 기부금으로 조달되었지만, 오늘날에는 그 대부분을 학생납부금에 의존하고 있는 실정이다.

그런데 대학교육에 따라 개인의 자질이 향상되는 것은 단순히 개인의 이익뿐만 아니라 사회적 이익을 수반하는 것이라고 할 수 있다. 따라서 일정 범위에서는 수익자부담원칙을 적용하여 개인에 학비부담을 요구할 필요가 있으나, 동시에 교육의 사회적 기능을 고려한다면 기업의 기부 내지는 공공비용의 부담 등도 당연히 고려될 수 있다. 이러한 관계에서 "사립대학에도 국·공립대학과 마찬가지의 공공적 성격이 부여되어 사회적 사명을 담당하는 교육기관이다. 따라서 국가는 교육비예산을 배분함에 이에 대한 배려가 필요하며, 단순히 설치자가 다르다고 하는 이유만으로 격차를 두어서는 안 된다"라는 사고방식도 상당히 널리 수용되고 있는 것이다. 물론 우리 나라에서 대학제도의 연혁상 차이와 사립대학 독자의 존재의의 측면에서, 국립·공립 및 사립대학별 차이를 완전히 없애는 것은 곤란하다. 그러나 현재의 고등교육정책에 대해서는 교육예산의 배분을 포함하여 근본적인 조정이 필요하며, 현존하고 있는 격차해소는 앞으로의 큰 과제라고 할 수 있다.

④ 사립대학재정 현황

1997년 말에 불어닥친 IMF 구제금융 상황은 사립대학의 재무환경을 여러 가지면에서 어렵게 하였다. 세 가지 관점에서 이를 정리하면 다음과 같다.

첫째는 자금조달이 어려워졌다. 금융기관으로부터의 자금차입이 힘들어지고, 정부의 예산삭감으로 인해 대학에 지원가능한 정부보조금 규모가 줄어들었다. 또한, 경기불황으로 재단의 수익사업은 대부분 적자로 전환되고, 기업이나 독지가로부터의 기부금수입은 기대하기 곤란하게 되었으며, 학비부담, 미래에 대한 불안 등으로 휴학생이 급증하여 등록금수입도 예상 외로 저조한 상태가 되었다. 그리고 등록금의 인상이란 생각하기 어려운 상황이 된 것이다.

둘째는 현재의 대학구조가 고원가저효율이라는 것이 분명하게 드러난 것이다. 무리한 확장과 차입에 따른 금리부담의 가중, 특성도 없이 백화점식으로 개설한 수많은 학과, 수많은 보직, 잘못된 교과과정, 중복 투자된 학교구조, 교육평가만 잘 받으면 된다는 단기적인 착상으로 대책없이 투자된 부분들은 대표적인 고원가부분이 되어 이제 구조조정의 대상이 되고 있다.

셋째는 대학의 생존·유지 자체가 어려워지는 극심한 경쟁상황에 처하게 되었다. 대학정원의 자율화, 대학설립의 간편화, 사이버대학의 설립, 시간제학생제도, 다학기제의 도입, 계절학기의 활성화, 취업불확실로 인한 대학매력도 자체의 저하, 외국대학의 국내진출 등과 함께 대학지원인구의 감소로 인해 국내외 대학 간의 경쟁은 또 다른 심각한 문제를 드러내고 있다.

이상에서 언급한 자원조달의 어려움·고원가구조·대학경쟁의 심화라는 세 가지 걸림돌을 제거하거나 뛰어넘어야 생존이 가능한 것이 오늘날 한국 대학의 상황이라고 할 수 있다. 이러한 문제점을 해결하려면 대학은 자원조달을 극대화하고 또한 이들 자원의 효과적·효율적 활용에 최선을 다하는 길이다. 구조조정(reengineering), 아웃소싱(outsourcing), 흡수합병(M&A : merging and absorption), 제휴(association) 등 각종 해결전략들이 효과를 거두려면, 당연히 관련되는 회계정보를 적절히 생산·활용하여야 한다. 사립대학의 교원 1인당 학생수, 재정상태 그리고 대학수, 학생수 등을 보면, 〈표 2−17〉, 〈표 2−18〉, 〈표 2−19〉와 같다.

〈표 2-17〉 우리 나라 각급 학교별 교원 1인당 학생수　　　　(단위 : 명)

구 분		전 체	국·공립	사 립
초등학교		27.3	27.2	33.4
중학교		22.3	21.9	23.6
고등학교	일반고	22.9	20.7	24.7
	실업고	21.7	18.6	25.2
대학교		25.7	24.2	26.2

자료 : 교육부, 『교육통계연보』, 1997.

〈표 2-18〉 사립대학(교) 자금운용 결산현황(1997)　　　　(단위 : 백만 원)

운 영 수 입					자본 및 부채 수입					
등록금 수입	전입금 및 기부수입	교육부대 수입	교육외 수입	소계	투자와 기타자산	고정자산 매각수입	유동부채 입금	고정부채 입금	기부금 인출	소계
3,283,604	1,095,731	99,309	256,219	4,714,864	207,711	713	12,346	62,853	-	283,623

자료 : 교육부, 『교육통계연보』, 1997.

〈표 2-19〉 국공립대학과 사립대의 학교수, 학생수, 교원수　　　　(단위 : 개, 명)

구 분	대학수	학생수	교원수
국·공립대학	25	266,932	11,786
사 립 대 학	102	825,532	27,725
합 계	127	1,092,464	39,511

자료 : 교육부, 『교육통계연보』, 1993.

제 **3** 장

대학의 회계시스템

|제1절| **회계시스템의 목적과 기능**

회계란 정보이용자들이 자원이용과 배분에 관한 합리적인 의사결정을 할 수 있도록 회계실체의 경제활동을 화폐로 측정·기록하고 이에 관한 정보를 요약하여 정보이용자들에게 전달하는 서비스 활동이다. 그런데 회계정보이용자들이 필요로 하는 정보는 그들이 어떠한 의사결정을 하려고 하는가에 따라 달라지게 된다. 그리고 회계시스템에서 제공하는 정보는 이용자가 내부인가, 외부인가에 따라 다음과 같이 달라진다.

① **내부보고 : 경영자에 대한 보고**

(1) **일상적 보고**

경영자에게 일상적인 원가관리, 영업활동의 계획과 통제 등에 관한 정보를 제공한다.

(2) 비일상적, 특수한 사항에 관한 보고

제품이나 서비스의 가격결정, 어떤 제품의 생산에 주력할 것인가, 어떤 제품은 감축할 것인가 등의 결정, 고정자산 투자 여부 결정, 전반적 경영 방침 및 장기계획의 수립 등 전술·전략적 의사결정을 위한 정보를 제공한다.

② 외부보고

재무제표를 통하여 투자자, 채권자, 정부기관, 기타 외부집단에게 정보를 제공한다.

회계학에서는 전자를 관리회계로, 후자를 재무회계로 구분하고 있다. 외부보고목적의 재무회계가 각종 법규의 영향을 직접적으로 받는 데 대해 조직내부에서 이용되는 관리회계는 비교적 제약이 적다. 그리고 원가 회계는 재무회계와 관리회계 양자에 모두 관련되는 성격을 가지고 있지만, 전반적으로 관리회계를 구성하고 있는 분야이다. 어떤 의미에서는 관리회계와 원가회계 간의 엄격한 구분이 어렵다고 할 수 있다.

이상을 토대로 하여 회계의 시스템을 정리하면 〈그림 3-1〉과 같다.

재무회계는 조직 외부의 정보이용자에게 정보를 제공하기 위한 일반목적의 재무제표(대차대조표, 운영계산서 등) 작성과 관련된다. 재무회계는 전문화된 정보시스템으로서 조직의 과거, 현재 또는 미래 활동에 관련된 경제정보를 경영자, 투자자, 채권자, 세무당국, 규제기관, 노동조합 그리고 일반 대중과 같은 다양한 외부 정보이용자 집단에게 제공하는 기능을 수행한다. 그런데 이와 같이 다양한 외부정보이용자들을 하나하나 식별해서 그들이 필요로 하는 회계정보를 제공한다는 것은 사실상 불가능한 일이기 때문에 편의상 그들이 공통적으로 이용할 수 있는 일반목적의 재무제표를 작성하여 제공한다. 재무회계에서는 기업의 임의적인 회

〈그림 3-1〉 회계의 시스템

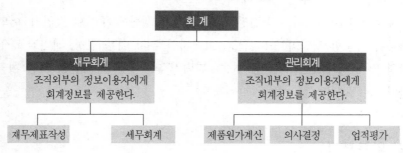

계 처리를 방지하고 회계보고서의 객관성을 유지시키기 위해 증권감독원 등 규제기관이 정한 일반적으로 인정된 회계기준에 따라 보고서를 작성한다.

이에 대해 관리회계는 특수목적의 재무제표나 보고서를 통해 기업경영자 등 내부 정보이용자의 의사결정에 유용한 정보를 제공하는 기능을 수행한다. 외부의 정보이용자를 대상으로 한 재무회계에서는 정보이용자들에게 공통적으로 필요하리라고 생각되는 사항을 중심으로 하여 회계정보를 생산·제공하지만, 관리회계는 내부 이용자의 구체적 정보욕구를 파악할 수 있기 때문에 모든 조직체가 통일적으로 준수하는 어떤 기준에 의해 정보를 작성하는 것이 아니라 각각의 정보욕구에 부합되는 특별 보고서의 형태로서 제공된다. 따라서 관리회계 보고서는 의사결정에 관련되는 미래지향적인 것이며 당해 정보가 생산원가와 비교할 때 당해 정보의 효익이 큰 경우에 작성된다. 그리고 다루는 정보내용은 정보이용자가 통제할 수 있는 요소를 중심으로 이루어진다. 이와 같이 관리회계보고서는 주관적으로 작성되므로 항상 생산하고자 하는 정보가 목적적합성이 있는가, 즉 "이 정보가 현재 직면하고 있는 의사결정과 관련이 있는가?" 하는 질문을 계속함으로써 정보의 방향을 바로 잡는다. 관리회계는 내부 회계라는 용어와 같은 의미로 사용되고 있다.

재무회계와 관리회계 간의 일반적인 차이점을 정리하면 〈표 3-1〉과

〈표 3-1〉 재무회계와 관리회계의 차이점

재무회계	관리회계
일반목적을 위한 재무제표 작성	특수목적을 위한 보고서 작성
외부 이용 목적	내부 이용 목적
법규에 의해 요구됨	유용하다고 판단되는 경우 작성함
과거 사항에 대한 보고	미래 의사결정에 관련된 사항 보고
기준에 따라 작성	일정한 기준이 없음
객관적 자료를 중시함	주관적이지만 목적적합성 강조

같다.

원가란 원가목적을 달성하기 위해 희생된 경제가치의 측정치이다. 원가회계란 외부보고, 내부계획, 작업에 대한 통제와 특수 의사결정에 필요한 정보를 제공하기 위해 생산과 영업활동에 관한 원가자료를 확인·분류·집계하는 회계분야이다. 〈그림 3-1〉에서 볼 수 있는 바와 같이 원가회계는 재무회계와 관리회계목적에 적합한 정보를 제공하는 기능을 담당하고 있다. 즉, 재무회계에 대해 원가회계는 매출원가 결정을 통해 손익계산에 참여하며 재고자산의 평가에 관련된 정보를 제공함에 따라 대차대조표를 작성할 수 있도록 한다. 또한, 관리회계에 대해 원가회계는 예산편성, 영업활동의 계획과 통제 그리고 특수의사결정에 필요한 원가자료를 제공한다.

원가회계시스템은 재무회계, 관리회계를 포괄하며, 〈그림 3-2〉와 같이 나타낼 수 있다.

원가회계와 관리회계의 차이는 양자가 각각 상대적으로 어느 부분을 강조하느냐에 따라 구별된다. 원가회계는 원가자료에 대한 배분·집계를 강조하고, 관리회계는 내부 계획과 통제, 특수의사결정과 관련된 원가 정보의 이용과 업적평가 등을 강조한다. 그러나 오늘날에 이르러서는 양자를 같은 것으로 보는 경우가 많기 때문에 둘을 명확히 구분한다는 것은 사실상 어려운 일이다. 즉, 원가자료의 배분·집계·분석과 원가자료의

〈그림 3-2〉 원가회계 시스템의 구성

이용은 상호관련성이 있으므로 대부분의 원가회계 교과서는 관리회계분야를 포함하고 있고 관리회계 교과서도 원가자료의 배분·집계·분석에 관한 사항을 반드시 포함시키고 있다.

|제2절| 대학예산 및 대학회계의 중요성

① 대학예산의 중요성

모든 조직은 환경의 변화에 제대로 대응하여 변신하지 못하면 생존하지 못한다. 이는 냉철한 시장논리이며, 적자생존원칙이다. 대학도 예외가 아니다. 지금까지는 수요가 공급보다 많아 무경쟁 속에서 대학은 대학설립 → 종합대학 → 의과대학 설립 등의 과정을 거치면서 거대조직으로 성장하였다. 그러나 지금은 상황이 전혀 달라졌다. 세계화 물결은 국가 간·지역 간 장벽을 헐어 버리고 있으며, 정보통신기술의 발달은 시공을 초월한 사이버대학을 탄생시키고 있다. 이러한 상황에서 경쟁에서 뒤지지 않으려면, 적어도 몇십 년을 내다보는 장기비전을 바탕으로 장기계획을 수립하고, 장기계획에 뿌리를 두어 중·단기계획을 수립하며, 이를 실천에 옮기는 계획적인 경영활동이 이루어져야 한다. 이와 같이 장기비전을 통해 미래를 준비하면서, 현실문제를 해결하여야 진정한 경쟁력 있는 대학으로 살아남을 수 있게 되는 것이다.

그런데 지금까지 우리 대학들은 1년 단위로 예산을 편성하고, 매년 등록금에 의존하는 단기적인 생존 속에서 장기적인 대비책을 마련하지 못하고 있는 것이 현실이다. 앞으로 대학이 장기계획에 바탕을 둔 경영활동을 통해 경쟁력을 가지려면, 대학예산과 회계제도가 제기능을 발휘하여야 한다. 그리고 대학예산·회계제도가 제기능을 발휘하려면, 대학활동의 모든 부분에 회계의 기본원리가 적용되어 재정의 투명성 확보, 합리적인 의사결정 등이 이루어져야 한다.

② 대학과 예산제도

비영리조직에서 예산은 사실상 비영리조직 운영의 알파와 오메가라 할 수 있다. 예산에는 비영리조직의 운영계획이 그대로 반영되어 있으며, 한번 편성된 예산은 특별한 사유가 없는 한 변경되지 않는다. 설령 특별한 사유로 변경된다 하여도 추가경정예산·예산의 전용 등의 까다로운 절차가 따라야 가능하다. 즉, 비영리조직에서는 예산이 잘못 편성되어 있어도, 대부분이 그대로 집행되는 것이 다반사이다. 그리고 회계연도 말에 보면 수립된 예산의 100%가 집행되는 것이 현실이다.

대학은 대표적인 비영리조직이다. 대학도 예산을 토대로 하여 운영된다. 예산의 중요성으로 인해 교육부는 예산에 대해 사전확인(예산서의 제출)과 사후검증(결산서의 검토)을 하고 있다. 즉, 사학기관의 재무회계규칙에 관한 특례규칙 제6조에서는 매 회계연도 개시 5일 전까지 편성한 예산을 교육부에 제출하여야 하며, 교육부에서는 만약 예산이 부당하게 편성되었다고 판단할 때에는 그 시정을 요구할 수 있도록 되어 있다. 그리고 예산을 추가 또는 경정한 경우, 그 추가경정예산이 성립된 날로부터 15일 이내에 당해 예산을 교육부에 제출하여야 한다.

조직의 경영은 계획(plan) → 실행(do) → 평가(see)의 3단계를 통해 이루어진다. 대학은 이러한 경영과정을 예산을 통해 수행하고 있다. 즉, 단기적으로 볼 때, 대학의 계획단계는 바로 예산편성의 출발점이며, 실행단계는 편성된 예산을 집행하는 단계 그리고 평가단계는 실제로 집행된 예산내용을 정리(결산)하여 계획(예산)과 비교하고 그 차이에 대한 원인분석 및 처방을 하고 이를 차기의 계획에 반영하는 단계이다. 따라서 예산절차는 그 자체가 바로 대학의 모든 경영관리단계를 뜻한다고 할 수가 있다.

③ 대학회계목적 및 재무보고

어떤 조직체이건 재무보고의 기본목적은 당해 조직의 보고책임을 이행하기 위하여 재무보고이용자에게 재정 및 활동에 대한 투명성을 밝히는 것이며, 또 하나의 목적은 이용자들의 합리적인 의사결정에 유용한 정보를 제공하는 일이다. 그런데 현행 대학재무보고서는 여러 가지면에서 이러한 보고 목적을 달성하는 데 실패하고 있는 것으로 지적되고 있다. 이러한 실패의 근본원인은 대학이 비영리조직체로서 영리조직과는 그 활동목적이 명백히 다른 데도 불구하고 재무보고는 영리조직의 재무보고모델을 바탕으로 하고 있기 때문이다. 즉, 영리조직은 재무정보이용자들에게 당해 조직이 자원을 효율적으로 사용하여 이익을 안전하게, 가장 많이 창출하고 있는가 하는 이른바 '이익에 관한 이야기(profit story)'에 초점을 맞추고 있다. 일반적으로 인정된 회계기준에서 제시하고 있는 모든 재무보고의 양식과 기본개념은 여기에 바탕을 두고 있는 것이다. 그러나 비영리조직인 대학은 설립목적을 효과적·효율적으로 달성하여 국가와 사회의 발전 기틀을 마련함으로써 국민생활의 질을 높이는 데 두고 있다. 이익획득을 제일로 하는 영리조직과는 전혀 다른 목적을 추구하고 있는 것이다. 이와 같이 활동의 근본 목적이 다름에도 불구하고 '이익에 관한 이야기'를 중심으로 설계된 영리조직의 재무보고 접근방식을 그대로 준용한다는 것은 그 자체가 모순이라고 할 수 있다. 즉, 대학의 재무보고는 당연히 "당해 대학이 제공하는 교육·연구 및 공공봉사에 관련된 이야기"에 초점이 맞춰져야 한다. 현재의 교육·연구 그리고 공공봉사 활동내용이 당초에 목표한 것과 일치하고 있는 것인지, 이들이 효율적·효과적 그리고 경제적으로 제공되었는지에 대해 보고되어야 하는 것이다. 따라서 재무적인 내용만으로 설명될 수 없는 비재무적인 사항에 대한 보고가 대학의 재무보고에서는 보다 중요한 사항이 된다고 할 수 있다. 그러므로, 대학의 재무보고는 대학활동에 대한 투입과 성과(SEA : Service Effort & Accomplishment)[1] 정보의 공시에 관한 사항이 중심이 되어야 한다. FASB의 개념기준서 제4호의 비영리조직체의 재무보고목적에 비추어 대학의 재무보고목적을 설정하면 다음과 같다.

① 자원제공자 및 기타 이용자의 자원배분에 관한 의사결정에 유용한 정보의 제공

② 대학의 서비스내용을 평가 및 대학이 앞으로도 계속해서 고유서비스를 제공할 수 있는 재무적 활동능력이 있는지 여부에 대한 평가에 유용한 정보의 제공

③ 대학이 제공한 서비스와 이를 위하여 투입한 자원의 관계 및 그 성과에 관한 정보의 제공

④ 대학의 활동이 법규나 제반 제약사항을 준수하여 이루어졌으며, 대학의 활동이 효율적이었는지를 평가하는 데 유용한 정보의 제공

⑤ 대학의 경제적 자원, 부채 및 순자산의 상태와 이들에 변동을 가져

---

1) 조직의 활동을 이익추구활동과 이익 이외의 목적을 추구하는 활동, 이른바 서비스 활동으로 구분할 때, 대학의 활동은 후자, 즉 이익 이외의 목적으로 추구하는 활동으로 볼 수 있다. 이 책에서는 이러한 의미에서 대학의 활동을 넓은 의미의 서비스활동영역으로 포함시켰다.

오는 거래내용, 자원의 유입과 유출에 관한 정보의 제공

⑥ 재무보고에는 재무적인 내용을 이해하는 데 도움이 되는 총·학장의 재무제표에 대한 설명 및 비재무적 정보의 제공

이상의 재무보고목적에서 명시된 정보는 결국 대학의 재무적 활동능력을 중심으로 한 회계정보, 예산회계 및 기금회계를 통하여 제공될 수 있는 프로그램별·활동별 서비스 원가정보, 그리고 업적의 측정에 관련된 정보 등으로 요약할 수 있다.

특히, 오늘날에 와서는 대학의 재무정보보다는 대학이 제공하는 서비스 노력과 그 성과 그리고 양자의 관계를 제시하는 보고서(서비스 노력 및 성과)의 도입이 정부조직을 중심으로 확산되고 있다.

우리 나라의 경우 대학재무회계 정보는 사학기관의 재무·회계에 관한 특례규칙(이하 특례규칙이라 함)에 따라 생산된다. 특례규칙 제16조에 따르면, 재무제표로서는 자금계산서, 대차대조표, 운영계산서 등 세 가지를 들고 있다. 그리고 법인회계 및 학교회계를 하나의 회계단위로 하여 합산하여 자금수지, 재무상태 및 운영수지가 파악될 수 있도록 합산재무제표 및 종합재무제표를 작성하도록 규정하고 있다. 여기에서 합산재무제표란 법인회계와 학교회계만을 합산한 것으로 합산자금계산서, 합산대차대조표, 합산운영계산서 등을 말하며, 종합재무제표란 법인회계, 법인수익사업회계, 학교회계, 학교부속병원회계 및 기타의 모든 회계를 종합한 것으로 종합자금계산서, 종합대차대조표, 종합운영계산서 등을 가리킨다.

④ 원가정보의 활용

현재 대학의 최대 화두(話頭)는 어떻게 하면 상대적 경쟁우위를 유지

하면서 생존하느냐이다. 즉, 대학도 어느 조직체나 마찬가지로 효과성·효율성을 발휘하지 못하면 가차없이 퇴출당하고 만다는 현실에 직면해 있는 것이다. 이에 따라, 대학은 최대의 재원인 등록금수입을 학생들과 마찰이 없이 어떻게 하면 합리적으로 증대시킬 수 있는가, 자구노력에 대응하여 지원되고 있는 정부보조금을 어떻게 하면 더 많이 받아낼 수 있을 것인가, 어떻게 하면 대학 발전기금을 더 많이 확보할 수 있을 것인가, 어떻게 하면 기여입학제를 무리없이 시행하여 추가적인 재원을 확보할 수 있을 것인가, 어떻게 하면 외국에서 대학과정을 밟고 있는 학생을 적극 유치할 것인가, 어떻게 하면 타대학으로 편입생·휴학생 및 미등록 학생을 최소화할 것인가, 어떻게 하면 편입생을 최대한 확보할 수 있는 가, 어떻게 하면 대학이 가진 시설과 연구인력·교육능력을 수익사업에 연계시킬 수 있을까 등에 대해 심혈을 기울이고 있다.

이러한 제반 전략이 효과를 거두기 위해서는 기본적으로 관련 원가정보를 의사결정에 활용할 수 있어야 한다. 대학의 원가정보는 효율적인 자원의 활용은 물론 합리적인 등록금책정, 합리적인 시설투자 및 교원확보, 학생정원 조정 등의 각종 의사결정에 활용되어야 하는 중요한 도구이다. 특히, 교육원가 정보는 대학이 학생이라는 고객에게 교육서비스를 판매할 때, 어떻게 양질의 서비스를 보다 낮은 가격으로 공급함으로써 대학의 경쟁력을 키울 수 있을 것인가에 대한 출발점이 된다. 교육원가도 파악하지 못한 상태에서 내려지는 주먹구구식의 등록금책정, 교수충원, 시설투자, 증과증원, 다학기제의 시행, 필수·선택·교양학점 시수의 결정, 개설과목 내지는 폐강과목의 결정 등은 대학경영을 아주 어렵게 할 우려가 크다. 더구나 IMF 구제금융하의 고물가, 고환율, 고금리, 고실업, 저소득은 대학경영 전반에 걸쳐 원가관리를 철저히 하여야만 대응이 가능하다고 할 수 있다. 비영리조직체로서 원가정보의 활용면에서 극히 뒤진 것으로 평가받고 있는 대학부분이지만, 현재의 어려운 상황을 타개하기 위한 경영전략을 수립함에 있어 원가정보의 활용은 필수적이다. 대학이 원가구조를 제대로 파악할 때, 고비용저효율이라는 어려움에 대처할 수 있는 원가절감전략을 수행할 수 있게 된다. 또한, 체계적인 교육원가산정을 통해 대학의 유지와 발전을 위해 학생에게 얼마의 등록금을 부과할 것인가, 학생 간 형평성을 도모하기 위해 등록금차등화를 어느 정도 하여야 하는가, 시간제 학생이나 인터넷 대학생 및 사이버 대학 수강 학생에게 얼마의 등록금을 부과할 것인가 등을 해결할 수 있다. 그리고 원가정보를 활용함으로써 손익분기점 기법을 도입하여 정원조정·교수채용·직원정원·시설투자 등에 대한 합리적 의사결정을 도출할 수 있게 된다. 특히, 오늘날 현안 과제가 되고 있는 대학의 구조조정과 관련하여 학부제의 시행이 가져오는 원가절감, 학과통합이 가져오는 경제적 효과, 단과대학의 축소에서 얻을 수 있는 원가절감, 지역대학 간 또는 국립대학 간 빅딜에서 얻어낼 수 있는 경영원가의 절감 등을 산정함으로써 대학자원의 효율성 제고에 크게 기여할 수 있다. 물론 구조조정문제는 단순한 원가논리만으로 진행될 수는 없는 것이므로 이에 대한 논의는 계속되어야 하겠지만, 지금까지 과다한 규모 늘리기 속에서 대학이 고원가구조라는 늪에 빠져 있는 것은 부인할 수 없는 사실이기 때문에 어떤 방법으로든지 여기에서 헤어나야 하는 것이다.

⑤ 대학경영분석

일반적으로 재무제표분석이란 분석적인 방법에 의해 조직체의 재무상태와 경영업적을 검토함으로써 조직체의 강약점을 파악하고 개선방안을 제시하여 경영합리화와 효율화에 기여하는 경영기법이다. 대학재무제표분석이란 대학이 생산하는 자금계산서, 운영계산서 및 대차대조표 분석을 통해 대학의 재정이 건전하며 계속하여 대학활동을 유지·발전시킬 수 있는지를 파악하는 것을 말한다. 대학재무제표분석에서는 대학의 목적을 실현하기 위해 활용되는 자금의 조달과 운용, 그리고 이에 관련되는 교육·연구·봉사 등 대학활동의 효율성 등을 분석·검토하여 문제점과 강점을 명백히 파악함으로써 대안을 제시한다. 대학은 비영리조직체이기 때문에 재무제표 분석만으로 대학의 효율성·안전성 및 유지·발전 가능성 등을 파악하기는 어렵다. 따라서 여기에서 이루어진 분석결과는 대학의 제반 비재무적인 자료에 대한 분석과 통합되어 종합평가가 이루어지는 것이 바람직하다.

사립대학은 교육·연구를 목적으로 하는 항구적인 유기체이다. 따라서 그 조직을 유지·발전시키기 위해서는 각각의 학교법인과 대학이 재정 및 경영상황을 정확하게 파악하고, 이를 바탕으로 경영기반을 확립하여 교육·연구활동 등을 적극적으로 전개하여야 한다. 이러한 경영기반을 확보하기 위해서는 장기적인 구상에 바탕을 둔 중장기 경영계획을 책정하여 계획적인 재정운영을 실천하는 것이 바람직하다. 특히, 학령인구가 감소하고 있는 오늘날의 대학상황을 고려한다면, 경영계획의 필요성은 몹시 크다고 할 수 있다.

중장기 경영계획에 바탕을 둔 계획적인 재정운영을 실천하기 위해서는 자기진단으로서 경영분석이 불가피하다. 일정시점에서 재정상태는 대차대조표 분석을 통해, 그리고 일정기간의 경영상황은 운영계산서 분석을 통해 파악한다. 또, 자금계산서는 일정기간에 자금흐름을 이해할 수 있도록 하여 준다. 이러한 분석을 통해 학교법인의 재정구조가 안전하고 건전한가, 운영수지의 내용이 타당하며, 균형을 유지하고 있는가, 또 자금의 조달과 배분에 큰 변화는 없는가 등을 검토할 수 있다.

현상분석에 의해 재정 및 경영상황이 파악되면, 그 결과를 토대로 장래의 과제를 전망하고 목표치를 설정하게 된다. 이러한 목표치가 설정되면 이른바 목표경영이 이루어질 수 있는 기초가 확립된다. 현상분석 및 목표치 설정에서는 당해 학교법인과 대학의 재무내용을 같은 유형과 규모의 집단평균치와 비교·검토하는 것이 필요하다. 이를 위해서는 비교

기준을 마련하여야 한다. 이러한 기준은 수년간의 집단평균치와 표본들이 가지는 표준편차를 구해서 활용할 수 있을 것이다. 대학에 대해 설립법인별·규모별·계열별·지역별·의대 유무별로 구분하여 집계한 구성비율, 재무비율 그리고 단위당 실수 등을 구하여 수년간의 추세정보를 파악하고, 단위당 실수정보, 재무비율비교표, 도수분포표, 레이더 차트, 그리고 외국 대학의 재무비율들을 이용할 수 있다면, 대학에 대한 경영분석은 의미 있는 결과를 가져올 수 있을 것이다.

(1) 5개년간의 추세정보 활용

대차대조표, 운영계산서 및 자금계산서의 구성비율에 대한 5개년간의 추세표는 법인 및 대학의 재무상태와 운영수지 및 자금수지에 관련된 많은 정보를 알 수 있도록 한다. 그리고 이러한 정보를 종합대학·단과대학별, 지역별, 규모별, 부속병원 유·무별로 작성하고, 집단별로 상호비교하는 경우, 해당 사학기관이 가지는 재무적 특성을 파악할 수 있을 것이다. 지방대학이 사회경제적 재정위기에 처하여 어떻게 대처하고 있는지, 소규모대학 등은 경제위기 상황에서 어떻게 재무적 대응을 하고 있는지, 종합대학보다는 단과대학이 재정면에서 더 어려운지, 부속병원이 있는 경우 재무상태가 어떻게 달라지는지 등을 파악할 수 있다. 또한, 구성비율과 재무비율의 연도추이를 검토함으로써, 사학기관별로 과거 5개년의 전체적인 동향을 파악할 수 있다. 당해 사학기관의 재정상태 또는 경영성과 추세의 변화를 전국 평균치 경향과 비교하고, 변화가 생긴 경우에는 그 원인을 규명할 필요가 있다.

(2) 단위당 실수정보의 활용

구성비율과 재무비율 등 비율분석(比率分析)과 함께 단위당 금액에 의한 실수분석(實數分析)도 중요하다. 집계치는 매년 달라지므로 금액 및 금액의 신장정도 등을 비교하기 위해서는 특정 대학 집단별 금액, 대학당 금액, 학생 1인당 금액 등 단위당 금액과 비교할 필요가 있다. 집계표의 상단에 집계 사학기관수, 대학수, 학생수, 전임교수수, 전임직원수 등을 기재하여 단위당 금액을 파악할 수 있도록 하는 것이 필요하다. 단위당 실수비교는 비율비교 못지 않게 여러 가지 정보를 제공하여 줄 수 있다.

(3) 재무비율비교표의 활용

사학기관의 재무상황을 제대로 파악하기 위해서는 기업의 경영분석기법을 응용하는 경우가 많지만, 사학기관의 분석목적은 이익을 목적으로 하는 기업과 다르기 때문에 대학 고유의 분석지표를 이용할 필요가 있다. 즉, 사학기관의 분석목적은 장기적으로 대학재정이 건전하게 유지되고 있는지, 학생의 경제적 부담은 적정한 것인지, 교육·연구시설·설비가 적절하고 충실한지 등의 관점에서 설정된다. 산정된 재무비율에 대해 유사대학집단별(유사규모, 유사지역, 유사구조 등) 전국평균치와 표준편차를 구하고 이를 개별 법인 및 대학이 간단히 활용할 수 있도록 재무지표비교표를 작성하여 활용하는 것이 편리하다.

(4) 도수분포표의 활용

사학기관의 재정상태 및 경영성과의 평균적 경향을 알기 위해서는 집계표에 재무비율을 나타내면 충분하지만, 당해 사학기관의 재무비율이 어떠한 분산을 보이는지는 알지 못한다. 사학기관의 재무비율 크기를 순서로 나열하여 관찰함으로써 비율의 분포가 어느 정도인지 그리고 당해 사학기관의 비율이 전체에서 어느 정도의 위치에 놓여 있는지 등을 알 수 있다. 또, 집계표에 나타난 재무비율은 금액의 집계치를 기초로 산출된 것이기 때문에 규모의 크기가 큰 사학기관에 좌우된다. 따라서 규모가 작은 사학기관은 유사규모의 도수분포를 참고로 하여 자기 대학의 위치를 비교하는 것이 유용하다.

도수분포를 활용하려면 사학기관의 재무상태를 가장 잘 나타낼 수 있는 재무비율을 선정하는 것이 필요하다. 이렇게 선정된 재무비율을 도수분포화하여 표시한다. 이 분포표에서는 이들 재무비율의 분포상황을 적당한 계급으로 나누어 제시한다. 개별 법인이나 대학은 해당되는 곳을 점검하여, 전체로 확장하면 어떤 위치에 놓이는가를 파악할 수 있다. 또한, 각각의 재무비율에 대해 모집단의 특징을 나타낼 수 있는 대표치, 즉 최대치, 최소치, 평균치, 중앙치, 최빈치, 표준편차, 변동계수를 제시한다. 여기에서 변동계수란 표준편차를 평균치로 나눈 것이며, 상대적 확산정도(relative dispersion)를 나타낸다. 평균치의 차이를 상호 비교하기 위해 표준편차가 활용된다. 변동계수가 클수록 분포의 확산이 크다는 것이고, 변동계수가 일정하면 안정된(stable) 분포를 나타냄을 알 수 있다.

(5) 레이더 차트의 활용

재무지표를 레이더 차트에 나타냄으로써 당해 사학기관의 재정상태와 경영성과를 상대적으로 그리고 가시적으로 파악할 수 있다. 레이더 차트 작성을 위해서는 우선 어떤 재무비율을 선택할 것인가를 결정하고, 다음에는 개별 법인이나 대학의 상대적 위치를 표시하기 위한 비교절차를 마련하여야 한다.

제2부

대학회계목적 및 인식기준

제4장
대학의 재무보고목적과 SEA보고

제5장
대학회계의 인식기준 및 감가상각회계

대학의 재무보고목적과 SEA 보고

|제1절| 대학의 보고책임과 정보이용자의 욕구

① 보고책임

재무보고는 정보이용자에게 당해 조직의 보고책임(accountability)에 대한 평가 및 경제적·정치적·사회적 의사결정에 적합한 정보를 제공하는데 목적이 있다. 보고책임은 모든 재무보고 목적의 뿌리에 해당하는 근본 규범이다. 보고책임이란 조직을 통제하고 운영하는 자와 그들에 대한 형식상의 권한을 가지고 있는 자 간의 관계에 대한 것이다. 보고책임은 특정과업이나 목표를 달성하기 위해 제공한 노력이 어떠한 성과를 올렸으며, 조직체가 왜 그러한 행동을 하게 되었는가에 대해 설명 또는 만족할만한 이유를 제공함으로써 이행된다. 보고책임이란 결국 대학의 교육·연구·사회봉사 성과를 평가하고, 평가결과에 대해 어떤 조치를 취할 수 있는 권한을 가진 사람에게 대학의 활동내용에 대해 설명하고, 재무내용에 대한 투명성을 확보하는 것을 의미한다. 그런데 현행 대학의 재무보고는 대학이 효과적·효율적 그리고 경제적으로 교육·연구 및 봉사활동을 전개하고 있는가에 대해 설득력 있고 이용자가 공감할 수 있는 정보를 제공하고 있다고 보기는 어렵다.

대학이 제공하는 교육·연구 및 공공서비스의 목적은 국민생활의 질을 높임으로써 국가 전체의 경제적·사회적 지위를 향상시키기 위한 것이므로, 대학서비스의 업적은 투자이익률, 사용된 자원의 양, 사용된 자원 1달러당 수익금액 등과 같은 재무적인 수치로 측정되기 어렵다. 대학의 업적측정에는 순이익과 같은 단일측정치가 있을 수 없는 것이다. 따라서 보고책임의 이행은 관심집단에게 대학의 업적을 평가하고, 그들의 권한을 행사하는 데 도움을 줄 수 있도록 대학의 프로그램성과에 대해 적절한 정보를 제공할 수 있어야 하는 것이다. 그런데 지금까지 사학기관의 재무회계규칙에 관한 특례규칙(이하 특례규칙)에 따르면, 대학의 재무보고는 재무적 수탁책임의 이행에 관한 정보의 제공에 초점을 맞추었다. 따라서 재무보고 내용은 주로 재무적인 면에서 법규에 일치되게 자원을 사용했는지 여부에 중점을 두고 있다. 즉, 재무운영의 성실성, 법규에 벗어남이 없이 자원을 활용하였는지 여부에 관한 정보가 중심을 이루고 있다.

이처럼 현행 대학의 재무보고에는 대학이 사용한 자원이 학생 및 사회에 어떠한 혜택을 가져다 주었는지, 그리고 대학활동이 효과적·효율적·경제적으로 이루어졌는지 등에 관한 정보를 제공해 주지 못하고 있다. 한편, 미국의 재무회계기준위원회 개념보고서 제4호 비영리조직의 재무보고목적과 미국의 정부회계기준위원회(GASB : Governmental Accounting Standard Board)의 개념보고서 제1호 정부의 재무보고 목적에서는, 기존의 일반목적 외부재무보고(GPEFR : General Purpose External Financial Reporting)의 테두리를 넘어서는 파라미터를 설정하고 있다. 이 파라미터는 재무보고가 조직체의 보고책임 평가와 의사결정에 도움이 되는 정보를 제공하여야 한다는 데 기초를 두고 있다. 즉, 이들 개념보고서에서는 "정부기관 및 비영리조직의 재무보고에 반드시 서비스노력, 원가 그리고 서비스성과(SEA)를 평가하는 데 도움이 되는 정보를 제공하여야 한다"는 것을 분명히 하고 있다.

② 정보이용자 및 정보욕구

재무보고목적의 설정에서 가장 많이 활용되는 접근방법은 회계정보이용자우선원칙(information user primacy principle)과 의사결정에의 유용성원칙(decision usefulness principle)이다.[1] 이 방법은 재무보고 목적을 설정함에 있어 대학의 환경적 특성을 파악하고 주요 회계정보이용자를 식별한 다음, 이들의 의사결정유형과 의사결정기준 그리고, 이들 기준의 적용에 필요한 회계정보의 내용을 분명히 하여 회계정보이용자들의 합의된 정보욕구를 이끌어 내어 재무보고목적을 설정하게 된다. 미국재무회계기준서 제1호 기업의 재무보고목적(SFAC NO.1)과 제4호 비영리조직의 재무보고목적(SFAC NO.4)의 내용을 보면 이들도 역시 회계정보이용자의 의사결정지향적 접근방법을 따르고 있음을 알 수 있다. 즉, 개념보고서 제1호는 ① 목적의 설정과 회계환경, ② 회계정보이용자 및 그들의 의사결정과 정보욕구, ③ 재무보고목적이라는 순서이며, 제4호는 ① 비영리조직체의 회계환경, ② 회계정보이용자와 그들의 의사결정유형, ③ 재무보고목적의 설정이라는 순서를 따르고 있다. 이 책에서도 이러한 접근방법에 따라 다음과 같은 순서의 물음을 토대로 대학의 재무보고목적을 설정한다.

첫째, 대학의 환경 및 조직적 특성은 무엇인가? 환경 및 조직이 대학

---

1) R.M. Cyert and Y. Ijiri, "Problems of Implementing the Trueblood Objectives Report," in Studies on Financial Accounting Objectives, *Journal of Accounting Research*, Supplement to Vol.12, 1974, p. 30.

회계에 어떠한 영향을 미치는가?

둘째, 대학에는 어떤 회계정보이용자가 있으며, 이들 중 누가 주요 회계정보이용자인가?

셋째, 주요 회계정보이용자들은 어떠한 의사결정을 하는가?

넷째, 그와 같은 의사결정을 함에 무엇이 기준이 되는가?

다섯째, 의사결정기준은 어떠한 회계정보를 필요로 하는가?

|제2절| 대학의 환경적 특성

우리 사회는 수많은 조직으로 둘러싸여 있으며, 대부분의 사회적 업적은 조직을 통하여 이루어진다. 조직은 개인과 사회가 해결하려고 하는 여러 문제에 효과적으로 대처하는 방법이다.[2] 비영리조직체는[3] 영리조직체에 대응되는 개념이지만, 그 개념이 분명하게 규정되어 있는 것은 아니다. 더욱이 현대사회에서는 성격이나 활동 등이 서로 비슷한 조직체들이 혼재하고 있어 양자를 엄격히 구분한다는 것은 쉬운 일이 아니다. 우리 나라 민법에서는 학술, 종교, 자선, 기술, 사교 기타 영리 아닌 사업을 목적으로 하는 사단이나 재단을 비영리법인으로 규정하고 있으며,[4] 법인세법에서는 세무목적상 구체적으로 비영리법인을 열거하고 있으나,[5] 이 모두가 개념적인 면에서 일관성을 가지고 있다고 보기 어렵다. 이들은 공익적인 활동만 고려한 형식상의 정의에 그치고 있어 해석상 상호 모순을 나타내고 있다.[6] 한편, 안토니(R.N. Anthony)는 조직의 목적과 지

---

2) Philip Kotler, *Marketing in Nonprofit Organizations*, 2nd ed., Englewood Cliffs, New Jersey : Prentice-Hall, Inc., 1982, p.12.

3) 영리조직체는 영어로 Not-for-Profit Organization(Entity), Nonprofit Organizations(Entity), Nonbusiness Organizations(Entity) 등으로 표현된다.

4) 민법 제32조.

5) 법인세법 제18조 및 동시행령 제42조의 2.

〈표 4-1〉 조직체와 그 활동

〈표 4-1〉 조직체와 그 활동

	지분 및 자원의 원천	활동의 주목적	조직의 하부조직	조직의 유형	운영보고서
조직체	·지분이 매매 가능 ·경제적 혜택이 소유자에게 귀속	·재화나 용역의 제공 및 판매 ·경제적 부의 실현목적 ·지분의 크기에 따라 비례적으로 혜택이 주어짐.	소유자를 위한 경제적 부의 실현	순영리 조직체	1) 경영자의 수탁책임보고서 2) 순영리조직체에서는 경제적 이익을 소유자에게 환원 3) 회원에 대한 서비스혜택 4) 원가/효익관계에 대한 정보제공 5) 유동자원의 유입과 유출 6) 순이익의 산정
			회원을 위한 서비스혜택의 제공	준영리 조직체	
	·매매가능한 소유지나 지분 개념이 없음 ·부담능력에 따른 조세, 기부, 서비스 대가로 자원 조달	·사회에 공익적 서비스제공 ·요구에 근거한 서비스의 배분	서비스 제공대가를 부담시키면서 제공	준비영리 조직체	1) 경영자의 수탁관리책임 2) 사용가능 자원의 유입·유출보고 3) 제공한 서비스별 원가 4) 서비스 제공원가와 그 효익 5) 서비스료 부담과 그 원가 6) 기본 재산유지 여부 7) 서비스별 목적의 계량화
			요구에 근거하여 서비스제공	순비영리 조직체	

자료 : Emerson O. Henke, *Accounting of Nonprofit Organizations*, 3rd ed., Kent Publishing Co., 1983, p.3.

분의 성격에 의하여 영리와 비영리의 두 조직체로 구분하고, 다시 소요 자원을 어떠한 방법으로 조달하는가에 따라 〈표 4-1〉과 같이 기업형 비영리조직체(Business Type, TYPE I)와 비기업형 비영리조직체(Non-business Type, Governmental Type, TYPE II)로 구분하고 있다. 순수 비영리조직체는 제I형에 해당하는 조직체이지만 양자를 명확하게 구분한다는 것은 사실상 어려운 일이다.[7] 기업형 비영리조직체에서는 서비스제공에 대한 대가를 직접 서비스이용자에게 부담시키고, 이를 주요 자원으로 하여 활동을 전개한다. 대학이나 종합병원 등이 여기에 해당되는 조직체이

---

6) 대법원 1978.2,1477누, 250호의 판결에 따르면 특별법에 의하여 설립된 농업협동조합은 영리 또는 투기를 목적으로 하는 사업은 하지 못하도록 되어 있으나, 목적달성을 위하여 수익사업을 하고 조합원에게 이용고배당이나 출자배당을 하기 때문에 비영리내국법인으로 볼 수 없다고 규정하고 있으며, 법인세법 시행령 제42조의 2에서는 농업협동조합을 비영리내국법인으로 규정하고 있다.

7) Robert N. Anthony, *op.cit.*, pp. 161~162.

다. 이에 대하여 비기업형 비영리조직체는 사회에 대한 서비스의 대가를 서비스의 수혜자로부터 회수하는 것이 아니라, 조세를 부과하거나, 회비를 갹출하는 등의 방법을 통하여 자원을 조달한다.

한편, 헹케(Emerson O. Henke)는 〈표 4-1〉과 같이 조직체를 순영리조직체, 준영리조직체, 준비영리조직체, 순비영리조직체 등 네 가지 유형으로 구분하고, 대학이나 비영리병원(종합병원) 등은 이들 중에서 준비영리조직체에 속하는 것으로 파악하고 있다.[8]

1 대학의 일반적인 특성

비영리조직체로서 대학이 가지고 있는 일반적인 특성은 다음과 같이 정리할 수 있다. 첫째, 대학은 영리추구를 목적으로 하지 않는다. 영리조직체인 기업에서는 모든 경영노력을 다하여 이익의 극대화 내지는 현금수입의 증대를 도모한다. 그러나 대학은 측정이 곤란한, 질적인 것 그리고 무형의 재고불가능한 대학교육·연구 및 봉사라는 서비스의 제공을 목적으로 하는 조직체이다. 따라서 대학의 가장 큰 관심사는 어떻게 하면 보다 양질의 교육서비스를 효율적으로 학생 등 고등교육 수요자에게 제공하면서 유지·발전할 수 있느냐에 있다. 이를 위해 대학은 학생으로부터 받는 등록금 수입액과 재단이나 국가의 보조 또는 독지가의 기부, 기타 자체 수익활동을 통해 재원을 확보하여야 한다. 국·공립대학의 경우에는 정부기관으로부터 시설비 및 운영비의 약 50% 이상을 지원받아 운영하고 있다.

둘째, 대학에는 소유자 지분(owners equity)개념이 없다. 영리조직체의 주주는 기업에 이익이 발생하는 경우, 배당권이 있으며, 소유한 주식을 다른 사람에게 양도할 수도 있다. 그러나 학교법인은 설립자라고 하여도

---

8) Emerson O. Henke, *Accounting for Nonprofit Organizations*, 3rd ed., Kent Publishing Co., 1983, pp.2~3.

출연분(出捐分)에 대하여 어떠한 구상권(求償權)도 행사할 수 없으며, 이를 양도하거나 상속시킬 수도 없다. 따라서 대학회계에는 지분회계(equity accounting)가 적용되지 않는다.

셋째, 대학은 교육이라는 사회적으로 중요한 역할을 담당하는 공기(公器)라는 점이다. 따라서 대학은 기본적으로 공공성 · 자주성 · 영속성을 갖는다. 대학회계는 마땅히 대학의 이러한 특성을 반영하여 구축되어야 한다. 여기에서 공공성이란 "교육은 국가의 백년지계(百年之計)"라는 말에서 알 수 있는 것처럼, 국가의 기본활동에 속한다는 데에 주어진 특성이 있다. 즉, 사립대학은 국가를 대신하여 교육활동을 전개하고 있는 것으로 볼 수 있다는 것이다. 자주성이란 대학이 대학으로서 기본적인 조건을 구비하면, 그 이후의 대학운영에 대하여는 대학의 자주적인 결정에 따라야 한다는 것을 의미한다. 그리고 영속성이란 대학이 일시적으로 존재하는 조직체가 아니라 영구적으로 존재하면서, 대학활동을 영위한다는 것을 뜻한다.

넷째, 대학은 수많은 공중에 둘러싸여 있다. 코틀러(Pilip Kotler)는 그림 4-1과 같이 대학에 관계를 가지고 있는 공중을 열거하고 있다.

다섯째, 대학의 공공성, 자주성 그리고 영속성이 유지될 수 있도록 대학에 대하여는 많은 법규를 통해 규제되고 있어 법적 회계(legal accounting)

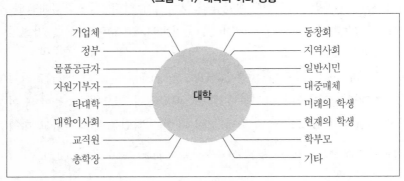

〈그림 4-1〉 대학의 여러 공중

와 같은 성격을 갖는다.

사립대학에 관련된 주요 법규에는 다음과 같은 것이 있다.

① 교육법 및 동시행령

② 사립학교법 및 동시행령

③ 고등교육법 및 동시행령

④ 대학설립·운영규정 및 동 시행규칙

⑤ 사학기관 재무·회계규칙

⑥ 사학기관 재무·회계규칙에 대한 특례규칙

⑦ 학교법인의 정관(예)

⑧ 사립학교 보조와 원조에 관한 건

⑨ 수업료 및 입학금에 관한 규정

⑩ 사학진흥재단법 및 동시행령

그리고 국·공립대학도 다음과 같은 법령의 규제를 받고 있다.

① 예산회계법과 동시행령

② 국립대학교 부속병원 특별회계법

③ 비국고 회계관리규정

④ 수입대체경비 사무처리규정

⑤ 세입징수관 사무처리규칙

⑥ 재무관 사무처리규칙

⑦ 지출관 사무처리규칙

⑧ 수업료 및 입학금에 관한 규정

⑨ 국립대학교 특별회계법 및 동시행령(예정)

여섯째, 대학에는 기본적으로 막대한 시설투자를 하여야 한다. 영리기업의 경우 업종에 따라 시설투자를 많이 하여야 하는 경우도 있고, 그렇지 않은 경우도 있으나, 대학을 설치·운영하는 경우에는 예외 없이 교육에 필요한 교육시설, 연구시설, 지원시설, 기타 시설 등을 갖추기 위해서는 막대한 시설투자가 따라야 한다. 영리기업이 자본을 투자하는 경우에는 먼저 투자회수율부터 검토하게 되지만 대학의 경우에는 금전적인 투자회수보다는 고등교육을 통하여 훌륭한 인간을 사회에 배출한다고 하는 질적인 투자회수에 비중을 둔다.

일곱째, 대학의 성과는 대부분이 질적인 것이어서 성과측정이 곤란하다. 영리기업의 경우에는 일반적으로 손익계산서의 순이익 유무를 검토함으로써 성과를 직접적으로 측정할 수 있다. 그러나 대학의 산출물은 단순히 학위별 졸업생의 수라고 보기는 어렵다. 대학의 실질적인 산출은 대학교육이나 연구 및 공공에 대한 봉사를 통해 이루어지는 삶의 질적인 향상과 관련되는 것으로서 계량화하기 곤란하며, 장기적으로 판단되어야 하는 성격을 지닌다.

② 대학의 조직과 회계단위

대학은 교직원, 교육시설 그리고 재무자원 등이 삼위일체가 되어 강의, 연구 및 공공봉사라는 대학활동을 전개한다. 대학조직은 이러한 활동을 효율적으로 수행할 수 있도록 총·학장, 재무위원회, 교무위원회, 각 대학 및 부속기관 등을 학생 및 교직원과 결합시킨다.

어느 대학이나 조직구조가 같을 수는 없으나, 일반적으로 최고경영층인 학교법인의 이사장, 이사와 대학의 총·학장이 있으며, 중간의 실무적인 경영층으로서 단과대학의 학장, 부속기관장 등이 있다. 그런데 우리나라의 학교법인정관(준칙)에 따르면, 학교법인과 대학을 별개의 회계단위로 보는 이원적 조직구조를 규정하고 있다.[9] 그러나 특례규칙에서는 학교법인의 일반업무회계와 대학회계를 법인회계로 통합하여 합산재무

---

9) 학교법인정관(준칙) 제9조.

제표를 작성함으로써 사학기관을 단일회계단위로 통합시키는 내용을 보이고 있다.

과거의 사학기관 회계처리는 학교교비가 법인회계로 유출되는 것을 방지한다는 취지에서 양자를 별개의 회계단위로 구분하였다. 즉, 학교법인 정관(예)에 따르면, 학교법인은 이사회가 주축이 되어 이사장이 총·학장을 임명하고 대학재무위원의 3분의 1을 선임한다. 또한, 이사회는 학교법인의 차입금 및 재산의 취득·처분 및 관리, 정관의 변경, 법인의 합병·해산·수익사업 그리고 대학경영상의 주요 사항 등을 심의·결정한다.[10] 이에 대하여 총·학장은 학사 전반을 관리하도록 구분되어 있다. 그러나 외부감사제도의 미흡, 합산 및 종합재무제표 작성제도의 미비 등으로 인하여, 회계단위의 구분을 통하여 기대하는 효과는 크게 발휘되지 못하였다. 영리조직체와 비교할 때 보이는 대학조직의 특성은 비영리목적의 서비스제공을 위하여 모든 분야가 유기적으로 연결되어 있다는 점

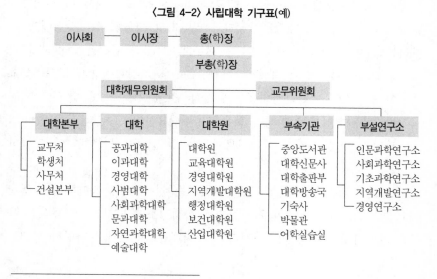

〈그림 4-2〉 사립대학 기구표(예)

---

10) 위 정관 제31조.

이다.

참고삼아 우리 나라의 사립대학 조직도(예)를 보면 〈그림 4−2〉와 같다.

③ 대학의 회계정보이용자

대학은 사회적 공기(公器)이기 때문에 수많은 이해관계자에 의하여 둘러싸여 있다. 이해관계자들은 각자의 이해에 관계되는 의사결정을 위하여 서로 다른 회계정보를 요구한다. 그러므로 대학에서는 영리조직체처럼 단순하게 회계정보이용자를 '투자자와 채권자'라고 규정하기 어렵다. 안토니(R.N. Anthony)도 "비영리조직체의 재무제표를 이용하는 회계정보이용자들을 기업의 투자자 및 채권자집단과 같이 단일유형으로 구분하는 것은 투자자라는 개념을 크게 확대·적용하지 않는 한 불가능하다"[11]고 언급하고 있다.

한편, 스카우센(Skousen) 등은 대학의 회계정보이용자로서 15개 집단을 들고 있다. 그러나 회계정보이용자가 많아지고 그들의 의사결정에서 요구하는 정보의 내용이 다양할수록 재무보고목적의 설정은 곤란하게 된다. 따라서 실질적인 관점에서 대학의 주된 회계정보이용자를 식별하고 그들의 공통적인 의사결정내용을 규정함으로써 재무보고를 통하여 제공되어야 할 회계정보를 명백히 하는 것이 필요하다.

안토니는 다음과 같이 회계정보이용자 및 정보욕구에 대하여 언급하고 있다.

"……회계정보이용자들을 모두 열거하는 것이 비록 용이하게 수행된다고 할지라도, 그 목록이 길어질수록 회계정보이용자들의 공통적인 욕구를 파악하기는 더욱 어려워진다. 즉, 회계정보이용자가 다양하고 그들

---

11) Robert N.Anthony, *op.cit.*, p.41.

의 욕구가 서로 다르면, 이러한 욕구를 모두 충족시켜 줄 수 있는 일반목적의 재무제표작성은 사실상 불가능하여진다. (중략)…… 따라서 실질적으로 명백히 드러나는 주요 회계정보이용자를 파악하고 재무제표도 이들 집단의 정보욕구를 충족시킬 수 있도록 설계되는 것이 바람직하다. 하나의 희망이지만, 이러한 과정을 통하여 작성된 재무제표는 주된 회계정보이용자로서 고려하지 아니한 정보이용자의 정보욕구도 어느 정도 충족시켜 줄 수 있을 것이다."12)

이러한 사고방식은 재무회계개념보고서 제1호(SFAC NO.1)와 제4호(SFAC NO.4)에도 그대로 적용되고 있다. 즉, 제1호에 따르면, 내적으로는 회계정보이용자의 범위를 확장하고 있으나, 외적으로는 '투자자와 채권자 및 기타 이용자'로 국한시키고 있으며,13) 제4호도 이용자로서 26개 집단을 열거하고 있으나, '자원제공자 및 기타 이용자'로 축소하여14) 재무보고목적을 설정함으로써, 이들과 비슷한 회계정보이용자들을 모두 포괄하여 다양한 회계정보이용자들로 인하여 야기될 수 있는 문제를 해결하고 있다.

대학의 회계정보이용자와 관련된 선행연구로는 다음과 같은 것들이 있다.

① AICPA, "Industry Audit Guide, Audits of Colleges and Universities," 1973(이하 ACU라 함)

② National Association of College and University Business Officers(이하 NACUBO라 함), College and University Business Administration(이하 CUBA라 함), Washington, D.C. : NACUBO, 1974(2nd ed.), and 1982(3rd ed.), and 1992 4th ed.

③ Fred K. Skousen, et al., User Needs : An Empirical Study of College

---

12) Ibid., pp.39∼40.
13) 김형주, 『회계기초이론』, 법문사, 1984, pp.22∼223.
14) FASB SFAC NO.4, para.29.

and University Financial Reporting, Washington D.C. : NACUBO, 1975(이하 Skousen's Study라 함).

④ AAA, Report of the Committee on Nonprofit Organizations, *The Accounting Review*, Supplement to Vol. XLX, 1975.

⑤ Robert N. Anthony, Financial Accounting in Nonbusiness Organizations : An Exploratory Study of Conceptual Issues, FASB, 1978(이하 Anthony Report라 함).

⑥ FASB SFAC NO.4, Objectives of Financial Reporting by Nonbusiness Organizations, 1980(이하 SFAC NO.4라 함).

⑦ JICPA, 학교법인회계의 기본문제 중간보고, 보고목적 및 계산체계, 1968-69(이하 JICPA 보고목적이라 함).

⑧ GASB의 "College and University Financial Reporting Model : Core Financial Statements(1995)."

위에 든 문헌 중에서 ACU(1973) 나 CUBA(1974) 등에서 규정하고 있는 회계기준은 대학의 회계정보이용자에 대한 명확한 규명이나 전제를 바탕으로 하지 아니한, 즉 실무상의 필요를 기초로 하여 제정된 기준이다. 대학의 회계정보이용자에 대한 본격적인 연구는 스카우센의 연구(Skousen's Study)라고 할 수 있다. 이 저서에서는 스카우센의 연구, 일본공인회계사회(JICPA)의 보고목적, 안토니 보고서(Anthony Report) 및 미국 재무회계개념기준서 제4호(SFAC NO.4) 등의 내용을 토대로 하여 대학의 회계정보이용자를 파악하고자 한다.

대학의 회계정보이용자란 대학의 회계정보를 이용하여 의사결정을 하는 모든 사람 또는 집단을 지칭한다고 볼 수 있다. 그러나 이러한 개념으로는 실제로 누가 회계정보이용자인지를 파악하지 못하므로 일반적으로는 누가 대학으로부터 재무보고서를 받아보고 있는가를 조사하여 일차적으로 그들을 회계정보이용자로 보는 방법을 적용하기도 한다. 그런데 회

〈표 4-2〉 대학의 회계정보이용자

Skousen'Study	Anthony Report	SFAC NO.4	JICPA의 보고목적
금융기관	이사회	자원제공자	문교당국
연방정부	투자자 및 채권자	구성원	은행 및 채권자
주정부	자원제공자	감독기관	이사회
재단	감독기관	경영자	교직원 및 그 단체
인가기관	구성원		학비부담자, 학생
주예산담당관			
동창회			
주조정위원회			

계는 근본적으로 자원의 합리적 배분에 관한 의사결정에 관계되므로 재무보고목적을 설정함에 대상으로 삼아야 할 회계정보이용자는 보다 광범위한 측면에서 모색되어야 할 것이다. 개념보고서 제4호(SFAC NO. 4)도 자원제공자 및 기타 이용자라고 하여 사실상의 모든 회계정보이용자를 포괄하려 하고 있다.

또한, 회계정보이용자를 규정함에 일반목적의 재무보고서만을 받아보고 이를 토대로 하여 의사결정을 내리는 외부이용자(external users)와 필요에 따라 언제라도 그 조직체의 회계정보를 의사결정에 활용할 수 있는 위치에 있는 내부이용자(internal users)를 구분할 필요가 있다. 외부이용자란 대학의 재무자료를 접근하는 데 제약이 있으며, 대학의 내적·연속적 활동에 관여하지 아니하는 자를 말한다. 따라서 외부이용자는 대학의 경제활동에 대한 주요 정보원천으로서 대학의 기본적 재무제표에 의존하지 않으면 안 된다.15) 이와 같이 양자를 구분함에 의하여 대학에 대한 의사결정을 내리는 여러 회계정보이용자 중에서 보다 구체적으로 회계정보이용자의 범위를 한정시킬 수 있게 된다.

---

15) Skousen K. Fred, *et al, op.cit*., pp.17~18.
16) Allan R. Drebin, James L. Chan, and Lorna C. Ferguson, *op.cit*., p.5.

스케우센의 연구, 안토니 보고서, 개념기준서 제4호, 그리고 일본공인회계사회의 보고목적에서 규정하고 있는 바에 따라 회계정보이용자를 정리하면 〈표 4-2〉와 같다.

안토니 보고서와 개념기준서 제4호가 대학을 포함한 모든 비영리조직체의 회계정보이용자를 대상으로 하고 있기 때문에 이를 대학의 경우로 해석하는 데는 약간의 문제가 있으나, 이상의 연구보고서를 검토하여 보면, 다음과 같은 결론을 도출할 수 있다.

첫째, 스카우센의 연구가 대학의 회계정보이용자로서 8개 집단을 열거하고 있는 데 대하여, 안토니 보고서는 이용자집단을 다섯 가지로 줄이고, 개념기준서 제4호는 네 가지로 줄임으로써 비슷한 성격의 집단을 통합하여 가고 있음을 알 수 있다.

둘째, 개념기준서 제4호는 '자원제공자 및 기타 이용자'라고 하여 결과적으로 모든 회계정보이용자를 여기에 통합시키고 있어 재무보고목적 결정에 회계정보이용자에 대한 규정이 단순하면서도 포괄적이어야 한다는 측면을 보여 주고 있다.

셋째, 회계정보이용자의 내용에 스카우센의 연구(1975)는 외부이용자의 개념을 엄격하게 적용하여 이사회, 총·학장 등을 제외시키고 있다. 그러나 안토니 보고서(1978)에서는 이사회를 포함시키고 있으며, 개념기준서 제4호(1980)에서도 총·학장까지를 일반목적 재무보고서의 회계정보이용자로 포함시키고 있다. 이에 대하여 일본공인회계사회의 보고목적(1969)에서는 총·학장은 제외하되, 이사회는 회계정보이용자로 보고 있다. 이와 같이 회계정보이용자의 내용을 확장하여 가급적 여러 회계정보이용자를 포괄하되, 표현에서는 단순화시키고 있음을 볼 수 있다.

이상의 검토를 통하여 우리 나라 대학의 회계정보이용자를 규정하여 보면 다음과 같다.

첫째의 이용자집단은 이사장, 총장 등이다. 여기에는 대학의 재무위원회, 이사회 등이 포함된다.

둘째의 집단은 자원제공자이다. 이에는 다음과 같은 집단이 포함된다.

① 자금을 대여하여 주고 원리금의 상환을 기대하는 교원공제회, 대한 교육연합회, 은행, 기타 금융기관 등의 채권자집단

② 대학에 물품이나 서비스를 제공하여 주고 그 대금이나 인건비를 수 취하는 납품업자, 교직원 등

③ 등록금 등을 납부하거나 연구용역계약을 체결하고 이에 상응한 대학 의 서비스를 받고자 하는 학생 및 학비부담자 그리고 대학과 연구용 역계약을 체결하는 집단

④ 자원제공의 대가로서 대학으로부터 직접적인 어떤 서비스를 받지 아 니하는 자원기부자 집단이다. 여기에는 재단, 기업체, 보조금을 지원 하는 정부, 동창회, 독지가 등이 있다.

셋째의 집단은 사립대학을 감독하는 교육부당국이다.

넷째의 집단은 대학을 구성하는 구성원들이다. 여기에는 학생, 학부모 와 그 단체, 교직원과 그 단체, 미래의 학생이나 학부모, 기타 관심을 가 지는 일반 공중 등이 있다.

물론, 이상의 회계정보이용자가 대학의 모든 회계정보이용자를 다 포 괄하고 있다고 단언할 수는 없는 일이나, 전술한 바와 같이 Anthony Report, SFAC NO.1, SFAC NO.4에서처럼 주된 회계정보이용자를 중심 으로 최대한 통합하여 대학의 재무보고목적이 설정되어도 결정적인 잘못 은 발생하지 않는다는 관점에 따라 이 저서에서는 이들 네 집단을 중심 으로 대학의 재무보고목적을 설정하고자 한다.

④ 의사결정유형 및 정보욕구

대학의 회계정보이용자가 어떠한 의사결정을 하며, 의사결정기준은 무

Skousen's Study	Anthony Report	SFAC NO. 4	JICPA 보고목적
1. 대학의 전반적 재무활동 내용 2. 제한내용을 나타낸 대차 대조표 및 부채명세표 3. 순수지 차액 4. 프로그램정보 5. 주요 항목에 대한 과거 및 미래추세표 6. 예산과 실적의 비교표 7. 교육원가정보 8. 인적 자원 내용 9. 기부내용 10. 적시성, 비교가능성, 이해가능성	1. 재무적 활동능력 2. 법규에의 준수 여부 3. 업적에 관한 정보 4. 교육원가정보	1. 자원배분의 의사결정에 필요한 모든 정보 2. 대학서비스의 전반적 내용 및 서비스의 지속적 제공능력에 관한 정보 3. 경영수탁책임 및 경영업적평가에 관한 정보 4. 경제적 자원, 의무 및 순자원에 관한 정보와 이들의 변동을 가져오는 거래, 사상, 환경 등의 정보 5. 기타 경영자의 설명과 해석	1. 자금수지상태 및 추세 2. 부채명세 및 상환계획 3. 교육원가 4. 전반적 재무상태 및 능력 5. 예산·법규에의 준수 여부 6. 기본금 내용 및 변동이유 7. 경영업적

엇인가 그리고 이 기준을 어떠한 계량적 회계정보에 근거하여 적용하는가 등에 대한 일반적 합의를 바탕으로 할 때 재무보고목적은 보다 목적 적합하게 설정된다고 볼 수 있다. 그러나 이런 일련의 의사결정과정 및 회계정보욕구에 대한 판단은 사실상 주관적이고 임의적인 것이 될 수 있는 가능성이 많기 때문에 아주 어려운 일이다.

Skousen's Study, Anthony Report, SFAC NO.4 그리고, JICPA의 보고목적 등을 중심으로 회계정보이용자의 의사결정유형과 그 기준 및 필요로 하는 정보내용 등을 〈표 4-3〉과 같이 검토하고, 이를 우리 나라 대학의 회계정보이용자로 바꿔 보면 다음과 같다.

(1) 최고경영층 : 이사회, 이사장, 총·학장

학교법인의 이사장은 법인의 대표로서 대학의 고유활동과 재무 간의 지속적인 조화상태를 유지·도모한다. 대학의 학사는 총·학장 및 교수회의가 담당하며 이사장은 매회계연도 목적사업의 수행에 필요한 재원을 확보하고 대학의 교육·연구 및 봉사활동능력이 지속적으로 유지될 수 있도록 제반 노력을 기울인다. 따라서 그들은 대학의 경영계획과 통제 및 외부보고에 유용한 다음과 같은 의사결정에 필요한 정보를 요구하게 된다.

1) 주요 의사결정

① 장기계획의 승인, 정책의 결정 및 변경
② 예산·결산의 승인
③ 수익용 기본재산의 운용
④ 법인의 기본목표, 방침의 수립
⑤ 총·학장의 경영수탁책임 평가

2) 필요로 하는 정보

① 장·단기 재무상태 및 그 변동에 관한 정보
② 법규, 제약, 계약, 예산 등에의 준수 여부에 관한 정보
③ 학생등록금의 타당성을 제시하여 줄 수 있는 프로그램별·활동별 원가정보
④ 학부, 학과의 신·증설과 폐지 및 신규사업계획에 따른 재무상의 제 조건을 알려 주는 정보
⑤ 대학의 재무적 활동능력을 지속적으로 유지하는 데 필요한 자산의 금액은 얼마인지, 그리고 이를 위하여 매년도의 수지는 어떻게 되어야 하는가를 알려 주는 정보
⑥ 경영수탁책임의 평가에 유용한 정보
⑦ 업무수행에서 부정, 무사안일 등을 방지하고, 자원을 효율적으로 활용하는 데 필요한 정보

총·학장의 경우에도 이사장이 요구하는 회계정보를 대부분 필요로 한다. 그러나 총·학장은 학사를 중심으로 한 예산의 집행이 주임무이기 때문에 정보의 성격이나 유형에 약간의 차이가 있다. 즉, 그들은 이사장,

자원제공자 및 대학구성원에 대하여 회계보고책임이 있으므로 대학경영 전반에 대한 책무를 제대로 수행하였는지 여부를 평가할 수 있는 정보에 관심을 갖는다. 따라서 그들은 법규, 계획, 제약 등에의 준수 여부, 교육 업적 그리고 재무적인 활동능력에 관한 정보 등을 특히 중요시한다.

(2) 자원제공자

대학의 자원제공자에는 크게 네 가지의 집단이 있다. 집단별로 의사결 정 및 요구하는 정보의 내용은 다음과 같다.

1) 채권자집단

여기에는 한국사학진흥재단이나 금융기관 등이 있다. 그들은 영리조직 체의 채권자나 마찬가지의 의사결정을 한다. 즉, 그들은 대여한 자금의 원리금 회수가능성을 중시한다. 따라서 그들은 대학의 전반적인 재무상 태와 자금수지내용, 과거의 채무상환실적, 재무유동성, 장기지급능력, 미 래의 순현금흐름, 대학의 업적, 자원에 대한 제약의 정도, 순자산의 유지 에 관한 정보 및 제법규의 준수 여부에 관한 정보 등을 요구한다. 그런데 대학은 법규상 채무이행불능의 상태에 이른다고 하여도, 대학의 자산에 대하여 일반채무자처럼 채무강제 집행절차를 취할 수 없으므로, 담보물 의 평가나 채무상환능력의 평가 등이 영리조직체와 다르다. 대학에 대한 자금대여의 심사도 자산의 평가만을 기초로 하는 것이 아니라 대학의 전 반적인 사항, 즉 비재무적인 사항에 대하여도 평가하여야 하는 것이다.

2) 물품공급업자, 교직원 등

이들은 공급한 물품대금의 회수가능성이나 제공한 노력에 대한 대가 로서 인건비의 수취가능성 등에 관한 의사결정을 한다. 따라서 이들은 대학의 유동성 등 현금흐름에 관한 정보를 특히 중요시한다. 여기에는 대학의 수지균형 여부, 수익원천별 정보 등이 관련된다.

3) 기부자, 기증자

여기에는 대학의 활동을 위하여 경제적인 어떠한 대가를 바라지 아니하고 자원을 제공하는 독지가, 동창회, 공익재단, 기업, 국가 등이 여기에 해당된다. 이들은 당해 대학의 고유활동에 대한 전반적인 내용과 재무적 활동능력, 업적에 관한 정보 등을 필요로 한다. 그들은 이러한 정보에 근거하여 계속해서 자원을 그 대학에 제공할 것인가를 결정한다. 또한, 잠재의 자원제공자도 특정대학에 대하여 자원을 제공할 것인가에 관한 의사결정을 하게 되며, 이들도 유사한 정보를 요구한다.

4) 자원제공에 상응한 서비스를 받고자 하는 집단

여기에는 학부모나 학생 등 등록금을 부담하는 자 및 연구용역을 체결하는 자가 포함된다. 이들은 납부한 등록금에 합당한 교육서비스가 제공되고 있는가, 그리고 연구용역계약금액에 합당한 연구결과가 제시되는가 등에 대하여 관심을 갖는다. 따라서 교육원가 및 연구용역원가에 관한 사항을 중시한다. 또한, 그들은 대학의 전반적인 평판, 교육의 질, 인적자원, 그리고 대학의 교육 내지는 연구제공능력 등에 대하여서도 알고자 한다.

(3) 교육부, 정부당국

교육부는 대학의 외부에서 대학의 공공성 확보와 대학교육의 질적 향상을 위하여 관계법규에 의거하여 대학을 간접적으로 통제한다. 교육부가 관여하는 주요 사항으로는 다음과 같은 것이 있다.

① 대학, 학부 및 학과의 신·증설·폐지·인가와 대학정원의 조정
② 대학재정, 대학시설 및 대학등록금의 적정성 검토

따라서 교육부는 다음과 같은 보다 일반적인 정보를 요구하게 된다.

① 대학의 기본시설 확보상태 및 필요자원의 조달방법

② 학생등록금 산정의 기초자료

③ 장·단기 재무상태

④ 수지예산서 및 결산서와 당해 연도의 수지균형 여부

⑤ 대학설립·운영규정 및 동시행규칙에 따른 재산확보 여부

(4) 학생 등 구성원

대학은 학생, 교직원 학부모 등 수많은 구성원으로 되어 있다. 그들은 대학이 얼마나 그들의 욕구를 잘 반영하여 주고 있는가에 대하여 알고 싶어한다. 일반적으로 구성원은 자원제공자와 일치하는 경우가 많으며, 따라서 그들의 정보욕구도 비슷하다. 대학의 전반적인 활동이 효율적인지 여부 등에 관심을 갖는다. 사회가 발전할수록 대학의 구성원들은 대학의 전반적인 운영내용의 공개를 요구하게 된다.

5 재무보고목적

재무보고란 의사결정에 또는, 조직체의 업적을 평가함에 유용한 정보의 수집·유지·가공 및 의사소통에 관련된다.[16] 재무보고는 재무제표를 중심으로 하여 이루어지지만,[17] 재무제표 이외의 수단에 의해서도 보고된다.[18] 재무보고목적이란 재무보고에 의하여 달성하려고 하는 어떤 것에 대한 기술을 의미한다.[19] 회계정보이용자 간에 합의된 재무보고목적이 설정됨으로써 우리는 합리적인 회계기준, 회계원칙 및 회계절차를 수립·선택할 수 있게 된다.

---

16) Allan R. Drebin, James L. Chan, and Lorna C. Ferguson, *op.cit.*, p.5.

17) FASB SFAC NO.1, *op.cit.*, para. 6.

18) *Ibid.*, para.7.

19) Allan R. Drebin, *et al., op.cit,* p.6.

이와 같이 합의된 재무보고목적이 설정됨에 따라 대학회계기준의 제정이 가능하여진다. 표준화된 회계기준은 일관성 있는 재무제표를 작성케 하여 회계정보 산출과정을 단순화하고, 결과적으로 회계정보의 생산 및 획득비용을 절감시킨다. 헨드릭센(Elden S. Hendriksen)에 따르면, "어떠한 공준이 회계에 적합한지를 결정하고, 공준에 입각한 회계원칙이나 규칙이 회계정보이용자의 요구를 충족시켜 주고 있는지를 평가하려면, 목적에 대한 의견의 일치가 필요하다"고 밝히고 있다.[20]

지금까지 이 책에서는 대학의 재무보고목적을 설정하기 위하여 대학의 환경적 특성을 검토하고, 주요 회계정보이용자와 그들의 정보욕구를 분석하였다. 여기에서는 전술한 회계정보의 내용을 열거하고, 이들을 포괄할 수 있도록 재무보고목적을 설정하고자 한다. 재무보고는 원칙적으로 회계정보이용자의 자원배분에 관한 합리적 의사결정이 이루어질 수 있도록 하는 데 유용한 정보를 제공할 수 있어야 한다.

회계정보이용자들의 의사결정기준과 정보내용을 요약하여 보면 다음과 같다.

(1) 의사결정기준

① 대학에 대한 전반적 평가 ② 목표일치성
③ 재무적 활동능력 ④ 인적 자원
⑤ 수탁경영책임 ⑥ 자원의 대체활용가능성

(2) 회계정보의 내용

① 순수지차액
② 경제적 자원, 부채, 순자산의 상태 및 순자산의 제약종류별 구분, 순자산의 변화를 가져온 거래내용

---

20) Elden S. Hendriksen, *Accounting Theory*, 4th ed., Richard D. Irwin, Inc., 1982, p.66.

③ 전반적 재무상태　　　　　　　④ 유동자산의 상태

⑤ 수익의 추세　　　　　　　　　⑥ 유동부채의 상태

⑦ 프로그램별·활동별 원가정보　⑧ 예산과 실적

⑨ 법규나 제약에의 준수 여부

⑩ 수탁경영책임의 이행 여부에 관한 정보

⑪ 경영업적정보　　　　　　　　⑫ 인적 자원의 내용

⑬ 대학이 제공하는 서비스의 내용

⑭ 대학의 서비스노력과 업적에 관한 정보

이상의 내용을 토대로 할 때 대학의 재무보고목적은 다음과 같이 설정할 수 있다.

첫째, 대학의 재무보고는 자원제공자 및 기타 이용자의 자원배분에 관한 의사결정에 유용한 정보를 제공하여야 한다.

둘째, 대학의 재무보고는 대학의 서비스 내용을 평가하고 나아가 그 대학이 앞으로도 계속하여 고유서비스를 제공할 수 있는 재무적 활동능력이 있는지 여부를 평가하는 데 유용한 정보를 제공하여야 한다. 여기에는 제공한 서비스와 이를 위하여 투입한 자원의 관계 및 그 성과에 관한 정보가 포함되어야 한다.

셋째, 대학의 활동이 법규나 제반 제약사항을 준수하여 이루어졌으며, 대학의 활동이 효율적이었는지를 평가하는 데 유용한 정보를 제공하여야 한다.

넷째, 대학의 경제적 자원, 부채 및 순자산의 상태와 이들에 변동을 가져오는 거래내용, 자원의 유입과 유출에 관한 정보를 제공하여야 한다.

다섯째, 재무보고에는 재무적인 내용을 이해하는 데 도움이 되는 비재무적인 사항 등이 총·학장의 재무제표에 대한 설명과 함께 제공되어야 한다.

|제3절| 대학의 SEA 측정 및 보고

1 개요

　최초로 재무보고에 SEA 정보를 포함시켜야 한다는 것이 공식화된 것
은 1980년의 FASB의 개념보고서 제4호 「비영리조직의 재무보고목적」이
다.[21] 이 개념보고서가 비영리조직의 재무보고에 서비스의 노력과 성과
에 관한 정보를 제공하여야 한다는 것을 분명히 한 이후, SEA 측정치를
재무보고에 포함시키기 위한 노력이 계속되고 있다. 즉, 비영리조직 운영
의 효율성·경제성·효과성 측정치는 무엇이며, 이들을 어떻게 측정하여
보고할 것인가 등에 대해 연구가 이루어지고 있다. 이 중에서 1980년 브
레이스(Paul K. Brace) 외 3인의 SEA보고[22]는 SEA에 관해 실시된 최초의
체계적인 연구이다. 한편 GASB는 1987년 개념보고서 제1호를 통해 정
부 및 지방자치단체의 재무보고 목적은 정부의 보고책임 이행과 이용자
의 사회적·경제적 의사결정에 이용자를 도울 수 있는 정보를 제공하는
것이 가장 중요하며, 이를 위해서는 재무보고가 정부실체의 서비스노력,
원가 및 성과달성을 평가하는 데 유용한 SEA 정보를 제공하여야 한다는
것을 명백히 하였다. 그리고, GASB는 여러 실증적인 연구를 거쳐 1994
년에 GASB 개념보고서 제2호 서비스 노력과 성과(SEA)의 보고에 관한
개념을 공표하였다.

---

21) FASB Concept Statement No.4, Objectives of Financial Reporting by Nonbusiness
　　Organizations, 1980, FASB.
22) Paul K. Brace and *et al*., "Reporting of Service Efforts and Accomplishments," FASB
　　Research Report, 1980.

(1) 미국회계학회(AAA : American Accounting Association)의 비영리 조직체회계에 관한 연구 23)

미국회계학회는 1957년에 비영리조직체 회계에 관한 연구위원회를 설치하고 1966~1970년에는 비영리조직의 회계실무에 관한 위원회 보고서, 1971년에는 효과의 비재무적 측정치에 관한 위원회 보고서를 발표하였다. 이상의 두 보고서는 주로 비영리조직의 업적평가를 위한 경제성, 능률성 및 효과성의 개념, 성과측정 관련용어의 개념, 평가기준, 실적지표 등을 검토하고, 이들이 회계보고서에 포함될 수 있는지 여부에 대해 논의한 다음, 비영리조직체의 업적에 관한 정보가 체계적으로 그리고, 적절히 통제된 방법에 의해 수집·분석되고 독립적인 감사가 가능하다면, 회계시스템 속에 포함되어야 한다는 입장을 밝히고 있다.

또한, AAA는 1970~1971년에 공공부문에 적용되는 회계개념에 관한 위원회 보고서, 1972년에는 사회프로그램의 효과 측정에 관한 위원회 보고서, 1972~1973년에는 비영리조직에 관한 위원회 보고서를 발표하였다. 특히, 1973~1974년에 발표한 비영리조직에 관한 위원회 보고서는 정부회계시스템의 근본적인 문제는 업적자료(output data)를 획득하고, 이를 처리할 수 있는 능력의 결핍에 있다고 지적하고 있다. 이러한 측정치를 갖지 못한다면, 계획과 통제가 유명무실할 수밖에 없다는 것을 강조하고 있다. 따라서 서비스성과에 관한 보고가 이루어져야 하며, 이를 위해서는 ① 완성된 작업(completed works), ② 생산된 제품(produced products), ③ 달성된 효익(achieved benefits), ④ 미친 영향(achieved impacts)에 관한 개념의 정립이 필요함을 밝히고 있다.24)

AAA가 1975~1976년에 발표한 공공부문의 회계에 관한 위원회 보고서는 정부회계를 중심으로 운영의 능률성과 경제성에 관한 회계책임과

---

23) American Accounting Association Committee on Governmental Accounting, "Tentative Statement on Government Accounting," *The Accounting Review*, April 1958.
24) *Ibid.*, p.23.

성과·효익·효과에 반영된 프로그램 및 활동결과에 관한 회계책임을 정부관리자들이 이행할 수 있도록 도와 주는 데 있어 SEA 정보가 유용한 정보를 제공한다는 것을 분명히 하고, 이를 위하여 투입, 산출, 효과 및 능률에 대한 측정치의 개발과 이용이 중요하다고 주장하고 있다. 또한, AAA의 1987~1988년에 발표한 비영리조직체의 실적측정에 관한 위원회 보고서는 비영리조직체의 업적측정의 개념을 정립하고 비영리조직체 유형별로 실태를 파악하여 업적측정과 보고방향을 제시함으로써 비영리조직체 업적측정에 큰 공헌을 하고 있다.

(2) 재무회계기준위원회(Financial Accounting Standard Board : FASB)의 비영리조직체 회계에 관한 연구

1) FASB 개념기준서 제4호

FASB는 1980년 개념기준서 제4호를 통해 비영리조직체의 재무보고 목적에 관한 개념보고서를 발표함으로써 비영리조직체의 정보이용자가 누구인지, 그들의 의사결정 내용과 정보욕구는 무엇인지를 정의하고, 이에 알맞는 재무보고를 하기 위해서는 "현재 및 잠재적 자원제공자와 기타 이용자들이 조직 관리자들의 회계책임의 이행 정도와 그들의 업적을 평가하는 데 도움이 되는 정보를 제공하여야 한다. 조직의 경영자는 자원의 안전한 보전에 관한 수탁회계책임(stewardship accountability)뿐만이 아니라, 그들의 효율적이고 효과적인 사용에 대한 운영회계책임(operation accountability)을 이행하여야 한다. 그리고 조직의 서비스노력과 성과에 관한 정보는 비영리조직의 업적평가와 자원배분 의사결정에 유용하므로 반드시 포함되어야 한다"[25]는 점을 명백히 하고 있다. 비영리조직체에 있어서는 그 성과측정이 영리조직체에서 적용되고 있는 이익지표를 적용

---

25) Financial Accounting Standard Board, Statement of Financial Accounting Concepts, No.4, "Objectives of Financial Reporting by Nonbusiness Organizations," 1980.

할 수 없다는 점, 그리고 자원제공자는 자원제공의 대가로 어떠한 서비스를 제공받지 않는다는 점, 그리고 대부분이 비영리조직체의 재화와 서비스에 대해 지식을 갖지 못하므로 서비스내용과 업적에 관한 정보가 제공되어야 한다고 기술하고 있다. 이와 같이 이 보고서는 비영리조직체의 업적측정과 보고방향, 특히 SEA정보가 재무보고의 핵심사항이 된다는 것을 분명히 함으로써 비영리조직체 재무보고의 발전에 큰 공헌을 하고 있다.

2) 브레이스(Paul K. Brace)의 연구[26]

FASB는 Peat, Marwick, Mitchel & Co.로 연구팀을 구성하여, 지방자치단체, 대학, 병원, 자선단체, 직업별 협회 및 조합, 기타 비영리조직 등 여섯 가지 유형의 비영리조직체에 대해 1,000개가 넘는 재무보고서를 다음과 같은 관점에서 검토하여 SEA에 관한 연구를 수행하였다. 즉, ① 서비스 노력과 성과에 관한 정보를 얼마나, 그리고 어떻게 보고하고 있는가, ② 서비스 노력과 성과에 관한 정보를 보고할 수 있는 기술적 수준은 어느 정도인가, ③ 비재무적 측정치가 재무보고의 일부로 포함되어야 하는가, 만일 포함되어야 한다면, 이를 실무에 적용할 수 있는가, 그리고 앞으로 이에 관련된 지표를 개발할 수 있는가 등을 조사하였다. 이 연구보고서는 조사결과를 바탕으로 비영리조직체의 SEA 보고실태를 다음과 같이 요약하고 있다.

① 서비스노력에 관한 정보가 서비스성과에 관한 정보보다 더 많으며, 능률에 관한 정보가 효과에 관한 정보보다 더 많다.

② 성과보고에 산출측정치(outputs measures)는 흔히 보고되고 있으나, 결과측정치(results measures)에 관한 정보는 적다.

③ 경향 또는 수년간에 걸친 자료는 많지 않다.

---

26) Paul K. Brace and Others, "Reporting of Service Efforts and Accomplishments," FASB Research Report, 1980.

④ 대부분의 서비스 노력과 성과에 관한 보고는 일반목적 외부 재무보고에 포함되지 않고, 별도의 보고서로서 제시되고 있다. 많은 비영리 조직체는 일반목적 재무보고서를 공시하지 않거나 공시하는 경우에도 널리 배포하지 않고 있다. 오히려 서비스노력과 성과에 관한 보고서 속에 재무제표를 축약하여 보고하고 있다.

⑤ 서비스노력과 성과에 관한 자료를 전달하는 주요 수단은 이를 요구할 권한을 가진 자원제공자, 기타 감독기관 및 인가·면허 등에 필요한 서류 등에 포함되는 특별보고서 형태를 취하고 있다.

⑥ 자선단체들은 서비스성과의 보고에 두 가지의 큰 특성을 가지고 있다. 하나는 서비스노력을 할 때 기부모금방식은 서비스 성과 달성 자체가 기부모금행위이므로 성과는 대부분 기부자 및 조직 내부에서는 통제불가능한 외부의 다른 사람들의 손에 달려 있다는 점이다. 그리고 또 하나는 자선단체가 사립재단인 경우에는 대부분이 외부의 자원제공자가 없다는 점이다. 따라서 무엇이 업적을 구성하는지 그리고 누구를 대상으로 하여 재무보고가 이루어져야 하는가에 대하여 논란이 있을 수 있다.

이 연구보고서의 결론을 요약하면 다음과 같다.[27]

① 일반목적의 외부 재무보고서가 조직의 업적에 관한 정보를 제공하는 것을 목적으로 하는 한, 서비스노력과 성과에 관한 정보는 재무보고의 일부분이 되어야 한다.

② 투입(inputs), 과정(process), 산출(outputs) 및 효율성(efficiency)보고를 위한 회계보고수준은 충분히 성숙된 한 상태이지만, 결과(results)와 효과(effectiveness)에 관한 보고수준은 아직 미흡하다. 따라서 이 분야에 관한 연구가 지속적으로 이루어져야 한다.

③ 서비스노력과 성과에 관한 정보가 자원의 배분을 위한 의사결정에

---

27) *Ibid.*, p.ii.

유용하다는 것은 조사결과를 통해 명백히 알 수 있다. 그러나 일반목적의 외부 재무보고이용자들에게 어느 정도로, 그리고 얼마나 자세하게 서비스노력과 성과에 관한 정보를 제공하여야 할 것인지는 결정하지 못하였다.

④ 서비스노력과 성과의 보고에 관한 기준설정은 많은 복잡한 문제들을 안고 있으며, 따라서 이들을 해결하려면 앞으로 상당한 기간이 소요될 것으로 보인다.

⑤ 서비스노력과 성과에 관한 정보의 일부는 조직의 업적평가와 재무적 존속능력평가라는 두 목적을 가진다. 따라서 이와 같이 이중으로 유용한 정보요소들을 먼저 검토하는 것이 바람직하다.

3) GASB(Governmental Accounting Standard Board)의 연구[28]

1984년에 발족한 GASB는 기존의 전국정부회계위원회(NCGA : National Committee on Governmental Accounting)를 이어받아 우선적으로 정부의 재무보고목적 및 서비스 노력과 성과보고(SEA Reporting)에 관한 프로젝트를 수행하였다. GASB는 연구결과를 토대로 1987년 개념보고서 제1호 재무보고 목적을 공표하고 "재무보고는 정부가 공공보고책임을 수행할 수 있도록 도와 주고, 정보이용자들이 정부의 보고책임을 평가하는 데 도움이 되는 정보를 제공하여야 한다. 따라서 재무보고는 정보이용자들이 정부가 제공한 서비스의 노력, 원가 및 성과를 평가하는 데, 그리고 다른 정보와 결합하여 정부의 경제성·효율성 및 효과성을 평가하는 데 도움이 되고, 투표 및 자금조달 의사결정의 기초가 되어야 한다. 그런데 정부의 성과를 측정하는 데 사용되는 방법들은 일반적으로 개발되어 있지 않고, 또한 유용한 평가와 측정을 제공하기 위한 기준의 개발은 다른 기준 개발보다 시간이 더 소요될 것으로 보고 있다.[29] 그렇지만 이러한

---

28) GASB(Governmental Accounting Standard Board),1984.
29) GASB, Concept Statement No.1, para.77.

한계에 불구하고 정부는 보고책임을 완수하기 위해 서비스 노력과 성과에 관련된 물량 및 기타 비재무자원에 관한 제반 정보를 제공하여야 한다"[30]고 명시하고 있다.

GASB는 개념보고서 제1호를 공표한 후 바로 12개 부문의 정부 제공 서비스에 대한 SEA 보고연구에 착수하였고, 1990년 연구개요를 공표 하였으며 그 내용을 요약하면 다음과 같다.[31]

① 주 및 지방정부는 SEA 지표를 외부에 보고하는 것이 바람직하다. SEA 지표는 서비스목표와 목적을 달성하기 위하여 실적을 개선하도록 노력을 기울일 수 있는 수단을 제공하여야 한다. SEA 지표는 포괄적 연차보고서(Comprehensive Annual Financial Report)에 보고하며, SEA 관련자료는 별도의 SEA 보고서, 연차예산서류 등 여러 가지 특별보고서를 통해 보고되는 것이 필요하다.

② SEA 보고는 투입 및 산출지표만을 보고하지 말고, 성과측정(outcome measurement)에 더 많은 중점을 두어야 한다. 결과지표는 서비스 및 프로그램결과를 평가하는 데 선출직 공무원 및 일반시민에게 특히 중요하고, 관심의 대상이며, 가치가 있다.

③ 정부는 원가를 서비스성과측정치에 연계시키는 지표들을 개발하고 적용하기 위한 실험을 하여야 한다. 특히 서비스의 질과 성과를 평가하는 지표를 개발·시험할 필요가 있다.

④ SEA 지표를 보고할 때에는 몇 가지 상식적인 다음과 같은 공시요구사항이 지켜져야 한다.

　　㉠ 모든 지표는 철저히 정의되어 보고서 독자들이 각 지표가 측정하고자 하는 내용을 분명히 이해할 수 있도록 한다.

　　㉡ 각 지표는 이해하기 쉽고 지나치게 전문적인 용어를 사용해서

---

30) GASB, *Ibid.*, para.93.
31) GASB Research Report, "Service Efforts and Acomplishments Reporting, It's Time has Come," 1990, *An Overview*, pp.34~35.

는 안 된다.

ⓒ 모든 지표는 보고하는 서비스와 관련성이 있어야 한다.

ⓔ 모든 지표는 적시에 보고되어야 한다.

ⓜ 모든 지표는 일관성이 있고, 기간비교가 가능해야 한다.

ⓗ 자료들은 검증이 가능하여야 한다.

⑤ 정부는 SEA 지표들을 포괄적 형태로 보고하여야 한다.

⑥ 정부는 SEA 지표의 주요 세분항목표를 만들어 보고하여야 한다.

⑦ 보고서는 독자들이 설정된 기준과 현재의 실적을 비교할 수 있도록 작성하여야 한다.

⑧ 설명적 요소가 SEA 자료에 포함되어야 하고, 프로그램 관리자가 SEA 지표를 맨 먼저 검토하여야 한다.

⑨ 외부보고되는 SEA 지표는 어떤 유형의 공식적인 검토나 감사과정을 통하여 어느 정도 검증할 것인지를 고려할 필요가 있다.

⑩ SEA 지표를 작성하기 위한 비재무적인 자료수집은 특정기관의 책임으로 이루어져야 한다.

GASB는 1989년부터 초·중등교육에 대한 SEA 보고(1989), 상·하수도에 대한 SEA 보고(1990), 교통에 관한 SEA 보고(1990), 쓰레기수거 및 처분에 대한 SEA 보고(1991), 소방프로그램에 대한 SEA 보고(1991), 공공건강에 대한 SEA 보고(1991), 경찰관서에 대한 SEA 보고(1992), 도로보수·유지에 대한 SEA 보고(1993) 등을 잇달아 공표하였다. 이 연구결과는 1990년부터 "서비스 노력과 성과에 관한 보고 시기가 도래하였다(Service Efforts and Accomplishments : It's Times Come)"라는 제목으로 분야별로 발표되기 시작하였다. 또한, GASB는 1992년 12월 SEA 보고에 관련된 개념정립을 위한 예비초안을 공개한 다음 1994년 4월, SEA 보고에 대한 공개초안을 발표하였으며, 마침내 1994년 4월, SEA에 관해 GASB 개념보고서 제2호를 공표하였다. 이 개념보고서에서는 SEA 보고의 필요성, 보고 목적과 특성, 보고의 한계, SEA의 측정과 보고에 관한 기준설정의 가능성에 관한 언급을 하였다.

② 국내의 SEA 관련연구

(1) 이동규의 연구 [32]

「정보통신연구개발사업의 연구비관리체계개선방안연구」(1994)에서 현행 연구개발사업 실적보고서 및 연구개발비 사용실적 보고서만 가지고는 연구개발 활동의 실질적인 업적을 판단하기 어려우므로, 이러한 문제점을 해결하기 위해서는 연구개발업적의 효율성·효과성·경제성과 함께 합법규성(제약, 금액, 비목 기타) 등을 공시할 수 있는 연구개발 투입 및 성과보고서(R&D SEA : R&D Efforts and Accomplishments)의 도입이 필요하다고 제시하고 있다. 그리고 연구기관의 SEA 연구(1996)에서는 연구기관에 적용되어야 할 SEA 보고내용에 대한 기본틀을 제시하고 있다.[33] 또한 초·중등학교의 SEA 보고에 대하여 그 필요성과 측정치 및 보고양식에 대해 소개하고 있다.[34]

(2) 조이규의 연구 [35]

「정부출연연구기관 재무보고개선방안에 관한 연구」에서 정부출연연구기관의 재무보고목적에 포함되어야 할 정보를 검토하고, 정보이용자 중에서 감독기관과 행정관리자 두 집단을 대상으로 정보욕구를 검토한 후,

---

32) 이동규, 「정보통신연구개발사업의 연구비관리체계개선방안 연구」, 충남대학교 경영경제연구소, 1994.12.
33) 전게 논문.
34) 이동규, 「초중등학교의 SEA보고에 관한 연구」, 『충청회계학연구』, 제3권 제1호, 1998.2. <www.business.chungnam.ac.kr/~dklee>
35) 조이규, 『정부출연 연구기관 재무보고 개선방안에 관한 연구-SEA정보 공시를 중심으로』, 충남대학교 대학원, 1995.

이를 바탕으로 현행 회계제도하에서 정보이용자의 만족도를 분석하고 문제점을 도출하였다. 파악된 현행 재무제표의 문제점을 해소하기 위해서는 GASB 개념보고서 제2호에서 정립한 SEA 보고기준을 바탕으로 정부출연연구기관의 보고내용이 개선되어야 한다는 것을 주장하고 있다.

(3) 김용인의 연구 [36)]

「연구기관의 SEA 보고도입 유용성에 관한 연구」를 통해 현행 정부출연연구기관의 재무제표는 연구개발의 노력과 성과에 관한 정보를 전혀 제공하여 주지 못하고 있으며, 특히 비재무적 정보인 연구진척도, 논문편수, 채용 및 퇴직자수 등에 관한 정보가 다루어지지 못하고 있음을 지적하고 있다. 또한, 현행 재무보고는 영리기업에서 개발된 기업회계기준을 그대로 준용하도록 함으로써 연구개발이라는 서비스를 제공하고 있는 정부출연연구기관의 특성을 반영하지 못함으로써 재무보고서의 유용성을 잃어버리고 있다. 이러한 현행 정부출연연구기관 재무보고의 문제점을 해결하고 재무정보이용자의 정보욕구를 충족하기 위하여는 정부출연연구기관의 재무보고에 연구개발 투입 및 성과(SEA)의 보고가 이루어져야 한다는 것을 주장하고 있다.

(4) 김경만의 연구 [37)]

김경만은 「연구기관의 재무보고목적에 관한 연구」에서 "연구기관의 재무보고는 현재와 미래의 잠재적 자원제공자로서 정부와 기타 이용자들이 연구기관관리자의 수탁책임 수행방법과 기타 성과측면을 평가하는 데 유용한 정보를 제공하여야 한다"는 것을 명시하고 있다.

---

36) 김용인, 「연구기관의 SEA 도입에 관한 연구」, 충남대학교 경영대학원 석사학위논문, 1996.2.
37) 김경만, 「연구기관의 재무보고목적에 관한 연구」, 충남대학교 대학원 박사학위 논문, 1997, p.63.

(5) 양희춘의 연구 [38]

연구기관의 SEA 측정치개발에 관한 연구에서 정보이용자이 중요하다고 평가하는 SEA 측정치를 조사하여 제시하고 있으나, 이 측정치들이 회계정보의 질적 특성을 구비하고 있는지 여부까지는 연구를 진행시키지 못하고 있다.

이상의 국내 관련연구들은 비영리조직자원의 효율적·효과적·경제적 활용을 바탕으로 생산성을 증대시키려면, 회계시스템 및 재무보고가 영리조직 방식에서 비영리조직에 알맞도록 개선되어야 하며, 특히 SEA보고 도입이 이루어져야 한다는 것을 주장하고 있다. 그러나 SEA 정보를 체계적으로 제공하기 위한 SEA 측정치로서 어떠한 것이 있으며, 이들이 회계정보로서의 질적 특성을 갖추고 있는지 여부나 보고양식, 보고방법 및 보고 회수 등에 대해서는 아직 충분한 연구가 이루어지지 않고 있다.

③ SEA 보고의 필요성 및 질적 특성

대학의 재무보고란 학생, 교직원 및 기타 감독기관, 투자자, 채권자, 기타 재무보고이용자들에게 대학의 업적을 평가하고, 정치적·경제적·사회적 의사결정에 필요한 정보를 제공하기 위하여 사용되는 하나의 수단이다. GASB 개념보고서 제1호에 따르면, "정부 실체의 재무보고는 재무보고 이용자들이, ① 공공보고책임을 평가하고, ② 경제적·사회적·정치적 의사결정을 하는 데 도움이 되는 정보를 제공하는 데에 있다"[39]고 규정하고 있다. 즉, 공공보고책임의 평가와 경제적·사회적·정치적 의사결정을 위한 정보제공이 정부재무보고목적의 핵심임을 강조하고 있다.

---

38) 양희춘, 「연구기관의 SEA 보고측정치 개발에 관한 연구」, 충남대학교 경영대학원 석사학위 논문, 1997.8.
39) GASB 개념보고서 제1호, para.76.

그리고 이러한 목적을 달성하기 위하여 "재무보고는 재무보고이용자들이 정부가 제공한 서비스의 노력, 원가 및 그 성취도를 평가하는 데 도움이 되는 정보를 제공하여야 한다. SEA 정보는 다른 정보와 함께 정부의 경제성·효율성 및 효과성을 평가하고, 투표 및 자금지원 의사결정의 기초를 형성하는 데 도움이 된다"[40]고 기술하고 있다.

한편, FASB의 개념보고서 제4호 「비영리조직의 재무보고목적」은 영리조직과 비영리조직의 재무보고 목적을 비교한 다음 "영리기업과 비영리조직이 다같이 조직의 업적을 평가하는 데 도움이 되는 정보를 제공해야 하지만, 비영리조직의 경우에는 조직의 특성으로 인하여 요구되는 정보가 다르다. 즉, 비영리조직은 업적을 평가하기 위한 핵심적 측정치로서 이익정보를 사용할 수 없기 때문에 서비스노력과 성과(SEA)에 관한 정보가 필요하다"[41]고 보고 있다.

그리고 GASB 개념보고서 제1호는 보고책임(accountability)을 모든 정부 및 지방자치단체 재무보고의 주춧돌 역할을 하는 개념으로 보고 있다. 즉, 보고책임은 정부 재무보고의 최고목적(the paramount objective)이며, 다른 목적들은 모두 여기서 연유한다고 주장하고 있다.[42] 보고책임이란, 비영리조직을 통제하고 관리하는 사람들과 이들에게 그와 같은 권한을 부여한 시민들과의 관계에서 발생한다. 정부의 경우, 대의민주정치제도하에서 정부의 보고책임은 민주주의 역사에 뿌리를 두고 있으며, 최후의 결정권은 국민에게 있다는 기본원리에 근거하고 있다. 민주주의 제도에서는 법을 만들고 이를 집행하며, 공공자원을 조달하고 사용한 사람들은 이러한 권한을 위임한 국민에게 이에 대하여 설명할 책임이 주어진다. 따라서 정부관리자들은 그들이 취한 행동과 정부의 목표나 목적을 달성하기 위한 노력 및 그 성과에 대하여 설명하고 아울러 납득할 만한

---

40) GASB 개념보고서 제1호, para.77(c).
41) FASB 개념보고서 제4호, Appendix B(item (c(2)).
42) GASB 개념보고서 제1호, para.76.

이유를 제공할 책임이 있는 것이다. 이와 같은 기본사상에 근거하여 GASB 개념보고서 제1호는 "보고책임은 정부가 시민들에게 공공자원의 조달과 그 사용목적에 관하여 책임지고 설명할 것(answer to the citizenry)을 요구한다. 정부의 회계책임은 시민이 알 권리(a right to know)를 가지고 있다는 신념에 기초한다"[43]고 서술하고 있다.

미국회계학회(AAA : American Accounting Association)는 1972년 비영리조직에 대한 위원회보고서에서 정부의 구체적인 보고책임으로서 ① 재무자원에 대한 보고책임, ② 법적 요구사항과 행정지침의 준수에 관한 보고책임, ③ 운영의 능률성과 경제성에 관한 보고책임, ④ 성과, 효익 및 효과로 표시된 정부사업과 활동결과에 대한 보고책임 등을 열거하고 있다.[44] 한편, 스튜어트(J.D. Stewart)는 보고책임을 기능적인 측면으로 구분하고 있으며, 그 구분을 단계별로 정리하면 다음과 같다.[45]

① 정책에 관한 보고책임 : 정책선택과 배제 등 가치측면
② 프로그램에 관한 보고책임 : 목표설정과 달성측면
③ 실적에 관한 보고책임 : 효율적 운영측면
④ 과정에 관한 보고책임 : 요구되는 행위를 수행함에서 적절한 과정, 절차 및 측정치의 사용(계획, 배분 및 관리) 여부 측면
⑤ 성실성과 준법성에 관한 보고책임 : 승인된 예산에 따라 자금을 사용하고 법과 규정의 준수 여부 측면

이상에서 설명한 바와 같이 정부실체를 통제하고 관리하는 사람들은 그들에게 그 권한을 위임해 준 시민들에게 공공자원을 어떻게 조달하였

---

43) GASB 개념보고서 제1호, para.56.
44) AAA, "Report of the Committee on Concepts of Accounting Applicable to the Public Sector," *The Accounting Review Supplement to Volume XVII*, 1972, p.81.
45) J.D. Stewart, "The Role of Information in Public Accounting," in Anthnoy Hopwood and Cyril R.Tomkins, eds., *Issues in Public Sector Accounting*, Oxford, Eng. : Philip Allan, 1984, pp.14~15.

으며 어떻게 사용하였는가 하는 것뿐만 아니라 이들 자원을 얼마나 경제적·효율적·효과적으로 사용하였는지 등 서비스노력과 성과에 관한 정보를 제공할 보고책임이 부과된다. 그러나 과거의 전통적인 정부 재무보고는 재정의 수탁책임(fiscal stewardship)에 관한 회계책임정보만 제공하였다. 즉, 재무자원이 예산 기타 법규에 따라 집행되었는지를 평가하는데 도움이 되는 정보만 제공하였다. 따라서 정부의 재무보고는 사용된 공공자원으로부터 시민들이 혜택받은 것이 무엇이며, 시민에 대한 서비스를 제공함에 정부가 자원을 얼마나 경제적·능률적·효과적으로 사용하였는지에 관한 정보는 제공되지 못하였다.

GASB 개념보고서 제1호는 앞에서 기술한 바와 같이 전통적인 재무보고의 범위를 뛰어넘는 일반목적 외부 재무보고내용에 대한 새로운 파라미터를 설정하였다. 즉, 정부의 재무보고는 정부의 보고책임을 평가하고 이용자의 의사결정에 도움이 되는 정보를 제공하여야 하므로, 정부의 서비스력, 원가 및 성과를 측정할 수 있는 정보가 재무보고에 포함되어야 한다는 것을 분명히 한 것이다. GASB 개념보고서 제2호는 SEA 보고의 필요성에 대하여 다음과 같이 결론짓고 있다.

"일반목적 외부재무보고가 보고책임과 의사결정목적을 위하여 실적을 평가하는 데 도움이 되는 정보를 제공하려면 재무보고이용자들의 늘어가는 정보욕구에 부응하기 위하여 그 범위를 확대할 필요가 있다. 이들 이용자들이 이제 SEA에 관한 정보가 업적측정의 필수불가결한 일부분으로 인식하고 있기 때문에, 재무보고는 이들을 포함할 수 있도록 그 범위가 확대되어야 한다. GASB 개념보고서 제2호는 정부의 보고책임에 대한 평가와 의사결정에 도움이 되는 정보제공이라는 재무보고의 역할을 고려하여 SEA 정보가 일반목적 재무보고의 필수적인 일부라고 생각한다."[46] 이와 함께 개념보고서 제2호는 SEA 보고대상으로서 중앙정부와 지방 자치단체 및 정부투자기관 등을 포함시키고 있다.[47]

---

46) GASB 개념보고서 제2호, para.49.

SEA 정보의 특성과 정보를 전달하는 과정은 의사결정자에게 매우 중요하다. SEA 정보가 회계정보로서의 자격을 갖추려면, FASB 개념보고서 제2호에서 정의하고 있는 회계정보로서의 제반 특성을 갖추어야 한다. 이에 대해 GASB는 개념보고서 제2호에서 다음과 같은 특성을 구비하여야 한다고 명시하고 있다.[48)

① 목적적합성(relevance)   ② 이해가능성(understandability)
③ 일관성(consistency)   ④ 신뢰성(reliability)

④ SEA 측정치의 보고

SEA 정보의 보고목적은 현행의 재무보고서가 제공할 수 있는 것보다 훨씬 더 충실하게 비영리조직의 업적에 관한 정보를 제공하는 데 있다. 즉, SEA 정보는 제공한 서비스의 경제성, 능률성·효과성을 평가하는 데 정보이용자들을 도와 주기 위한 것으로 자원의 취득과 사용에 관한 정보뿐만이 아니라, 제공된 서비스의 산출물(outputs)과 결과물(outcomes)에 관한 정보, 자원사용과 산출물 또는 결과물의 관계(relate efforts to accomplishments)에 관한 정보도 포함된다. 또한, SEA 정보는 노력과 성과를 관련시키는 재무적 및 비재무적 측정치들에 초점을 둠으로써 일반목적 외부 재무보고이용자들이 비영리조직의 업적을 더욱 완전하게 평가하는 데 필요한 추가정보를 제공한다.[49) 이 목적을 달성하기 위하여 SEA 보고조직의 성과(accomplishments)에 관한 측정치와 서비스 투입과 성과의 관계(relate efforts to accomplishments)에 관한 측정치 보고에 초점을 맞춘다.

---

47) GASB 개념보고서 제2호, para.7.
48) GASB 개념보고서 제2호, paras 57~66.
49) GASB Research Reports, "Service Efforts and Accomplishments Reporting," 1994, pp.54 ~56.

지 표	기타 관련비율
I. 투입 　1. 지출(단위:백만 원) 　　가. 현행화폐 단위 　　나. 고정화폐 단위 　2. 총교직원수(활동유형별로 보고될 수도 있음)	
II. 산출 　1. 개설 학점수 　2. 졸업 학생수 　3. 진급률 　4. 보유율	
III. 성과 　1. 졸업생 대비 취업자비율 　2. 응시인원(졸업생) 대비 각종 공인자격시험 합격자수 　3. 졸업 후 2년 이내에 고용되거나 대학원진학 학생비율 　4. 졸업생에 대한 사회의 평가정도	
IV. 효율성 지표 　1. 평균원가(별첨 자료참고) 　　가. 학점당 원가 　　나. 학생 1인당 원가 　　다. 교수 1인당 원가 　2. 성과당 원가 　　졸업생 1인당 원가	
V. 설명적 요소 　1. 통제가능 　　가. 학생 대 교수비율 　　나. 학급당 학생수 　2. 통제불능 　　가. 등록학생수 　　나. 학생이동 비율 　　다. 입학시험점수의 분포	

　SEA 정보의 보고는 재무정보 이용자들에게 대학의 서비스 업적에 관한 정보를 제공하는 것이기 때문에 업적측정에 초점을 맞춘다. 대학의 업적은 산출량, 결과 및 효율측정치에 의하여 표시될 수 있다. 이 측정치는 당해 대학이 어떤 교육·연구 및 사회봉사서비스를 제공하였으며, 이

들 활동이 설정된 목표를 달성하였는지, 그리고 이들 활동이 자원제공자 또는 기타 다른 사람들에게 어떠한 영향을 미쳤는지 등을 제시한다. 또한, 이 정보를 서비스투입치와 비교함으로써 당해 대학의 운영성과를 평가하는 기초를 제공해 준다.

GASB 개념보고서 제2호는 SEA 보고의 구성요소를 SEA 측정치와 설명정보로 구분하여 정의하고 있다. 즉, SEA 측정치를 ① 서비스 노력(service efforts)에 대한 측정치, ② 서비스의 성과(service accomplishments)에 대한 측정치, ③ 노력과 성과를 관련(relate service efforts to accomplishments)시키는 측정치 등 크게 세 가지 범주로 구분하고 있다.

제 5 장

대학회계의 인식기준 및
감가상각회계

대학은 비영리조직체이지만 고객지향적이며, 이른바 안토니(Robert N. Anthony)의 제I형 기업형 비영리조직체로서[1] 서비스대가를 받기 때문에 여러 가지면이 영리조직체와 유사하다. 그러나 대학이 가지고 있는 고유 특성으로 인하여 회계인식에서는 영리조직체와 많은 차이가 있는 것으로 간주하여 왔다. 이에 따라, 대학회계는 일반적으로 완전발생주의 대신에 수정발생주의를 적용하며, 감가상각도 인식하지 아니하는 것을 당연한 것으로 받아들였다. 우리 나라의 사학기관의 재무회계에 관한 특례규칙(이하 특례규칙)이 그 대표적인 예이다.

본장에서는 제4장에서 정립한 대학의 재무보고목적을 달성하기 위한 회계정보의 생산이라는 측면에서 대학회계인식기준과 감가상각회계에 대해 기술한다. 이를 위하여 먼저 회계인식기준에 관련된 이론을 논의한

---

1) Robert N. Anthony, "Financial Accounting in Nonbusiness Organization," *FASB Research Report*, FASB, 1978, p.9.

다음 비영리회계의 일반적인 기준이 되고 있는 지출기준을 비용기준과 비교·평가한다. 그리고 끝으로 미국과 일본 그리고 우리 나라의 대학회계인식기준을 소개한다.

|제1절| 회계인식기준

1 이론적 검토

회계인식기준은 수익·지출 또는 비용의 인식시기에 관련된다. 영리조직체는 원칙적으로 발생주의를 인식기준으로 삼고 있다.[2] 발생주의는 거래의 인식에서 현금의 유·출입을 조건으로 삼지 아니한다. 즉, 수익은 그것이 가득(稼得)되었을 때, 그리고 비용은 관련되는 수익이 발생한 기간에 보고된다. 이에 대하여 현금주의는 현금의 수수시점을 기준으로 하여 거래를 인식한다. 현금주의나 발생주의는 〈표 5-1〉과 같이 거래인식의 양극을 의미한다.

발생주의회계는 재무보고와 회계의 기초개념이며, 비현금의 자산, 부채 그리고 이들에게 영향을 미치는 거래나 기타 사상을 인식한다.[3] 이에 대하여 수정발생주의는 지극히 보수적인 방법으로 수익은 측정가능하고 (measurable), 활용가능할(available) 때 보고하고 비용 또는 지출은 재화나 서비스가 취득되거나, 관련되는 부채가 발생될 때 보고한다. 즉, 비용이나 지출은 원칙적으로 발생주의에 따라 거래를 인식한다. 그리고 수정발생주의에서는 비용이라는 말 대신에 비용 및 자본의 거래까지도 포함하

---

2) FASB Statement of Financial Accounting Concept (SFAC) NO.4, "Objectives of Financial Reporting in Nonbusiness Organizations," FASB, 1980, para.50.
3) FASB SFAC NO.6, "Elements of Financial Statements," FASB, 1985, paras.134, 139.

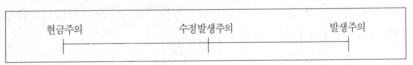

〈표 5-1〉 회계인식기준

| 현금주의 | 수정발생주의 | 발생주의 |

는 지출이라는 용어를 사용한다.[4] 결국, 이들 회계인식기준 간의 차이는 수익, 비용, 이득, 손실 인식시기에서의 차이라고 할 수 있다.[5] 그런데 현금주의에 따르면 일정기간의 현금수지가 투자회수액(원금 회수, return of capital)인지,[6] 투자수익액(이자회수, return on capital)인지 구별할 수 없으므로, 그 조직체가 어느 정도 성공적인가를 알지 못한다.

대학이 제공하는 재화나 서비스도 과거의 기간에 현금을 수취하고, 이를 지출하여 획득한 재화나 서비스를 활용하여 얻어진 것이다. 따라서 현금기준에 의한 보고서로서는 일정기간에 제공한 재화나 서비스와 이를 위하여 소비한 재화나 서비스 간의 관계를 말해 줄 수 없기 때문에 그 조직체가 얼마나 성공적인지를 알 수 없다. 특정기간에 현금의 수취는 대학의 과거활동을 반영할 따름이며 현금지출의 대부분은 미래에 기대되는 활동과 노력에 관련된 것이다.

발생주의 회계는 현금의 수지만을 단순하게 보고하는 것이 아니라 한 기간의 대학업적을 반영하기 위하여 수익, 비용, 이득, 손실에 대하여 발생, 이연, 배분 등의 회계절차를 활용한다. 따라서 발생주의회계의 핵심은 조직체의 합리적인 재무업적의 측정에 있다고 볼 수 있다.[7] 발생주의 회계는 현금주의나 수정발생주의에 비하여 복잡한 면이 있으나, 어느 방

---

4) Joseph R. Razek and Gordon A. Hosch, *Introduction to Governmental and NOT-for Profit Accounting*, Prentice-Hall Inc., 1985, p.33.

5) *Ibid.*, p.53.

6) FASB, SFAC, NO.6, *op.cit.*, paras.71～72.

7) *Ibid.*, para.145.

8) ① *Ibid.*, paras.134～152.

　② Emerson O. Henke, "Performance Evaluation for Not-for-Profit Organization," *The*

법보다도 조직체의 재무상태나 경영성과를 잘 나타내므로, 비영리조직체도 당연히 발생주의에 따라 회계처리하여야 한다고 보고 있다.[8]

대학회계에서는 법규상의 제한 또는 실무면의 간편성 등으로 인하여 현금주의나 수정발생주의를 많이 적용하고 있으나, 이러한 회계인식기준에는 다음과 같은 단점이 있다.

첫째, 현금주의에 의한 회계처리는 미수수익이나, 미지급비용 등의 거래를 반영시켜 주지 못한다. 즉, 한 기간에 제공한 서비스의 원가 중에서 현금이 수반되지 아니한 항목은 모두 제외되고 현금이 수반된 사항은 기간의 귀속에 관계없이 당기의 활동원가를 구성하는 모순을 갖는다.[9] 따라서 그 차이만큼 재무상태나 경영성과가 왜곡된다. 또한, 지급의무의 발생과 실제의 현금지급 사이에 상당한 시간적 차이(time lag)가 있는 경우, 제공한 서비스의 정확한 원가를 산정할 수 없을 뿐만 아니라, 허용된 예산액과 지출액과의 비교를 무의미하게 만든다.[10] 일반적으로 회계정보이용자들은 발생주의에 익숙해져 있기 때문에 현금기준에 의하여 제공되는 보고서에 오도될 우려가 많다.[11]

둘째, 수정발생주의에 의한 회계처리에서는 비용은 발생주의에 따라 보고되지만 수익은 현금회수기준에 준한 회계처리를 하게 되어 일관성이 없으며 지나치게 보수주의적이라는 비판을 받는다. 즉, 부채의 발생으로 인한 몇몇 항목은 원가에 포함되지만, 전기에 취득한 자산의 사용으로부터 발생한 원가는 제외되는 모순을 갖는다.[12]

---

8) ① *Ibid.*, paras.134~152.

　② Emerson O. Henke, "Performance Evaluation for Not-for-Profit Organization," *The Journal of Accountancy*, June 1972, p.55.

　③ Robert N. Anthony, *op.cit.*, 1978, p.81.

9) FASB Statement of Financicl Accounting Standards(SFAS) NO.93, "Recognition of Depreciation by Not-for-Profit Organizations," FASB 1987, para.21.

10) Malvern J. Gross, Jr. and William Warshauer, Jr., *Financial and Accounting Guide for Nonprofit Organizations*, Ronald Press, 1983, p.19.

11) Irving Tenner, *Municipal and Governmental Accounting*, Englewood Cliffs, Prentice-Hall, 1975, p.8.

이와 같이 발생주의 이외의 회계인식기준은 한 기간에 발생원가를 충실하게 나타내지 못한다는 결정적인 결함을 갖고 있기 때문에[13] 발생주의회계가 더 나은 회인식기준으로 인정되고 있다.[14]

② 비용·지출의 인식기준

(1) 개념상의 차이

대학회계에서 회계인식의 측정초점을 지출에 두느냐 또는 비용에 두느냐하는 것은 아주 중요한 일이다. 비용은 일정기간에 소비된 재화나 서비스의 양으로 측정되며, 지출은 일정기간에 취득한 재화나 서비스의 양으로 측정된다.[15] 양자의 차이점은, 첫째 인식시점에서, 둘째는 자본항목에 대한 취급에서 발생한다. 즉, 비용은 자원소비라는 사실에 기초하여 인식이 이루어지나, 지출은 한 자원으로부터 다른 자원으로의 교환거래에 기초하여 인식된다. 양자의 관계는 〈그림 5-1〉과 같이 나타낼 수 있다.[16]

한편, 기븐스(Richard Givens)는 비용과 지출 간의 차이를 〈그림 5-2〉와 같은 흐름표로서 제시하고 있다.

영리조직체의 경우에는 콜러(Kohler)의 회계사 사전에서 규정하고 있는 "지출이란 자산이나 서비스의 취득 또는 손실의 보전을 목적으로 부채를 발생시키거나 현금의 지급 또는 재산을 양도하는 것이다"[17]라는 정

---

12) FASB SFAS, NO.93, *op.cit.*, para.21.
13) FASB SFAS, NO.6, *op.cit.*, paras.58~97.
14) FASB SFAS, NO.93, *op.cit.*, para.21.
15) Robert N.Anthony, *op.cit.*, p.83.
16) American Accounting Association(AAA), "Report of Committee on Nonprofit Organizations," 1973~74, *The Accounting Review*, Supplement to Vol. XLX, 1975, p.6.
17) Eric L. Kohler, *A Dictionary for Accountants*, 4th ed., Englewood Cliffs, Prentice-Hall, 1970, p.182.

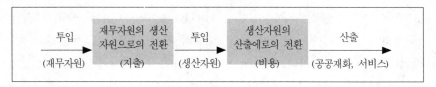

〈그림 5-1〉 비용과 지출

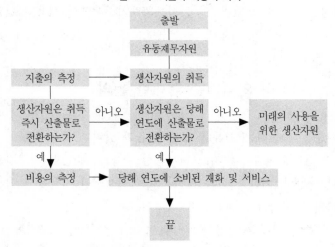

〈그림 5-2〉 지출과 비용의 차이

자료 : Richard Givens "Cost Management for Government," *The Government Accounting Journal*, Summer 1978, p.38.

의가 통용되고 있다.

(2) 전통적인 지출과 예산적인 지출

대학 등 비영리조직체에서는 일반적으로 지출을 전통적인 지출 (Conventional Expenditure)개념과 예산적인 지출(Budgetary Expenditure) 개념으로 구분하여 파악한다.[18) 전통적인 지출은 콜러의 회계사 사전상 정의

---

18) Robert N. Anthony, *op.cit.*, p.79.

나 마찬가지이다.

이에 대하여, 예산적 지출이란 헤이(Hay)와 마이크셀(Mikesell)이 기술한 바와 같이 "지출은 기금(Fund)으로부터 처리될 부채가 발생할 때 인식된다"[19]라는 개념이다. 따라서 당해 회계연도의 예산에 계상되어 있지 아니한 사항은 전통적인 지출의 개념에는 합치된다고 하여도 예산적인 지출에서는 지출로 인식되지 아니한다. 대학은 일반적으로 예산적인 지출의 개념을 적용하고 있다. 미국 정부회계기준서에서 적용하고 있는 지출의 개념도 예산적인 지출에 속한다.[20]

③ 지출·비용의 인식기준에 대한 논의

지출기준을 주장하는 견해를 보면 다음과 같다.

첫째, 비영리조직체는 서비스를 제공할 수 있는 충분한 재무자원을 확보하여야 하는바, 이는 재화와 서비스의 취득시점인 지출을 중심으로 측정될 때 가장 정확하게 파악된다.[21]

둘째, 지출에 의하면 경영자행위의 보고, 예산할당, 보조금에 대한 이사회나 기부자의 통제, 재무자원으로부터 생산자원으로의 전환 등이 분명하게 제시된다.[22] 즉, 대학이란 이용가능한 자원범위 내에서 최선의 서비스를 제공하는 데 목적이 있으며, 또 대학회계의 목적도 대학이 취득한 자원과 사용에 대하여 부여된 제약에의 준수 여부를 나타내는 데 있기 때문에 예산도 지출을 중심으로 하여 편성하는 것이 타당하다.

---

19) Leon E. Hay and R. M. Mikesell, *Governmental Accounting*, 5th ed., Homewood, Ill. : Richard D. Irwin, 1974, p.57.
20) National Council on Governmental Accounting(NCGA), Statement No.1, *Governmental Accounting and Financial Reporting Principles*, Chicago, Municipal Finance Officers Association, 1979.
21) Robert N. Anthony, *op.cit.*, p.82.
22) 會田一雄, 「非營利組織體會計の 基本問題」, 『企業會計』, 東京 : 中央經濟社, 1981.7, p.110.

셋째, 지출의 측정은 비용의 측정에 비하여 보다 객관적이고 정확하다. 예를 들어 감가상각과 같은 비용의 측정에는 많은 추정이 개입되지만, 지출은 그렇지 아니하다.

넷째, 대학의 제무제표이용자들은 지출기준에 의하여 작성된 제무제표에 익숙해져 있으며, 대부분의 사람들은 비용과 지출의 차이를 잘 알고 있지 않다. 그리고 지금까지 적용하여 오던 지출기준을 비용기준으로 전환하면 혼란을 가져올 우려가 있다.

이와 같이, 지출기준을 주장하는 근거에는 지출을 인식대상으로 삼음으로써 자원의 원천과 사용용도 등을 명확히 하고, 수탁자로서 재산보전 책임회계가 적절히 이루어질 수 있다고 하는 사고가 존재한다. 따라서 지출기준은 자원의 전반적인 흐름에 초점을 맞추는 이른바 '자원의 흐름(flow of resources)'에 해당한다.

한편, 비용기준의 주장은 다음과 같다.

첫째, 비용은 활동업적의 지표가 되는 생산자원의 투입측면을 측정한다. 안토니(Robert N. Anthony)는 "비용만이 특정 회계기간에 제공된 서비스의 원가를 정학히 측정할 수 있는 것이며, 만일 재고자산, 선급비용, 자본재 등의 변화를 비용과 혼동하여 사용한다면 재무제표는 왜곡되며,[23] 동일조직체에서의 기간비교는 물론 유사한 조직체 간의 상호비교도 어렵게 된다"는 견해를 표명하고 있다. 따라서 비용기준에 의하여 회계제도가 설계될 때, 회계정보는 보다 의사결정에의 유용성을 갖게 된다. 즉, 교육프로그램의 원가와 효익을 비교함에 원가측정은 비용기준에 의한 경우에만 정당하게 이루어질 수 있는 것이며, 지출기준은 합당하지 못하다고 볼 수 있다.

둘째, 대학에는 영리조직체의 이익에 해당하는 단일의 업적측정지표가 없으며, 측정 자체가 어려운 질적인 업적이 대부분이다. 이러한 경우, 업

---

23) Robert N. Anthony, *op.cit.*, p.84.

적측정의 대체적인 방법으로서 산출과 관련된 생산자원의 소비액, 즉 원가측정액은 훌륭한 업적대용치(surrogate)가 될 수 있다.

셋째, 과거의 재산보전책임중심(dollar accountability)의 대학경영과는 달리 운영회계책임(operation accountability)이 강조되고 있는 오늘날에는, 비용기준에 의한 회계정보가 반드시 제공되어야 한다고 볼 수 있다.

지출기준의 주장에 따르면 자원의 통제면에서 객관적이고 명백한 자료를 제시한다고 하고 있으나, 지출기준에서는 당해 연도의 지출예산까지는 전부 사용하여야 다음 해의 예산이 확보될 수 있다고 보기 때문에, 기말에 이르러 불요불급하나 예산한도까지는 무조건 지출하여 버리는 모순을 안고 있다. 다시 말해 지출기준에서는 자원의 지출한도액만을 강조하기 때문에 비효율적인 지출을 통제하지 못한다는 결정적인 단점을 가지고 있다.

발생주의라는 회계인식기준에 비추어 볼 때에도 비용기준은 지출기준에 비하여 합리적이다. 전통적 지출개념이 아닌 예산적인 지출개념을 주로 하는 대학회계제도로서는 재무제표 간 유기적인 관련성의 확보, 희소자원의 효율적인 배분, 노력과 성과의 대응 등을 이룰 수 없다.

④ 회계인식기준과 지출·비용인식기준

회계인식기준과 지출·비용인식기준은 서로 다른 개념이다. 전자는 수익, 지출, 비용, 이전(移轉) 및 이에 관련되는 자산과 부채를 어느 시점에서 회계계정에 인식하고 재무제표에 보고할 것이냐 하는 문제이며, 구체적으로 볼 때, 이는 측정문제와는 관계가 없는 보고시점에 관한 것이다.[24] 즉, 회계인식기준은 보고하는 시점에 따라 현금기준, 수정발생주의, 발생주의 등으로 나뉜다. 이에 대하여 비용·지출의 인식기준은 현금

---

24) NCGA, *op.cit.*, p.11.

의 수수와는 무관한, 거래의 속성에 관한 것이다.[25] 즉, 재화와 서비스는 취득시점에서 지출로 인식되며, 취득된 재화나 서비스가 실제 소비되는 시점에서 비용으로 인식된다. 이와 같이, 비용·지출은 취득이냐, 사용이냐에 의하여 인식이 결정되는 것이지, 현금이 지급되었느냐, 또는 거래가 발생되었느냐에 의하여 결정되는 것은 아니다.

⑤ 미국·일본 대학회계의 인식기준

(1) 미국 대학회계의 인식기준

미국의 대학회계는 그 운영에 대한 회계처리에 발생주의에 의한 회계인식을 권고하고 있다.[26] 즉, 가득되었을 때 수익은 인식되며, 지출은 재화나 서비스가 획득되었을 때 인식한다. 기금회계(fund accounting)를 중심으로 한 미국의 대학회계는 자체유지적인(self-sustaining) 성격을 갖고 있는 기금 이외의 기금에 대하여는 완전발생주의회계를 적용하지 않고 있으며,[27] 감가상각도 인식하지 아니하고 있다. 그런데 서비스의 노력과 성취에 관한 양자의 관계를 반영하기 위해서는 수익과 비용이 기간별로 대응되어야 하는 데도 미국 대학회계는 자원의 할당, 즉 자금의 원천과 그 사용을 표시하는 회계정보가 가장 중요하다고 보고 있다.

(2) 일본의 회계인식기준

일본의 대학회계에서 회계기준이 되고 있는 학교법인회계기준에 따르면 학교법인의 제활동에 대응될 수 있도록 자금 수지가 인식되어야 한다는 발생주의에 기초한 원칙적인 입장을 표명하고 있다.[28] 따라서 자금수

---

25) AAA, *Report of the Committee on Nonprofit Organizations*, 1973~1974, *op.cit*. p.15.
26) National Association of College and University Business Officers(NACUBO), *College and University Business Administration*, NACUBO, 1982, p.390.
27) *Ibid.*, p.391.

지계산의 방법도 "수입과 지출은 각 연도에서 지불자금의 수입 및 지출이외에 각 연도의 제반활동에 관련되는 차년도 이후의 수입 및 지출액을 포함한다"[29]고 규정하고 있다. 그러므로 당기에 실현된 총자금 유입액에서 당기의 대학활동과 대응되는 미지급금, 미수금 등을 포함시킴으로써, 대학의 제활동과 자금수지를 대응시키는 발생주의에 따른 회계인식을 분명하게 보여 주고 있다.

|제2절| 고정자산 및 감가상각회계

여기서는 전술한 회계인식기준을 바탕으로 하여 대학회계의 쟁점이 되고 있는 고정자산의 인식문제 및 감가상각회계의 찬반 양론을 검토하고 우리 나라의 감가상각회계 내용을 소개하고자 한다. 이를 위하여, 고정자산의 회계처리에 관한 여러 가지의 대체적인 방법을 고찰하고, 고정자산을 자본화한 경우에 감가상각의 찬반론을 평가하며, 미국과 일본의 대학회계기준 등을 검토·분석한다.

① 고정자산회계

영리조직체는 대부분의 고정자산을 유상으로 취득하고 있다. 그러나 대학의 경우에는 증여·기부 등을 통하여 반대급부 없이 일방적으로 고정자산을 취득하기도 한다. 따라서 대학의 고정자산 회계처리에 대하여는 여러 가지 대체안이 제시될 수 있는바, 이를 세 가지로 요약하면 다음과 같다.[30]

---

28) 일본학교법인회계기준 3.1 참조.
29) 위 기준 3.2 참조.

첫째, 고정자산의 취득을 지출로 보아 운영수지계산의 대상으로 처리한다(즉시비용화법).

둘째, 일반적으로 인정된 회계원칙에 따라 총원가로 자본화한다(자본화법).

셋째, 지출로 처리하여 고정자산을 인식하지 아니하되 다시 자본화하는, 위 두 방법의 절충형이다(비용처리 후 자본화법).

위 방법들의 장단점을 보면 다음과 같다.

(1) 즉시 비용화하는 방법

이 방법의 장점으로는 회계처리상의 단순성(simplicity)을 들 수 있다. 그런데 여기에는 다음과 같은 단점이 있다.

첫째, 대차대조표상에 자산의 역사원가가 반영되지 않는다.

둘째, 자산이 활용되고 있는 데도 원가가 배분되지 않는다.

셋째, 일반적으로 인정된 회계처리방법이 아니다.

(2) 자본화하는 방법

이 방법의 장점으로서는 자산이 대차대조표에 표시되므로 일반적으로 인정된 회계원칙에 일치하며, 감가상각에 의한 기간별 원가배분이 가능하다는 점이다.

그러나 이 방법은 운영계산서상에 실제의 금액보다 많은 수지차액이 나타나게 되므로, 정보이용자에게 대학이 다른 용도로 이용할 수 있는 많은 가용자원을 보유하고 있는 것처럼 오도할 우려가 있다.

(3) 비용처리한 다음 다시 자본화하는 방법

이 방법에 따르면 운영보고서(operating statement)에 자산의 취득을 지

---

30) Malvern J. Gross, Jr. and William Warshauer, Jr,. *op.cit.*, p.55.

출로 보고하기 때문에 수지차액은 가용자원의 금액과 일치한다. 동시에 대차대조표에도 보고되기 때문에 비영리조직체의 보유자원이 적정하게 공시된다는 장점이 있다. 그런데 이 방법은 회계처리가 복잡하여 회계정보이용자가 잘못 이해할 우려가 많으며 운영보고서는 현금기준인데, 대차대조표는 발생기준으로 처리하므로 감가상각도 인식할 수 있다는 자기모순에 빠지게 된다.

일반적으로 인정된 회계처리 따르면, 고정자산은 취득과 동시에 자본화하며 대학도 예외가 될 수 없을 것이다. 고정자산의 자본화에 의하여 수익과 비용의 대응, 제공한 서비스원가의 계산 등이 가능하여진다.

미국 회계자문위원회(Accounting Advisory Committee)도 고정자산이 자본화되어야 한다는 주장을 다음과 같은 논리로서 전개하고 있다.[31]

첫째, 조직체가 프로그램을 수행함에 이용가능한 자원액과 조직체의 보고책임이 표시된다.

둘째, 특정기간에 고정자산의 취득에 따른 지출불균형을 배제하여 기간별로 비교가능한 활동상황을 제시한다.

셋째, 자산의 활용원가를 프로그램별·활동별로 배분할 수 있다.

넷째, 자본화는 다른 조직체의 회계처리에서도 일반적으로 인정된 방법이기 때문에 쉽게 이해할 수 있다.

② 대학의 감가상각회계와 찬반론

미국 공인회계사회의 회계연구공보(Accounting Research Bulletin)에서는 "감가상각이란 유형고정자산의 원가에서 잔존가치를 차감한 잔액을 내용연수에 걸쳐 체계적이고 합리적인 방법으로 배분하는 것으로, 이는 배분의 과정이지 평가의 과정은 아니다"[32]라고 정의하고 있다. 즉, 감가

---

31) Accounting Advisory Committee(AAC), *Report to the Commission on private Philanthropy and Public Needs, AAC,* New York : October 1974, p.25.

상각은 고정자산의 원가를 내용연수에 걸쳐 배분하는 과정이며, 이는 가치하락의 측정이나 대체원가의 축적과정이 아니다.

영리조직체에서는 발생주의원칙에 따라 감가상각회계를 당연한 것으로 받아들이고 있다. 그러나 대학은 이윤동기가 없으며, 기부나 증여 등 영리조직체에서는 보기 힘든 거래가 존재하기 때문에 감가상각회계는 대학회계에서 가장 논란이 많은 분야이다.

(1) 감가상각 반대론

미국회계학회의 '비영리조직체회계에 대한 실무위원회 보고서(이하 NFP 보고서)'는 다음과 같이 감가상각에 대한 반대의 이유를 제시하고 있다.

첫째, 비영리조직체의 목적은 서비스를 제공하는 데 있는 것이지 이윤을 획득하는 데 있지 않다. 따라서 감가상각은 무의미하다. 즉, 수익이 없는 데도 감가상각비를 인식하는 것은 모순이다.[33]

둘째, 비영리조직체는 예산적 지출을 중심으로 하는 예산회계이다. 그런데 감가상각비는 현금의 지출이 없으므로 수지예산에 들어갈 수 없다. 또한 비영리조직체는 계속기업이 아니며 연도단위로 활동이 전개되기 때문에, 자산을 취득한 이후에 회계에 대하여 주어지는 책임은 그 조직체가 대상자산을 얼마나 잘 보존·관리하였는지를 보고하는 데 있는 것이다.

위 이외에 주장되고 있는 감가상각 반대이유에는 다음과 같은 것이 있다.

① 양호한 상태가 유지되는 한 자산은 감가상각되지 않는다.

② 감가상각충당금은 현금 또는 기타 자산축적을 의미한다. 만일, 자금

---

32) AICPA Commiittee on Accounting Procedure, "Restatement and Revision of Accounting Research Bulletins," *Accounting Research Bulletin* NO.43(NEW YORK : AICPA, 1953), Chap.9, section C, para.5.

33) AAA, "Report of the Committee on Accounting Practice of Not-for-Profit Organizations,(1966~1970)," *The Accounting Review*, Supplement to Vol. XLVI, 1971, p.112.

이 준비되지 아니한다면, 감가상각의 기록은 의미가 없다.

③ 자산의 대체가 기부에 의하여 이루어지도록 계획된 경우에는 감가상
각을 기록할 필요가 없다.

④ 조세나 요금 등이 전부원가를 회수할 수 있도록 설정되어 있지 아니
한다면 감가상각은 아무런 의미를 갖지 못한다.

⑤ 감가상각은 이용자에게 이중으로 부담을 준다. 즉, 고정자산을 취득
할 때 그리고 그 자산을 사용하는 기간에 감가상각비를 부과함으로
써 같은 세대가 두 번 비용을 부담하게 된다.

⑥ 자산이란 사실, 과거의 관리자가 취득한 것이다. 과거의 관리자가 취
득한 자산의 원가를 당기의 이용자에게 부담시킨다는 것은 불공평하
며, 사실을 왜곡시킬 우려가 있다.

(2) 감가상각 찬성론

대학도 일반의 어느 조직체나 마찬가지로 활동의 원가로서 당연히 감
가상각이 인식되어야 한다고 보는 견해로는 다음과 같은 것을 들 수 있
다.[34]

첫째, "대학은 이윤을 추구하지 아니하므로 대응되는 수익이 없는 데
도 감가상각을 인식하는 것은 모순이다"라고 반대론자는 주장하고 있으
나, 이러한 주장은 미국 재무회계개념보고서 제6호(SFAC NO.6)에 명백
히 천명된 바와 같이 "감가상각은 자산의 활동원가이지 수익에 비용을
대응시키는 손익산정기법에 관한 문제는 결코 아니다"라는 점에서, 그리
고 수익·비용의 대응개념과 기간별 원가배분의 개념은 다르다는 점에서
감가상각 반대의 주장은 설득력이 없다. 즉, 감가상각은 그 상각액이 정
확히 측정되는 것은 아니며, 원가배분이라는 입장에서 회계처리되고, 수
익과는 간접적으로 대응이 이루어질 뿐이라는 점에서[35] 감가상각에 대

---

34) FASB SFAS, NO.6., *op.cit.*, para.36.
35) FASB SFAS, NO.93, para.23.

한 반대이론을 반박한다.

둘째, "대학은 지출기준(expenditure basis)에 따라 회계처리하며, 감가상각비는 현금지출이 수반되지 아니하는 원가이므로 감가상각이 불필요하다"는 주장은 지출기준에 의한 회계처리가 단기적으로는 활용가능한 자원의 재무상태를 측정하는 데 유용하며,[36] 특히 대학이 보유하여 운용하는 자원의 보관·보존 등 자원의 수탁책임을 보고하는 데 유용하다는 것은 인정하지만, 개념적으로 볼 때, "일정기간에 자원의 유입과 유출금액 및 양자의 관계, 그리고 서비스제공을 위한 노력과 거기에서 얻어진 결과에 대한 정보는 그 조직체의 업적을 평가하는 데 유용하며," 재산에 대한 보전책임뿐만이 아니라 자원의 능률적·효과적인 활용 여부에 관한 보고가 중요한 회계책임 이른바 운영회계책임(operational accountability)이 되는 것이기 때문에 지출정보만이 아니라 감가상각비를 포함한 비용에 관한 정보, 즉 서비스 제공노력에 관한 정보는 중요한 의미를 갖는 것이므로 반대론자의 주장이 타당하다고 보기 어렵다.

셋째, 대학은 계속기업(going-concern)이 아니며, 연도단위로 활동을 전개하므로 감가상각은 불필요하다는 주장은 그 전제부터 타당하지 못하다. 1200년경에 시작된 케임브리지(Cambridge)대학만 보아도 잘 알 수 있듯이 대학은 영속성을 가진다. 따라서 대학회계에서도 영리조직체에서의 계속기업개념이 마찬가지로 적용될 수 있는 것이다.

만일, 대학이 감가상각비를 제외함으로써 순자산을 유지하지 못한다면, 대학의 서비스제공능력은 흔들리게 된다. 감가상각비는 자산의 활용원가이며, 따라서 "일정기간에 자원유입과 유출 간의 관계"를 나타내고, 이를 통하여 순자산의 유지 여부를 판단하려면 감가상각비가 당연히 포함되어야 하는 것이다.

넷째, 자산을 기부에 의하여 취득하는 경우에는 감가상각이 불필요하

---

36) FASB SFAC NO.4, "Objectives of Financial Reporting by Nonbusiness Organizations," FASB 1980, pars.47~49.

다고 반대론자는 주장하고 있다. 그런데 대학은 건물, 실험설비 그리고 여러 교구 등 감가상각 자산을 활용하여 서비스를 제공한다. 자산활용은 자산을 구성하고 있는 미래의 경제적 효익 또는 용역잠재력 중 일부를 사용하는 것이며, 원가가 발생함을 뜻한다.

대학이 일정기간 사용한 자산원가(감가상각비를 포함하여)를 그 기간에 회수하지 못하면서 활동을 계속하게 되면 당해 대학의 순자산은 점차 감소하게 되어 서비스제공능력은 줄어들게 된다. 따라서 대학의 특정자산이 기부에 의하여 대체가 이루어질 것이라고 하여도, 총비용을 회수하지 못한 상태에서 계속하여 활동을 전개한다면, 당해 대학의 순자산유지는 곤란하게 될 것이다.37) 기부에 의한 자산도 다른 자산이나 마찬가지로 원가를 발생하는 것이다. 즉, 원가는 취득방법과는 관계없이 발생하는 것이다.38)

다섯째, 감가상각은 이용자에게 이중으로 부담을 준다고 주장하고 있는바, 이는 근본적으로 원가측정 및 가격설정과 감가상각의 본질을 혼동하고 있다.39) 즉, 감가상각비를 원가요소로 보아 이를 기록한다고 하여도 그것이 이용자들에게 과대부담을 가져오는 것은 아니다. 과대부담은 요금 속에 고정자산의 대체를 목적으로 감가상각비를 포함하여 회수하고, 이를 별도의 고정자산 대체기금으로 비축하는 경우에 발생하는 것이다. 이러한 요금결정이나, 이중부담의 문제는 감가상각과 혼동하여 접근해서는 안 될 것이다. 따라서 이 주장도 감가상각을 부인하는 타당한 논리로 인정하기는 어렵다.

여섯째, 감가상각충당금은 현금 또는 기타 자산의 축적이므로 자산의 축적이 없는 감가상각은 무의미하다고 반대론자는 주장하고 있다. 그런데 감가상각이란 고정자산의 내용연수에 걸쳐 취득원가를 일정한 방법으

---

37) FASB SFAS NO.6, *op.cit.*, paras.103~104.
38) FASB SFAS NO.93, *op.cit.*, par.27.
39) Emerson. O. Henke, *Accounting for Nonprofit Organizations*, 3/e, KENT, 1983, pp.240~241.

로 배분하는 회계처리이기 때문에, 상각자산의 가치측정이나, 대체자원의 축적과는 상이한 개념이다. 즉, 자원축적이란 감가상각의 기능이지 감가상각의 목적 또는 본질은 아니다. 만일, 감가상각을 인식하는 목적이 회수자원의 축적을 목적으로 한 대체자원의 마련에 있다고 한다면 그러한 논리가 인정될 수 있을 것이다.

일곱째, 감가상각을 찬성하는 기타의 이유로서 더 제시할 수 있는 것으로는 다음과 같은 것이 있다.

① 발생주의적 사고에 비추어 볼 때, 감가상각의 인식은 당연한 귀결이다. 발생주의회계는 현금주의회계나 수정발생주의회계보다 더 합리적이며 우월하다는 것은 이미 검토한 바 있다. 감가상각은 발생주의회계에 일치되는 회계방식이므로 당연히 인식되어야 할 것이다. 현금주의는 현금이 수반되지 아니하는 항목을 원가에서 제외하며, 수정발생주의는 일부는 원가에 포함시키되 일부는 제외하는 모순을 갖는다.

② 감가상각을 인식하는 것은 업적평가에 유용하다. 서비스의 제공에 얼마만큼의 원가가 소요되었는가 하는 정보는 자원제공자 등이 대학에 대한 업적평가를 함에 중요한 정보가 된다. 자원제공자들은 그들이 제공한 자원의 결과로서 나타나는 것이 교육서비스이기 때문에 대학이 이러한 서비스를 능률적·효율적으로 제공하였는지 여부에 대하여 깊은 관심을 갖는다. 감가상각비를 포함한 원가자료는 이러한 정보욕구에 부합되는 것으로 볼 수 있기 때문에 업적평가에서도 필수적이다.[40] 서비스의 원가에 관한 정보는 대학과 같은 비영리조직체의 업적에 대한 대용치로서 훌륭한 역할을 한다. 이러한 점에 비추어 볼 때, 대학활동에 투입된 노력원가가 적정하게 평가되려면 감가상각의 인식은 필수적인 것이다. 만일, 감가상각비가 누락된다고 가정하면, 서비스의 제공에 따른 모든 원가가 반영되지 아니하게 되며, 비능률은 은폐될 소지도 있게 된다.

---

40) FASB SFAC NO.6, *op. cit.*, par.30.

③ 감가상각회계는 일반적으로 인정된 회계원칙이다. 조직체의 활동목적이 다르다고 하여도 자원을 활용하여 소기의 목적을 달성하려는 일련의 노력을 기울이는 점은 마찬가지이다. 따라서 비슷한 거래상황은 조직체의 활동목적에 관계없이 비슷하게 회계 처리되어야 하는 것이며, 상이한 거래나 환경에 대하여는 상이하게 회계처리되어야 할 것이다. 이렇게 될 때, 실체 간의 비교도 가능하게 된다. 이러한 논리는 그대로 고정자산회계에 적용될 수 있다. 대학이나 영리조직체를 막론하고 고정자산의 기능이나 역할은 전혀 동일하다. 따라서 대학에서도 감가상각을 인식하여야 한다는 당연한 결론에 이를 수 있다. 재무보고의 유용성, 신뢰성 그리고 실체 간의 비교성은 감가상각의 인식에 의하여 훨씬 더 향상된다.[41]

④ 감가상각을 비용으로 본다면, 이는 수익에 대응하여 이익의 계산에 참여하여야 한다. 그러나 비영리조직체의 활동목적은 이익에 있지 않다. 따라서 감가상각은 불필요하며 감가상각의 인식은 오도의 가능성이 있다고 반대론자들은 주장하고 있다.[42]

또한, 반대론자들은 비영리조직체가 전형적인 지출중심의 예산회계를 적용하며 자원의 할당형식에 의하여 활동을 전개하기 때문에 감가상각이 인식되어서는 안 된다고 주장한다.[43] 확실히, 비영리조직체는 "할당가능한 자원의 획득 및 자원의 소비계획인 예산은 할당요구에 대한 승인기준으로서의 역할"을 하는 것이며, 그러한 맥락에서 감가상각 계산은 무의미하다는 주장이다.

그러나 과연 비영리조직체는 화폐 또는 현물에 대한 실물관리책임만 수행하면 되는 것인가? 또한, 소유한 고정자산을 수탁자로서 관리하는

---

41) FASB SFAS NO.93, *op. cit.*, par.28.
42) AAA, "Report of the Committee on Accounting Practice of Not-for-Profit Organizations (1966~1970)," *op. cit.*, p.112.
43) Emerson O. Henke, *op. cit.*, p142.

한편 장래에 그 고정자산을 대체하는 데 소요되는 자원을 비축하기 위하여 예산에 계상하는 것이 필요하다고 하여도, 회계가 이를 위하여 축적된 자금을 명료하게 기록하는 책무를 부담하는 것으로 충분한 것인가 하는 의문이 제기된다.[44]

대학은 영리조직체처럼 수익과 비용이 정확하게 대응되는 것은 아니다. 그 대신, 대학에서는 기간비용(period expense)에 대하여 그 기간에 대학이 제공하는 기간편익(period benefit)이 대응된다.[45] 즉, 투입과 산출간의 대응이 이루어지는 것이다.

비영리조직체의 편익이 과연 측정가능한가에 대하여는 많은 문제점이 있다는 것을 인정할 수 있으나, 조직의 목적을 달성하기 위하여 소비하는 원가를 측정하는 개념과 원가배분으로서 감가상각의 개념은 일치한다고 볼 수 있다.[46]

이와 같이, 감가상각을 인식함으로써 회계정보이용자에게 활동에 따른 편익과 이에 관련되는 원가를 비교할 수 있게 된다.[47] 기간비용을 계산함에 감가상각비는 현금지출을 수반하지 아니하지만, 제공한 편익과 이에 대응되는 원가를 측정·보고함에 "선택가능하거나(optional), 재량가능한(discretional)" 것이 아닌 필수불가결한 비용요소이다.[48]

---

44) 鷄譯昌和・士田三千雄,「社會福祉法人のあり方」,『靑山經營論集』, 第8卷 第1.2 合倂號, p.153.
45) Price and Waterhouse Co., "Position Paper on College and University Reporting," in Richard J. Vargo ed., *Reading in Governmental and Nonprofit Accounting*, 1977, p.161.
46) AICPA, *Audits of Voluntary Health and Welfare Organizations*, AICPA, p.12.
47) *Ibid.*
48) *Ibid.*

③ 미국과 일본의 회계기준 분석

(1) 미국의 회계기준 분석

미국의 대학회계기준은 미국 대학 관리자 전국연합회(NACUBO : National Association of College and University Business Officers라 함)에서 간행한 『대학경영(CUBA : *College and University Business Administration*)』[49]과 미국 공인회계사협회(AICPA)의 『대학감사지침(ACU : *Audits of Colleges and Universities*)』[50]이다. 그 내용에 따르면, 대학회계는 원칙적으로 발생주의를 적용한다고 전제하고 있으나, 감가상각에 대하여는 상이하게 규정하고 있다.[51] 즉, 기금자체가 영리조직체처럼 자본유지활동을 전개하는 것에 속하는 고정자산을 제외한 여타 기금의 모든 고정자산 감가상각을 부인하고 있다. CUBA는 "시설에 관련된 자산의 감가상각은 당좌기금수지변동표(A Statement of Current Funds, Revenues, Expenditure and Other changes)나 비제한당좌기금잔액상태변동표(A Statement of Changes in Unrestricted Current Fund Balances)에도 표시되지 아니한다"고 규정하고 있다.

이와 같이 감가상각에 대하여 원칙적으로 반대하는 입장을 취하고 있는바 그 이유에 대하여 NACUBO의 CUBA는 다음과 같이 설명하고 있다.[52]

첫째, 대학은 손익결정을 할 필요가 없다. 즉, 대학은 서비스의 제공이 목적이다. 따라서 지출이 있다고 하여도 이는 수익과 아무런 인과관계를 가지고 있지 않다.

---

49) National Association of College and University Business Officers(NACUBO), *College and University Business Administration*, 4rd ed. Washington D.C. : NACUBO, 1992.
50) AICPA, *Audits of Colleges and Universities*, New York : AICPA, 1973.
51) NACUBO, *op. cit.*, p.179.
52) *Ibid.*, pp.391~392.

둘째, 대학은 소득과 관련된 세금의 납부의무가 없다.

셋째, 고정자산이 있다고 하여도 이들은 자금을 차용할 때 담보용으로 쓰일 수 없다. 또한 이들은 자유롭게 매각이 가능한 것도 아니다.

넷째, 수지차액이 양으로 나타났다고 하여도 그 금액이 누구에게 배당되는 것은 아니다.

이러한 여건에서 감가상각을 하게 되면, 재무제표가 핵심적인 정보를 제공한다고 보기 어렵게 되며, 재무제표를 이용하는 회계정보이용자를 오도할 우려가 있다. 당기의 운영에 대하여 감가상각비를 부과함으로써 영리조직체에 적용되는 수익·비용대응의 원칙이 그대로 적용되는 것으로 오해할 소지가 있는 것이다.

그런데 미국의 감가상각에 대한 대학회계의 경향은 점차 변화하고 있다. 즉, ACU에서도 기금잔액상태변동표의 시설취득기금(Plant Fund)에 대하여는 감가상각의 보고를 허용하고 있다.[53] 또한, 이들 대학회계기준에서는 단위원가를 계산하는 데 사용하기 위하여 보충명세서에 감가상각비가 포함될 수 있다는 것을 밝히고 있다.[54] 이와 같이 미국 대학회계의 경향은 점차 감가상각을 인정하는 방향으로 나아가고 있다. 특히 1987년에 FASB는 기준서 제93호 비영리조직의 감가상각인식(Recognition of Depreciation by Not-for-Profit Organizations)을 공표하여[55] 모든 비영리조직체는 유형고정자산에 대해 미래의 용역잠재력 소비에 따른 원가를 반드시 인식하고 이에 관련되는 다음과 같은 사항을 공시할 것을 규정하고 있다.

① 해당 기간의 감가상각비
② 대차대조표 작성일 현재의 주요 상각자산별 잔액
③ 감가상각충당금

---

53) AICPA, *op.cit.*, p.2.
54) Emerson O. Henke, *op.cit.*, p.120.
55) FASB, SFAS No.93, *Recognition of Depreciation by Not-for-Profit Organzations*, 1987.

④ 감가상각방법

따라서 주립대학을 제외한 사립대학의 경우에는 특별기금을 제외하고
는 감가상각을 실시하여야 하는 것으로 규정되었다.

(2) 일본의 대학회계기준

일본의 대학회계는 1971년에 제정되어 1976년에 일부가 개정된 일본
문부성령 제18호 학교법인회계기준에 의하고 있다. 이 기준에 따르면
"고정자산 중에서 시간의 경과에 따라 그 가치가 감소하는 것에 대하여
는 감가상각을 행한다"[56]고 규정하고 있다. 이와 같이 감가상각을 인정
하고 있으나 재무제표상의 계산구조를 분석하여 보면 투하자금의 회수를
지향하고 있다는 것을 알 수 있다.

일본의 회계기준에서 제시하고 있는 주요 재무제표는 대차대조표, 자
금수지계산서, 그리고 소비수지계산서 등 세 가지이다. "자금수지계산서
는 회계연도의 모든 대학활동에 대응하는 자금수지의 전말을 명확히 하
기 위하여 작성하며,[57] 소비수지계산서는 회계연도의 소비수지 내용 및
균형상태를 명확히 하기 위하여 작성한다"[58]고 규정하고 있다.

여기에서 소비지출이란 "학교법인이 소비하는 자산 또는 용역의 금액"
을 말하며, "매년의 자산 소비액을 파악하기 위한 양적 개념"[59]이다. 따
라서 시간경과에 의하여 감가하는 자산에 대하여는 그 감가상각비를 소
비지출로서 인식하고 있다. 이와 같이, 감가상각비를 포함한 자산 또는
용역의 소비액인 소비지출과 그 보전에 충당하기 위한 소비수입과의 균
형상태를 명백히 하는 데 소비수지계산의 목적이 있다. 감가상각비를 포

---

56) 日本學校會計基準 第26條.
57) 위 기준 제15조.
58) 學校法人財務基準調査委員會, 「報告－學校法人會計基準 Ⅵ」, 『消費收支』, 1977.
　　5. 2.
59) 古川榮一, 『學校法人會計基準解說』, 1970, p.59.

법인이 소비수지계산을 하는 이유는 학교법인이 대학활동을 전개함에 자산의 소비 또는 이용이 불가피하며, 따라서 각 연도의 자산소비액에 대하여는 가능한 한 당해 연도에 보전하지 않으면 장기적으로 법인의 순자산을 유지하기가 어려워진다고 보기 때문이다.[60]

그런데 계산구조에서 보면, 소비수지계산은 조직체의 재무적 유지의 필요성에서, 그리고 감가상각비의 인식은 투하자금의 회수 또는 자산의 대체나 재취득을 전제로 실시하고 있다. 즉, 계산구조에서는 회수계산을 전제로 하여 고정자산의 재취득비를 감가상각비라는 명목으로 소비지출에 계상하고 이를 소비수입에 부담시키고 있는 것이다.[61] 이처럼 감가상각이 소비지출계산으로서 이루어진다는 것은 기업회계에서의 손익계산과 전혀 같으며, 이 감가상각 회계처리는 비용회수이론으로 밖에 설명할 수 없다.[62]

즉, 일본의 학교법인회계기준은 소비수지계산의 목적을 자산 또는 용역의 소비지출과 이에 충당하는 소비수입과의 균형 여부 및 그 내용을 밝히는 데 두고 있으므로, 감가상각비를 소비지출로 인식하는 것은 조직체로서의 존속을 의도한 회수계산의 논리라고 할 수 있다. 따라서 학교법인이 자유로이 사용할 수 있는 귀속수입으로부터 기본금 전입액을 차감한 소비수입 중 감가상각비 상당액이 학교법인 내에 유보되어 있으므로, 고정자산의 대체시에 구자산의 취득원가 상당액을 사용할 수 있게 된다. 이처럼 자산의 재취득비를 소비수입에 부담시키고 있는 사고방식은 자금의 조달에 관한 의사결정의 문제이지 원가개념과는 거리가 있는 것이라 할 수 있다. 이러한 계산구조는 결과적으로 학생들에게 교육원가 면에서 이중으로 부담을 주게 된다.[63]

---

60) *Ibid.*
61) 山口善久, 「學校法人會計基準 減價償却に對する疑問」, 『會計 *Journal*』, 1973, p.145.
62) 阪本寅藏, 「非營利法人の統一的發展のための學校法人會計基準 批判」, 『日本公認會界士協會, 論文集』, No.226, 1976. 6, p.69.

④ 우리 나라 특례규칙의 감가상각회계

특례규칙 제34조(감가상각)에 따르면, "법인회계 및 학교회계에 속하는 유형고정자산에 대하여는 감가상각을 하지 아니한다. 법인회계 및 학교회계에 속하는 무형고정자산에 대하여는 해당 법률의 규정에 의한 유효기간 중에 매기 균등액을 상각한다"고 규정하고 있다. 즉, 유형고정자산에 대해서는 감가상각을 실시하지 않으며, 무형고정자산에 대해서만 내용연수 동안 균등상각법으로 상각하도록 규정하고 있다. 따라서 고정자산을 매각하는 경우에는 장부가액으로 매각하되, 이에 상당하는 기본금을 전기이월운영차액에서 수정하도록 되어 있다.

이와 같이 우리 나라의 대학회계는 유형고정자산에 대한 감가상각을 시행하지 않기 때문에 복식부기의 도입이라는 특례규칙원칙에서 벗어나 있는 상태이다. 그 결과, 대학의 활동원가 산정이 곤란하며, 장부상의 고정자산이 어느 정도 경과되었고, 감가상각을 차감한 장부가가 얼마인지를 알 수 없다.

---

63) 山口善久, *op. cit.*, p.145.

제 **6** 장

사학기관 재무제표의 종류, 구조 및 작성방법

|제1절| 사학기관회계는 어떤 법규에 근거하고 있는가

우리 나라 학교법인은 사립학교법에 근거하여 설립된다. 그리고 학교법인은 대학이라는 기관을 설치하여 사회에 대학교육·연구·공공봉사라는 서비스를 제공한다. 일반적으로 학교법인과 대학을 하나로 보아 '사학기관'이라 하고 있다.

사학기관의 회계관련법령으로는 고등교육법, 학교설립운영규정 및 시행령, 사립학교법 및 시행령, 그리고 동법령을 기초로 한 사학기관재무·회계규칙 및 사학기관재무·회계규칙에 대한 특례규칙 등이 있다. 그 내용을 보면 〈표 6-1〉과 같다.

〈표 6-1〉의 사학기관 재정운영과 관련된 관계 법령 체계에서 알 수 있듯이 사립대학 재정운영에 재원조달은 학생등록금, 법인전입금, 국가

법 령	조 항	주 요 내 용
고등교육법 1997. 12. 13. 법률 제5439호 제정	제7조(교육재정)	재원지원보조, 예·결산공개
	제8조(실험실습비 등의 지급)	국가는 실험실습비, 연구조성비, 장학금지급 및 필요한 조처강구
	제11조(수업료 등)	수업료와 기타 교부금수납
고등교육법시행령 998. 2. 24, 대통령령 15665 제정	제2조(학교설립 등)	향후 4년간 재정운영 계획서, 출연금
	제3조(학교헌장)	재정운영에 관한 계획
대학설립운영규정 1996. 7. 26. 대통령령 제15127호 제정 1998. 2. 24. 제15665호 개정	제1조(목적) 제2조(설립인가기준)	학교법인이 설치·경영하는 사립학교의 경영에 필요한 재산의 기준에 관한 사항
	제7조(수익용 기본재산)	수익용 기본재산의 확보기준 연간소득범위 재산평가기준에 관한 사항
	제8조(대학운영경비부담)	대학운영에 필요한 경비충당
대학설립 운영규정 시행규칙 1996. 8. 10. 교육부령 제정 제685호 1998. 5. 25, 1차 개정	제2조(대학설립계획서 등의 제출)	대학재정 운영계획
	제10조(연간학교회계 운영수익총액)	연간 학교회계 운영수익총액 학교회계 운영수익(영 제7조 관련)
	제11조(소득의 범위)	수익용 기본재산에서 소득의 범위 (영 제8조 관련)
사립학교법 1963. 6. 26. 법률 제1362호 제정 1999. 1. 21. 법률 제5683호, 25차 개정	제5조(자산)	학교법인의 학교운영에 필요한 재산
	제6조(사업)	수익사업에 관한 사항, 회계구분경리
	제28조(재산관리 및 보호)	재산관리 및 보호 수업료, 납부금받을 권리 및 학교에 속하는 수입의 예금채권 압류불가(개정)
사립학교법 1963. 6. 26. 법률 제1362호 제정 1999. 1. 21. 법률 제5683호, 25차 개정	제29조(회계구분)	학교법인 및 학교회계 구분 및 집행 수업료 기타 납부금은 교비회계수입 별도 계정관리(개정) 예결산 자문위원회
	제30조(회계연도)	회계연도
	제31조(예산 및 결산의 제출)	예·결산에 관한 사항
	제32조(재산목록 등의 설치)	재산목록, 대차대조표 기타 필요한 장부 또는 서류비치
	제33조(회계규칙 등)	회계규칙 및 특례규칙 근거조항
	제43조(지원)	교육진흥상 필요시 보조금지원 및 감독

법 령	조 항	주 요 내 용
사립학교시행령 1969. 12. 4. 대통령령 제4396 제정공포 1998. 11. 3. 제15922호까지 14차 개정	제2조(수익사업의 신고) 제3조(수익사업의공고방법 및 보고)	법 제6조 관련 수익사업 관련 세부사항
	제4조(학교법인의 설립허가 신청)	법 제10조 관련 재산 및 수입사업 관련서류
	제5조(재산의 구분)	학교법인 기본재산 구분
	제9조의 3(공인회계사를 감사로 선임한 학교법인)	법 제21조 관련 공인회계사 감사선임 관련조항
	제11조(기본재산의 처분)	법 제28조 관련 기본재산의 처분(매도·증 여·교환·담보·용도변경·의무부담·권 리포기)에 관한 사항
	제12조(처분할 수 없는 재산의 범위)	법 제28조 관련규정 변경
	제13조(교비회계와 부속병원 회계의 세입세출)	교비회계와 부속병원회계의 세입세출 세부 사항
	제14조(예산과 결산의 제출 시기)	법 제31조 관련 규정변경
사학기관 재무회계 규칙	제1장 총칙~제7장 보칙, 부칙	사립학교법 제32조, 제 33조, 제51조 단서 의 관련규정
사학기관 재무회계 규칙에 대한 특례규칙	제1장 총칙~제4장 결산, 부칙	
학교수업료 및 입학금에 관한 규칙	제1조 목적~제10조 공고, 부칙	고등교육법 제11조 관련 국·공·사립의 각급 학교수업료와 입학금 에 관한 사항
사립학교 보조와 원조에 관한 규칙	제1조 목적~제5조 보조와 감독, 부칙	사립학교의 교육여건을 개선하여 교육의 질적 향상을 도모하기 위한 국고보조금 지 원에 관한 사항
산업교육진흥법 및 시행령	제4장 국가 및 지방 자치 단체의 부담	사립학교의 산업교육을 위한 실험·실습 시설 및 설비비용 실험·실습비 보조
사학진흥재단법 및 시행령	법 : 제1~제32조 부칙 영 : 제1~제8조 부칙	사립학교와 학교법인, 교육환경 개선지원에 관한 사항

및 지방자치단체의 보조금, 사학기관의 시설지원을 위한 한국사학진흥재
단의 각종 지원금, 기타 차입금 등으로 이루어진다. 이러한 재정수입은
사학기관 재무·회계규칙 및 동 특례규칙에 규정된 회계처리 절차에 따

라 예산을 편성하여 집행하게 된다.

|제2절| 특례규칙에서 규정하고 있는 회계단위별 회계기준은 무엇인가

① 사학기관의 회계규정

사립학교법에서는 학교법인에 대해 일반업무회계와 수익사업회계를, 학교에 대해 교비회계(기성회비회계 포함) 및 부속병원회계를 설치할 수 있도록 규정하고 있다. 사학기관이 우리 나라의 고등교육에서 차지하는 중요성으로 인하여 정부에서는 1969년 7월 19일 모든 사립학교에 적용

〈표 6-2〉 사학기관 재무·회계규칙과 특례규칙의 비교

구분	사학기관 재무·회계규칙	사학기관 재무·회계규칙에 대한 특례규칙
제정일	1969.7.19.	1981.2.28.(1996.2.29. 전면개정)
적용범위	모든 사립학교 (유치원부터 대학원까지)	사립대학과 학교법인
회계처리방식	단식부기 (단, 법인회계는 복식부기가능)	복식부기
내용	모든 내용 총괄 ① 자금관리 ② 예산·결산 ③ 회계처리 ④ 재산 ⑤ 물품 ⑥ 장부와 서식	예산 및 회계중심 ① 예산 ② 회계처리 ③ 결산
예산서	예산서	자금예산서(예산부속명세서 포함)
결산서	결산서	① 재무제표 ㉠ 자금계산서 ㉡ 대차대조표 ㉢ 운영계산서 ② 합산 또는 종합재무제표
비고		① 부속병원회계 : 병원회계준칙에 의함 ② 수익사업회계 : 기업회계기준에 준함

되는 사학기관 재무·회계규칙을 제정하고 지금까지 4차의 개정을 하면서 시행하고 있으며, 1981년 2월 28일에는 사립대학교의 예산과 회계만을 중점적으로 규정하는 문교부령 제489호(1996. 2. 29, 교육부령 제679호로 개정 및 1999년 개정) 사학기관 재무·회계규칙에 관한 특례규칙(이하 특례규칙)을 제정하여 적용하고 있다. 이 특례규칙은 실질적으로 우리 나라의 사학기관에 적용되는 대학회계기준으로 볼 수 있으며, 제1장 총칙, 제2장 예산, 제3장 회계, 제4장 결산 그리고 부칙 등 총 42조로 되어 있다. 사학기관 재무·회계규칙과 특례규칙 간의 차이를 요약하면 〈표 6-2〉와 같다.

② 사학기관의 회계단위별 회계처리기준

(1) 학교회계와 법인일반업무 회계처리기준

학교회계와 법인일반업무회계는 기본적으로 사학기관재무·회계규칙에 대한 특례규칙에 따라 회계처리하게 된다. 특히 교비회계와 기성회비회계는 특례규칙상의 관·항·목에 의거, 예산을 편성하고 이를 바탕으로 결산을 해야 한다. 그리고 특별회계에 대해 특례규칙에서 구체적으로 규정하고 있지 않으나 원칙적으로 특례규칙을 준용하게 된다.

(2) 부속병원의 회계처리기준

대학의 부속병원은 학교에 소속된 기관이므로 당연히 학교회계의 적용대상이라 할 수 있다. 그러나 특례규칙 제2조(적용범위)는 교비회계 및 법인일반업무회계에만 적용하고 부속병원회계 및 수익사업회계에 대해서는 적용대상에서 제외하도록 규정하고 있다. 즉, 부속병원회계에 대해서는 병원고유의 독특한 거래가 많아 특례규칙으로 다 포괄하기 어렵기 때문에 특례규칙 제2조 제3항에서 "일반적으로 인정된 의료법인의 병원회계에 준하여 계리하도록" 규정하고 있다. 그런데 병원회계준칙은 대학부속병원뿐만 아니라 모든 종합병원을 대상으로 규정한 것이기 때문에 대학부속병원이라는 특성이 전부 반영되지는 못한다는 한계를 가진다. 그리고 병원회계준칙 자체도 병원이 적용하여야 할 강제기준이 아니다. 즉, 병원은 병원회계준칙이나 기업회계기준 중에서 선택해서 적용할 수 있다. 따라서 대학부속병원의 회계처리는 원칙적으로는 병원회계준칙을 적용한다고 하지만 실제로는 기업회계기준도 적용할 수 있으므로 선택적이라고 할 수 있다.

(3) 수익사업의 회계처리기준

사립대학의 수익사업회계 처리는 특례규칙 제2조 제3항에서 "일반적으로 인정된 기업회계에 준하여 계리한다"라고 규정하고 있다. 따라서 원칙적으로 기업회계실무를 적용하되 대학의 특성을 감안하여 특례규칙을 원용하는 것이 바람직하다. 예를 들면, 자본금이라는 용어 대신에 기본금이라는 용어로 대체하며, 재무제표 종류 중에서 이익잉여금처분계산서와 현금흐름표는 실무적으로 작성하지 않고 자금계산서로 대체하여 작성하는 것 등이다.

사학기관의 회계별 적용기준은 〈표 6-3〉과 같다.

〈표 6-3〉 회계별 적용기준과 재무제표의 종류

구분	법인의 일반업무회계 및 학교회계	부속병원회계	수익사업회계
적용기준	특례규칙	병원회계준칙	기업회계기준
재무제표의 종류	① 대차대조표 ② 운영계산서 ③ 자금계산서 ④ 합산 또는 종합 재무제표 (학교회계와 법인회계)	① 대차대조표 ② 손익계산서 ③ 기본재산변동계산서 ④ 재무상태변동표	① 대차대조표 ② 손익계산서 ③ 이익잉여금처분계산서 ④ 현금흐름표 ⑤ 연결재무제표
기타	부속명세서	부속명세서	부속명세서

<table>
<tr><td colspan="3" align="center">〈표 6-4〉 사학기관의 합산 및 종합재무제표</td></tr>
</table>

보고서	범 위	작성의무
합산재무제표	학교교비회계	강제
	법인 일반업무회계	
종합제무제표	학교법인 산하 모든 회계 : 각종 학교회계, 부속병원회계, 수익사업회계 등	임의

그리고 사학기관은 법인회계와 학교회계에 대해 합산 및 종합재무제표를 작성하도록 규정되어 있다. 그 내용은 〈표 6-4〉와 같다.

③ 사립대학 재무회계의 체계

특례규칙은 복식부기원칙, 신뢰성 및 객관성원칙, 이해가능성원칙, 비교가능성원칙 그리고 중요성의 원칙을 기본적인 회계원칙으로 제시하고

〈표 6-5〉 사학기관의 재무회계흐름도

그림: 사학기관의 재무회계흐름도 - 자금거래 → 현금주의수지계산(지출/기초자금잔액/수입) → 자금계산서 → 시산표 → 운영계산서/기말대차대조표

있다. 특례규칙은 이와 같이 복식부기체제를 기본으로 하고 있으나, 비영리회계의 특징인 예산회계를 골격으로 하고 있다. 대학과 법인일반업무에 따른 모든 자금수지는 자금계산서에 보고되고, 이들 거래 중 그 성격이 자산 및 부채의 증가나 감소를 가져오는 거래는 대차대조표에, 수익과 비용에 관련되는 거래는 운영계산서에 보고된다. 특례규칙에 규정된 사학기관의 재무회계흐름도는 〈표 6-5〉와 같다.

자금계산서를 중심으로 하여 대차대조표와 운영계산서 간의 관계를 보면 〈표 6-6〉과 같다.

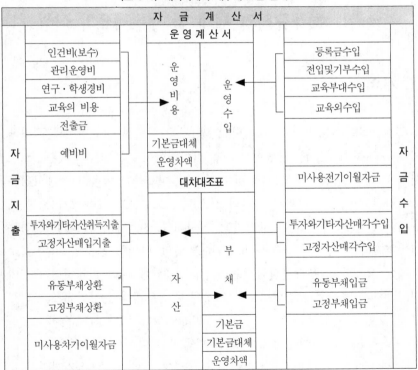

〈표 6-6〉 대학회계의 재무제표 간 관계도

① 자금지출＝당해 회계연도에 실현된 자금지출을 예산항목과 미사용 차기이월자금으로 구분

② 미사용차기이월자금＝당기말 대차대조표상의 유동자산에서 유동부채를 차감한 차액 중 예산항목을 제외한 금액

③ 자금수입＝당해 회계연도에 실현된 자금수입을 예산항목과 미사용 차기이월자금으로 구분

④ 미사용전기이월자금＝전기말 대차대조표 상의 유동자산에서 유동부채를 차감한 차액 중 예산항목을 제외한 금액

|제3절| 특례규칙의 체계 및 재무제표의 작성

1 개요

특례규칙의 제정목적은 사립학교 및 이를 설치한 학교법인의 특성에 맞는 재무회계제도를 확립함으로써 사립대학이 비영리교육기관으로서 사회에 대한 공공성과 공익성을 확보하는 데 있다. 아울러 특례규칙은 이러한 목적에 충실하면서 사무의 간소화를 도모하고 있다. 그리고 특례규칙은 전술한 바와 같이 사립대학, 산업대학, 전문대학 및 이에 준하는 각종학교와 이를 설치·경영하는 학교법인의 학교회계와 법인일반업무회계에 적용되며, 부속병원회계는 병원회계준칙에 따라 회계처리하고 법인의 수익사업회계는 일반적으로 인정된 기업회계에 준하여 회계처리하도록 적용범위(제2조)에서 규정하고 있다(1999.1.29. 개정).

특례규칙의 주요 내용을 요약하면 다음과 같다.

① 자금예산서와 자금계산서 작성을 통하여 예산제도를 유지하면서 자금운영계산을 겸하도록 하고 있다.

② 운영계산서 및 대차대조표 작성을 통해 기업회계처럼 운영성과의 측정과 재정상태의 파악이 가능하도록 하고 있다.

③ 합산 및 종합재무제표 작성을 통해 법인회계와 학교회계를 종합한 법인중심의 단일회계실체로서 재정상황을 파악하도록 규정하고 있다.

④ 자본적 지출(고정자산 취득지출)인 기본금의 증가와 제적립금의 적립액은 운영지출의 부에서 조정·계산하도록 하고 있다.

⑤ 자산의 평가 및 재평가방법이 규정되어 있다.

⑥ 고정자산에 대한 감가상각회계는 도입하지 않고 있으나, 부실채권에 대해서는 대손상각을 가능하도록 규정하고 있다.

⑦ 회계업무의 전산화를 위해 계정과목을 수입, 지출, 자산, 부채, 적립금, 기본금 등으로 그루핑(grouping)하고 과목마다 분류번호(coding)를 부여하고 있다.

② 특례규칙의 체계

특례규칙은 1996년 2년 29일에 전면 개정된 다음, 1999년 1월 29일 1차 개정을 거쳐 시행되고 있으며, 총 4개의 장과 42개 조항 및 부칙으로 규정되어 있다. 장별 주요 내용은 다음과 같다.

① 제1장 총칙 : 특례규칙의 목적(제1조), 적용범위(제2조), 용어의 정의(제3조)로 구성되어 있다.

② 제2장 예산 : 예산편성요령(제4조), 예산의 확정 및 제출기일(제6조), 예산확정 전 집행을 위한 준예산(제7조), 추가경정예산(제8조), 예산의 내용(제9조), 예산의 전용(제13조), 예산편성의 예외(제14조) 등 예산편성 및 통제에 관한 사항을 규정하고 있다.

③ 제3장 회계 : 회계원칙(제15조), 자금계산서(제18조~21조), 대차대조표(제22조~26조), 운영계산서(제27조~29조), 자산·부채의 평가

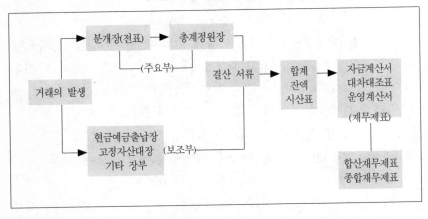

(제30조~35조), 종합재무제표(제36조~38조) 등 회계처리기준 및 재무제표 작성방법 등을 규정하고 있다.

④ 제4장 결산 : 재무제표 및 부속명세서에 관하여 규정하고 있으며(제40조, 제41조), 결산서의 제출(제42조) 등 결산의 내용과 결산서 부속명세서, 결산서의 제출기일 등에 관하여 규정하고 있다.

사학기관의 회계는 정규복식부기원칙에 따라 처리되며 〈그림 6-1〉과 같은 회계절차를 따르게 된다.

그림에서 볼 수 있는 바와 같이 특례규칙 제16조에 따르면, 기본재무제표로서는 자금계산서, 대차대조표, 운영계산서 등 세 가지를 들고 있다. 그리고 법인회계 및 학교회계를 하나의 회계단위로 한 사학기관의 종합적인 자금수지, 재무상태 및 운영수지가 파악될 수 있도록 종합재무제표 및 합산재무제표를 작성하도록 규정하고 있다. 여기에서 종합재무제표란 법인회계, 법인수익사업회계, 학교회계, 학교부속병원회계 및 기타의 모든 사학기관회계를 합산한 것으로 종합자금계산서, 종합대차대조표, 종합운영계산서 등을 말하며 그 작성은 임의적이다. 이에 대해, 합산재무제표

장 구분	주요내용	서식	별표
제1장(총칙)	목적, 적용범위, 정의		
제2장(예산)	예산편성요령 예산의 확정 및 제출		
	예산서형식	제1호	
	예산부속서류	제1-1 ~1-5호	
	추가경정자금예산서	제2호	
제3장(회계)	회계원칙		
	재무제표 : 자금계산서	제3호	별표1(계정과목명세표)
	대차대조표	제4호	별표2(계정과목명세표)
	운영계산서	제5호	별표3(계정과목명세표)
	자산·부채의 평가		
	합산재무제표	제7-1부터 7-3호	
	종합재무제표	제6-1부터 6-3호	
제4장(결산)	결산의 내용		
	재무제표부속명세서 : 대차대조표	제4-1(가) 호외	
	운영계산서	제5-1호 외	*특별회계에 대해서는 별도의 규정이 없음
	합계잔액시산표	제8호	
	결산부속서류 : 감사보고서	제9호	
	기타 부속서류		
	결산서의 작성·제출	제10호	
제5장(보칙)			
부칙	시행일		

란 법인회계와 학교회계만을 합산한 것으로서 합산자금계산서, 합산대차
대조표, 합산운영계산서 등을 말하며 필수적으로 작성하여야 한다.

사학기관의 특례규칙의 체계를 보면 〈표 6-7〉과 같다.

③ 재무제표의 작성

오늘날의 회계는 전통적인 기본재무제표가 제공해 주는 정보에 국한하지 않고 정보이용자의 의사결정에 도움이 될 수 있는 모든 재무정보를 포괄적으로 측정하고 전달하는 것을 기본목표로 삼고 있다. 따라서 오늘날 회계의 주요 관심사는 재무보고(financial reporting)로서 종래의 재무제표(financial statement)개념보다는 질적인 면과 양적인 면에서 훨씬 포괄적이다. 물론 재무제표는 재무보고의 가장 핵심적인 보고수단이다. 그러나 재무보고에는 계량화하기 힘든 질적 정보, 서술적 정보까지도 포함한다. 이 책은 기본재무제표에 대한 분석에 초점을 두고 있지만 미래지향적 의사결정에 도움이 된다면 각종 비재무적 정보 및 보충명세서까지도 포함하도록 하고 있다.

(1) 재무제표의 작성순서

1) 기본재무제표의 작성

기본재무제표 작성은 총계정원장의 계정잔액을 한 곳으로 모아 합계잔액시산표를 작성하는 것으로부터 출발한다. 합계잔액시산표로부터 회계장부상의 대차변잔액이 일치하는가를 검토한 다음, 결산정리사항에 대한 수정분개를 한다. 이러한 과정이 끝나면 이를 토대로 정산표를 작성하고 기말의 결산 대차대조표와 운영계산서 및 부속명세서를 작성한다. 또한 특례규칙에 따라 자금계산서를 작성하게 된다.

2) 합산재무제표의 작성

합산재무제표란 법인과 학교 간의 내부거래를 없애고, 양자를 통합한 모든 정보를 파악할 수 있도록 의무적으로 작성하는 재무제표로서 법인의 일반업무회계와 학교의 교비회계를 단순합산한 재무제표를 말한다.

합산재무제표는 선택사항이 아니라 필수사항이므로 반드시 작성하여야한다. 이 때 법인일반업무회계가 중심이 되며 학교와 법인 간의 내부거래는 상계된다.

3) 종합재무제표의 작성

종합재무제표는 법인의 일반업무회계와 학교의 교비회계뿐만 아니라 법인이 설치한 초·중등학교는 물론 법인의 기타 모든 회계를 통합하여 작성되는 재무제표이다. 종합재무제표는 필수사항이 아니라 선택사항이므로 해당되는 사학기관만 작성한다. 종합재무제표 작성을 통해 사학기관 경영의 주체인 법인의 총재원을 파악할 수 있게 된다. 그러나 경우에 따라서는 회계인식기준이 서로 달라 통합하는 데 어려움이 많이 발생할 수 있다. 종합재무제표에서도 법인일반업무회계가 중심이 되며 학교와 법인 간의 내부거래는 상계된다.

(2) 작성시 유의사항

1) 별도회계의 포함

대학이나 법인의 운영과 관련하여 편의상 별도회계로 관리하는 별도의 기금(예 : 장학기금, 시설기금, 대학발전기금, 연구용역비 등)이 있다 하더라도 재무보고서 작성시에는 이들 기금을 교비회계 또는 법인회계에 포함시켜야 한다.

2) 2개 이상의 캠퍼스가 있는 경우의 통합

대학 캠퍼스가 2개 이상이고 각 캠퍼스가 편의상 독립채산제로 예산 및 결산을 하고 있다고 하여도 기본재무제표 작성은 모든 캠퍼스의 재무자료를 합산하여 작성한다. 따라서 캠퍼스별 재무보고서는 기본재무제표의 명세서역할을 하게 된다.

3) 특별회계의 처리

대학회계 중에서 대학의 교비회계 또는 부속병원회계에 포함시키지 않고 별도로 관리·운영되는 기숙사 등의 회계는 특별회계로 분류하고, 각 특별회계는 교비회계의 자금계산서를 준용하여 별도의 자금계산서를 작성하여야 한다.

4) 고유목적사업준비금의 설정

사학기관은 법인세법 시행령 제16조의 규정에 따라 고유목적사업 준비금을 설정하여야 한다.

5) 보고서 간 수치의 일치

① 대차대조표 당기운영차액＝운영수지계산서 당기운영차액
② 전기 대차대조표의 차기이월운영차액＝당기 대차대조표의 전기이월운영차액
③ 자금계산서의 운영수입합계＝운영계산서의 운영수익합계
  *운영계산서의 운영수익에 포함되어 있는 외화환산이익이나 외환차익으로 인해 자금계산서의 운영수입합계와 차이가 발생할 수 있다.
④ 자금계산서의 운영지출합계＝운영계산서의 운영비용합계
  *운영계산서의 운영비용에 포함되어 있는 외화환산손실이나 외환차손으로 인해 자금계산서의 운영지출합계와 차이가 발생할 수 있다.

|제4절| 자금계산서 : 자금수지보고서

① 자금계산서란 무엇인가

자금계산서란 대학 및 법인의 장 등 사학기관의 회계정보이용자가 당해 회계연도의 활동에 따른 자금수입예산과 자금지출예산이 실제의 자금수입 및 자금지출내용과 비교하여 증감이 있는지를 명백하게 계산하여 보여 주는 재무보고서이다. 자금수입의 계산은 당해 회계연도에 실현된 자금수입을 예산항목과 미사용전기이월자금으로 구분하여 작성한다. 여기에서 미사용전기이월자금이란 기초유동자산에서 기초유동부채를 차감한 금액으로 전기말 자금계산서에 표시된 차기이월자금액과 일치한다. 그리고 자금지출의 계산은 당해 회계연도에 실현된 자금지출을 예산항목과 미사용차기이월자금으로 구분하여 작성한다. 여기에서 미사용차기이월자금이란 당기말 유동자산금액에서 당기말 유동부채를 차감한 금액으로 익년도 자금계산서에 표시된 전기이월자금액과 일치한다.

② 자금계산은 어떻게 이루어지는가

자금계산은 다음과 같은 산식에 따라 이루어진다.
① 자금수입＝등록금수입＋전입금 및 기부금 수입＋교육부대사업수입＋
　교육외수입＋투자와 기타자산 수입＋고정자산매각수입＋유동부채입
　금＋고정부채입금＋미사용전기이월자금
② 자금지출＝보수＋관리운영비＋연구·학생경비＋교육외비용＋전출금
　지출＋예비비＋투자와 기타 자산 지출＋고정자산매입지출＋유동부채
　상환＋고정부채상환＋미사용차기이월자금

③ 미사용전기이월자금＝기초 유동자산－기초 유동부채

  ＝전기말 미사용차기이월자금

④ 미사용차기이월자금＝당기말 유동자산－당기말 유동부채

  ＝(기말 유동자금＋기말 기타유동자산)－(기말 예수금＋기말 선

  수금＋기말 기타유동부채)

  ＝익년도 자금계산서 전기이월자금

③ 자금계산서는 어떻게 구성되어 있는가

〈표 6－9〉 참조

〈표 6-9〉 자금계산서 양식

관	항	목
(자금수입)		
등록금수입	등록금수입	입학금, 수업료, 기성회비
	수강료수입	단기수강료
전입 및 기부금 수입	전입금수입	경상비전입금, 법정부담전입금, 자산전입금, 부속병원전입금, 특별회계전입금, 교내전입금, 수익사업전입금
	기부금수입	일반기부금, 지정기부금, 연구기부금
	국고보조금수입	시설설비보조, 도서관보조, 자구노력지원, 기타 보조금
교육부대수입	입시수수료수입	입학원서대, 수험료
	증명사용료수입	증명료, 대여료 및 사용료
	기타 교육부대수입	논문심사수입, 실습수입, 기타 교육부대수입
교육외수입	예금이자수입	예금이자
	기타 교육외수입	잡수입
	수익재산수입	임대료수입, 배당금수입, 임농수산물수입, 기타 재산수입
투자와 기타자산수입	투자자산수입	투자유가증권매각대, 출자금회수, 기타 투자자산수입
	특정기금인출수입	연구기금인출, 건축기금인출, 장학기금인출, 퇴직기금인출, 기타 기금인출
	기타 자산수입	전신전화보증금회수, 임차보증금회수, 장기대여금회수, 기타 자산수입

관	항	목
고정자산 매각수입	유형고정자산매각수입	토지매각대, 건물매각대, 구축물매각대, 기계기구매각대, 집기비품매각대, 차량운반구매각대, 도서매각대, 유물매각대
	무형고정자산매각수입	무형고정자산매각대
유동부채입금	단기차입금	단기차입금차입
고정부채입금	장기차입금	장기차입금차입, 차관도입, 학교채매각
	기타 고정부채	임대보증금수입, 기타 고정부채수입
미사용 전기이월자금	전기이월자금	
	기초유동자산	유동자금, 기타 유동자산
	기초유동부채	예수금, 선수금, 기타 유동부채
자금수입총계		
(자금지출)		
보수	교원보수	교원급여, 교원상여금, 교원제수당, 교원법정부담금, 시간강의료, 특별강의료, 교원퇴직금, 조교인건비
	직원보수	직원급여, 직원상여금, 직원제수당, 직원법정부담금, 임시직인건비, 노임, 직원퇴직금
관리운영비	시설관리비	건축물관리비, 장비관리비, 조경관리비, 박물관관리비, 시설용역비, 보험료, 리스임차료, 기타시설관리비
	일반관리비	여비교통비, 차량유지비, 소모품비, 인쇄출판비, 난방비, 전기수도료, 통신비, 제세공과금, 지급수수료
	운영비	복리후생비, 교육훈련비, 업무추진비, 일반용역비, 회의비, 홍보비, 행사비, 선교비,
연구학생 경비	연구비	연구비, 연구관리비
	학생경비	장학금, 학비감면, 실험실습비, 논문심사료, 학생지원비, 기타 학생경비
	입시관리비	입시수당, 입시경비
교육외비용	지급이자	지급이자
	기타 교육외비용	잡손실
전출금	전출금	각종 전출금(경상비, 법정부담, 자산, 부속병원, 특별회계, 교내전출금 등)
예비비	예비비	예비비
투자와 기타자산 지출	투자자산지출	투자유가증권매입대, 출자금지출, 부속병원투자지출, 기타 투자자산지출
	특정기금적립	연구기금적립, 건축기금적립, 장학기금적립, 퇴직기금적립, 기타 기금적립
	기타 자산지출	전신전화보증금지출, 임차보증금지출, 장기대여금지출, 기타 자산지출

관	항	목
고정자산 매입지출	유형고정자산매입지출	토지매입비, 건물매입비, 구축물매입비, 기계기구매입비, 집기비품 매입비, 도서구입비, 박물관유물매입비, 무형고정자산취득비
	무형고정자산취득비	무형고정자산취득비
유동부채상환	단기차입금상환	단기차입금상환
고정부채상환	장기차입금상환	장기차입금상환, 차관상환, 학교채상환
	기타고정부채상환	임대보증금환급, 장기미지급금상환, 기타 고정부채상환
미사용차기 이월자금	차기이월자금	
	기말유동자산	유동자금, 기타 유동자산
	기말유동부채	예수금, 선수금, 기타 유동부채
자금지출총계		

④ 자금계산서에서 무엇을 알 수 있는가

(1) 자금수입항목의 증감에 관한 정보

전기 대비 수입항목의 증감상황을 통해 수입항목의 증감에 관한 정보를 제공한다. 수입항목에는 등록금수입, 전입금 및 기부금수입, 교육부대사업수입, 교육외수입, 투자와 기타 자산수입, 고정자산매각수입, 유동부채입금, 고정부채입금, 미사용전기이월자금 등이 있다.

(2) 자금지출항목의 증감에 관한 정보

전기 대비 지출항목의 증감상황을 통해 지출항목의 증감에 관한 정보를 제공한다. 지출항목에는 보수, 관리운영비, 연구·학생경비, 교육외비용, 전출금지출, 예비비, 투자와 기타 자산지출, 고정자산매입지출, 유동부채상환, 고정부채상환, 미사용차기이월자금 등이 있다.

(3) 기타 자금관련정보의 제공

① 미사용전기이월자금, 미사용차기이월자금의 변동에 관한 정보를 제공한다.

② 1법인당 또는 1대학당 부채관련 수입과 지출상황, 장단기 차입금의 증감 여부, 당해 법인이나 학교가 차입금을 상환하고 있는지 아니면 차입금이 증가하고 있는지에 관한 정보를 제공한다.

5 자금계산서는 어떻게 작성하는가

(1) 작성원칙

① 자금계산서는 특례규칙 제18조(자금계산의 원칙), 제19조(자금계산서), 제20조(자금계산의 방법), 제21조(미사용이월자금)의 규정에 의하여 작성한다.

② 예산항목과 비예산항목을 명확히 구분한다.

③ 미사용이월자금(전기이월자금 및 차기이월자금)의 계산을 명확하게 한다.

④ 자금계산서는 합계잔액시산표 또는 대차대조표와 운영계산서를 기초로 하여 작성한다.

(2) 자금계산서 작성시 유의사항

① 자금계산서는 자금예산서와 대비하여 작성한다.

② 운영계산서 항목 중 예산항목이 아닌 것은 자금계산서 표시대상이 아니다.

　　예 외화환산손익, 외환차익, 차손, 고정자산처분이익, 고장자산처분손실 등

③ 예산항목 중 대차대조표항목과 관련한 자금수입과 자금지출은 실제
   자금수입액 및 실제 자금지출액을 자금계산서에 표시한다.
   　예 토지매각은 대차대조표상의 토지장부가액으로 표시하는 것이 아
   　　니라, 토지매각으로 인하여 실제 수령한 입금총액으로 표시함
④ 미사용전기이월자금과 미사용차기이월자금은 정상적인 자금불용액
   을 말한다.
⑤ 당기 자금수입총계와 당기 자금지출총계는 일치하여야 한다.
⑥ 4321(장학금)과 4322(학비감면)을 구분하여야 한다.
   4321 장학금과 4322 학비감면은 그 효과면에서 학생들의 장학을 위
   하고, 결과적으로 등록금의 일부 또는 전부를 학생 등으로부터 받지
   않는다는 면에서는 동일하다. 그러나 4322 학비감면은 등록금의 일
   부 또는 전부를 감액(수납 후 반환하는 것을 포함)하는 소극적 장학
   금인데 비하여, 4321 장학금은 외부로부터 장학기부를 받거나 내부
   장학기금 등의 재원으로 하여 등록금의 일부(또는 전부) 또는 등록금
   을 초과하여 지급하는 적극적인 장학지원비(도서구입비, 생활보조비
   등 포함)라는 데 차이가 있다.
   참고로 이전 학기 등록자가 휴학 후 복학할 때에 그렇지 않는 학생들
   에 비교하여 적은 액수로 등록하거나, 수업연한 초과학생이 그렇지
   않는 학생에 비하여 적은 학점을 신청함에 따라 적은 금액으로 등록
   하는 경우에는 실제 수납한 등록금액만을 등록금 수입총액으로 표시
   한다(회계처리상 학비감면 등의 계정과목과는 관계가 없음).
⑦ 연구비(4311) 중 인건비성 연구보조비는 교원급여(4111) 및 상여금
   (4112)에 표시하도록 하며, 연구비(4310)에 포함시켜서는 안 된다.

|제5절| 대차대조표 : 재정상태 보고서

① 대차대조표란 무엇인가

대차대조표란 사학기관의 회계정보이용자에게 대차대조표 기준일 현재의 재무상태를 적정하게 파악할 수 있도록 작성하는 재무보고서이다. 즉, 이 표는 대차대조표 작성일 현재 자산이 얼마인지, 외부에서 빌린 돈 등 부채가 얼마인지 그리고 자기자금이 얼마인지를 나타낸다. 대차대조표는 자산·부채 및 기본금으로 구성되며 자산＝부채＋기본금이라는 대차대조표 등식을 기본구조로 삼는다. 자산은 유동자산, 투자와 기타자산 및 고정자산으로, 부채는 유동부채 및 고정부채로, 기본금은 출연기본금, 적립기본금 및 운영차액으로 각각 구분된다. 유동자산이란 현금이나 예금 등 현금화가 대차대조표 작성일로부터 1년 이내에 이루어질 수 있는 자산과 그렇지 않은 투자와 기타자산 및 고정자산으로 구성된다.

기본금의 증감이 있는 경우에는 그 증가한 자산가액만큼의 운영차액을 기본금의 증가로 대체한다. 그러나 재정운영의 필요에 따라 고정자산 등 기본자산을 매각 또는 폐기처분한 때에는 그 자산의 장부가액과 동일한 금액의 기본금을 전기이월운영차액 수정으로 대체한다.

② 대차대조표 구조는 어떻게 되어 있는가

(1) 과목의 배열

특례규칙에 따르면, 우리 나라 사학기관의 대차대조표는 현금화가 빨리 이루어질 수 있는 순서대로 먼저 배열하는 유동성배열법에 따라 자산 및 부채를 구분하여 배열하도록 규정하고 있다. 이에 대해 일본의 학교법인회계기준(문부성령 제18호, 平成 6년 개정) 법인 및 학교의 자산과 부채의 배열을 현금화가 빠른 자산을 맨 밑에 배치하는 고정성배열법을 따르도록 규정하고 있다.

(2) 항목별 구성내용 및 배열순서

① 유동자산＝유동자금＋기타 유동자산
② 투자와 기타 자산＝설치학교＋투자자산＋특정기금＋기타 자산
③ 고정자산＝유형고정자산＋무형고정자산
④ 유동부채＝단기차입금＋예수금＋선수금＋기타 유동부채
⑤ 고정부채＝장기차입금＋기타 고정부채
⑥ 기본금＝출연기본금＋적립금＋운영차액

③ 대차대조표의 자산·부채·기본금에는 무엇이 있는가

〈표 6-10〉 참조

(1) 자산

자산이란 사학기관이 소유한 각종 금전, 권리, 물품, 고정자산 등 경제적 자원을 말한다. 여기에는 형태가 있는 것이 대부분이지만 형태가 없는 무형자산도 있다. 일반적으로 자산이란 조직체가 미래에 누릴 수 있는 용역잠재력(service potential)으로 정의된다.

사학기관의 자산은 유동자산, 투자와 기타자산 그리고 고정자산으로 구성된다. 자산은 유형자산, 무형자산, 유동자산과 비유동자산 등으로 구분된다. 유동자산이란 대차대조표 작성일로부터 1년 이내에 현금화가 가능한 자산이다. 이에 대해 비유동자산은 장기에 걸쳐 대학의 고유활동에 활용되는 자산으로 무형고정자산, 유형고정자산 등이 모두 여기에 속한다. 비유동자산은 장기간 활용하여야 하는 자산이므로 원리금 상환의무

(자산)관	항	목	(부채와 기본금) 관	항	목
유동자산	유동자금	현금, 예금	유동부채	단기차입금	단기차입금
	기타 유동자산	단기대여금, 선급금, 미수금, 가지급금, 선급법인세, 받을어음, 기타 유동자산		예수금	일반예수금, 제세예수금, 특별회계예수금, 기타 예수금
				선수금	등록금선수금, 학교채선수금, 기타 선수금
				기타유동부채	미지급금, 가수금, 지급어음, 기타 유동부채
투자와 기타자산	설치학교	대학교, 전문대학, 초·중등학교, 부속병원	고정부채	장기차입금	장기차입금, 차관, 학교채
	투자자산	투자유가증권, 출자금, 부속병원투자, 기타 자산투자		기타고정부채	임대보증금, 장기미지급금, 투자유가증권평가충당금, 기타 고정부채
	특정기금	연구기금, 건축기금, 장학기금, 퇴직기금, 기타 기금			
	기타자산	전신전화보증금, 임차보증금, 장기대여금, 기타 자산			
고정자산	유형 고정자산	토지, 건물, 구축물, 기계기구, 집기비품, 차량운반구, 도서, 박물관유물, 건설가계정	기본금	출연기본금	설립자기본금, 법인, 기타 기본금
				적립금	재평가적립금, 연구적립금, 건축적립금, 장학적립금, 퇴직적립금, 기타 적립금
	무형 고정자산	무형고정자산		운영차액	전기이월운영차액, 당기운영차액

가 없는 자기자본(기본금)으로 조달하는 것이 원칙이다.

(2) 부채

부채란 자산과는 반대되는 개념이다. 부채는 외부로부터 조달한 자원이기 때문에 타인자본이라는 용어를 사용하기도 한다. 부채는 용역잠재력의 희생, 또는 채권자의 청구권 등으로 정의된다. 부채는 유동부채와 고정부채로 나뉜다. 유동부채란 대차대조표 작성일로부터 1년 이내에 상환하여야 하는 부채를 말한다. 따라서 유동자산이 유동부채보다 많아야한다. 일반적으로 유동부채와 유동자산을 비교하여 유동자산이 유동부채의 두 배는 되어야 안전하다고 보고 있다. 이에 대해 고정부채는 학교채나 기타 장기의 차입금 등으로 장기간 안정적으로 사용할 수 있다는 점에서 유동부채와 기본금의 중간성격을 가지는 부채이다. 사학기관이 재무적으로 안정성을 유지하려면 시설투자 등 자금수요에 대해 유동부채보다는 고정부채를 통해 조달하는 것이 바람직하다고 할 수 있다.

(3) 기본금

기본금이란 자기자본을 뜻한다. 다만 사학기관은 비영리조직이기 때문에 자본금이라는 말을 사용하지 않고 기본금이라는 용어를 사용하고 있다. 기본금이 사학기관의 제반 시설·설비를 충분히 조달할 수 있는 수준 즉, 기본금의 상대적 크기와 내용으로부터 당해 사학기관의 재무안전성을 평가할 수 있다. 최소한 비유동자산의 합계액보다 기본금이 많을 때, 당해 사학기관은 재무적으로 안정된 상태라고 할 수 있다. 만일 비유동자산의 합계액 중 상당부분이 기본금을 초과한다면, 이 사학기관은 매년 기본금전입액을 통해 고정자산을 조달하여야 하므로 등록금의 사용내용에 대해 구성원과 갈등이 발생할 가능성이 높게 된다. 그리고 고정자산의 취득을 장기대출금이나 학교채 등으로 조달하는 경우에는 채권자들로부터 각종 원리금 상환압력이 있을 수 있으므로 사학기관의 재정은 위험상황에 노출되는 셈이다.

(4) 이월운영차액

이월운영차액은 전기이월운영차액과 당기운영차액으로 구성된다. 이두 차액의 합계액은 차기이월운영차액으로서 이월된다. 운영차액이란 자산과 부채의 차액으로서, 운영계산서상의 당기운영차액과 일치한다. 그런데 특례규칙에서는 운영수익에서 순운영비용을 제외한 나머지를 당기운영차액으로 하지 않고, 〈당기운영수익−당기순운영비용−기본금대체액〉을 당기운영차액으로 규정하고 있으므로 기업회계의 당기순이익과는 그 성격이 전혀 다르다.

④ 대차대조표에서 무엇을 알 수 있는가

대차대조표의 오른쪽은 자금의 조달을 왼쪽은, 자금의 운용내용을 표시하고 있다. 대차대조표는 항상 왼쪽의 금액과 오른쪽 금액(총조달액＝총자본액＝타인자본＋자기자본＝부채＋기본금)이 일치하여야 한다. 이를 대차평균의 원리(principles of equilibrium)라고 한다.

사학기관 대차대조표의 오른쪽은 부채와 기본금으로서 대학이 어떻게 자원을 조달하였는가를 나타내 준다. 그리고 대차대조표의 왼쪽은 자산으로서 대학이 조달한 자원을 어떻게 운용하고 있는지를 말해 준다. 조달을 나타내는 부채와 기본금의 부를 통해 조달자원의 내용, 조달방법, 조달원가 그리고 조달의 건전성 등을 검토할 수 있으며, 운용을 나타내는 자산의 부를 통해 유동성·안전성 및 수익성 등을 검토할 수 있다. 따라서 대차대조표의 자산, 부채, 기본금 및 운영차액 등의 증감과 추세 및 신장률 그리고 이와 관련되는 각종 관계비율의 변화 등을 검토해 보면 유용한 정보를 얻을 수 있다.

⑤ 대차대조표는 어떻게 작성하는가

(1) 작성원칙

① 대차대조표는 특례규칙 제22조 내지 제26조의 규정에 의해 작성한다.

② 유동자산 및 비유동자산, 유동부채와 고정부채의 분류를 1년주의(one

year rule)원칙에 따라 명확히 한다.

③ 특정기금과 적립금의 대응을 명확히 하고, 기금회계를 도입한다.

④ 고정자산 등과 기본금의 대응을 명확히 한다.

(2) 대차대조표 작성시 유의사항

① 가지급금(1124)이나 가수금(2142) 계정과목은 회계연도 중의 임시계
정이므로 결산시점에서는 가지급금을 회수하거나 가수금내용을 정당
한 계정과목으로 대체 또는 재분류함으로써 결산시점의 대차대조표
상에는 가지급금이나 가수금 계정과목이 나타나지 않도록 하는 것이
원칙이다.

② 법인이나 학교의 예금이자 등에 대한 원천징수세액 중 차후 환급이
되는 법인세에 대해서는 대차대조표상 선급법인세(1125)로 표시하도
록 하며, 이를 잡수입(5431)이나 기타 자산수입(1249) 등에 포함시켜
처리하지 않도록 한다.

③ '자산'란의 특정기금 금액과 '기부금'란의 해당 적립금 금액은 상호
일치되어야 한다.

④ 대차대조표상의 각 계정과목에 대한 금액은 해당 부속명세서상의 금
액과 일치하도록 하여야 한다.

⑤ 대차대조표 각 계정과목에 대한 부속명세서의 금액과 내용은 결산을
정확히 한다는 측면에서 예·결산부서가 아닌 관련부서의 확인 또
는 검토를 받는 것이 바람직하다.

|제6절| 운영계산서 : 경영성과 보고서

① 운영계산서란 무엇인가

운영계산서란 이사장 및 대학의 장 등 사학기관의 회계정보이용자가 당해 회계연도의 운영수익 및 운영비용에 대한 내용을 적절히 파악할 수 있도록 작성하는 주요 재무보고서이다. 대학경영자는 당해 대학이 경상적인 비용을 경상적인 수익으로 충당하고 있는지 여부에 대해 알아야 한다. 사학기관이 비영리활동을 전개한다고 하여도 대학의 운영에 소요되는 자금은 등록금 등 운영수익을 통해 조달하지 않으면 안 된다. 만약 운영수익에 비해 운영비용이 더 많아 이른바 적자경영이 지속된다면 당장은 특별모금운동 등을 전개하여 버틸지는 모르나 장기적으로는 파산상태에 직면하게 된다.

운영수익에는 등록금수익, 전입 및 기부금수익, 교육부대수익 및 교육외수익 등이 있다. 그리고, 운영비용에는 보수·관리운영비, 연구·학생경비, 교육외비용, 전출금 그리고 기본금대체액 등이 있다. 여기에서 기본금대체액이란 회계연도 중 고정자산 구입 등 비운영지출에 대응한 설립자기본금대체액, 법인대체액, 제적립금대체액과 기타 기본금대체액을 말한다.

② 운영계산서는 어떻게 구성되어 있는가

(1) 운영수익과 운영비용의 구성

운영계산서는 일정기간에 사학기관의 경영성과를 나타내는 보고서이다. 운영계산은 총운영수익에서 총운영비용을 차감하여 운영차액을 구하는 방식으로 이루어진다. 그런데 사학기관의 경우에는 운영비용에 기본금대체액이라는 독특한 부분이 포함되어 있다. 기본금대체액이란 당해 연도 운영수익 중 고유목적의 고정자산 취득을 위해 지출한 금액을 말한다. 따라서 운영차액은 기업회계의 당기순이익과 그 성격이나 내용이 전혀 다르다. 기업회계의 사고방식을 적용하려면 운영수익에서 순운영비용(총운영비용-기본금대체액-운영차액)을 대비하여 총운영차액을 구해야 한다.

운영수익부문은 등록금수입, 전입 및 기부금수입, 교육부대수입, 교육외수입 등으로 구성되며, 운영비용부문은 보수·관리운영비, 연구학생경비, 교육외비용, 전출금, 기본금대체액, 당기운영차액 등으로 구성된다.

(2) 운영계산서 양식

운영계산서 양식은 〈표 6-11〉 운영계산서 양식(운영수익·운영비용)과 같다.

〈표 6-11〉 운영계산서 양식

관	항	목
등록금수입	등록금수입	입학금, 수업료, 기성회비
	수강료수입	단기수강료
전입 및 기부금수입	전입금수입	경상비전입금, 법정부담전입금, 자산전입금, 부속병원전입금, 특별회계전입금, 교내전입금, 수익사업전입금
	기부금수입	일반기부금, 지정기부금, 연구기부금, 현물기부금
	국고보조금	시설설비보조, 도서관보조, 자구노력지원, 기타보조금
교육부대수입	입시수수료수입	입학원서대, 수험료
	증명수수료수입	증명료, 대여사용료
	기타 교육부대사업수입	논문심사료수입, 실습수입, 기타 교육부대사업수입
교육외수입	예금이자수입	예금이자
	기타교육외수입	잡수입, 외화환산이익, 외환차익, 투자유가증권처분이익, 투자유가증권평가충당금환입, 고정자산처분이익
	수익재산수입	임대료수익, 배당금수익, 임·농·수산물수입, 기타 수익재산수입

관	항	목
운영수익총계		
보수	교원보수	교원급여, 교원상여금, 교원제수당, 교원법정부담금, 시간강의료, 특별강의료, 교원퇴직금, 조교인건비
	직원보수	직원급여, 직원상여금, 직원제수당, 직원법정부담금, 임시직인건비, 노임, 직원퇴직금
관리운영비	시설관리비	건축물관리비, 장비관리비, 조경관리비, 박물관관리비, 시설용역비, 보험료, 리스임차료, 기타 시설관리비
	일반관리비	여비, 교통비, 차량유지비, 소모품비, 인쇄출판비, 난방비, 전기수도료, 통신비, 제세공과금, 지급수수료
	운영비	복리후생비, 교육훈련비, 일반용역비, 업무추진비, 홍보비, 회의비, 행사비, 선교비, 기타 운영비
연구학생경비	연구비	연구비, 연구관리비
	학생경비	장학금, 학비감면, 실험실습비, 논문심사료, 학생지원비, 기타 학생경비
	입시관리비	입시수당, 입시경비
교육외비용	지급이자	지급이자
	기타 교육외비용	잡손실, 외화환산손실, 외환차손, 투자유가증권처분손실, 투자유가증권평가손실, 고정자산처분손실, 무형고정자산상각액
전출금	전출금	경상비전출금, 법정부담전출금, 자산전출, 부속병원전출금, 특별회계전출금, 교내전출금
운영비용합계		
기본금대체액	출연기본금대체액	설립자기본금대체액, 법인대체액, 기타 기본금대체액
	제적립금대체액	
당기운영차액		당기운영차액, 이월운영차액의 수정

③ 운영계산서에서는 무엇을 알 수 있는가

운영계산서는 기본적으로 당해 사학기관의 운영수익이 건전하고 안정적인 방법으로 발생하고 있는가, 그리고 그 금액이 운영비용을 충당하기에 충분한지 여부를 관련되는 내용을 검토할 수 있도록 하는 재무제표이다. 운영수지균형 내지는 운영차액이 없이는 당해 사학기관의 유지·존속이란 생각할 수 없는 일이다. 그리고 기본금전입액이란 사학기관이 대학의 고유활동을 지속하기 위해 필요한 교육·연구용 자산을 계속적으로 획득·유지할 수 있도록 운영비용에서 처리하는 부분이다. 이는 영속적인 교육·연구활동을 확보하기 위해 현재의 기본금을 충실히 함과 동시에 장래의 기본금을 확충하기 위하여 실시되는 것이다.

그러나 기본금전입액이 각 학교법인의 고정자산 취득계획에 따라서 변동폭이 크고, 그 결과 운영차액 계산에도 결정적인 영향을 미치기 때문에, 기본금전입액을 제외한 운영수익과 운영비용을 비교하는 것이 유용하다. 또한, 운영계산서는 학생등록금의 비중이 매년 증가되고 있는지, 국고보조금이 증가하고 있는지, 3~5개년의 인건비비율이 지나치게 높은 것은 아닌지, 관리운영비비율이 감소되고 있는지, 운영수익의 신장률은 어느 정도인지, 운영수익과 운영비용의 상대적 신장률은 어떠한지, 평균 운영비용 비율(운영비용/운영수익)은 어떠한지, 전체 사학기관에 치의학·한의학 계열(이하 의학계열)을 포함시키지 않는 경우와 포함시키는 경우를 비교할 때 알 수 있는 운영수지상의 특징은 무엇인지, 그리고 규모별·지역별로 볼 때 운영수지의 추세 및 특징은 무엇인지 등을 알려준다. 사학기관에서는 이러한 분석정보를 바탕으로 문제를 해결할 수 있는 실질적 방안을 도출하여야 한다. 예를 들어, 수년에 걸쳐 운영비용 초과상태가 지속된다면, 운영수익이 감소되는 것인지, 운영비용이 과다하게 발생되고 있는 것인지 등을 분석하여 이를 개선하기 위한 근본적 노력이 반드시 뒤따라야 할 것이다.

④ 운영계산서는 어떻게 작성하는가

(1) 작성원칙

① 운영계산서는 특례규칙 제27조(운영계산의 원칙), 제28조(운영계산서), 제29조(운영계산의 방법)의 규정에 의하여 작성한다.

② 운영수익은 순액으로 표시해서는 안 되며, 반드시 총액으로 표시하여야 한다.

③ 1996년 이후부터는 기본금대체액을 운영비용에 표시한다.

(2) 운영계산서 작성시 유의사항

① 합계잔액시산표의 계정과목 중에서 운영수입(코드번호 5100, 5200, 5300, 5400) 및 운영비용(코드번호 4100, 4200, 4300, 4400, 4500, 4600) 항목만 집계한다.

② 기본금명세서의 대체증가금액을 운영지출란에 반영하여 표시한다.

③ 운영계산서상의 당기운영차액 금액과 대차대조표상의 당기운영차액 금액은 상호 일치하여야 한다.

④ 운영지출란 마지막 난인 당기운영차액 중 과목 3132 당기운영 차액을 대차대조표와 동일하게 코드번호만 3133으로, 3132A 이월운영 차액의 수정을 3132 운영차액 대체로 하고 3132A를 삭제한다.

|제7절| 합산 및 종합재무제표의 구조와 작성

1996년 특례규칙이 개정되면서 법인의 일반업무회계와 대학의 교비회계에 대해서는 의무적으로 합산재무제표를 작성하도록 규정되었고, 학교법인이 대학 이외에 전문대학이나 초·중등학교 및 수익사업을 경영하는 경우 필요에 따라 종합재무제표를 작성하도록 되었다.

대학에서는 학교회계(교비와 기성회회계 합산분)의 재무제표를 작성하여 법인에 제출하고, 법인에서는 학교회계(교비와 기성회회계 합산분)와 법인 일반업무회계를 합산하여 합산재무제표를 작성한다. 종합재무제표는 합산재무제표나 마찬가지의 원리로 작성한다. 다만, 종합재무제표에서는 합산의 범위가 학교법인의 모든 사업에 달한다. 그리고 종합재무제표는 의무적으로 작성해야 하는 재무보고서가 아니라는 점에서 합산재무제표와 차이가 있다.

① 합산자금계산서

① 합산자금계산서는 법인 일반업무회계 자금계산서와 교비회계의 자금계산서를 합산하여 작성한다.
② 합산자금계산서를 작성할 때에는 동일자금이 중복계산되는 것을 방지하기 위하여 양 회계 간의 내부거래를 제거하여야 한다.

【내부거래 제거대상 : 예시】

- 학교회계 전입금수입 중 경상비전입금(5211)과 법인회계의 경상전출금(4511) : 운영계산서 관련
- 학교회계 전입금수입 중 법정부담전입금(5212)과 법인회계의 법정부담전출금(4512) : 운영계산서 관련
- 학교회계 전입금수입 중 자산전입금(5213)과 법인회계의 자산전출금(4513) : 운영계산서 관련
- 학교회계 전입금수입 중 특별회계전입금(5215)과 법인회계의 특별회계전출금(4515) : 운영계산서 관련

② 합산대차대조표

① 법인과 대학의 대차대조표를 합산하여 작성한다.
② 합산대차대조표를 작성할 때에는 자산과 부채가 이중으로 계상되는 것을 방지하기 위하여 양 회계 간의 내부채권 및 채무를 제거하여야 한다.

【내부거래 제거대상 : 예시】

- 대학(1211)과 법인(3112) 등

③ 합산운영계산서

① 법인과 대학의 운영계산서를 합산하여 작성한다.
② 합산운영계산서를 작성할 때에도 내부거래를 제거하기 위해 합산자
금계산서의 제거대상 예시와 동일한 방법을 적용한다.

|제8절| 결산서의 작성

① 결산절차

결산절차는 결산예비절차, 결산본절차, 재무제표작성절차 등으로 구분
할 수 있다.

(1) 결산예비절차

장부기록의 정확성을 검증하는 절차로서 계산의 정확성과 내용의 정
확성을 검증한다.
① 계산의 정확성 – 복식부기특징인 대차평균의 원리와 자기검증기능을
활용하게 되며 합계잔액시산표의 작성을 통해 이루어진다.
② 내용의 정확성 – 정확한 결산을 목적으로 원장 각 계정의 금액을 결
산시점에서 가치·수량 등을 조사(재고조사)함으로써 이루어진다.

(2) 결산본절차

원장의 정확성을 확인한 후에는 결산정리, 원장마감순서로 하게 된다.

① 결산정리 – 결산예비절차에서 작성된 재고조사표를 중심으로 원장의 기록을 보정한다.

　　예 ㉠ 현금계정(과부족의 정리)

　　　　㉡ 제예금(잔고증명서와 대조확인)

　　　　㉢ 미결산계정의 정리(가지급, 가수금 계정 등의 정리)

　　　　㉣ 투자유가증권(투자자산의 평가)

　　　　㉤ 무형고정자산의 정리(상각비 계상)

　　　　㉥ 외화자산・부채(외화자산・부채의 평가)

② 원장마감 – 자산・부채・기본금 등의 대차대조표계정은 차기이월을 기입하여 차・대변을 일치시켜 마감한다. 그리고 수익・비용 등 운영계산서계정은 그 발생액을 각각 누계한 차액을 표시하여 마감한다.

(3) 재무제표 작성절차

재무제표 작성절차는 제3절에서 기술한 바와 같다.

② 결산시 계정과목별 주요 점검사항

(1) 대차대조표 과목

[유동자산]

1) 유동자금

① 현금보유액이 1백만 원 이하인지 여부

② 가지급 및 선지급의 현금정산액 여부

③ 장부잔액과 현금보유액과의 차이(현금과부족)는 정확하게 처리되

었는지 여부

④ 소액현금출납 및 전도자금의 정산 여부

⑤ 은행별·예금종류별 장부의 잔액합계와 잔액증명의 일치 여부

⑥ 예금이자 수입으로 인한 잔액증명과 장부상의 불일치 여부

2) 기타 유동자산

① 가지급금이 본계정으로 대체되었는지 여부

② 부득이 가지급이 대체정산되지 않는 사안의 적정 여부

③ 단기대여금(1121)의 잔액이 미사용차기이월자금의 산출과정에서
포함되지 않았는지 여부(단기차입금(2111)은 반영되지 않음)

3) 투자자산

① 기간이 경과한 유가증권(국·공채) 보유 여부

② 유가증권명세서와 부속명세서의 일치 여부

[고정자산]

4) 유형고정자산

① 기자재관리대장 및 부속명세서를 작성할 때, 집기비품 성격의 자
산의 오류기재 여부

② 유형고정자산의 명세서상 자본적 지출에 해당되는 것만 자산계상
되었는지 여부

③ 장부와 현물의 일치 여부

④ 진부화 및 노후로 인하여 폐기한 기자재의 등재 여부

⑤ 건설가계정의 내용은 건별로 구분·정리되었는지 여부

⑥ 건설이 완료된 건설가계정이 건물계정으로 대체되어 있는지 여부

[유동부채]

5) 유동부채

① 예수금의 내역은 각각 구분관리되고 있는지 여부

② 제세예수금은 매월 10일 납부할 금액이 직전월의 잔액과 일치하는지 여부
③ 일반예수금 중 연금 및 의료보험의 정확한 공제 여부
④ 선급법인세는 예금이자수입 발생시 자산으로 처리되었는지 여부
⑤ 선급법인세 명세서 작성 후에 1년분의 과세표준액과 원천납부액 (법인세, 주민세)의 합계가 원천징수율과 일치하는지 여부(회계연도중에 징수율이 변경되는 경우는 제외함)
⑥ 전 회계연도의 선급법인세 환급분에 대하여 동 계정과목(1125)의 대변항목으로 분개하지 않고 잡수입 등의 수입계정으로 처리하였는지 여부

[고정부채]

6) 고정부채
① 신규차입금의 경우, 품의서 결재 여부
② 차입금에 관한 계약서작성 여부
③ 원리금 상환의 계약조건 이행 여부
④ 외화차입의 경우 기말에 한국은행의 기준율에 맞게 평가하여 외화환산 손익을 계상하였는지 여부
⑤ 장기와 단기구분의 정확성 여부

[기본금]

7) 특정기금
① 대학운영과 관련하여 편의상 별도회계 등으로 관리하는 별도의 자금(예 : 장학기금, 건설기금, 대학발전기금, 연구기금 등)을 교비회계의 재무제표에 포함시켰는지 여부
② 대차대조표 자산란의 특정기금(1232-1239)과 기본금란의 적립금(3120)의 각 계정이 일치하는지 여부

8) 출연기본금
① 법인회계에서 설립자 기본금(3111)은 학교의 설립시 출연한 금액

은 물론 매 회계연도 중 증가한 토지와 건물·구축물의 증가분을 운영계정의 설립자 기본금대체액(3111)에 대체처리하는지 여부

② 법인계정에서 건축물에 상당하는 기본금은 건물계정과 등기된 구축물의 계정과목을 지칭히는 것으로서 구축물이 법인계정에 누락되었는지 여부

9) 운영차액

대차대조표의 당기운영차액(3133)과 운영계산서의 당기운영차액이 일치되었는지 여부

(2) 운영계산서 과목

[운영수익]

1) 전입 및 기부금 수입

① 실험용 기자재 등의 현물기부금은 운영계산서의 수입으로만 기재하고 자금계산서에는 수입으로 표시하지 않았는지 여부

② 법정부담금 전입액이 보수의 교원법정부담금(4114)과 직원법정부담금(4124)의 지출 합계와 일치하는지 여부

③ 국고보조금의 집행과정에서 발생한 이자수입을 포함하여 국고집행사업을 제대로 회계처리하였는지 여부

2) 교육부대수입

입학원서대(5311)와 수험료수입(5312)은 입시관리비(4330)와 일치하는지 여부

3) 교육외수입

기타 교육외 수입항목중 잡수입을 제외한 외화환산이익, 외환차익, 투자유가증권처분이익, 투자유가증권평가충당금환입, 고정자산처분이익 등의 계정처리가 자금계산서 작성항목으로 잘못 기재되었는지 여부(특히 고정자산처분이익 계정에 주의)

4) 운영차액대체

고정자산 등 기본재산의 매각(폐기 포함) 또는 각종 기금의 사용
에 따라 이에 대응된 출연기본금 및 적립금의 감소분에 대한 운
영차액은 운영계산서 수입증가로 계상되었는지 여부

[운영비용]

5) 보수

① 교원법정부담금(4114)과 직원법정부담금(4124)은 법인에서 전입
받아 지출되어야 하므로 학교의 운영자금으로 집행해서는 안 된
다. 이들 금액이 법정부담금전입금(5212)과 일치하는지 여부

② 일용인부의 노임지급시 세법에서 정한 소득세공제 여부

6) 일반관리비

① 자동차관련 보험료납부는 보험료(4216)계정으로 처리가 되었는지
여부

② 자동차세 납부는 세금과공과(4228)계정으로 처리되었는지 여부

7) 연구·학생경비

① 학비감면과목은 자금을 수반하지 않으므로 등록금수입과 상계하
였는지 여부

② 외부장학금은 학생복지처 등 타부서에 직접 입금되어 학생들에게
지급되고 있는지 여부

③ 장학금(4321)과 학비감면(4322)을 혼돈하여 분개하는지 여부

④ 외부용역연구비의 수입과 지출은 교비회계를 통하여 입금되고 지
출되었는지 여부

⑤ 상업적 용역연구비의 과세는 적정하게 이루어지는지 여부

⑥ 연구비(4311) 중 인건비성 연구보조비는 교원급여 및 교원상여금
에서 처리되고 있는지 여부

⑦ 입시수당의 원천징수 여부

8) 교육외비용

기타 교육외 비용(4420) 중 잡손실(4421)을 제외한 외화환산손실, 외환차손, 투자유가증권처손실, 투자유가증권평가손실, 고정자산처분손실, 무형고정자산상각액의 계정과목 처리가 자금계산서 작성에 영향을 미치지 않았는지 여부

제 7 장

회계처리 실무

|제1절| 자금계산서 과목해설

1 수입항목

(1) 등록금수입(5100)

1) 등록금수입(5100)

① 의의 : 등록금은 크게 입학금, 수업료, 기성회비로 구분하여 수납하고 있다. 입학금은 신입생 및 편입생, 재입학생으로부터 받게 되며, 수업료는 정규과정에 등록하는 학부, 대학원학생으로부터 수납받는다. 그런데 수업료에는 계절학기 수업료를 포함한다고 특례규칙 운영계산서 계정과목 해설에서 표시하고 있어 혼돈을 주고 있으나 계절학기 수업료는 단기수강료계정에서 처리하는 것이 타당하다. 또한, 기성회비는 학부형 및 학생으로부터 받는 기성회비로서 국립대학은

비국고자금 회계규정에 의거, 처리하고 있으나 사립대학은 사실상 내용의 구분을 필요로 하지 않으며 세무상의 문제만 해결된다면 폐지하는 것이 바람직하다. 한편, 등록금은 학교수업료 및 입학금에 관한 규칙 제4조에 의거, 학칙이 정하는 바에 따라 학점별·기별 또는 월별로 징수할 수 있으나 통상 학기제에 따라 수납하고 있으며, 그 징수기일(제5조)은 신입생의 경우 학기개시 전 60일 이내로 할 수 있다.

등록금수입은 대학의 가장 중요한 수입재원이므로 자금예산서 제출시 반드시 등록금 명세서(특례규칙의 별지 제1호의 4호 서식)를 제출하게 되어 있다.

② 적용회계 : 학교회계

③ 관련계정 : 입학금(5111), 수업료(5112), 기성회비(5113)→상대계정 : 등록금 선수금(2131)

④ 회계처리사례

　㉠ 등록금 수납시(1학기 경우) - 결산일 전

　　(차) 예금 　　　　×××　　(대) 등록금선수금 　　×××

　㉡ 학기 개시일의 대체분개

　　(차) 등록금선수금　×××　　(대) 입학금 　　　　　×××

　　　　학비감면 　　　×××　　　　수업료 　　　　　×××

　　　　장학금 　　　　×××　　　　기성회비 　　　　×××

　※ 분납제도를 시행하는 대학은 분납금액에 대한 (등록금)미수금계정을 설정하여야 한다.

　㉢ 2학기 등록금수납시에는 1학기와 동일하게 처리할 수도 있으나 아래와 같이 직접분개하고 있다.

　　(차) 예금 　　　　×××　　(대) 입학금 　　　　　×××

　　　　학비감면 　　　×××　　　　수업료 　　　　　×××

　　　　장학금 　　　　×××　　　　기성회비 　　　　×××

다만, 기성회비회계를 별도로 구분할 경우에는 교비(입학금, 수업료)와 기성회비수입을 그 회계별로 구분하여 분개한다.

2) 수강료 수입(5120)

① 의의 : 특별강좌, 계절학기, 평생교육강좌 등의 개설에 따른 단기교육수강료로 교육기간이 1년 미만인 비정규교육과정에 대한 수입을 의미하며, 중등교원연수원 교육수입, 어학원 수강생의 수강료수입, 전산교육 특강료수입 등도 포함된다.

② 적용회계 : 학교회계

③ 관련계정 : 단기수강료(5121)

④ 회계처리사례

  ㉠ 수강료를 받았을 때

    (차) 예금   ×××   (대) 단기수강료   ×××

  ㉡ 단기수강료는 평생교육원 등에서 직접 수납하는 경우가 많아 수입의 누락이나 비용의 직접지출 등 오류를 범할 우려가 크므로 회계처리에 특히 주의하여야 한다.

(2) 전입 및 기부수입(5200)

1) 전입금수입(5210)

(가) 경상비전입금

① 의의 : 경상비 전입금은 법인으로부터 인건비, 관리운영비, 연구·학생경비 등의 경상비용으로 받는 전입금을 의미하며 법인회계의 경상비 전출금과 일치되어야 한다. 특히, 특정한 시설(토지, 건물 등)의 취득 또는 각종 기금적립 등의 용도로 전입되는 자산전입금과는 구분하여야 한다.

② 적용회계 : 학교회계

③ 관련계정 : 경상비전입금(5211)↔경상비전출금(4511)

④ 회계처리사례

㉠ 학교법인으로부터 자금을 송금 받았을 때

   (차) 예금   ×××   (대) 경상비전입금   ×××

㉡ 학교법인이 학교의 경상비용을 지급하고 그 증빙과 함께 통보하였을 경우

   (차) 관련비용과목 ×××   (대) 경상비전입금   ×××

(나) 법정전입금

① 의의 : 교직원의 후생복리를 위하여 법인으로부터 연금, 의료보험료 등 의무부담금으로 받는 전입금을 의미하며 법인회계의 법정부담전출금과 일치되어야 한다. 또한, 학교회계에서 연금 및 의료보험료 납부시에는 교원법정부담금과 직원법정부담금과목으로 계상하므로 이들을 합산한 금액과 일치하여야 한다.

   연금부담금은 교원과 직원에 대한 의무부담율이 다르며 교원의 경우는 본인부담률 50%, 법인부담률 30%, 국가부담률 20%이며, 직원의 경우는 본인부담률 50%, 법인부담률 50%이다.

② 적용회계 : 학교회계

③ 관련계정 : 법정부담전입금(5212)↔법정부담전출금(4512), 교원법정부담금(4114), 직원법정부담금(4124)

④ 회계처리사례

 학교법인으로부터 법정부담금을 송금받았을 때

   (차) 예금   ×××   (대) 법정부담전입금   ×××

(다) 자산전입금

① 의의 : 법인으로부터 특정한 시설(토지, 건축물 등)의 취득 또는 각종 기금적립 등과 같이 자본(자산)적 지출용으로 받는 전입금을 의미하며 법인회계의 자산전출금과 일치하여야 한다. 특히 학교의 인건비, 관리운영비 등의 경상비용에 충당할 목적으로 전입되는 경상비전입

금과는 그 용도에 의해 구분된다.

② 적용회계 : 학교회계

③ 관련계정 : 자산전입금(5213)↔자산전출금(4513)

④ 회계처리사례

학교법인으로부터 자금송금을 받았을 때

　(차) 예금　　　×××　　　　(대) 자산전입금　　　×××

(라) 부속병원전입금

① 의의 : 학교 또는 법인이 의과대학, 치과대학 및 한의과대학 등의 부속병원으로부터 전입받는 금액으로 교육부지침에 의하면 부속병원은 임상교수 인건비와 소득의 2분의 1 이상을 학교로 직접 전출하도록 되어 있다. 그러나 부속병원전입금의 용도는 특별히 지정되어 있지 아니하며, 법인을 거쳐 전입되면 경상비전입금으로 처리된다.

② 적용회계 : 학교회계

③ 관련계정 : 부속병원전입금(5214)↔부속병원전출금

(마) 특별회계전입금

① 적용회계 : 학교회계

② 관련계정 : 특별회계전입금(5215)↔특별회계전출금

③ 회계처리사례

부속병원으로부터 자금을 송금받았을 때

　(차) 예금　　　×××　　　　(대) 부속병원전입금　　　×××

(바) 교내전입금

① 의의 : 연구소 등 특별회계 단위로부터 학교나 법인으로 전입되는 금액

② 적용회계 : 학교회계, 법인회계

③ 관련계정 : 교내전입금(5216)↔교내전출금(4516)

④ 회계처리사례

특별회계기관으로부터 자금을 송금받았을 때

(차) 예금　×××　　　　　(대) 특별회계전입금　　×××

(사) 교내전입금(본교, 분교 간)

① 의의 : 분교를 설치하여 별도의 회계조직을 운영할 경우 본교와 분교 간의 전입, 전출금을 의미하며 특별회계전입금, 전출금과 구분된다. 이는 단순한 자금의 대차가 아닌 운영수지에 영향을 주는 경우를 의미한다(교내전출금과 대응).

② 적용회계 : 학교회계

③ 회계처리사례

㉠ 본교가 분교로부터 전입금을 송금받았을 때

(차) 예금　×××　　　　　(대) 교내전입금　　×××

㉡ 반면, 분교로 전출금 송금시

(차) 교내전출금 ×××　　　(대) 예금　　×××

한편, 분교의 경우는 반대회계가 이루어진다.

(아) 수익사업전입금

① 의의 : 법인이 수익사업회계로부터 받은 전입금

② 적용회계 : 법인회계

③ 회계처리사례

수익사업회계로부터 자금을 송금받았을 때

(차) 예금　×××　　　　　(대) 수익사업전입금　×××

2) 기부금수입(5220)

(가) 일반기부금과 지정기부금

① 의의 : ㉠ 일반기부금-기증자가 기부금의 용도를 지정하지 아니한

기부금(예 : 연구기부금 5223)

   ⓛ 지정기부금 - 장학금, 체육기금, 연구기금, 건축기금 등 기부금의
      용도를 지정한 기부금(단, 연구와 관련한 용역 또는 기부금은 연구
      기부금 과목에서 처리)

② 적용회계 : 법인회계, 학교회계

③ 관련계정 : 일반기부금(5221), 지정기부금(5222)↔현물기부금(5224)

④ 회계처리사례

   기증자가 기부금을 납부하였을 경우

     (차) 예금　　×××　　　　　　(대) 일반기부금(지정기부금) ×××

   ㉠ 소득세법, 법인세법에 의거 기부금의 손금인정범위가 달리 적용
     됨을 유의할 것.

   ⓛ 지정부금의 경우 용도에 따른 기금적립을 위해서는 기금회계처리
     가 따라야 한다.

(나) 수익사업전입금(5217)

① 의의 : 외부연구기관 및 기업 등으로부터 연구·개발목적으로 받는
    기부금으로 일반 연구기부금과 용역연구기부금을 포함한다.

② 적용회계 : 학교회계, 법인회계

③ 회계처리사례

   기업 또는 과학재단 등에서 연구비로 입금할 때

     (차) 예금　×××　　　　　　(대) 연구기부금　　　　×××

3) 국고보조금수입(5230)

(가) 일반국고보조금

① 의의 : 교육부에서 사학의 규모, 각종 교육지표 등 평가지표에 따라
    지원하는 국고보조금으로 일정률의 대응투자를 유도하고, 시설확충
    과 도서관정보화 및 도서확보, 기타 대학의 다양화·특성화 등 자구
    노력을 위한 국고보조금을 의미한다.

② 적용회계 : 학교회계, 법인회계
③ 관련계정 : 시설비보조(5231), 도서관보조(5232), 자구노력지원(5233)
④ 회계처리사례

　교육부에서 통보한 국고보조금이 입금될 때

　　(차) 예금　　　×××　　　　　(대) 시설·설비보조　　×××
　　　　　　　　　　　　　　　　　　　도서관보조　　　　×××
　　　　　　　　　　　　　　　　　　　자구노력지원　　　×××
　　　　　　　　　　　　　　　　　　　(다양화·특성화)

⑤ 참고사항

　㉠ 국고보조금에 대하여는 각각의 보조내용에 따라 자금을 구분·관
　　리하여야 하며, 제출된 계획서에 따라 대응투자를 이행하여야 한
　　다. 또한 국고보조금으로 취득한 자산은 별도의 대장관리 및 표기
　　를 필요로 한다.
　㉡ 지방대학특성화, 교육개혁 등 특수목적으로 일정기간 지원하는
　　국고보조금은 기타보조금에서 처리함이 좋다.

(나) 기타 국고보조금(5239)
① 의의 : 보훈장학금, 교육부의 각종 지원금, 통상부, 과기처 등의 보조
　금, 차관이자보조금, 지방대학특성화지원금, 교육개혁지원금 등 일정
　기간, 일정대상을 기준으로 지원되는 보조금으로 교육부의 지원금 중
　5231～5233의 국고보조금과는 구분됨
② 적용회계 : 학교회계, 법인회계 ③ 회계처리사례

　기타 보조금이 입금될 때

　　(차) 예금　　　×××　　　　(대) 기타 보조금　　　×××
④ 참고사항

　지방대학특성화보조금 등 특수목적지원보조금은 별도의 재산으로
　회계처리할 것을 명시하고 있어 특례규칙에 따른 회계처리규정을 위

배하고 있다. 따라서 특정목적지원금이라 하더라도 학교회계 내에서 특별회계로 처리할 수 있도록 지침을 변경하는 것이 바람직하다.

(3) 교육부대수입(5300)

1) 입시수수료수입(5310)

① 의의 : 입학원서대 수입은 입학원서판매대금을, 수험료수입은 입시지원자로부터 받는 전형료수입을 의미하며 이는 입시홍보비, 출제경비, 인쇄비, 사무용품비 등 입시경비와 입학시험관리 담당교직원에게 지급하는 입시수당에 충당한다.

② 적용회계 : 학교회계

③ 관련계정 : 입학원서대(5311), 수험료(5312)↔입시수당(4331), 입시경비(4332)

④ 회계처리사례

　　㉠ 입학원서대－입학원서판매처로부터 입금될 때

　　(차) 예금　　　×××　　　　　(대) 수험료　　　　　×××

　　㉡ 수험료－원서접수에 따른 전형료가 입금될 때

　　(차) 예금　　　×××　　　　　(대) 수험료　　　　　×××

2) 증명·사용료수입(5320)

① 의의 : 증명료는 재학증명서, 졸업증명서 등 각종 증명을 발급하고 받는 수수료수입이며, 대여료 및 사용료수입은 강당, 교실, 기계, 기구 등 학교시설물을 대여하고 받는 이용료와 복사기, 학교버스 등 학교시설의 이용자로부터 받는 사용료수입을 의미함.

② 적용회계 : 학교회계

③ 관련계정 : 증명료(5321), 대여료 및 수험료(5322)↔임대보증금수입(2221), 임대료수입(5431)

④ 회계처리사례

㉠ 증명료수입금액이 입금될 때

  (차) 예금   ×××   (대) 증명료   ×××

㉡ 대여료 및 사용료가 입금될 때

  (차) 예금   ×××   (대) 대여료 및 사용료   ×××

⑤ 참고사항

학교시설의 장기대여와 관련한 임대보증금 수입은 임대보증금(2221)으로 처리하며, 매월 또는 분기별로 약정한 임대료는 대여료는 대여료 및 사용료 수입에 계상한다. 다만, 수익재산의 임대에 따른 임대료는 임대료수입(5431)에서 처리하도록 하며 특례규칙 해설란의 법인용 수익재산, 임대료수입을 5421 잡수입에서 계상한다는 내용은 수정되는 것이 바람직하다.

3) 기타교육부대수입(5330)

① 의의 : 논문심사수입은 학생논문지도에 따른 심사료수입으로 논문심사료(4324)와 대응한다. 실습수입은 실험·실습 등의 결과로 인한 부산물의 매각수입 또는 실험용역수입을 계상하며 기타 교육부대수입은 정보화교육수업 등 교육부대사업에 의한 수입을 계상한다.

② 적용회계 : 학교회계

③ 관련계정 : 논문심사수입(5331), 실습수입(5332), 기타 교육부대수입(5339) ↔ 논문심사료(4324)

④ 회계처리사례

각종 수입금액이 입금될 때

  (차) 예금   ×××   (대) 논문심사수입   ×××

                       (또는 실습수입, 기타 교육부대수입)

(4) 교육외 수입(5400)

1) 예금이자수입(5410)

① 의의 : 각종 예금이자수입(수익용 기본재산인 예금이자 수입을 포함한다)을 계상하되 선급법인세 공제 전 이자총액을 계상하여야 한다.

② 적용회계 : 학교회계, 법인회계

③ 관련계정 : 예금이자(5411)↔선급법인세(1125), 고유목적사업준비금

④ 회계처리사례

예금이자가 발생한 경우, 원천징수영수증을 확인한 후

  (차) 예금   ×××   (대) 예금이자   ×××

      선급법인세   ×××

⑤ 참고사항

  ㉠ 예금이자수입에 대한 선급법인세는 반드시 신고에 의해 환급 받을 수 있으므로 고유목적사업준비금을 설정하여 법인세 신고를 하도록 하여야 한다.

  ㉡ 특별회계(연구소·기숙사 등)에서 발생되는 이자수입에 대해서도 선급법인세 누락이 없도록 주의할 필요가 있다.

  ㉢ 투자신탁회사의 이자수입에는 수입이자 외의 수익이 발생될 수 있으므로 이자소득의 과세표준을 초과하는 초과수익을 잡수입과목에서 처리한다(잡수입 : 5421).

2) 기타 교육외 수입(5420)

① 의의 : 연구간접비, 위약금, 보험금 수입 등의 잡수입을 계상하며 실무적으로 불용품 매각수입, 교내신문, 방송사의 광고료수입, 출판부 운영수입 등 교육외수입을 잡수입으로 처리한다.

② 적용회계 : 학교회계, 법인회계

③ 관련계정 : 임대료수입(5431), 배당금수입(5432), 임·농산물수입(5433), 기타 수익재산수입(5439)

④ 회계처리사례

　　(차) 예금　　　×××　　　(대) 잡수입　　　×××

3) 수익재산수입(5430)

① 의의 : 법인회계의 수익재산수입으로 수익사업회계로 별도 독립되어 정리되는 수입 외의 수입을 계상하는 것으로 임대료수입은 수익용 토지 및 건물 등의 재산을 임대하고 받는 임대보증금 외의 수입을 의미하며, 배당금수입은 수익을 목적으로 주식 등에 투자하여 받은 배당금수입을, 임·농산물수입은 수익용 재산으로 보유하고 있는 임야·농장 등으로부터 생산된 임·농·수산물의 판매대금 수입을, 기타 수익재수입은 기타 수익용재산에서 발생하는 5131-5133 외의 수입을 각각 계상한다.

② 적용회계 : 법인회계

③ 회계처리사례

법인의 수익사업용 재산에서 수입금액 발생시 그 내용에 따라 기표한다.

　　(차) 예금　　　×××　　　(대) 임대료수입　　　×××
　　　　　　　　　　　　　　　　(또는 배당금수입, 임·농수산물수
　　　　　　　　　　　　　　　　입, 기타 수익재산수입)

(5) 투자와 기타 자산수입(1200)

1) 투자자산수입

(가) 투자유가증권 매각

① 의의 : 채권, 주식 등의 투자유가증권 매각액(장부가액이 아님)을 회계처리한다.

② 적용회계 : 학교회계, 법인회계

③ 관련계정 : 투자유가증권 매각대(1221)↔투자유가증권처분손실(442

4), 투자유가증권처분이익(5424), 투자유가증권평가손실(4425), 투자
유가증권평가충당금(2223), 투자유가증권충당금환입(5425)

④ 회계처리사례

　㉠ 투자유가증권의 매각시(평가충당금이 없는 경우)

　　(차) 예금　　　　×××　(대) 투자유가증권　　　×××
　　　　투자유가증권처분손실 ×××　　　투자유가증권처분이익 ×××
　　　　(손실발생시)　　　　　　　(이익발생시)

　㉡ 투자유가증권 매각시(평가충당금이 설정되어 있는 경우)

　　(차) 예금　　　　×××　(대) 투자유가증권　　　×××
　　　　투자유가증권평충당금 ×××　　　투자유가증권처분이익 ×××
　　　　투자유가증권처분손실 ×××　　　(이익발생시)
　　　　(손실발생시)

(나) 출자금회수(222)

① 의의 : 수익사업계정의 출자금 또는 투자금을 회수한 금액

② 적용회계 : 법인회계

③ 회계처리사례

　㉠ 출자금의 회수시(손실 또는 수익이 없는 경우)

　　(차) 예금　　　　×××　(대) 출자금　　　　　×××

　㉡ 출자금의 회수시(손실 또는 수익이 발생한 경우)

　　(차) 예금　　　　×××　(대) 출자금　　　　　×××
　　　　출자금회수손실　×××　　　출자금회수이익　　×××

　※ 출자금의 회수액과 실제 출자액이 발생하는 경우의 회계처리사례
　　이다. 다만, 특례규칙상 계정과목이 없으므로 발생금액의 중요성
　　여부에 따라 과목을 신설할 수 있어야 할 것이다.

2) 특정기금인출수입(1230)

① 의의 : 특정목적으로 적립한 기금을 인출하여 유동자금화하는 것을
말한다. 예를 들어 연구지원을 위한 연구기금, 건축을 위한 건축기금,

장학지원을 위한 장학기금, 퇴직금지급을 위한 퇴직기금, 특정한 목적을 정하지 못하였지만 기금화의 필요로 적립한 기타기금 등을 당해 용도에 사용하기 위하여 인출하여 유동자금화한 것을 의미하며, 반대로 기금의 적립시에는 각종기금적립과목으로 처리하여 특정기금화한다.

② 적용회계 : 학교회계, 법인회계

③ 관련계정 : 연구기금인출(1232), 건축기금인출(1233), 장학기금인출(1234), 퇴직기금인출(1235), 기타기금인출(1236)↔연구적립금(3122), 건축적립금(3123), 장학적립금(3124), 퇴직적립금(3125), 기타적립금(3129)

④ 회계처리사례

기금의 인출결의를 하였을 때

(차) 예금	×××	(대) 연구기금	×××
		(또는 건축기금, 장학기금 등)	
연구적립금	×××	운영차액대체	×××

⑤ 참고사항

각종 기금은 용도가 제한된 특정예금으로 대차대조표의 자산항목 중 투자와 기타 자산에 해당되며 특정기금으로 적립시에 당해 연도의 비용으로 계상되었으므로 인출시에는 운영차액대체 계정과목으로서 수익으로 계상한다.

예 특정기금으로 적립시에는 위의 내용과는 반대의 회계처리가 된다.

(차) 연구기금	×××	(대) 예금	×××
적립금대체액	×××	연구적립금	×××

3) 기타 자산수입(1240)

① 의의

㉠ 전신전화보증금회수 — 예치한 전신전화보증금을 회수한 금액

㉡ 임차보증금회수 — 토지, 건물, 기계, 기구 등을 임차할 때 예치한

임차보증금을 회수한 금액

ⓒ 장기대여금회수 — 대여하였던 장기대여금을 당기에 회수한 금액

ⓔ 기타 자산수입 — 상기 기타 자산을 제외한 기타 자산을 매각 또는 회수한 금액

② 적용회계 : 학교회계, 법인회계

③ 관련계정 : 전신전화보증금회수(1241), 임차보증금회수(1242), 장기대여금회수(1243), 기타 자산수입(1249)

④ 회계처리사례

각종 기타 자산을 회수 또는 매각한 때

    (차) 예금   ×××   (대) 전신전화보증금   ×××

                                      (또는 임차보증금, 장기대여금 등)

⑤ 참고사항

기타자산지출항목은 코드번호가 일치하며(대차대조표 기타 자산항목) 수입과는 반대로 각각의 용도로 사용하기 위하여 지출한 금액을 의미한다.

    예 각종 기타 자산의 취득 또는 이용을 위하여 지출할 때

    (차) 전신전화보증금 ×××   (대) 예금   ×××

       (또는 임차보증금, 장기대여금 등)

(6) 고정자산매각수입(1300)

1) 유형고정자산매각수입(1310)

① 의의 : 유형고정자산을 매각하여 입금한 금액을 의미하며 각종 자산의 장부가액이 아닌 매각금액을 표시한다. 이러한 자산은 매각시 장부가액과 차액이 발생되며 이는 고정자산처분이익, 고정자산처분손실계정에서 처리된다.

② 적용회계 : 1311 ~ 1317 과목은 학교회계, 법인회계를, 1318(유물매

각대)는 학교회계

③ 관련계정 : 토지매각대(1311), 건물매각대(1312), 구축물매각대(1313), 기계·기구매각대(1314), 집기비품매각대(1315), 차량운반구매각대(1316), 도서매각대(1317), 유물매각대(1318)↔설립자기본금(3111), 법인(3112), 기타 기본금(3113), 고정자산처분이익(5426), 고정자산처분손실(4426)

④ 회계처리사례

㉠ 학교에서의 토지, 건물매각시(수익발생시)

(차) 예금	×××	(대) 토지(또는 건물)	×××
법인	×××	운영차액대체	×××
		고정자산처분이익	×××

㉡ 법인회계

(차) 설립자기본금	×××	(대) 설치학교(대학)	×××

※ 토지와 건물은 등기된 자산으로 매각 또는 취득시에 법인기본금 증감사항이 되며, 동시에 법인회계 설립자 기본금의 증감사항이 된다. 매각차액이 있을 경우 고정자산처분손익계정에서 처리한다.

㉢ 학교에서의 기계기구, 집기비품 등의 매각시(손실발생시) : 학교회계

(차) 예금	×××	(대) 기계기구	×××
고정자산처분손실	×××		
(또는 집기비품 기타 기본금	×××	운영차액대체	×××)

※ 기계기구, 집기비품 등은 등기된 자산이 아니므로 매각 또는 취득시 기타 기본금의 증감사항이 되며 매각차액이 있을 경우 고정자산처분손익(4426, 5426)계정에서 처리한다.

2) 무형고정자산매각수입(1320)

① 의의 : 특허권, 광업권 등과 같은 권리자산의 매각대금총액으로 상각액을 제외한다. 무형고정자산은 법인세법상의 내용연수에 따라서 정

액법으로 직접 상각하므로 감가상각충당금계정은 발생하지 아니한다.

② 적용회계 : 학교회계, 법인회계

③ 관련계정 : 무형고정자산매각대(1321)↔무형고정자산감가상각액(44 27), 기타기본금(3113)

④ 회계처리사례

무형고정자산 매각에서 수익이 발생할 때

   (차) 예금   ×××   (대) 무형고정자산   ×××

                                     (삭감 후 금액)

(7) 유동부채입금(2100)

단기차입금(2110)

① 의의 : 상환기간이 1년 미만인 차입금의 차입

② 적용회계 : 학교회계, 법인회계

③ 회계처리사례

단기차입금의 차입시(2111)

   (차) 예금   ×××   (대) 단기차입금   ×××

(8) 고정부채입금(2200)

1) 장기차입금(2210)

(가) 일반장기차입금

① 의의 : 상환기간이 1년 이상인 차입금의 차입(외화장기차입금을 포함한다)

② 적용회계 : 학교회계, 법인회계

③ 회계처리사례

장기차입금을 차입할 때(2211)

(차) 예금　　　　×××　　　(대) 장기차입금　　　×××

④ 참고사항

　장기차입금의 경우 1년 이내 상환하여야 할 차입금은 단기차입금으
로 유동성장기부채로 표시하여야 한다. 계정과목이 설정되어 있지 않
아 감사지적사례가 된다. 따라서 유동성장기부채과목(2112)을 설정하
거나, 감사보고서의 주석사항에 포함되어야 할 것이다. 또한 외화장
기차입금의 경우는 외화부채의 평가가 이루어져야 하므로 구분표시
하여야 할 것이다.

(나) 차관

① 의의 : 외국으로부터의 차관도입에 따른 원화입금액. 그러나 통상차
　　관도입은 기자재구매와 관련되어 있으므로 배정된 차관액 범위 내에
　　서 기자재 구매총액이 확정된 후 차관계약이 완료된다.

② 적용회계 : 학교회계, 법인회계

③ 관련계정 : 차관도입(2212)↔외화환산이익(5422), 외화환산손실(442
　　2), 외환차익(4423), 외환차손(4423)

④ 회계처리사례

　차관도입에 따른 기자재를 구입할 때

　　　(차) 기계기구　　　　×××　　(대) 차관　　　　　×××
　　　　기타 기본금대체액　×××　　　기타 기본금　　×××

　　※ 차관금액이 입금되어 기자재구입과 동시에 지급되어야 하며 조달
　　　청에서 대금지급이 이루어지므로 학교회계에서는 위와 같이 회계
　　　처리한다.

⑤ 참고사항

　현재는 IBRD 차관, OECF 차관 등이 있으며 이러한 차관은 외화부채
이므로 결산일 현재의 평가에 따라 외화환산손익이 발생된다.

　　㉠ 환산손실이 발생할 때

　　　(차) 외화환산손실 ×××　　　(대) 차관　　　　　×××

ⓛ 환산이익이 발생할 때

   (차) 차관   ×××   (대) 외화환산이익   ×××

(다) 학교채

① 의의 : 교육부의 승인에 따라 학부형 및 학생에게 매각한 학교채수
입(학교채과목 참조)이다.

② 적용회계 : 학교회계,

③ 회계처리사례

   학교채를 발행하여 매각할 때(2213)

   (차) 예금   ×××   (대) 학교채   ×××

2) 기타고정부채

① 의의 : 임대보증금은 토지, 건물, 기계 등을 임대하고 받는 각종 보
증금수입을 계상하며 기타 장기부채의 발생으로 인한 자금수입은 기
타 고정부채입금으로 계상한다.

② 적용회계 : 학교회계, 법인회계

③ 관련계정 : 임대보증금수입(2221), 기타 고정부채입금(2229)

④ 회계처리사례

   임대보증금의 입금할 때

   (차) 예금 ×××   (대) 임대보증금   ×××

② 지출항목

(1) 보수(4100)

1) 교원보수

(가) 보수

① 의의 : 교원급여는 급여지급규정에 의거 매월 정액으로 지급되는 본

봉과 인건비성 연구비를 의미하며, 교원상여금은 상여금 지급규정에 의거 교원에게 지급되는 금액으로 기성회 연구보조비를 포함한다. 교원제수당은 초과강의료, 학생지도수당 등 교원에게 지급되는 각종 수당을 말한다.

② 적용회계 : 학교회계, 법인회계

③ 관련계정 : 교원급여(4111), 교원상여금(4112), 교원제수당(4113) ↔ 교원법정부담금(4114), 교원퇴직금(4117), 제세예수금(2122), 일반예수금(2121)

④ 회계처리 사례

교원급여를 지급할 때(상여금 포함)

(차) 교원급여	×××	(대) 예금		×××
교원상여금	×××	일반예수금		×××
교원제수당	×××	제세예수금		×××

※ 급여지급시 갑근세차감분은 제세예수금계정에서 연금, 의료보험부담금, 기타 공제액 등은 일반예수금계정에서 처리한다.

(나) 법정부담금

① 의의 : 교직원에 대한 연금부담금 및 의료보험부담금 등 법인의 의무부담금으로 지출되는 금액이다.

② 적용회계 : 교원법정부담금 - 학교회계
　　　　　　 직원법정부담금 - 학교회계, 법인회계

③ 관련계정 : 교원법정부담금(4114), 직원법정부담금(4124) ↔ 법정부담전입금(5212)

④ 회계처리사례

연금 및 의료보험료를 납부할 때에는 법인에서 전입된 법정부담금과 급여에서 공제한 본인부담금(일반예수금)을 합하여 지출한다.

(차) 교원법정부담금	×××	(대) 예금	×××
(직원법정부담금)	×××		
일반예수금	×××		

⑤ 참고사항

연금·의료보험부담금이 법인에서 학교로 전입될 때에는 다음과 같이 회계처리하며, 전입된 법정부담금전입금은 교원법정부담금과 직원법정부담금의 합계액과 일치한다.

　　(차) 예금　　×××　　　　(대) 법정부담전입금　　×××

(다) 시간강의료

① 의의 : 시간강의료는 정규교육과정의 강의를 담당하는 시간강사에게 지급하는 강의료이며, 본교 소속의 초과시수에 따른 초과강의료는 교원제수당으로 지급된다. 특별강의료는 비정규교육과정의 강의(강연)을 담당하는 강사에게 지급하는 강의료이다.

② 적용회계 : 학교회계, 법인회계

③ 관련계정 : 시간강의료(4115), 특별강의료(4116)

④ 회계처리사례

시간강의료 및 특별강의료를 지급할 때

　　(차) 시간강의료　　×××　　(대) 예금　　　　　×××
　　　　(특별강의료)　　×××　　　　제세예수금　　×××

⑤ 참고사항

시간강사에 대한 시간강의료는 근로소득으로 보아 원천징수하여 연말정산하여야 하며, 강연을 담당한 강사에게 지급되는 특별강의료는 기타 소득으로 원천징수하여야 한다.

(라) 퇴직급여

① 의의 : 사립학교교원연금법에 의한 퇴직급여 외의 퇴직금으로 연금법 시행 이전부터 근무한 교직원의 퇴직금과 명예퇴직금 등을 계상하며, 퇴직금을 매년 일정액씩 적립하여 기금화한 경우 퇴직기금과 퇴직적립금계정에서 처리한다.

② 적용회계 : 교원퇴직금－학교회계,

직원퇴직금 – 학교회계, 법인회계

③ 관련계정 : 교원퇴직금(4117), 직원퇴직금(4127) ↔ 퇴직적립금(3125), 퇴직기금(1235)

④ 회계처리사례

　㉠ 퇴직금을 직접 지급할 때

　　(차) 교원퇴직금　　×××　　(대) 예금　　　　　×××
　　　　(직원퇴직금)

　㉡ 퇴직기금에서 인출하여 지급할 때

　　(차) 퇴직기금　　　×××　　(대) 예금　　　　　×××
　　　　제적립금대체액　×××　　　　퇴직적립금　　×××

　㉢ 퇴직기금에서 인출하여 지급할 때

　　(차) 예금　　　　　×××　　(대) 퇴직기금　　　×××
　　(차) 퇴직적립금　　×××　　(대) 운영차액대체　×××
　　(차) 교원퇴직금　　×××　　(대) 예금　　　　　×××
　　　　(직원퇴직금)

(마) 조교인건비

① 의의 : 유급조교에게 지급되는 급여·상여금 및 각종 수당으로 T.A. 와 같은 대학원생은 장학조교로서 장학금을 받게 되므로 연구학생경비의 장학금계정에서 지급된다

② 적용회계 : 학교회계

③ 관련계정 : 조교인건비(4118) ↔ 교원법정부담금(4114), 제세예수금(2212), 일반예수금(2121)

④ 회계처리사례

　조교인건비를 지급할 때

　　(차) 조교인건비　×××　　(대) 예금　　　　×××
　　　　　　　　　　　　　　　　일반예수금　　×××
　　　　　　　　　　　　　　　　제세예수금　　×××

⑤ 참고사항

조교도 교원에 해당하므로 연금, 의료보험에 대한 법정부담금액은 동일하게 적용한다.

2) 직원보수(4120)

(가) 정규직원보수

① 의의 : 직원급여는 직원급여지급규정에 의해 정액지급되는 본봉 등 급여를, 직원상여금은 상여금 지급규정에 따라 직원 외에 지급되는 상여금을, 직원제수당은 보직수당 및 특수업무나 직종에 관련한 수당, 정근수당, 식대보조비, 학생지도수당 등 직원에게 지급되는 각종 수당을 말한다.

② 적용회계 : 학교회계, 법인회계

③ 관련계정 : 직원급여(4121), 직원상여금(4122), 직원제수당(4123) ↔ 직원법정부담금(4124), 제세예수금(2122), 일반예수금(2121), 직원퇴직금(2127)

④ 회계처리사례

직원급여를 지급할 때(상여금 포함)

(차) 직원급여	×××	(대) 예금	×××
직원상여금	×××	일반예수금	×××
직원제수당	×××	제세예수금	×××

⑤ 참고사항 - 교원보수부분 참고

- 교원법정부담금 해설참조
- 교원퇴직금 해설 참조

(나) 임시직원보수

① 의의 : 임시직 인건비는 임시직 직원의 급여·상여 및 각종 수당의 지급액을, 노임은 고용관계가 없는 일용인부에 대한 일당형식의 지급액을 말한다. 따라서 임시직의 경우에도 연금과 의료보험에 가입하며

임시직의 법정부담금도 법인에서 부담하여야 한다.

② 적용회계 : 학교회계, 법인회계

③ 관련계정 : 임시직인건비(4125), 노임(4126)↔직원법정부담금(4124), 제세예수금(2122)

④ 회계처리사례

  ㉠ 임시직인건비 지급금 포함

(차) 임시직인건비	×××	(대) 예금	×××
		일반예수금	×××
		제세예수금	×××

  ㉡ 노임을 지급할 때

(차) 노임	×××	(대) 예금	×××

  ※ 노임의 경우 일당 50,000원 이상인 경우 10% 단일세율로 원천징수 한다.

(2) 관리운영비(4200)

1) 시설관리비(4210)

(가) 건축물관리(4211)

① 의의 : 방수, 도장, 상·하수도 배관, 냉·난방기 배관 등 건축물의 보수·유지관리와 관련된 도급공사 및 자재구입경비 등을 처리한다.

② 적용회계 : 학교회계, 법인회계

③ 회계처리사례

  건축물의 보수 도급공사비를 지급할 때

(차) 건축물관리비	×××	(대) 예금	×××

(나) 장비관리(4212)

① 의의 : 승강기, 통신시설, 냉·난방기, 실습기자재, 전산기기, 공구, 비품 등의 수선 및 유지비로서 장기보수계약에 의한 지급액을 포함

한다.

② 적용회계 : 학교회계, 법인회계

③ 회계처리사례

각종 수선유지비 지급시

    (차) 장비관리비   ×××   (대) 예금   ×××

(다) 유지보수비

① 의의 : 조경, 운동장 및 구축물 등 기타 시설물의 유지보수비로서 교
내 도로시설유지 보수비, 운동장 유지관리비, 조경수목 유지관리비,
옥외게시판 공사비 등의 지출금액(기업회계에서는 식물조경의 경우
기타의 유형자산으로 계상하고 있다)이다.

② 적용회계 : 학교회계, 법인회계

③ 회계처리사례

조경관리비를 지급할 때(4213)

    (차) 조경관리비   ×××   (대) 예금   ×××

(라) 박물관관리비

① 의의 : 박물관 및 유물관리에 지출되는 각종 비용을 말한다. 단, 박
물관유물구입비는 고정자산으로 처리한다.

② 적용회계 : 학교회계

③ 관련계정 : 박물관관리비(4214)↔박물관유물구입비

③ 회계처리사례

박물관관리경비를 지급할 때

    (차) 박물관관리비   ×××   (대) 예금   ×××

(마) 각종 용역비

① 의의 : 청소, 경비 등 시설용역(4125)에 대한 비용으로 청소용역, 경
비용역, 안전진단용역비 등의 지출액을 처리한다.

② 적용회계 : 학교회계, 법인회계

③ 회계처리사례

　청소용역비를 지급할 때

　　(차) 시설용역비　　×××　　(대) 예금　　　×××

(바) 보험료(4216)

① 의의 : 건축물, 시설물, 동산 등에 대한 재해보험료, 건물재해공제, 차량보험료, 유물화재보험료, 보증보험료, 경영자책임보험료 등의 지출경비를 다룬다.

② 적용회계 : 학교회계, 법인회계

③ 회계처리사례

　건물화재보험료를 지급할 때

　　(차) 보험료　　　×××　　(대) 예금　　　×××

(사) 리스료, 임차료(4217)

① 의의 : 토지, 건물, 기계기구 등의 리스료 및 임차료 등이 지급액으로 사유재산점용료, S/W임차료, 건물임차료, 기계기구리스료, 통학·통근버스임차료, 복사기미란대 등의 지출경비를 처리한다.

② 적용회계 : 학교회계, 법인회계

③ 회계처리사례

　임차료를 지급할 때

　　(차) 리스·임차료　×××　　(대) 예금　　　×××

(아) 기타 시설관리유지비(4219)

① 의의 : 기타시설의 유지관리에 소요되는 비용으로 폐수위탁처리비, 정화조·급수탱크 청소비, 수질자가측정비, 방역비, 오물수거료, 가운세탁비 등의 지출금액을 처리한다.

② 적용회계 : 학교회계, 법인회계
③ 회계처리사례

수질자가측정비 등를 지급할 때

(차) 기타 시설관리비　×××　　(대) 예금　　　×××

2) 일반관리비(4220)

(가) 여비교통비(4221)

① 의의 : 교직원의 국내외 출장여비 및 교통비로서 교원의 학회참석출장, 일반업무출장, 교직원의 해외연수경비보조금, 시내교통비 등의 지출금액을 처리한다.
② 적용회계 : 학교회계, 법인회계
③ 회계처리사례

출장비 등을 지급할 때

(차) 여비교통비　×××　　(대) 예금　　　×××

(나) 차량유지비(4222)

① 의의 : 차량의 유지(4222)에 소요되는 유류비, 수리비, 통행료, 차량검사수수료 등(다만, 보험료는 4612 보험료에, 자동차세는 4228 제세공과금에 각각 계상한다. 차량구입시에 소요되는 부대비용은 차량운반구 계정에 계상한다)이 해당된다.
② 적용회계 : 학교회계, 법인회계
③ 회계처리사례

차량유류대를 지급할 때

(차) 차량유지비　×××　　(대) 예금　　　×××

(다) 소모품비(4223)

① 의의 : 일반소모품 등의 구입비용(복사용지, 프린트용지, 간행물구독료등 제반 사무용품비)으로 전산소모품, 도난방지시스템, 감응테이프

및 도서정리용 소모품, 청소용품비, 증명자동발급 소모품비 등을 포함한다.

② 적용회계 : 학교회계, 법인회계

③ 회계처리사례

소모품 구입비용을 지급할 때

　　(차) 소모품비　　×××　　　　(대) 예금　　　　×××

(라) 인쇄출판비(4224)

① 의의 : 각종 서식 및 유인물의 인쇄비와 제본비 등으로 연구소 등에서 발간하는 논문집 인쇄경비는 연구관리비(4312)에서 처리한다.

② 적용회계 : 학교회계, 법인회계

③ 회계처리사례

서식인쇄비를 지급할 때

　　(차) 인쇄출판비　　×××　　　(대) 예금　　　　×××

(마) 냉난방비 등

① 의의 : 난방비 － 냉·난방 등에 소요되는 연료구입비 등

　　　　　　전기수도료 － 전기료, 상·하수도료

　　　　　　통신비 － 전신, 전화, 우편요금 등의 통신비, 전파사용료

② 적용회계 : 학교회계, 법인회계

③ 관련계정 : 난방비(4225), 전기·수도료(4226), 통신비(4227)

④ 회계처리사례

난방용 유류대를 지급할 때

　　(차) 난방비　　×××　　　　(대) 예금　　　　×××

(바) 제세공과금(4228)

① 의의 : 법인 및 학교가 부담하여야 할 제세·공과금, 각종 협회비 및 자동차세, 재산세(토지, 건물분 － 교육용 아님), 부가가치세, 환경개선

부담금 등을 처리한다.

② 적용회계 : 학교회계, 법인회계

③ 회계처리사례

임차보증금에 대한 부가가치세를 납부할 때

　　(차) 제세·공과금　　×××　　　　(대) 예금　　　　×××

(사) 지급수수료(4229)

① 의의 : 면허, 허가, 인가등록 및 제증명 등의 발급신청에 소요되는 수수료가 포함된다.

② 적용회계 : 학교회계, 법인회계

③ 회계처리사례

각종수수료 지급시

　　(차) 지급수수료　　×××　　　　(대) 예금　　　　×××

(3) 운영비

1) 복리후생비(4231)

① 의의 : 교직원의 복리후생을 위하여 지출하는 현물식사대(급여시 지급하는 식대수당 제외)와 피복, 개인장구 등 각종 복리후생비로 야간근무자의 야식대보조금, 야근식대, 특근식대 등의 지출금액이다.

② 적용회계 : 학교회계, 법인회계

③ 회계처리사례

복리후생비용을 지급할 때

　　(차) 복리후생비　×××　　　　(대) 예금　　　　×××

2) 교육훈련비(4232)

① 의의 : 교직원의 교육훈련에 지출하는 비용으로 직원연수경비, 기사교육훈련비, 사서 및 전산직교육비, 직원 직무교육비, 각종 연수회 참

석경비 등이다.

② 적용회계 : 학교회계, 법인회계

③ 회계처리사례

각종 수수료를 지급할 때

(차) 교육훈련비   ×××   (대) 예금   ×××

3) 일반용역비

① 의의 : 감사, 세무, 감정 등 일반용역에 지출하는 비용으로 외부감사
수수료, 세무조정수수료, 감정수수료와 행정전산개발용역 등 일반관
리업무와 관련된 용역비 지급액이다.

② 적용회계 : 학교회계, 법인회계

③ 관련계정 : 일반용역비(4233)↔시설용역비(4215), 지급수수료(4229)

④ 회계처리사례

각종수수료 지급를 지급할 때

(차) 일반용역비   ×××   (대) 예금   ×××

4) 업무추진비(4234)

① 의의 : 업무추진에 특별히 비용으로 경조금, 찬조금, 격려금 및 업무
추진과 관련하여 지급하는 금액이다.

② 적용회계 : 학교회계, 법인회계

③ 회계처리사례

각종 업무추진비를 지급할 때

(차) 업무추진비   ×××   (대) 예금   ×××

5) 홍보비(4235)

① 의의 : 신문광고, 홍보용 책자, 기념품 등의 홍보용제작경비로서 대
학홍보 VIDEO제작비, 결산공고, 대학이미지광고, 대학안내책자 등의
제작비로 지출되는 금액이다.

② 적용회계 : 학교회계, 법인회계

③ 회계처리사례

홍보비를 지급할 때

  (차) 홍보비   ×××   (대) 예금   ×××

6) 각종 수수료지급

① 의의 : 각종 회의에 지출되는 비용으로 각종 위원회의 회의운영비 및 행정부서의 회의비 지급액이다. 이는 후생복리비, 업무추진비처럼 식대 등으로 집행되는 경우가 많으므로 회의의 목적에 따라 회의록을 작성하며 근거를 확실히 한 경우에만 회의비로 인정된다. 자칫 업무추진비로 인정될 수 있음에 유의해야 한다.

② 적용회계 : 학교회계, 법인회계

③ 회계처리사례

각종 수수료를 지급할 때

  (차) 회의비   ×××   (대) 예금   ×××

7) 행사비(4237)

① 의의 : 입학식, 졸업식, 개교기념식 등의 행사에 지출하는 제경비로 동문회행사비, 정년퇴임식. 체육대회행사비 등의 용도로 집행되는 지출액을 포함한다.

② 적용회계 : 학교회계, 법인회계

③ 회계처리사례

입학식관련 비용을 지급할 때

  (차) 행사비   ×××   (대) 예금   ×××

8) 기타 운영비(4239)

① 의의 : 행정부서의 운영비, 교직원협의회 운영비, 사회교육원운영비, 중등교원연수원 운영비 등 기타 운영지출액이다.

② 적용회계 : 학교회계, 법인회계

③ 회계처리사례

　　(차) 기타 운영비　　×××　　(대) 예금　　　　　×××

③ 연구·학생경비(4300)

(1) 연구비(4310)

① 의의

　　연구비 – 교원 및 직원연구비

　　연구관리비 – 연구용 도서구입, 연구결과 보고서의 출판 등에 지출하
　　　　　　　　는 각종비용

　　연구비는 교원에게 지급되는 교내 학술연구지원금, 부설연구소지원
　　금, 학술활동연구장려금, 외부기관용역연구비, 교원해외연구경비, 저
　　서발간경비지원액 등의 지출금액이며, 연구관리비는 교원연구업적집
　　및 연구지원편람집발간비, 논문집발간비, 국제학술경비, 교재개발비,
　　각종 평가연구추진경비 등의 지출금액이다.

② 적용회계 : 학교회계

③ 관련계정 : 연구비(4311), 연구관리비(4312)↔연구기구(1232), 연구적
　　립금(3122), 연구기부금(5223)

④ 회계처리사례

　　㉠ 교내연구비를 지급할 때

　　　(차) 연구비　　×××　　　　(대) 예금　　　　×××

　　㉡ 외부용역연구비를 지급할 때(연구간접비 차감 후 지급)

　　　(차) 연구비　　×××　　　　(대) 예금　　　　×××

　　　　　　　　　　　　　　　　　　잡수입(연구간접비)　×××

　　㉢ 연구관리비를 지급할 때

　　　(차) 연구관리비 ×××　　　　(대) 예금　　　　×××

⑤ 참고사항

상업적인 용역연구비의 경우 교수개인은 기타 소득세, 대학은 법인세 과세문제가 발생됨을 유의해야 하며, 연구비로 취득한 기자재의 자산 귀속문제를 확실히 하여야 한다.

(2) 학생경비(4320)

1) 장학금

① 의의 : 학생에게 지급하는 각종 장학금으로 지정기부금으로 입금되어 지급되는 대외장학금과 국가유공자 자녀장학금, 교비에서 지급하는 체육특기자 장학금, 근로학생에게 지급하는 근로장학금, 장학기금 재원에서 지급하는 학생복지장학금, 기타 특별장학금의 지출금액을 말한다.

② 적용사례 : 학교회계

③ 관련계정 : 장학금(4321)↔지정기부금(5222), 장학기금(1234), 장학적립금(3124)

④ 회계처리사례

ㄱ 외부장학금이 기탁되어 지급되는 장학금 및 일반교비 장학금을 지급할 때

(차) 장학금 ××× (대) 제예금 ×××

ㄴ 장학기금에서 인출하여 지급하는 장학금

(차) 예금 ××× (대) 장학기금 ×××
　　장학적립금 ××× 　　운영차액대체 ×××
　　장학금 ××× 　　예금 ×××

ㄷ 국가유공자자녀장학금(학교수업료 및 입학금에 관한 규칙 제3조 제3항)으로 보훈처에서 장학보조금을 입금할 때

(차) 예금 ××× (대) 기타 보조금 ×××
　장학금을 지급할 때
(차) 장학금 ××× (대) 예금 ×××

⑤ 참고사항

장학담당부서에서 직접 기타받아 장학금을 지급하는 사례가 발생되지 않도록 주의하여야 한다(예산총계주의).

2) 학비감면

① 의의 : 등록금감면액(상대과목 5100 등록금수입에는 총액을 계상한다). 등록금(학교수업료 및 입학금에 관한 규칙 제3조 제3항 규정에 의거 등록학생의 10% 이상에 해당하는 수업료 및 입학금을 감면하게 되어 있음)은 학비감면금액을 공제하고 수납한다.

② 적용회계 : 학교회계

③ 관련계정 : 학비감면(4322)↔등록금수입(5110)

④ 회계처리사례

등록금을 수납할 때

(차) 예금	×××	(대) 입학금	×××
학비감면	×××	수업료	×××
		기성회비	×××

3) 실험실습비(4323)

① 의의 : 실험·실습교육에 지출하는 각종 비용(실험·실습기자재구입비는 1314, 기계·기구매입비에 계상한다)으로 실험·실습재료비, 시약, 초자류, 현장견학경비, 채집경비, 교육·실습경비 등의 지출금액이다.

② 적용회계 : 학교회계

③ 회계처리사례

실험·실습자료를 구입할 때

(차) 실험실습비	×××	(대) 예금	×××

④ 참고사항 : 실험실습비로 실습기자재 구입시에는 반드시 예산전용 승인을 득한 후 집행하여야 하며, 이를 지키지 않을 시에는 부외자산

의 발생으로 관리가 불가능해진다.

4) 논문심사비

① 의의 : 논문심사에 소요되는 비용, 석사 및 박사과정의 논문심사를 위해 논문지도교수에게 지출하는 비용 등으로 논문제출자가 부담한 논문심사료 수입으로 충당한다.

② 적용회계 : 학교회계

③ 관련계정 : 논문심사료(4324)↔논문심사료수입(5331)

④ 회계처리사례

논문심사료를 지급할 때

(차) 논문심사료   ×××   (대) 예금   ×××

5) 학생지원비(4325)

① 의의 : 교내신문발행, 교내방송, 대학지발간, 학생서클(동아리)보조 및 학생행사보조 등 학생지원 및 복지를 위하여 지출하는 각종 비용으로 학과학술활동지원비, 고시원 등의 지출금액을 포함한다.

② 적용회계 : 학교회계

③ 회계처리사례

(차) 학생지원비   ×××   (대) 예금   ×××

6) 기타 지원비(4329)

① 의의 : 학생지원비 예산 외의 학생경비로 취업정보센터의 운영비, 학군단지원비, 체육부운영경비, 의무실운영비, 기타 제경비의 지출금액이다.

② 적용회계 : 학교회계

③ 회계처리사례

(차) 기타 학생경비   ×××   (대) 예금   ×××

(3) 입시관리비(4330)

입시수당

① 의의

- 입시수당 – 입학시험 관리담당 교직원수당
- 입시경비 – 입학시험에 소요되는 소모품비, 수수료, 인쇄비, 광고료, 식사비 등의 비용

입시수당은 원서접수자수당, 채점수당, 실기관리자수당, 출제수당, 시험 감독자수당, 면접위원수당 등 입시관련 교직원의 수당지급액이며 입시경비는 입시에 소요되는 홍보물제작비, 홍보비, 입시소모품, 고사장임차료, 야근식대, 교통비 등의 제작용 지급액(4325)이다.

② 회계처리사례

입시진행에 따른 경비를 지급할 때

(차) 입시수당 ××× (대) 예금 ×××
입시경비 ×××

③ 관련계정 : 입시수당(4331), 입시경비(4332)↔입학원서대수입(5311), 수험료(5312)

④ 참고사항

입시수당은 과세소득에 해당하므로 개인별 지급액은 당해 월급여 지급시 원천징수하여야 한다.

4 교육외비용(4411)

1) 지급이자(4410)

① 의의 : 차입금, 차관 등의 이자지급액으로 금융기관 장기차입금은 이자, IBRD 차관이자, OECF 차관이자, 사학진흥재단차입금이자 등의 지급금액이다.

② 적용회계 : 학교회계, 법인회계

③ 회계처리사례

(차) 장기차입금　　××× 　　(대)　예금　　　　　×××
　　　지급이자　　　×××

2) 기타 교육외비용(4420)

① 의의 : 예측하지 못한 교육외비용으로 과년도 등록금 반환액을 포함
한다.

② 적용회계 : 학교회계, 법인회계

③ 회계처리사례

(차) 잡손실(4421)　　××× 　　(대) 예금　　　　　×××

④ 참고사항

과년도 등록금 반환액 등 전기손익의 수정사항은 기업회계의 경
우 이월이익잉여금의 조정사항이다.

⑤ 전출금(4500)

(1) 전출금(4510)

1) 경상비전출금

① 의의 : 전입금수입(5210) 중 경상비전입금, 법정부담전입금, 자산전
입금, 부속병원전입금 내용참조. 다만, 부속병원전출금은 법인이 의
과대학, 치과대학 및 한의과대학의 운영을 위해 부담하는 각종 전출
금이다.

② 적용회계 : 법인회계

③ 관련계정 : 경상비전출금(4511), 법정부담전출금(4512), 자산전출금
(4513), 부속병원전출금(4514)

④ 회계처리사례

법인에서 학교운영비로 전출하였을 때

(차) 경상비전출금　　×××　(대) 예금　　　　　×××

2) 특별회계전출금(4515)

① 의의 : 특별회계로 전출하는 금액으로 지방대학 특성화사업 등 특별
회계기관으로의 전출금이다.

② 적용회계 : 학교회계, 법인회계

③ 회계처리사례

특별회계로 전출할 때

(차) 특별회계전출금　×××　　(대) 예금　　　　　×××

3) 교내전출금

① 의의 : 특별회계를 제외한 교내 타회계조직(분교 등)에의 전출금액
(교내전입금과 대응)이다.

② 적용회계 : 학교회계

③ 관련계정 : 교내전출금(4516) ↔ 교내전입금(5216)

④ 회계처리사례

전출금을 송금할 때

(차) 교내전출금　　×××　　(대) 예금　　　　　×××

6 예비비(4600)

예비비(4610)

① 의의 : 예측할 수 없는 경비의 지출에 충당하기 위한 예산상의 유보
재원(예비비 사용시에는 예비비의 예산을 감안하여 당해 과목에 증액
한다)이다. 일반적으로 총예산액의 1% 이상의 금액을 계상한다.

② 적용회계 : 학교회계, 법인회계

③ 회계처리사례

㉠ 추가경정예산의 편성 이전에 예비비를 사용한 때에는 추가경정예산 편성시 본예산과목으로 대체처리한다. 그러나 실무상으로 추경예산편성을 전제로 본예산과목을 사용한다.

㉡ 추가경정예산 편성 후 예비비를 사용한 때에는 결산시 본예산과목에 증액대체한다.

⑦ 투자와 기타 자산(1200)

(1) 투자자산지출(1220)

1) 투자유가증권 매입

① 의의 : 채권, 주식 등 투자유가증권의 매입대금(1221)이다.

② 적용회계 : 학교회계, 법인회계

③ 회계처리사례

투자유가증권을 매입할 때

　(차) 투자유가증권　　×××　　(대) 예금　　　　　×××

2) 출자금지출(1222)

① 의의 : 출자금지출-수익사업 및 수익을 목적으로 출자하는 금액 부속병원투자지출(1223) - 부속병원에 기본금(출자금)으로 투자하는 금액이다.

② 적용회계 : 학교회계

③ 회계처리사례

부속병원의 신규개설을 위한 지출할 때

　(차) 부속병원투자　　×××　　(대)예금　　　　　×××

3) 기타의 투자자산지출(1229)

① 의의 : 위 목 이외의 기타 투자자산의 투자액으로 콘도미니엄회원권,

골프권 등의 구입금액이다.

② 적용회계 : 학교회계, 법인회계

③ 회계처리사례

회원권 등을 구입할 때

　(차) 기타의 투자자산　　×××　(대) 예금　　　　　　　×××

(2) 특정기금적립(1230)

① 의의 : 연구, 건축, 장학, 퇴직금 및 기타 기금으로 별도로 적립하는 금액이다.

② 적용회계 : 학교회계, 법인회계

③ 관련계정 : 연구기금적립(1232), 건축기금적립(1233), 장학기금적립 (1234), 퇴직기금적립(3122)~기타 기금적립금(3129)↔연구기금적립 금(3122)~기타 기금적립금(3129)

④ 회계처리사례

기금을 적립할 때

　(차) 기금　　　　　×××　　(대) 예금　　　　　　×××
　　　제적립금대체액　×××　　　　기금적립금　　　×××

⑤ 참고사항

제적립금대체액은 기본금대체액과 같이 당기비용으로 인식하여 운영 계산서에 반영한다.

(3) 기타자산지출(1240)

① 의의 : 전신전화보증금지출(1241) – 무선통신, 전화 등을 이용하기 위 하여 지급하는 보증금이다.

　• 임차보증금지출(1242) – 토지, 건물, 기계, 기구 등의 임차보증금 지급액

　• 장기대여금지출(1243) – 대여금의 대여기간이 1년 이상인 장기대

여금
  • 기타자산지출(1249) - 위 목 외의 기타자산 취득지출
② 적용회계 : 학교회계, 법인회계
③ 회계처리사례
  임차보증금을 지급할 때
    (차) 임차보증금   ×××   (대) 예금   ×××
④ 참고사항 : 기업회계에서는 투자자산계정으로 장기금융상품, 투자유
  가증권, 장기대여금, 투자부동산, 보증금, 기타의 투자자산 등으로 분
  류하고 있다.

8 고정자산매입지출(1300)

(1) 유형고정자산매입지출(1310)

1) 유형고정자산매입지출

① 의의 : 각 유형고정자산의 매입대금과 그 부대비용으로 지출하는 금
  액이다.
② 적용회계 : 1311 ~ 1317 - 교회계
            박물관유물구입비(1318) - 학교회계
③ 관련계정 : 토지매입비(1311), 건물매입비(1312), 구축물매입비(1313),
  기계·기구매입비(1314), 집기비품매입비(1315), 차량운반구매입비
  (1316), 도서구입비(1317), 박물관유물구입비(1318)
④ 회계처리사례
  ㉠ 토지·건물을 매입할 때
  (학교회계)
    (차) 토지(건물)   ×××   (대) 예금   ×××
        법인대체액   ×××   법인   ×××

(법인회계)

(차) 설치학교(대학)　　×××　　(대) 설립자기본금　　　×××

ⓛ 구축물 매입비, 기계·기구매입비, 집기비품매입비 등을 지급할
때

(차) 기계·기구　　　×××　　(대) 예금　　　　　×××

(집기비품 등)　　　　　　기타 기본금　　　×××

기타기본금대체액　×××

⑤ 참고사항

토지, 건물 등 등기된 자산은 법인기본금을 기타의 자산은 기타 기본
금을 증액시키며, 각각의 대체액은 당기의 비용으로 인식하여 운영계
산서에 반영한다.

2) 건설가계정(1319)

① 의의 : 건축물 등의 건설기간중 공사비, 설계비, 인허가비 등의 지급
액이다(완공 후 해당과목으로 대체한다).

② 적용회계 : 학교회계, 법인회계

③ 회계처리사례

건축비를 지급할 때

(차) 건설가계정　　　×××　(대) 예금　　　　　　×××

기타 기본금대체액　×××　　　기타 기본금　　　×××

④ 참고사항

기업회계에서는 유형고정자산을 유형자산으로 건설가계정을 건설중
인자산으로 표기하고 있다.

(2) 무형고정자산취득비(1320)

1) 무형고정자산취득(1321)

① 의의 : 특허권, 광업권 등과 같은 권리자산의 취득대금. 연구개발 결

과물을 특허등록하고 이를 위해 투입한 개발비·등록비 등을 산업재
산권(특허권, 실용신안권, 의장권, 상표권 등)으로 계상한다.

② 적용회계 : 학교회계, 법인회계

③ 회계처리사례

　무형자산을 취득할 때

　　(차) 무형자산취득비　×××　　　(대) 예금　　　　　　　×××

⑨ 유동부채상환(2100)

단기차입금상환(2110)

① 의의 : 단기차입금의 실제 상환액(장부가액이 아님)이다.

② 적용회계 : 학교회계, 법인회계

③ 회계처리사례

　　(차)　단기차입금　　×××　(대)　예금　　　　　　×××

⑩ 고정부채상환(2200)

(1) 장기차입금상환(2210)

1) 장기차입금상환

① 의의 : 장기차입금의 실제상환액(외화차입금의 경우 상환차손익을
　포함한 금액으로 하되 장부가액이 아님)이다.

② 적용회계 : 학교회계, 법인회계

③ 관련계정 : 장기차입금상환(2211)↔외환차손 (4423), 외환차익(5423),
　외화환산손실(4422), 외화환산이익(5422), 지급이자(4411)

④ 회계처리사례

㉠ 원화장기차입금을 상환할 때

(차) 장기차입금 (4325)　×××　　(대) 예금　　　　　　　　×××

㉡ 외화장기차입금을 상환할 때

(차) 장기차입금　　　×××　　(대) 예금　　　　　　　　×××
　　외환차손　　　　×××　　　　외화차익　　　　　　×××
　　외화환산손실　　×××　　　　외화환산이익　　　　×××
　　(손실발생시)　　　　　　　　　(이익발생시)

⑤ 참고사항

외화장기차입금은 차관과 마찬가지로 결산일에는 외화환산을 하여야
하며 상환일에는 이에 따른 외화차익 또는 외화차손이 발생된다.

2) 차관상환(2212)

① 의의 : 차관실제상환액(상환차손익을 포함한 금액으로 장부가액이
아님)이다.

② 적용회계 : 학교회계, 법인회계

③ 회계처리사례

외화장기차입금의 상환사례와 같다.

3) 학교채상환(2213)

① 의의 : 학교채의 상환액을 처리하는 회계로서 학교회계, 법인회계에
관련된다.

② 회계처리사례

만기일이 된 학교채를 상환할 때

(차) 학교채　　　×××　　　　(대) 예금　　　　　　　×××

(2) 기타고정부채상환(2220)

① 의의 : 임대보증금 환급－임대기간의 종료로 임대보증금을 환불하는
금액이다.

㉠ 장기미지급금 상환－상환기간이 1년 이상인 장기미지급금의 상
　　　　환금액
　　　㉡ 타고정부채의 상환－기타 고정부채의 상환액
　② 적용회계 : 학교회계, 법인회계
　③ 관련계정 : 임대보증금환급(2221), 장기미지급금상환(2222), 기타고
　　　정부채의 상환 (2229)
　④ 회계처리사례
　　　장기상환계약에 의거 매입한 기자재대금을 지급할 때
　　　　(차) 장기미지급금　　×××　　(대) 예금　　　　　　　　×××

|제2절| 대차대조표 과목해설

① 자산의 부

(1) 유동자산(1100)

유동자금(1110)

(가) 현금(1111)

① 의의 : 자금출납부에서 관리・보관하는 현금(일반업무부서의 소액현
　　　금 전도액 포함)이다.
② 참고사항 : 〈기업회계 해설〉
　　　현금 및 현금등가물은 '현금'과 일상운용자금 목적의 당좌예금・보
　　　통예금 및 현금과 같은 성질을 가지는 현금등가물을 포함한다. 우리
　　　나라와 외국의 모든 화폐와 타인이 발행한 수표・대체저금환어음・
　　　우편환증서・자기앞수표・송금수표・일람출급어음・만기 도래 어

음·지급기일 도래 주식배당금 영수증·공사채 이자표 및 기타 화폐와 즉시 교환이 가능한 증서(통화대용증권)와 당좌예금·보통예금 및 현금등가물을 말한다. 이 경우 '현금등가물'이라 함은 큰 거래 비용 없이 현금으로 전환이 용이하고 이자율변동에 따른 가치변동의 위험이 중요하지 않은 유가증권 및 단기금융상품으로서의 취급당시 만기(또는 상환일)가 3개월 이내에 도래하는 것을 말한다. 즉, 특례규칙의 현금(1111), 예금(1112)의 통합계정으로 이해할 수 있다.

(나) 예금(1112)

① 의의 : 금융기관에 예치된 각종예금(특정기금은 1230 계정에서 처리)이다. 기업회계에서는 단기성예금에 대하여 현금 및 현금등가물계정에서 처리하고 있으나 특례규칙에서는 모든 예금을 예금과목으로 처리한다. 다만, 특정적립금으로 기금화한 특정예금은 특정기금(1230)과목에 계상되어 유동자산에서 제외된다.

② 관련계정 : 현금↔특정기금

③ 참고사항 : 〈기업회계 해설〉

단기금융상품이란 금융기관이 취급하는 예금 중 앞서 설명한 '현금 및 현금등가물'에 포함되는 당좌예금이나 보통예금을 제외한 기타의 예금을 말한다. 즉, 금융기관이 취급하는 정기예금·정기적금 사용이 제한되어 있는 예금 및 기타 정형화된 상품 등으로 단기적 자금운용 목적으로 소유하거나, 기한이 1년 이내에 도래하는 것을 말한다. 이때 사용이 제한되어 있는 예금(예 : 질권이 설정되어 있는 예금 등)에 대해서는 그 내용을 주석으로 기재한다.

(다) 미수금(1123)

① 의의 : 일반적인 거래의 미수채권으로 학교회계에서는 등록금미수금(분할납부 경우) 및 전화료, 전기료 등의 미수금이 발생된다.

② 참고사항 : 〈기업회계 해설〉

미수금은 일반적 상거래에서 발생하는 '매출채권'과는 달리 일반적 상거래 이외에서 발생한 미수채권을 처리하는 계정이다. 예를 들면, 건물이나 차량운반구와 같은 고정자산 처분대금의 미수금이 있다.

(라) 가지급금

① 의의 : 액수나 과목이 확정되지 아니한 각종 비용의 선지급액(소액현금 1111현금에 계상)이다.

② 참고사항 : 〈기업회계 해설〉

가지급금(1124)은 기중에 업무상(예 : 부서운영비 가지급) 계산급을 지급할 경우 이를 계정으로 처리한 것을 말하며, 미결산계정으로서 결산시에는 지출된 내역에 따라 구체적인 계정과목으로 대체하여야 하며, 차액을 현금으로 반납받게 되면 '현금 및 현금등가물'계정으로, 미반납된 금액이 있을 경우에는 해당 임직원에 대한 '단기대여금'계정으로 각각 대체시켜야 한다. 따라서 이들 계정은 대차대조표에는 나타나지 않게 된다.

(2) 기타유동자산(1120)

1) 단기대여금(1121)

① 의의 : 상환기간이 1년 미만인 타회계조직 등에 대한 일시적 대여금이다.

② 참고사항 : 〈기업회계 해설〉

단기대여금이란 그 회수기간이 대차대조표일로부터 1년 이내에 도래하는 대여금을 의미하는 것으로서 이자율의 유무와는 상관이 없으며 기간의 장기 · 단기 여부에 따라 장기대여금과 단기대여금으로 구분한다.

2) 선급금(1122)

① 의의 : 물품 및 용역구입비용 등의 선지급액으로 외국산 실습기자재의 B/L대금이나, 구매계약의 계약내용에 따라 지급되는 금액 등을 말한다.

② 참고사항 : 〈기업회계 해설〉

선급금이란 일반적인 상거래에 의한 상품·원재료·저장품 등 재고자산의 확실한 구입을 위하여 미리 선급하거나 제품 및 부분품의 외주가공을 위하여 선급한 금액이다. 따라서 토지나 기계장치의 매입을 위하여 지출한 계약금은 '건설중인 자산'으로 처리하게 되며 사무실 임차를 위하여 지급한 보증금 등은 투자자산의 '보증금'계정으로 처리한다.

3) 선급법인세(1125)

① 의의 : 예금이자 등에 대한 금융기관의 원천징수세액중 차후 환급이 되는 법인세이다.

② 회계처리사례

　㉠ 예금이자가 발생할 때

　　(차) 예금　　　　×××　　　(대) 수입이자　　　　×××

　　　선급법인세　××××

　㉡ 법인세를 환급받았을 때

　　(차) 예금　　　　×××　　　(대) 선급법인세　　　×××

4) 받을어음(1126)

① 의의 : 일반적 거래에서 발생한 어음상의 채권이다.

② 회계처리사례

　㉠ 임대보증금으로 받을어음을 받았을 때

　　(차) 받을어음　×××　　　(대) 임대보증금　　　×××

　㉡ 받을어음이 만기가 되었을 때

(차) 예금　　　×××　　　(대) 받을어음　　　×××

② 투자와 기타자산(1200)

(1) 설치학교

① 의의
 ㉠ 대학(교)－대학회계에 투입되어 있는 법인 일반회계의 투자액(토지, 건축물－3112법인과 대응)이다.
 ㉡ 전문대학－전문대학회계에 투입되어 있는 법인 일반회계의 투자액
 ㉢ 초·중·고교－초·중·고교에 투입되어 있는 법인 일반회계 투자액
 ㉣ 부속병원-부속병원에 투입되어 있는 법인회계의 투자액
② 적용회계 : 법인회계
③ 관련계정 : 대학교(1211), 전문대학(1211), 초·중·고교(1213), 부속병원(1214)
④ 참고사항
종합재무제표작성시에는 설치학교과목과 법인과목을 서로 계상한다.

(2) 투자자산(1220)

1) 투자유가증권
① 의의 : 투자목적으로 소유하는 주식, 사채 및 국공채
② 관련계정 : 투자유가증권(1221)↔투자유가증권평가충당금
③ 회계처리사례
특례규칙 제33조 제1～4항의 규정에 의하여 법인 또는 학교가 보유

한 투자유가증권은 대차대조표일 현재 종가가 취득가액의 2분의 1 이하로 된 때에는 시가로 평가하여야 하며, 이를 각주 사항에 기재하여야 한다(자금계산서과목이 아님).

〈평가손실이 발행할 때〉

　　(차) 투자유가증권 　×××　　　(대) 투자유가증권　　　×××
　　　　평가손실　　　　　　　　　　　　평가충당금

〈시가가 회복된 경우〉

　　(차) 투자유가증권 　×××　　　(대) 투자유가증권　　　×××
　　　　평가충당금　　　　　　　　　　　평가충당금환입

④ 참고사항 : 〈기업회계 해설〉

투자유가증권이란 유동자산에 속하지 않은 유가증권으로서 투자목적으로 소유하는 주식·사채 및 국채·공채 및 출자금 등을 말한다. 이 때 유동자산에 속하는 유가증권의 요건은, 첫째 시장성(주식에 한함)이 있어야 하며, 둘째 단기소유목적이어야 하는데, 이 두 가지 요건 중 어느 하나도 충족하지 못하면 유동자산으로 분류되는 유가증권에 해당되지 않는다. 따라서 증권거래소에 상장되어 있지 않은 유가증권의 경우 단기적 자금운용의 목적이나 결산기 후 1년 이내 또는 이후 처분할 목적으로 소유하고 있는 경우에는 이 유가증권은 모두 '투자유가증권'으로 분류된다.

2) 부속병원 투자

① 의의 : 부속병원에 투자하는 금액이다.

② 참고사항 : 〈기업회계 해설〉

　㉠ 부속병원(1214)과목은 대학부속병원의 토지, 건물 등의 취득 또는 매각시 법인회계에서 처리하는 과목

　㉡ 부속병원투자(1223)는 법인회계에서 부속병원에 실제투자시 회계처리하는 과목이다.

　㉢ 부속병원전출금(4514)은 법인이 의과대학, 치과대학 및 한의과

대학의 운영을 위해 부담하는 각종 전출금으로 경상비전출금
(4511)과 혼동된다.

3) 기타 각종 투자자산(1229)

① 의의 : 기타 각종 투자자산이다.

② 참고사항

앞에서 설명한 투자자산 외의 투자자산으로 콘도미니엄회원권, 골프
회원권, 운용리스이용자가 부담하는 관세 등의 선급, 리스부대비용
등을 계상한다.

(3) 특정기금(1230)

① 의의 : 연구기금－연구장려 등을 위하여 별도로 예치한 자금 등
　　　　　건축기금－건축비용충당을 위하여 별도로 예치한 자금 등
　　　　　장학기금－장학금지급을 위하여 별도로 예치한 자금 등
　　　　　퇴직기금－퇴직금지급을 위하여 별도로 예치한 자금 등
　　　　　기타기금－기타 목적으로 위하여 별도로 예치한 자금 등

② 관련계정 : 연구기금(1232), 건축기금(1233), 장학기금(1234), 퇴직기
금(1235), 기타기금(1239)↔적립금(3120), (3122)~(3129)

③ 회계처리사례

　㉠ ○○기금을 적립할 때

　(차) ○○기금　　×××　　(대) 예금　　　　　×××
　　제적립금대체액　×××　　　　○○적립금　　×××

　㉡ 기금을 인출할 때

　(차) 예금　　　×××　　(대) ○○기금　　×××
　　○○적립금　×××　　　　운영차액대체　×××

　㉢ 기금의 목적에 사용할 때(예 : 연구비에 집행할 때)

　(차) 연구비　　×××　　(대) 예금　　　　×××

④ 참고사항

각 대학에서 특별한 용도로 기금을 적립해야 할 필요가 있을 경우에는 코드번호 1236~1238에 별도의 항목을 신설하여 사용할 수 있다.

(4) 기타자산(1240)

1) 보증금
① 의의
  ㉠ 전신전화보증금(1241)－특정한 전신 또는 전화를 사용하기 위하여 지급하는 보증금
  ㉡ 임차보증금(1242)－부동산 등의 임차보증금
② 참고사항 : 〈기업회계 해설〉
보증금이란 기업의 사업목적과 관련하여 지급하는 제반 보증금을 가리키며 전신전화가입권 및 영업보증금 등이 포함된다.
전세권은 민법상 용익물권에 해당되며 전세금을 지급하고 타인의 토지·건물 등 부동산을 사용·수익하는 권리인 데 반해 임차보증금은 민법상 채권에 해당되며 타인의 부동산 또는 동산을 월세 등의 조건으로 사용하기 위하여 지급하는 보증금이라는 점에서 전세권과 다르다. 전신전화가입권은 전화국에 전화와 전선을 이용할 수 있도록 가입하고 권리를 획득하는 경우에 동 이용권을 가리킨다.
한편 영업보증금은 영업상의 제반 보증이 필요한 경우에 지급되는 금액을 가리키는데, 예컨대 거래보증금, 입찰보증금 및 하자보증금 등이 있다.

2) 장기대여금(1243)
① 의의 : 상환기간이 1년 이상인 각종 대여금이다.
② 참고사항 : 〈기업회계 해설〉
장기대여금이란 유동자산에 속하지 않는 장기의 대여금을 말한다.

즉, 회수기한이 대차대조표일로부터 1년을 초과하여 도래되는 대여금을 말한다. 장기대여금이 여러 해에 걸쳐 분할회수되는 약정으로 이루어진 경우에는 그 회수기간이 대차대조표일로부터 1년 이내에 도래하는 부분을 단기대여금으로 재분류하여야 한다.

> ※ 특례규칙에서는 장기대여금 중 1년 이내 도래하는 금액을 단기대여금으로 표시하는 것이 아니라 장기대여금회수(1243) 과목에서 처리한다. 따라서 기업회계와 같이 유동자금화하려면 장기대여금 회수과목이 없어지고 단기대여금으로 대체하도록 규정화하여야 하며 아울러 장기차입금의 경우에는 유동성 장기부채과목을 신설하여 장기차입금 상환과목을 대신하여야 할 것이다.

③ 고정자산(1300)

(1) 유형고정자산(1310)

1) 토지(1311)

① 의의 : 대지, 임야, 전답, 잡종지 등의 토지가액으로 토지의 매입대가 외에 소개료, 매립비, 정지비, 불용건물제거비, 소유권이전등기비, 취득세 등이 포함된다.

② 참고사항 : 〈기업회계 해설〉
토지란 회사의 영업활동에 사용되는 대지, 임야, 전답, 잡종지 등 모든 형태의 토지를 처리하는 계정이다. 따라서 지목과 등기 여부에 관계없이 사실상 토지이며, 당해 기업이 소유하는 토지이면 모두 토지 계정에 계상하여야 한다. 그러나 투자목적 외에 비영업용으로 소유하는 토지는 투자자산으로 분류되는 '투자부동산' 계정으로 처리하며, 건설회사가 건설용지로 매입하는 경우에는 재고자산으로 분류되어 '용지' 계정으로 처리하여야 한다.

2) 건물(1312)

① 의의 : 건물 및 냉난방·조명 및 기타 건물부속설비 등의 금액으로 취득을 위해 소요되는 제경비는 건물과목에 포함된다. 그러나 건설하여 취득하는 경우에는 건설가계정과목으로 처리하였다가 등기완료 후 건물계정으로 대체한다.

② 참고사항 : 〈기업회계 해설〉

건물이란 회사의 영업활동에 상용되고 있는 점포·창고·사무소·공장 등의 건물과 냉난방·조명·통풍 및 기타의 건물부속설비 등을 말한다. 건물의 개념은 '지붕·기둥 또는 벽이 있는 것'으로 당해 건물의 일부를 이루는 건물 부대설비, 즉 적기설비, 급·배수설비, 위생설비, 냉·난방설비, 보일러·가스설비 및 승강기와 같은 것을 설치했을 때에는 건물계정에 포함시킨다. 한편 업무용 목적이 아닌 투자목적 또는 비영업용 건물인 경우에는 '투자부동산'계정으로 처리하여야 하며 건설회사가 건축해서 팔리지 않아 보유하고 있는 판매용 건물은 재고자산에 해당하므로 '완성건물'이나 '완성상가' 또는 '완성주택' 등의 계정과목으로 표시하여야 한다.

수선비 등 어떤 지출이 당해 고정자산의 내용연수를 연장시키거나 가치를 실질적으로 증가시키는 경우에는 자본적 지출로서 건물의 증가로 처리하며, 당해 고정자산의 원상을 회복시키거나 능률유지를 위한 지출인 경우는 수익적 지출로서 비용으로 처리한다.

　　※ 특례규칙에서는 자본적 지출은 건물계정의 증가를, 수익적 지출은 건축물관리비(4211)로 비용처리한다.

3) 구축물(1313)

① 의의 : 저수지, 정원설비, 굴뚝, 각종 토목설비 또는 공작물 등으로 교내도로 조성비, 운동장, 로열박스 등의 구축비용을 포함한다.

② 참고사항 : 〈기업회계 해설〉

구축물이란 기업이 경영목적을 위해 소유하고 사용하는 토지 위에
정착한 건물이외의 선거·교량·암벽·부교·궤도·저수지·갱
도·굴뚝·정원실비·신호장치 및 기타의 토목설비 공작물 등을 말
한다.

4) 기계, 기구(1314)

① 의의 : 기계장치 및 각종 기구로서 용도에 따라 교육용 및 사무용 기
계기구로 구분하기도 한다.

② 참고사항 : 〈기업회계 해설〉

기계장치란 공장 등에서 제품 등의 제조·생산을 위해 사용하는 기
계장치·운송설비(컨베이어·호이스트·기중기 등)와 기타의 부속
설비를 말한다.

즉, 기업이 경영목적을 위하여 사용하고 있는 기계장치 및 이들에 부
속하는 설비를 처리하는 것이 기계장치계정이다.

5) 집기, 비품(1315)

① 의의 : 내용연수가 1년 이상인 집기비품 및 상당한 가치 이상의 전
산프로그램 등이다.

② 참고사항

종래의 기업회계에서는 기계장치와 공구기구비품계정으로 구분하고
있었으나 개정 후에는 공구기구비품계정이 기타의 유형자산 계정으
로 변경되었다. 그러나 특례규칙에서는 기계기구와 집기비품으로 나
뉘어져 있으며 그 성격상 구분이 명확하지 않은 점이 많다.

〈기업회계 해설〉

종래의 공구기계비품은 내용연수가 1년 이상이고, 상당가액 이상의
공구, 기구, 비품 등을 처리하는 계정이다. 여기서 말하는 상당가액은
법인세법 규정에 의한 100만 원 이상의 것을 말하며 100만 원 미만

이라 하더라도 법인의 업무, 성질상 기본적으로 중요한 것은 소액중
요자산으로서 고정자산에 포함하도록 되어 있다.

6) 차량운반구(1316)

① 의의 : 자동차 및 기타의 운반구를 말한다.

② 참고사항 : 〈기업회계 해설〉

차량운반구란 철도차량, 자동차와 기타의 육상운반구를 말하며 인간
또는 물건을 육상에서 견인, 운반하는 것을 계상한다.

　　*선박계정을 별도로 처리하고 있다.

7) 도서(1317)

① 의의 : 도서비치용 도서(일반부서의 간행물을 제외한다-소모품의 계
정에서 처리함)로서 도서관에서 구입하는 정기간행물, 일반도서,
CD-ROM Title 등을 포함한다.

② 참고사항

기업회계에서는 도서 계정이 없으며 주로 일반관리비, 제조경비의 소
모품이 계정에서 처리하고 있다.

8) 박물관유물(1318) : 박물관의 각종 유물

9) 건설가계정(1319)

① 의의 : 건축물 공사기간 중의 공사비, 설계비, 인허가비, 설계용역비
등의 지급액(완공 후 해당 고정자산의 과목으로 대체)이다.

② 참고사항 : 〈기업회계 해설〉

건설중인 자산이란 자기의 경영목적을 위해 영업용으로 사용할 것을
전제로 유형자산을 건설하는 경우, 그것이 완성될 때까지 건설을 위
한 재료비·노무비·경비 등을 기록해 두는 중간계정이다. 여기에는
건설을 위하여 지출한 도급금액, 토지구입 계약금·중도금 또는 취
득한 기계에 대한 계약금·중도금 등이 포함된다. 건설이 완성되어

해당 건설의 원가가 확정된 때에는 이것을 적당한 유형자산의 계정
과목으로 대체한다. 또한 유형자산의 건설에 사용된 차입금에 대하여
건설완료시까지 지급한 이자비용 등은 취득원가에서 차감한다.

(2) 무형고정자산(1320)

① 의의 : 특허권, 실용신안권, 상표권, 광업권, 어업권 등 각종 무형고
정자산이다.

> ※ 특례규칙에서는 무형고정자산에 대하여 정액법에 의한 감가상각을
> 인정하고 있으나, 고정자산의 기본금대체회계라는 기본적 회계처
> 리에 모순이 있어 수정을 필요로 한다.

② 참고사항
기업회계에서는 무형고정자산을 무형자산으로 표기하며 영업권, 산
업재산권(특허권, 실용신안권, 의장권, 상표권 등), 광업권, 어업권, 차
지권, 종래의 이연자산이었던 차업비, 개업비와 유형고정자산이었던
소프트웨어를 포함하고 있다.

① 유동부채(2100)

(1) 단기차입금(2110)

단기차입금(2111)

① 의의 : 상환기간이 1년 미만인 차입금 등을 지칭한다.

② 참고사항

학교법인은 차입시 건별로 교육부의 승인을 얻어야 한다. 그러나 차
입최고한도액을 승인하는 방법으로 변경한다면 건별 승인절차를 거
치지 아니하고 당좌차월 또는 단기차입금의 차입이 가능해지므로 업
무가 간편해진다.

〈기업회계 해설〉

단기차입금은 금융기관으로부터 일으킨 당좌차월액과 대차대조표일
로부터 1년 이내에 갚아야 할 차입금을 처리하는 계정이다. 이 때 유
의하여야 할 것은 당초 장기차입금이었으나 상환기한이 1년 이내로
도래하면 단기차입금계정이 아닌 유동성장기부채계정을 사용하여야
하는 점이다.

※ 특례규칙에서는 유동성장기부채과목이 설정되어 있지 않다.

⇒장기차입금상환(자금계산서과목)

(2) 예수금(2120)

① 의의

㉠ 일반예수금-급여지급시 공제하는 연금, 의료보험 등 일시적 예수

액

　　　　ⓛ 제세예수금－갑근세 원천징수액 등 일시적인 각종 세금 예수증
　　　　　(연구비, 특강료 등의 지급시 기타 소득공제분 포함)
　　　　ⓒ 특별회계예수금－특별회계로부터 예수한 금액
　　　　ⓔ 기타 예수금－기타 일시예수금
　② 관련계정 : 일반예수금(2121), 제세예수금(2122), 특별회계예수금
　　　(2123), 기타예수금(2124)
　③ 참고사항 : 〈기업회계 해설〉
　　예수금은 타인이나 타기업으로부터 일시적으로 예수받은 금액으로서
　　장차 동일인 또는 동일기업에 되돌려 주거나 정부당국 등에 납부하
　　여야 할 의무를 지니는 것을 처리하는 계정이다. 예를 들면 종업원에
　　게 급여를 지급할 때 원천징수하는 소득세·주민세 등과 같은 세금과
　　종업원 부담분 보험료나 국민연금 등이 있다.

(3) 선수금(2130)

　① 의의
　　　　㉠ 등록금선수금－해당 회계연도 개시 전에 수납한 등록금 등
　　　　ⓛ 학교채선수금－학교채 청약금(미발행 금액)
　　　　ⓒ 기타선수금－일반적인 업무와 관련한 상기 과목 외의 선수금
　② 관련계정 : 등록금선수금(2131), 학교채선수금(2132), 기타 선수금
　　　(2139)
　③ 참고사항
　　　　㉠ 대학회계에서 가장 큰 수입원인 등록금은 통상 학기개시 전에 수
　　　　　납하게 되며 특히, 신학년도에는 회계연도 이전에 수납한다. 따라
　　　　　서 등록금의 수납액은 수납시점의 수익이 아닌 당해 학년도의 수
　　　　　입에 해당하므로 등록금선수금으로 계상한다.
　　　　ⓛ 학교채선수금은 대학에서 교육부의 인가를 얻어 학생 및 학부모

에게 매각하는 채권의 청약금으로 발행 후 매각절차가 끝나면 학교채과목으로 계상된다.

(4) 기타유동부채(2140)

1) 미지급금(2141)

① 의의 : 일반적 거래에서 발생한 미지급채무 및 비용이다.

② 참고사항

특례규칙은 현금주의 회계 중심이므로 일반적인 거래에서 미지급채무는 계상되지 않는다. 그러나 회계연도 말에는 반드시 미지급금을 계상하여 당해 연도의 자금예산집행내용과 일치시켜야 한다.

〔예〕 기계기구를 2월 10일에 구입하고 대금은 3월 이후에 지급하기로 한 경우

　　(차) 기계기구매입비　×××　　(대) 미지급금　　×××

자금거래상 기계기구매입비는 예금의 지출을 요하는 거래이므로 자금을 지출한 것으로 인식하여야 하며, 따라서 자금계산서의 집행액에 포함된다. 그러나 자금의 지출이 없는 미지급상태이므로 미지급금은 차기이월 자금의 계산(유동자산·유동부채)에 반영이 되어 미사용 차기이월 자금이 그만큼 줄어들게 되므로 자금지출과 동일한 결과를 가져온다.

〈기업회계 해설〉

미지급금은 일반적 상거래 (당해 회사의 사업목적을 위한 경상적인 영업활동에서 발생하는 거래) 이외에서 발생한 채무를 가리킨다. 예를 들면 고정자산의 구입대금, 지급기일이 지난 수선비 등이다.

2) 가수금(2142)

① 의의 : 가수금－송금자나 입금 내역이 밝혀지지 아니한 지로계좌 등

의 입금액(결산시 해당 과목으로 대체한다)을 처리한다.

지급어음- 일반적 매입거래 대가로 발행한 어음 금액

기타 유동부채- 상환기간이 1년 미만인 기타 부채

② 관련계정 : 가수금(2142), 지급어음(2143), 기타유동부채(2149)

③ 참고사항 : 〈기업회계 해설〉

가수금은 가지급금계정, 미결산계정 등과 같이 가계정의 일종에 속하며, 현금은 받았으나, 이것을 처리할 계정과목이나 금액이 미확정인 경우에 이것이 확정될 때까지 일시적으로 그 수입금액을 처리하는 가계정이다. 예를들어, 출장중인 사원으로부터 내용을 알 수 없는 송금을 받은 경우에 그 사원이 귀사하여 그 내용이 밝혀질 때까지 일시적으로 가계정으로 처리한다. 기업회계기준에서는 가지급금이나 가수금 등의 미결산항목을 재무제표에 표시할 때에는 적절한 과목으로 기재하게 함으로써 기업의 재무상태를 그 이해관계자에게 명료하게 알리도록 요구하고 있다. 따라서 가지급금이나 가수금 등의 가계정은 처리할 계정과목이나 계상할 금액이 확정되는 대로 신속하게 해당하는 계정으로 대차처리하여야 한다. 지급어음은 약속어음과 환어음을 불문하고 일반적 상거래에서 발생한 어음상의 채무를 처리하는 계정이다. 고정자산의 구입, 건설이나 금융거래로 인한 어음채무는 여기에 포함되지 아니한다.

② 고정부채(2200)

(1) 장기차입금(2210)

1) 장기차입금(2211)

① 의의 : 상환기간이 1년을 초과하는 차입금(외화장기차입금을 포함한다)이다. 금융기관, 한국사학진흥재단, 대학교육협의회 등으로부터의

1년 이상 장기차입계약에 의한 차입금이 해당한다.

② 참고사항

장기차입금 중 1년 이내 도래되는 상환액은 유동성장기부채 계정이 설정되어 있지 않으므로 장기차입금 상환과목에서 처리한다. 외화장기차입금은 결산시 외화부채의 평가에 의한 외화환산손실, 외화환산이익이 발생되며 상환시에는 외환차손, 외환차익이 발생된다.

2) 차관(2212)

① 의의 : 각종 차관의 미상환잔액이다.

② 참고사항

각 대학에서 차입한 차관에는 IBRD, OECF, KFX 차관 등이 있다. IBRD 차관은 변동금리로 이자를 지급하고 있으며, 이자율 4.75%를 초과하는 초과금리에 대하여 이차보전을, KFX 차관은 이자납부액의 1/2을 국고보조로 각각 지원받고 있다. 차관은 전액 외화차입금이므로 외화장기차입금의 경우와 같이 외화부채평가에 의한 회계처리가 이루어져야 한다.

(2) 기타고정부채(2220)

1) 임대보증금(2221)

① 의의 : 부동산 등을 임대하고 받는 보증금이다.

② 참고사항

학교법인의 수익용 건물, 토지 등을 임대하고 받는 임대보증금 및 학교의 시설물을 임대하고 받는 임대보증금으로 계약이 종료되면 지급하여야 할 금액이다. 임대보증금에 대하여는 간주임대료를 계산하여 부가가치세를 납부하여야 하며, 임대료 등은 수익사업수입이므로 법인세 납부의무가 발생한다.

2) 장기미지급금(2222)

① 의의 : 지급기한이 1년을 초과하는 미지급금이다.

② 참고사항

고가의 장비 등을 구입하고 그 대금을 연불로 상환하기로 계약한 경우 등에 처리하는 과목이다.

3) 투자유가증권평가충당금(2223)

① 의의 : 투자유가증권을 평가한 결과 발생한 평가손실의 누계액(투자유가증권에서 차감하는 형식으로 표시한다)이다.

② 관련계정 : 투자유가증권평가충당금(2223)↔투자유가증권평가충당금환입(5425), 투자유가증권평가손실(4425)

③ 참고사항

특례규칙 제33조 제1~4항 규정에 따라 대차대조표 기준일 현재 시가가 취득가액의 2분의 1 이하로 된 때에 시가로 평가하여야 하며 이의 회계처리는 다음과 같다.

(차) 투자유가증권   ×××   (대) 투자유가증권   ×××
  평가손실   평가충당금

결산시에는 대차대조표 투자유가증권의 차감사항으로 표시한다. 한편 시가가 회복된 경우에는 이 충당금을 환입한다.

(차) 투자유가증권   ×××   (대) 투자유가증권   ×××
  평가충당금   평가충당금환입

4) 학교채(2213) 미상환액

① 의의 : 학교채 미상환액

② 참고사항

㉠ 학교채의 의의

학교채란 학교법인이 부족재원의 확보를 위해 학부모, 동창 등으로부터 일정액의 금전을 차용하고 소정기간 경과 후 상환하는 학교법인의 의무부담인 기채행위로서 사립학교법 제28조 규정에 의해 교육부의 허가를 받아 발행할 수 있다.

ⓛ 학교채 발행의 주요 내용

발행주체 : 법인이사장

이자율 : 무이자

대상 : 학부모, 동창

상환기간 : 당해 학생의 졸업 또는 제적 후 6개월 이내

용도 : 교육시설 확충에 충당(인건비, 경상운영비에 사용제한)

상환재원 : 법인회계 또는 교비회계

ⓒ 제한사항

학생입학 기타 특혜조건부 발행금지, 발행총액은 당해 대학 연간 운영수입의 5%를 초과할 수 없도록 규정되어 있다.

③ 기본금(3100)

(1) 출연기본금(3110) *특례규칙 제25조

1) 설립자기본금(3111)

① 의의 : 학교의 설립시 출연한 금액과 매 회계연도 유형고정자산 증가액(취득 또는 수증) 중 토지 및 건축물금액에 상당하는 대체액을 포함한 금액으로 법인회계에서만 발생한다.

② 참고사항

사학기관의 부동산구입은 학교법인 명의로 등기하여야 하므로, 구입시 재원이 법인일반회계재원이건 등록금재원이건 관계없이 설립자기본금의 증가로 처리된다.

2) 법인(3112)

① 의의 : 토지 및 건축물에 상당하는 기본금(1210 설치학교, 1311토지,

1312 건물 및 1313 구축물과 대응이다.

② 참고사항

학교회계에서 토지 및 건축물을 취득 또는 수증받았거나 처분하였을 경우 토지, 건물은 전액 기본금으로 대체되나 구축물의 경우는 등기자산에 한하여 법인과목에 대체된다.

3) 기타 기본금(3113)

① 의의 : 고정자산에 상당하는 기본금(토지 및 건축물을 제외한 유·무형고정자산과 대응)을 처리한다.

② 참고사항

구축물(등기되지 아니한 것), 기계·기구, 집기·비품, 도서, 차량·운반구, 박물관 유물, 건설가계정을 취득, 처분 혹은 폐기한 경우에 기타 기본금의 증감이 이루어진다.

(2) 적립금(3120) (특례규칙 제26조)

1) 재평가적립금(3121)

① 의의 : 자산재평가로 인한 평가차익에 대응된 회계상의 적립금이다.

② 참고사항

㉠ 특례규칙 제31조 규정에 의거 보유자산의 재평가를 할 수 있으며, 자산재평가법을 준용하여 재평가하되 토지의 평가액은 공시지가 또는 개별토지의 가격에 의해 자체적으로 평가할 수 있다.

㉡ 기업회계에서는 엄격하게 자산재평가법의 규정에 의해 처리하도록 되어 있으며 취득일로부터 재평가일(사업연도 개시일)까지의 도매물가지수가 25% 이상 상승하였을 경우에만 재평가가 가능하다. 그러나 사립대학의 경우 임의평가가 가능하며, 자산재평가 차액에 대한 세액은 비과세된다. 다만, 학교법인의 수익사업용 자산

중 감가상각대상 자산은 자산재평가의 결과로 감가상각비 계상이 많이 될 수 있으므로 세액절감의 효과 여부를 검토하여야 할 것이다.

ⓒ 대부분의 사학이 자산재평가를 하지 않으므로 현재가치에 의한 자산가액을 알 수 없어 비교가능성이 저해된다. 따라서 감사보고서 주석사항에 포함하여 현재가치를 나타낼 수 있도록 유도하고, 나아가 일정시기에 적정한 규정에 따라 자산재평가를 하도록 하는 것이 바람직하다.

ⓔ 재평가적립금의 회계처리는 아래와 같다.

토지의 재평가시

(차) 토지　　×××　　　　(대) 재평가적립금　　　×××

2) 각종 적립금

① 의의 : 각각의 기금에 대응된 운영차액 대체액으로 특정목적에 사용하기 위하여 자금의 지출로 계상하여 적립한 각종적립금이다.

② 관련계정 : 연구적립금(3122), 건축적립금(3123), 장학적립금(3124), 퇴직적립금(3125), 기타 적립금(3129)

③ 참고사항

적립금이란 특정목적을 위하여 적립한 기금에 대한 개념적인 운영차액의 한 부분으로 기업회계와는 달리 특정기금으로 반드시 예치하도록 의무화한 것이다. 따라서 목적 달성을 위하여 자금을 사용할 경우에는 예치된 기금을 인출하여 유동자금화한 다음 지출예산에 따라 집행하도록 하고 있다.

(3) 운영차액(3130)

① 의의 : 이월운영차액은 전기 대차대조표상의 운영차액이며 당기운영차액과 합산하여 차기이월운영차액이 된다. 당기운영차액은 당기의

운영수지계산의 결과로 나타난 금액이며 운영계산서상의 당기운영차액과 대차대조표상의 당기운영차액은 반드시 일치하여야 한다.

② 관련계정 : 이월운영차액(3131), 당기운영차액(3132)

③ 참고사항

기업회계에서의 이월운영차액은 전기이월이익잉여금의 개념이며, 당기운영차액은 당기순손익의 개념이다. 이를 합산한 금액은 차기이월운영차액으로 당기말 미처분이익잉여금 또는 당기말 미처리결손금의 개념과 마찬가지이다.

|제4절| 운영계산서 과목해설

운영계산서 계정과목의 대부분은 자금계산서과목과 일치하므로 자금계산과목에 관련 없는 운영계산서 과목만 해설한다.

① 운영수익

(1) 등록금수입(5100)

자금계산서 과목 해설참조

(2) 전입 및 기부수입(5200)

자금계산서 과목 해설참조

1) 전입금 수입(5210)

자금계산서 과목 해설참조

2) 기부금 수입(5220)

일반기부금, 지정기부금, 연구기부금은 자금계산서 과목 해설참조

(3) 현물기부금(5224)

① 의의 : 토지, 건축물, 실험기자재, 유물 등의 수증품을 시가로 평가한
   금액이다.
② 적용회계 : 학교회계, 법인회계
③ 회계처리사례
   토지를 수증받았을 때

| (차) 토지 | ××× | (대) 현물기부금 | ××× |
| 법인대체액 | ××× | 법인 | ××× |

④ 참고사항
   특례규칙 제30조 제2항 및 제3항의 규정에 의하여 증여받은 자산은
   시가로 평가함을 원칙으로 한다. 따라서 토지의 경우 지가공시 및 토
   지 등의 평가에 관한 법률에 의한 감정평가액에 의함을 원칙으로 하
   되 토지의 공시지가에 의할 수 있다. 그러나 실무상 객관적인 시가를
   알 수 없는 경우가 많으며 특히, 유물의 경우는 감정가에 의해 평가
   될 수 있겠으나 실험기자재의 경우는 적정한 평가기준을 제시하여야
   한다. 기업회계의 경우 기업회계기준 제55조(자산의 평가기준) 제2항
   에서 '공정가액'을 취득원가로 한다고 규정하고 있으며 이 공정가액
   의 개념은 시가보다 확대된 개념으로 시가를 포함한 공정가치의 개
   념을 도입한 것이다.

(4) 국고보조금(5230)

자금계산서 과목 해설참조

(5) 교육부대수입(5300)

자금계산서 과목 해설참조

(6) 교육외 수입(5400)

자금계산서 과목 해설참조

① 예금이자수입(5410) - 자금계산서 과목 해설참조

② 기타 교육의 수입(5220) - 잡수입은 자금계산서 과목 해설참조

1) 외환거래

① 의의

　　㉠ 외화환산이익 : 외화자산 및 외화부채의 환율변동에 의한 이익

　　㉡ 외환차익 : 외화자산의 회수금액이 장부가액을 초과할 경우의 초
　　　과금액 및 외화부채의 상환액이 장부가액을 미달하는 경우의 미달
　　　금액

② 적용회계 : 학교회계, 법인회계

③ 관련계정 : 외화환산이익(5422), 외환차익(5423)↔장기차입금(2211),
　　차관(2212), 외화환산손실(4422), 외환차손(4423)

④ 회계처리사례

　　㉠ 대차대조표 기준일 현재로 외화장기차입금을 평가할 때
　　　(한국은행이 공시한 환율로 환산)
　　　(환산손실이 발생한 경우)
　　　(차) 외화환산손실　×××　　　(대) 장기차입금　　　×××
　　　(환산이익이 발생한 경우)
　　　(차) 장기차입금　×××　　　(대) 외화환산이익　　　×××

　　㉡ 외화장기차입금을 상환한 경우
　　　(상환손실이 발생한 경우)
　　　(차) 외환차손　×××　　　(대) 예금　　　×××

```
        장기차입금    ×××
    (상환이익이 발생한 경우)
    (차) 장기차입금    ×××    (대) 예금        ×××
                            외환차익        ×××
```

⑤ 참고사항 : 〈기업회계해설〉

　　외환차익이란 외화자산의 회수 또는 외화부채의 상환시에 발생하는 차익을 말한다. 외화자산·부채는 대차대조표일 현재로 평가하므로 기중 회수 또는 상환되는 외화자산·부채는 그 시점의 환율과 전기 대차대조표일의 환율차이에 의해 차손익을 계상하며, 차익을 영업외 수익으로 계상한다. 이 경우 차손이 발생하는 때에는 '외환차손'으로 처리하며 영업외 비용으로 분류한다. 외화환산이익은 결산일에 화폐성 외화자산 또는 화폐성 외화부채를 환산하는 경우 환율의 변동으로 인하여 발생하는 환산이익을 말한다. 이는 당기결산일 현재 계상된 외화자산·부채에 대하여 당기결산일 현재의 환율과 전기결산일 현재의 환율(기중 발생한 자산·부채는 발생시의 환율)의 차이에 의해 계산된 환산손익 중 이익을 계상한다. 이 경우 환산손실이 발생할 때에는 '외화환산손실'로 처리하며 영업외비용으로 분류한다.

2) 투자유가증권처분손익

① 의의

　　㉠ 투자유가증권처분이익 – 투자유가증권의 매각시 장부가액을 초과하는 금액

　　㉡ 투자유가증권처분손실 – 투자유가증권의 매각시 장부가액에 미달하는 금액

　　㉢ 투자유가증권평가충당금환입 – 저가기준에 의하여 평가한 투자유가증권의 시가가 전기의 장부가액보다 상승한 경우에 상승차액을 기중에 설정한 투자유가증권평가충당금 계정에서 취득원가 범위 내에서 환입한 금액

ⓔ 투자유가증권평가손실(4425) – 저가기준에 의하여 평가한 투자유
　가증권의 시가가 전기의 장부가액보다 하락한 경우의 하락차액
② 적용회계 : 학교회계, 법인회계
③ 관련계정 : 투자유가증권처분이익(5424), 투자유가증권평가충당금환
　입(5424)↔투자유가증권(1221), 투자유가증권처분손실(4424), 투자유
　가증권평가손실(4425)
④ 회계처리사례
　㉠ 투자유가증권의 매각이익이 발생한 경우
　　(차) 예금　　　　　×××　　　(대) 투자유가증권　　　　×××
　　　　　　　　　　　　　　　　　　투자유가증권처분이익　×××
　㉡ 투자유가증권의 매각손실이 발생한 경우
　　(차) 예금　　　　　×××　　　(대) 투자유가증권　　　　×××
　　　　투자유가증권　×××
　　　　처분손실
　㉢ 저가평가된 투자유가증권을 매각한 경우
　　(차) 예금　　　　　×××　　　(대) 투자유가증권　　　　×××
　　　　투자유가증권　×××
　　　　평가충당금
　　＊ 처분시 이익·손실이 발생되면 투자유가증권처분손·익계정으로 처
　　　리한다.
　㉣ 대차대조표일 현재 투자유가증권의 시가가 1/2 이하로 하락하였
　　을 때
　　(차) 투자유가증권　×××　　　(대) 투자유가증권　　　×××
　　　　평가손실　　　　　　　　　　　평가충당금
　㉤ 시가가 회복되었을 때
　　(차) 투자유가증권　×××　　　(대) 투자유가증권　　　×××
　　　　평가충당금　　　　　　　　　　평가충당금환입
⑤ 참고사항 : <기업회계 해설>

㉠ 유가증권평가이익(유가증권평가손실)

투자유가증권평가이익이란 유가증권의 취득원가(A)보다 공정가액 (B)이 높을 때 이 차이(B-A)를 처리하는 계정이다. 만약 B가 A보다 낮은 경우에는 이 차이(A-B)는 유가증권평가손실로 처리한다. 현행 기업회계기준상 시가를 공정가액으로 보는 경우에는 대차대조표일 현재의 종가에 의한다. 다만, 대차대조표일 현재의 종가가 없는 경우에는 직전 거래일의 종가에 의한다.

㉡ 유가증권평가이익(유가증권평가손실)

유가증권처분이익이란 유가증권(상장되거나 등록되는 시장성이 있는 국채·공채·사채 및 주식)을 처분할 경우 장부가액을 초과하여 수령한 금액을 말한다. 한편 유가증권 처분시 손실이 발생하는 경우에는 유가증권처분손실이라고 부르며 영업외비용으로 분류된다.

㉢ 투자주식감액손실환입(투자주식감액손실)

시장성 있는 투자주식(지분법 적용대상 주식을 제외한다)의 공정가액이 하락하여 회복할 가능성이 없는 경우에는 당해 투자주식과 관련된 투자유가증권평가손실(장부가액-공정가액)의 금액을 '투자유가증권감액손실'의 과목으로 하여 당기손실(영업외비용)로 처리한다(기업회계기준 제59조 제4항). 또한 투자주식 중 시장성 없는 주식 (지분법 적용대상 주식을 제외한다)을 취득원가에 의해 평가하는 경우, 순자산가액이 하락하여 회복할 가능성이 없는 경우에는 당해 투자주식의 취득원가를 순자산가액으로 조정하고, 당초의 취득원가와 조정된 가액의 차액을 '투자유가증권감액손실'의 과목으로 하여 당기손실(영업외비용)로 처리한다. 다만, 차기 이후에 감액한 투자주식의 순자산가액이 회복된 경우에는 감액 전 장부가액을 한도로 하여 회복된 금액을 '투자유가증권감액손실환입'의 과목으로 하여 당기이익(영업외수익)으로 처리한다(기업회계기준 제59조 제5항). 한편 투자채권 중 만기보유 목적으로 취득하고 이를 실질적으로 만기까지 보유할 수 있는 경우, 즉 만기보유채권에 대해 투자채권의 공정가액이 하락하여 회복할 가능성이 없을 때에는 당해 투자채권의 장부가액을 공정가액으로 조정하고 당초의 장부가액과 공정가액의 차이를 '투자유가증권감액손실'의 과목으로 하여 당기손실로 처리한다. 이 때 차기 이후에 감액한 투자채권의 공정가액이 회복된 경우에는 당기투자채권이 감액되지 않았을 경우의 장부가액을 한도로 하여 회복된 금액을 '투자유가증권감액손실환입'의 과목으로 하여 당기이익으로 처리한다(기업회계기준 제60조).

※ 특례규칙에서는 투자유가증권의 평가 및 매각손익계정을 두고 있지만 기타의 투자자산에 대한 평가나 매각손익계정은 두고 있지 않다. 따라서 출자금 등 투자와 기타 자산에 대한 평가 및 매각손익계정을 통합·정리하는 것이 타당하다.

3) 고정자산처분 손익

① 의의 : 고정자산 매각시 장부가액을 초과하는 금액(자금계산서에는 매각액 총액을 원인과목에 계상한다) 반대로 장부가액에 미달하는 경우에는 처분손실을 계상한다.

② 적용회계 : 학교회계, 법인회계

③ 관련계정 : 고정자산처분이익(5426)↔고정자산처분손실(4426)

④ 회계처리사례

　㉠ 매각이익이 발생한 경우 : 토지 또는 건물

(차) 예금	×××	(대) 토지 또는 건물	×××
법인	×××	고정자산처분이익	×××
		운영차익대체	×××

　㉡ 매각손실이 발생한 경우 : 기계기구 등

(차) 예금	×××	(대) 기계기구 등	×××

고정자산처분손실　×××　　　　　운영차액대체　　　×××
기타 기본금　　　×××

고정자산은 취득시에 전액을 기본금으로 대체하므로(토지, 건물 등은 법인, 기계·기구 등은 기타 기본금으로 대체) 당기의 지출로 인식하게 된다. 따라서 폐기 또는 처분시에는 기업회계와 같이 감가상각충당금을 제외한 처분손익을 계상할 수 없으며, 대신 운영차액대체과목을 이용하여 당초의 기본금 대체시 비용인식하였던 내용을 되돌려 수익으로 인식하게 된다.

(7) 수익재산수입(5430)

자금계산서 과목 해설참조

② 운영비용

(1) 보수(4100)

자금계산서 과목 해설참조

(2) 관리운영비(4200)

자금계산서 과목 해설참조

(3) 연구학생경비(4300)

자금계산서 과목 해설참조

(4) 교육외비용(4400)

자금계산서 과목 해설참조

외화환산손실(422), 외환차손(4423), 투자유가증권처분손실(4424), 투자유가증권평가손실(4425), 고정자산처분손실(4426)은 운영수익과목 해설과 같다. 그리고 무형고정자산상각액(4427)은 무형고정자산과목에서 기술한다.

(5) 전출금(4500)

자금계산서 과목 해설참조

③ 기본금대체액(3110)

(1) 기본금대체액(3110)

① 의의 : 설립자기본금대체액은 법인회계에서 설립자의 최초출연금과 매회계연도 유형고정자산 증가액(취득 또는 수증) 중 토지 및 건축금액에 상당하는 운영차액의 대체액법인대체액은 설치학교(대학)회계에서 토지 및 건축물 당기증가금액에 상당하는 운영차액의 대체액이다. 기타 기본금대체액은 학교회계, 법인회계에서 토지 및 건축물을 제외한 기타 고정자산의 증가에 상당하는 운영차액의 대체액이다.

② 관련계정 : 설립자기본금대체액(3111), 법인대체액(3112), 기타 기본금대체액(3113)

③ 회계처리사례

　　㉠ 토지·건축물을 취득한 경우

　　　〈학교〉

　　　(차) 토지　　　　×××　　　　(대) 예금　　　　　×××

　　　　　법인대체액　×××　　　　　　법인　　　　　×××

　　　〈법인〉

　　　(차) 대학　　　　×××　　　　(대) 설립자기본금　×××

ⓛ 토지·건축물을 제외한 기타 고정자산을 취득한 경우

   (차) 기계기구 등   ×××   (대) 예금   ×××

     기타 기본금대체액 ×××   기타자본금   ×××

   ※ 건설가계정은 기타 기본금을 증가시키는 회계처리를 한 후 건물계정으로 대체시에 법인으로 대체한다.

④ 참고사항

특례규칙 제25조(기본금의 증가)규정에 의거 기본금으로 대체한다. 다만, 매각 또는 폐기시에는 운영차액대체계정으로 한다.

(2) 제적립금대체액(3120)

1) 각종 적립금대체

① 의의 : 각종 적립금에 상당하는 운영차액의 대체액이다.

② 적용회계

③ 회계처리사례 – 자금계산서 과목 해설참조

   ㉠ 각종 적립금을 적립할 때

     (차) ○○ 기금   ×××   (대) 예금   ×××

        제적립금대체액 ×××   ○○적립금   ×××

   ㉡ 각종 적립금을 인출할 때

     (차) 예금   ×××   (대) ○○   ×××

        ○○적립금   ×××   운영차액대체   ×××

2) 운영차액대체

① 의의 : 운영차액대체란 고정자산의 매각, 폐기 또는 특정기금의 인출 사용시에 처리하는 과목으로 기본금대체액 및 제적립금대체액의 환입과목으로 운영계산서과목이다.

② 적용회계 : 학교회계, 법인회계

③ 관련계정 : 운영차액대체(3132) ↔ 고정자산(1300), 특정기금(1230)

④ 회계처리사례

　㉠ 기계기구를 매각할 때

　　(차) 예금　　　　　　×××　　(대) 기계기구　　　　×××

　　　　고정자산처분손실　×××　　　　운영차액대체　　×××

　　　　기타 기본금　　　×××

　㉡ 건축기금을 인출할 때

　　(차) 예금　　　　　　×××　　(대) 건축기금　　　　×××

　　　　건축적립금　　　×××　　　　운영차액대체　　×××

⑤ 참고사항

자산의 취득이나 특정기금의 적립시에는 당기의 비용으로 인식하며, 기본금대체액과 제적립대체액을 운영비용에 합산하여 당기운영차액을 계산한다. 따라서 자산의 폐기, 매각 또는 특정적립금을 목적에 사용할 때에는 이미 비용화하였던 것을 환입하여 수익으로 인식한다. 즉, 운영차액대체과목으로 회계처리한 다음 운영수익에 합산하여 당기운영차액을 계산한다.

3) 고유목적사업준비금전입

① 의의

　㉠ 고유목적사업준비금전입액 — 학교법인의 수익사업회계에서 발생된 수익과 고유목적사업(대학)에서 발생된 수익사업수입을 고유목적에 지출하기 위여 고유목적사업준비금을 손금으로 계상한 금액이다.

　㉡ 고유목적사업준비금환입액 — 학교법인이 손금에 산입한 고유목적사업준비금을 설정한 사업연도 이후 5년 이내에 고유목적사업 또는 지정기부금에 사용하고 남은 잔액은 그 5년이 되는 날이 속하는 사업연도의 소득금액 계산시 이를 익금에 산입하도록 한 금액이다. 1997년 1월 1일 이후 고유목적사업준비금을 손금에 산입한 비영리법인이 해산하거나 고유목적사업 전부를 폐지한 때에는 5

년이 경과하기 전이라도 당해 사유가 발생한 날이 속하는 사업연도의 소득금액계산시 준비금 전액을 익금에 산입한다.

ⓒ 고유목적사업준비금 - 고유목적사업에 진출하기 위하여 손금계상한 금액으로 부채성 준비금이다.

② 적용회계 : 법인회계

③ 관련계정 : 고유목적사업준비금전입액(4517), 고유목적사업준비금환입액(5427)↔고유목적사업준비금(2224)

④ 회계처리사례

　㉠ 고유목적사업준비금을 손금으로 계상하는 경우

　　(차) 고유목적사업준비금　×××　(대) 고유목적사업준비금　×××
　　　　 전입액

　㉡ 실제 고유목적사업에 충당하는 경우

　　(차) 고유목적사업준비금　×××　(대) 예금　　　　　　　×××

　㉢ 고유목적사업에 충당하지 못하고 환입하는 경우

　　(차) 고유목적사업준비금　×××　(대) 고유목적사업준비금　×××
　　　　　　　　　　　　　　　　　　　 환입액

⑤ 참고사항

　㉠ 고유목적사업준비금의 손금산입한도

　　학교법인이 1995년 1월 1일 이후 최초로 개시하는 사업연도에서 그 법인의 고유목적사업 또는 지정기부금에 지출하기 위하여 고유목적사업준비금을 손금으로 계상한 경우에는 이를 소득금액 계산상 손금에 산입한다.

　㉡ 고유목적사업에 사용한 금액의 범위

　　고유목적사업에 사용한 경우라 함은 당해 학교법인의 정관에 규정된 설립목적을 직접 수행하는 사업으로서 법인세법 제1조 ① 1호에 정한 수익사업 외의 사업을 위하여 지출한 경우를 말한다. 그리고 고유목적사업에 종사하는 교직원의 인건비 및 관리비(수선

비, 전기료 등) 등의 필요경비로 사용한 금액도 고유목적사업에 지
출한 것으로 본다.

손금산입한도

$$\left.\begin{array}{l} \text{이자소득금액} \times 100\% \\ \text{기타의 수익사업에서 발생한 소득} \times 100\% \end{array}\right] \text{의 합계액}$$

ⓒ 이자소득만 있는 학교법인의 법인세 신고특례

이자소득만 있는 학교법인은 간이신고서식에 의하여 법인세신고
를 하고 기납부한세액을 환급받을 수 있다. 이 경우 손익계산서,
이익잉여금 처분계산서, 세무조정계산서를 첨부하지 아니하여도
되며 다만, 고유목적사업준비금 조정명세서, 고유목적사업 지출액
명세서, 원천납부세액명세서 등을 첨부하여 5월 14일까지 제출하
면 된다.

ⓓ 대학에서 발생한 이자소득에 대한 회계처리방법

〈대학회계〉

ⓐ 이자소득 10억 원이 발생한 경우

   (차) 예금   8억 원   (대) 예금이자 수입   10억 원

      선급법인세   2억 원

ⓑ 선급법인세액을 법인으로부터 예입 받은 경우

   (차) 예금   2억 원   (대) 선급법인세   2억 원

〈법인회계〉

ⓐ 대학의 이자수입은 학교회계에 이미 수입조치되어 있으므로 법인
세 신고를 위한 고유목적사업 준비금회계처리가 필요하다.

   (차) 고유목적사업준비금 10억 원 (대) 고유목적사업준비금 10억 원

                                            전입액

      고유목적사업준비금 8억 원   경상비전출금   8억 원

ⓑ 국세청으로부터 법인세를 환급받은 경우

(차) 제예금　2억 원　　　　(대) 기타 예수금　　　　2억 원

ⓒ 환급된 법인세를 대학으로 송금할 때

(차) 기타 예수금　　　2억 원　(대) 제예금　　　　2억 원
고유목적사업준비금 2억 원　　경상비전출금　　　2억 원

제 8 장

사학기관 재무제표의 분석

재무제표분석의 핵심은 비교이다. 즉, 분석이란 비교를 바탕으로 이루어진다. 따라서 재무제표분석은 비교대상을 무엇으로 할 것인가, 비교대상에 대해 어떤 척도(지표)를 활용하여 비교할 것인가, 비교할 때 개별지표를 중심으로 비교할 것인가, 지표 전체에 대해 비교할 것인가 등 세가지 기본요소를 바탕으로 이루어진다. 대학 재무제표분석도 마찬가지의 논리가 적용된다.

|제1절| **비교대상에 따른 분석방법**

재무제표를 내부의 자체자료와 비교하는가, 외부의 유사 사학기관 집단통계치와 비교하는가에 따라서 기본적으로 자기비교와 상호비교로 나뉜다. 표준비율이 있는 경우에는 자기비교법에서 표준비율비교도 할 수 있다.

① 자기비교법

자기비교는 기간비교 또는 내부비교라고도 한다. 이 방법은 개별 사학기관이 자체 계획이나 실적을 기준으로 삼아 비교하는 방법이다. 이 때 비교하기 위해 적용하는 자료에는 직전 연도의 실적, 수년간의 평균실적 또는 스스로 설정한 목표치나 예산·표준 등이 있다.

예산 또는 계획, 표준에 대한 자기비교란 실적을 예산 또는 계획이나 표준과 비교하는 것을 뜻한다. 예산서상의 자금수입 및 자금지출에 관련된 항목과 금액을 결산서상의 그것과 비교함으로써 어떠한 차이가 발생하였는지를 파악한다. 그리고 과거실적과의 자기비교란 개별 사학기관이 특정기간의 분석자료를 과거 일정기간의 자료와 비교함으로써 재무상태와 경영성과를 파악하는 것을 뜻한다.

과거실적과의 자기비교법은 적용하기가 매우 쉽다는 장점이 있지만 비교결과를 객관화하기 어렵다는 단점이 있다. 따라서 자체비교에서 얻어진 정보와 함께 외부비교, 즉 상호비교를 통해 얻어지는 차이정보를 통합하여 의사결정 정보로 활용하는 것이 바람직하다.

그러나 표준 또는 계획과 비교하는 것은 상당한 의미를 가진다. 여기에서 표준비율이란 특정 사학기관의 재무상태나 경영성과의 내용에 관해 기준이 될 수 있는 비율을 미리 정한 것을 말한다. 그런데 어떻게 표준비율을 구할 것인가 하는 것이 어려운 문제이다. 일반적으로 표준비율에는 ① 유사 사학기관집단의 평균비율, ② 당해 사학기관의 과거 수년간의 평균비율, ③ 과거의 경험에 의해 일반적으로 이상적이라고 알려진 비율 즉, 일반적 경험비율, ④ 해당 사학기관이 달성가능하다고 판단된 실현가능목표치로서 달성비율 등이 있다. 그리고 요즘에는 직전의 실적을 기준으로 하는 지속적 개선치개념도 널리 적용되고 있다.

② 상호비교법

상호비교란 외부와 비교하는 것을 말한다. 즉, 개별 사학기관의 재무제표를 외부의 사학기관의 재무제표와 비교하는 방법이다. 그런데 특정 사학기관의 재무제표를 다른 사학기관 한 곳과 비교한다는 것은 큰 의미를 갖지 못하기 때문에 전국 사학기관 및 유사한 특성을 가진 사학기관 집단과 비교하게 된다. 이러한 비교를 통해 개별 사학기관의 상대적인 재무 상황을 평가할 수 있게 된다. 자기비교법이 주관적인 방법이라면, 상호비교법은 객관적인 방법이라고도 할 수 있다. 양자는 상호 보완할 수 있는 방법이기 때문에 재무제표분석은 일반적으로 양자를 함께 활용하는 방향에서 이루어진다.

|제2절| 이용지표의 성격에 따른 재무제표 분석방법

자기비교법 또는 상호비교법 등을 적용할 때, 어떤 지표를 가지고 비교할 것인가 하는 것에 관련된다. 즉, 재무제표에 제시된 실제의 수치를 토대로 비교할 것인가(실수법), 아니면 실제의 수치를 비율화하여 비율을 서로 비교할 것인가(비율법)이다. 실수법은 실제의 수치를 토대로 하기 때문에 규모의 크고작음을 그대로 반영하지만, 실제의 수치를 다뤄야 하기 때문에 복잡하며 비교하기가 곤란한 점이 많다. 이러한 단점을 보완하는 방법이 비율법이다. 즉, 비율법은 실제의 수치를 백분율(%)로 환산하여 이용함으로써 규모의 다름에 관계가 없이 상호비교를 가능하게 만든다.

① 실수법

실제의 수치를 비교하는 방법이다. 실수법에는 실수를 단위화, 즉 학생 1인당, 1사학기관 등으로 환산하여 비교하는 방법, 결산서를 전년도와 어떤 항목에서 얼마만큼의 증감이 있는가를 분석하는 증감법, 비용을 고정비와 변동비로 구분하여 손익분기점(운영분기점)을 알아내는 방법 등이 있다.

(1) 단위당 실수비교법

단위당 금액은 비율법에서 알아낼 수 없는 현실적인 감각을 제시한다. 그런데 집계대상 사학기관의 수 내지는 학생수가 매년 달라질 수 있기 때문에 금액 및 금액의 신장률 등을 비교하려면 1사학기관당 금액, 학생 1인당 금액으로 환산하는 과정이 필요하다. 따라서 단위당 실수를 비교하기 위해서는 기본적으로 집계대상 사학기관수, 집계대상 학생수·전임교원수·전임직원수가 제시되어야 한다. 이러한 기초자료를 분모로 하고 집계치를 분자로 하여 단위당 실수를 계산할 수 있다.

(2) 재무제표의 증감비교법

1) 자금예산서 기준증감비교

사학기관의 기본재무제표 중에서 가장 중요한 위치를 차지하고 있는 자금예산서를 비교하여 증감항목과 금액 및 증감이유를 규명하는 것은 재무제표 분석에서 가장 기본적인 사항이다. 결산내용이 당초 예산과 차이가 발생한 경우에는 이러한 차이가 발생한 이유에 대한 규명 및 차이를 해결하기 위한 방안의 마련이 뒤따를 수 있게 된다. 자금계산서는 대차대조표항목과 운영계산서항목을 모두 포괄하고 있기 때문에 대차대조표 및 운영계산서에 대한 예산과의 증감분석이 함께 이루어진다.

2) 대차대조표 증감분석

대차대조표에 대한 증감분석은 전년도의 대차대조표에 대한 비교대차대조표 작성을 통해 이루어진다. 오늘날에 와서는 대부분의 회계기준이 비교대차대조표의 작성을 의무화할 정도로 대차대조표항목의 증감분석은 필수적이다. 이러한 분석을 통해 어떤 항목에서 얼마만큼의 변화가 발생하였는가를 파악할 수 있다. 재무상태보고서나 현금흐름표도 기본적으로 비교대차대조표를 통해 이루어진다.

3) 운영계산서 증감분석법(운영차액증감 분석법)

전년도와 운영계산서를 비교하게 되면 어떤 항목으로 인해 당기의 운영차액이 전기와 비교할 때 변화되었는지를 알 수 있다. 즉, 운영수익이 상대적으로 감소되었는지, 운영비용이 증가되었는지 또는 기본금대체액이 전년도보다 증가되었는지 하는 등 내용별로 차이정보를 얻을 수 있는 것이다.

(3) 손익분기점 분석법(운영분기점 분석법)

기업에서 손익분기점법은 손실도 이익도 발생하지 않는 매출액 또는 매출량을 지칭한다. 사학기관에서도 운영계산서 비용항목에 대해 이를 원가행태별(변동비와 고정비)로 구분하여 운영수익과 운영비용이 일치되는 사업량(등록금액 또는 등록학생수)을 파악할 수 있다. 사학기관에서는 손익개념이 없으므로 운영분기점이라고 표현하는 것이 타당할 것이다. 사학기관에서 운영분기점을 파악함으로써 학생수 증감, 교원수의 증감 내지는 시설투자 의사결정 등을 보다 합리적으로 수행할 수 있다. 규모가 적은 대학에서는 학생수 규모를 어느 정도까지 증대시켜야 운영분기점에 도달하는지, 또 자산규모가 어느 수준일 때 적정한지, 시설을 추가로 취득하여도 운영상의 문제는 발생하지 않는지, 운영정상화를 위해 고정자산을 처분하여야 하는지 등을 판단할 수 있게 된다.

② 비율법 : 구성비율법, 추세비율법, 관계비율법

비율법이란 실제의 수치를 비교치로 활용하지 않고, 실제수치를 비율형태로 가공하여 활용하는 방법이다. 비율법에는 구성비율법, 추세비율법 및 관계비율법 등이 있다.

(1) 구성비율법

구성비율법은 백분율법이라고도 한다. 이 방법은 특정 항목이 항목들의 합계액에서 차지하는 백분율을 바탕으로 전체적인 균형정도, 개별 항목구성비의 적절성 등을 토대로 사학기관의 전반적인 재무실상을 파악하는 방법이다.

(2) 추세비율법

추세비율법이란 기준연도의 재무제표 항목별 수치를 100으로 보고 그다음 연도별 재무제표 해당 항목의 변화를 표시함으로써 전반적인 추세를 보는 방법이다. 즉, 대차대조표, 운영계산서 및 자금계산서의 구성비율에 대한 수년간의 추세표는 사학기관의 재무상태와 운영수지 및 자금수지에 관련된 전반적인 추세를 파악할 수 있도록 한다. 그리고 이러한 추세를 비슷한 사학기관집단의 일반추세와 비교하게(상호비교) 되면 당해 사학기관의 재무적 강·약점을 대략적인 상황을 파악할 수 있게 된다. 여기에서 발견되는 재무상황의 불리한 추세에 대해서는 추가적인 관계비율분석 등을 통해 상세하게 분석함으로써 원인과 대책을 마련할 수 있게 된다.

(3) 관계비율법

관계비율법이란 관련되는 항목끼리 서로 비교하여 이를 백분율로 표현하는 방법이다. 대차대조표 관계비율, 운영계산서 관계비율, 대차대조표와 운영계산서에 관련된 관계비율 등이 있다. 관계비율분석을 통해 구성비율법과 추세비율법에서 나타난 재무상의 문제점을 보다 상세하게 분석할 수 있다. 일반적으로 재무제표분석은 실수법보다는 비율법, 비율법 중에서는 관계비율법 중심으로 이루어지고 있는만큼 관계비율법은 재무제표분석 모델의 핵심을 차지하는 분석법이다.

|제3절| 개별비교법과 종합비교법

실수법이나 비율법 등을 적용하여 재무제표를 분석할 때, 어떤 방식으로 자기비교 또는 상호비교를 하여야 할 것인가는 재무제표 분석모델을 구축함에 매우 중요한 사항이다. 실수법에서 제시하고 있는 실수지표나 비율법에서 제시하는 비율지표를 자기비교하는 경우에는 별문제가 없으나 상호비교하는 경우에는 어떤 집단과 비교할 것인가를 결정하여야 한다. 그리고 어떤 지표를 선정하여 비교할 것인가도 해결되어야 한다. 지표의 선정은 원칙적으로 분석목적의 달성도를 가장 잘 측정할 수 있는 것을 중심으로 이루어져야 할 것이다. 그리고 비교집단은 기본적으로 당해 사학기관과 규모나 여건 등 특성이 비슷하여야 비교결과는 설득력이 있게 된다. 즉, 학생수 규모, 자산규모, 의과대학이나 공과대학의 부설여부, 소재지 등에 유사성이 있어야 하는 것이다. 적정비교집단의 설정은 지표비교법은 물론 지수법 또는 레이더 차트법 등을 적용함에 가장 기초적인 사항이다.

또한, 각각의 지표를 개별적으로 하나하나 비교평가할 것인가, 아니면 지표를 종합하여 전체적으로 평가할 것인가에 따라 개별지표비교평가법과 지표종합비교평가법으로 구분할 수 있다.

1 지표개별비교법 : 도수분포표법

개별지표별로 당해 지표가 전체 집단 중에서 어떠한 위치에 놓여 있는지 여부에 대해 도수분포표를 작성함으로써 알 수 있다.

(1) 도수분포의 목적

사학기관의 재정상태 및 경영상황의 평균적 경향을 파악하기 위해서는 집계표를 만들어 재무비율을 나타내면 충분하지만, 이것만으로는 비율이 어떻게 분산되고 있는지는 알 수 없다. 그러나 도수분포표를 작성하여 사학기관 각각의 재무비율을 크기순서로 구간별로 구분하여 보면, 특정비율이 어느 정도 분산되는가, 또 당해 사학기관의 비율이 전체에서 어느 정도의 위치에 있는지를 알 수 있다.

그런데 사학기관 전체의 집계치를 기초로 도수분포표를 작성하게 되면 규모가 큰 사학기관에 따라 상대적 위치가 좌우되기 때문에 소규모 사학기관은 이러한 점을 고려하여 비교·검토하는 것이 좋다. 가장 바람직한 것은 유사한 특성의 사학기관집단을 모수로 하여 도수분포표를 작성하는 것이다.

(2) 도수분포표의 이용방법

선정한 지표 각각에 대해 도수분포를 작성할 수 있다. 도수분포표에서는 이들 재무지표의 분포상황을 적당한 계급으로 나누어서 분산을 나타낸다. 또한, 분포표를 한 눈으로 봐서 이해하기 쉽도록 막대그래프로 표시한 분포도를 첨부하는 것이 유용하다. 사학기관은 실제의 지표를 지표별 도수분포표에서 비교하게 되면 전체의 분산 중에서 어느 부근에 사학기관의 지표가 위치하는지를 확인할 수 있다.

이 책에서는 도수분포표의 작성에 대해 전체의 사학기관을 대상으로 한 경우만을 들고 있으나, 실질적인 비교를 위해서는 규모, 설치대학, 위치 등에 따른 유사 사학기관끼리를 모아 집단화한 특정 집단별로 지표별 도수분포표를 작성하는 것이 유용하다.

(3) 대표치 등의 해설

각각의 재무비율의 모집단 특징을 나타내기 위해 7개의 대표치를 제시한다.

① 최대치 : 집단 중에서 가장 큰 비율
② 최소치 : 집단 중에서 가장 작은 비율
③ 평균치 : 비율의 총합계를 집계수로 나눈 단순(산술)평균
④ 중앙치 : 비율을 크기순서로 배열할 때, 그 중앙에 위치한 값(또는 중앙에 위치한 2개 항목의 평균)
⑤ 최빈치 : 비율 중에서 가장 많이 등장하는 비율
⑥ 표준편차 : 비율의 평균치에 대한 편차($Xi-\mu$)를 표본에 대하여 제곱한 값을 분산 $\sigma^2 = \dfrac{\sum\limits_{i=1}^{n}(Xi-\mu)^2}{n}$ 이라 하고, 이 분산(σ^2)의 양의 제곱근($\sqrt{\sigma^2}=\sigma$)을 표준편차라 한다. 이 값이 평균치에 대해서 작을수록 비율이 분포의 중심 근처에 집중되며, 반대로 클수록 광범위하게 분산되고 있음을 나타낸다.
⑦ 변동계수 : 표준편차를 평균치로 나눈 것으로서, 평균치별로 표준편차가 서로 다른 경우, 이를 비교할 때 사용. 변동계수가 클수록 분산의 퍼짐이 크다는 것을 나타냄

합계	1	2	3	4	5	6	7	8	9	10	11	12	13	14	15
사학기관	0~ 24.9	50~ 49.9	50.0~ 74.9	75.0~ 99.9	100~ 124.9	125~ 149.9	150~ 174.9	175~ 199.0	200~ 224.9	225~ 249.9	250~ 274.9	275~ 299.9	300~ 324.9	325~ 349.9	350~ 374.9	375.0 ~
도수	393	11	4	13	40	33	29	30	27	27	30	15	24	12	10	88
	전체	최대치	4,720	최소치	11.7	평균치	310	중앙치	234	최빈치	114.5	표준 편차	386.6	변동 계수	124.6
	상하 2.5% 삭제후	최대치	909	최소치	44.6	평균치	268	중앙치	231	최빈치	114.5	표준 편차	254.3	변동 계수	57.5

만일, 평균적인 수치에서 크게 떨어져 있는 수치(異狀值 : outlier)가 있는 경우에는, 대표치 등이 크게 영향을 받는다. 그 결과 비교분석을 하지 못하게 될 수도 있기 때문에 집단의 상·하 각 2.5%를 삭제한 대표치를 적용하는 것도 바람직하다.

② 지표종합평가법

비율법, 추세법, 실수법 등에서 제시되는 각종 지표는 사학기관의 재무상태와 경영성과에 대한 유용한 정보를 제공해 준다. 그러나 이들 지표는 종합적인 정보를 제공해 주는 것이 아니기 때문에 사학기관 전체의 모습을 알기는 어렵다. 어떤 지표는 당해 사학기관의 재정상태가 양호한 것처럼 표시하고 있지만, 동시에 어떤 지표는 반대로 재정상태가 악화되고 있음을 나타내기도 한다. 또한, 지표가 많기 때문에 이들을 종합하여 사학기관의 전체적인 재무내용을 판단한다는 것은 아주 어려운 일이다. 그리고 이 개별 지표들을 일일이 다른 사학기관과 비교한다는 것도 어려운 일이다.

이러한 문제점을 해결하기 위해 제시되고 있는 방법이 지수법, 원형도표법 등이다. 그런데 이러한 종합평가법은 여러 지표 중에서 대표성이 있는 지표를 선정하여야 한다는 문제와 선정된 지표에 대해 어느 정도의 비중을 둘 것인가 하는 지수부여의 문제점 등이 있다. 어떻든 이런 종합평가법을 활용하려면, 첫째 단계로서 사학기관의 재무제표에서 무엇을 볼 것인가를 명백히 하여야 한다. 즉, 분석목적이 명확할 때, 어떠한 지표를 적용할 것인가가 분명하게 된다. 물론 비재무적인 사항을 무시하고 재무제표에 제시되는 재무적인 사항만으로 사학기관의 전반적인 재무상태와 경영성과 등을 종합적으로 분석하기는 어렵다. 이러한 한계에도 불구하고, 재무제표분석이 효과적이려면 재무지표만으로도 사학기관의 경영모습 전체를 최대한 분석할 수 있도록 지표를 도출하는 것이 필요하다. 이러한 재무지표와 함께 쉽게 얻을 수 있는 사학기관의 학생수, 교직원의 수 등 인적·물적인 수치를 활용하게 되면 어렵지 않게 1인당 실수지표(實數指標)도 산출할 수 있다.

원칙적으로 분석목적에 맞추어 분야별로 무엇을 측정할 것인가를 분명히 한 다음 측정속성을 잘 반영하는 지표를 설정하여야 한다. 그리고 지표별로 전국평균 또는 유사성격의 사학기관집단의 평균과 표준편차를 각각 구하여 특정 사학기관의 각 지표가 당해 지표의 평균치로부터 얼마나 떨어져 있는지를 파악함으로써 좋은 정보를 얻어낼 수 있다. 그리고 이렇게 얻어진 정보를 원형도표에 표시하여 전체적인 균형성과 추세 등을 알아볼 수도 있다.

(1) 지표비교법

지표비교법이란 사학기관의 재무제표 분석목적을 달성하는 데 적합한 재무지표를 선정하여 측정한 다음 이를 자기비교하거나 기준치 또는 비교집단의 평균치와 비교하는 방법이다. 이 방법이 가장 많이 활용되고 있으며 재무지표에 가중치를 부여하지 않고 단순비교하는 방법(이하 지표평점법이라 함)이다. 전체적인 상태를 보기 위해서는 지수법을 적용하는 것이 바람직하다. 그런데 지수법을 적용하기 위해서는 지표의 선정,

영역별 가중치 및 지표별로 지수를 부여하여야 한다.

지표비교법은 개별 지표별 비교, 평가영역별 비교, 전체 사학기관 실제 지표의 평점합계와의 비교 등을 통해 당해 사학기관이 전체적으로 어떤 재무상태에 놓여있는지, 그렇게 된 원인은 어떤 영역의 어떤 지표에 의한 것인지 등을 파악할 수 있다.

1) 비교대상의 선택

① 자기비교법 : 자기비교법을 적용하는 경우에는, 당해 사학기관의 전년도 지표 또는 수년간의 지표평균을 기준으로 하여 비교할 수 있다. 그리고 목표로 설정한 지표수준 또는 표준지표가 있는 경우에는 계획목표 또는 표준지표와 비교하는 방법으로 실적지표를 평가할 수 있다.

② 상호비교법(비교집단기준 지표비교법) : 개별 사학기관의 실제지표를 산출한 다음 그것을 비교집단의 지표와 비교하는 방법이다. 지표비교는 개별지표별 비교, 영역별 비교 및 지표비교표 전체에 대한 비교로 나눌 수 있다. 그런데 지표비교표는 다양한 유사집단에 대해 이루어지므로 여러 개의 지표비교표 분석이 이루어지게 된다.

2) 지표비교표의 작성

지표비교표는 다음과 같이 작성된다.

① 적용할 지표를 선정한다.

② 지표별로 개별 사학기관의 실제비율을 계산한다.

③ 비교대상 유사 사학기관집단의 평균과 표준편차 또는 도수분포를 바탕으로 개별 사학기관의 실제지표에 대해 평점을 부여한다. 평점부여 방법은 다양하다. 이 연구에서는 50점 기준평점부여법을 적용한다. 이 방법은 비교집단의 평균과 표준편차를 기준으로 하여 평점을 부여하는 방법이다. 즉, 비교집단의 평균치를 50점으로 보고 실제 사학기관의 지표가 평균 이상인 경우에는 표준편차를 이용하여 50점 이

상이 되도록 하며, 평균 이하인 경우에는 50점 이하가 되도록 평점을 부여한다. 50점을 기준으로 한 평점화 방법은 다음의 산식에 따라 이루어진다.

$$50 + \text{또는} - \frac{10 \times \{\text{개별사학기관의 비율(X)} - \text{집단평균(M)}\}}{\text{표준편차(S)}}$$

50+ : 각 비율의 평가가 (X)의 값이 높은 쪽이 좋은 경우 +를 사용
50− : 각 비율의 평가가 (X)의 값이 낮은 쪽이 좋은 경우 −를 사용

[계산예]

A사학기관 학생등록금 비율 표준화치의 계산 예
개별 사학기관의 비율(X) …… 67.4%
같은 규모 사학기관의 전국평균(M) …… 68.7%
사학기관의 표준편차(S) …… 18.97
학생등록금 비율의 평가는 일반적으로 '높은 값이 좋다'로 가정하여
+를 사용하며, 따라서 표준화치는 다음처럼 계산된다.

◆ 표준화치 = $50 + \dfrac{10 \times (67.4 - 68.7)}{18.97} = 49.3$

3) 평가방법

이러한 평점화를 통해 다음과 같이 지표별 평점비교, 영역별 평점비교 그리고 사학기관 전체에 대한 평점의 비교를 하게 된다.

① 개별지표의 평점비교 : 여기에서는 개별 실제지표를 비교집단 각 지표의 평균과 비교한다.

② 영역별 평점치 합계비교 : 유동성, 수익성, 활동성, 성장성 등 영역별로 비교집단의 평점과 비교한다. 영역별 평점치는 사학기관 전체 평점의 차이를 해석할 수 있도록 하여준다.

③ 지표비교표 전체 평점치비교 : 기준집단의 지표비교표 평점의 평균은 50점이다. 개별 사학기관이 몇 점을 얻었는가를 파악하면 바로 비

교할 수 있다. 50점을 획득하였다면 비교집단의 평균수준을 유지하고 있다는 것을 뜻한다. 50점 보다 더 많은 점수를 얻었다면 양호한 재정상태를, 50점 이하의 점수인 경우에는 재정상태가 양호하지 못함을 나타낸다.

④ 다양한 기준집단과의 비교

㉠ 전체 사학기관기준 지표비교표 : 지표비교표 평점만으로는 상대적인 평가를 내리기 어렵다. 이 때, 전체 사학기관의 지표와 비교할 수 있도록 한 지표비교표를 작성하게 되면 우리 나라 전체의 사학기관과 비교한 재무상태 내지는 경영성적을 상대적으로 평가할 수 있다.

㉡ 유사학생규모 사학기관기준 지표비교표 : 학생수는 사학기관의 재무상태나 경영성과에 밀접한 관련을 가지고 있다. 유사한 학생수를 가진 사학집단끼리 비교한 지표비교표를 통해 보다 합리적으로 당해 사학기관의 재무내용을 평가할 수 있다.

㉢ 유사자산규모 사학기관기준 지표비교표 : 자산규모는 사학기관의 재무상태나 경영성과에 밀접한 관련을 가지고 있다. 유사한 자산규모를 가진 사학집단끼리 비교한 지표비교표를 통해 보다 합리적으로 당해 사학기관의 재무내용을 평가할 수 있다.

㉣ 유사지역 사학기관기준 지표비교표 : 수도권 소재 대학인지, 광역시 등 대도시 소재 대학인지 아니면 지방대학인지는 사학기관의 재무상태나 경영성과에 밀접한 관련을 가지고 있다. 유사한 지역성을 바탕으로 유사한 사학집단끼리 비교한 지표비교표를 통해 보다 합리적으로 당해 사학기관의 재무내용을 평가할 수 있다.

㉤ 설치대학이 유사한 사학기관기준 지표비교표 : 당해 사학기관이 부속병원이나 공과대학을 설치하고 있는지 여부는 사학기관의 재무상태나 경영성과에 밀접한 관련을 가지고 있다. 유사한 설치대학을 가진 사학집단끼리 비교한 지표비교표를 통해 보다 합리적으

로 당해 사학기관의 재무내용을 평가할 수 있다.

⑤ 지표비교표의 종합평가 : 지표비교표에 제시된 종합평점은 다양하게
활용된다. 원칙적으로 개별 사학기관에서는 개별 지표별로 자기비교
를 한 다음 상호비교 과정을 통해 당해 사학기관의 어떤 지표가 높고
또 어떤 지표가 낮은지 등을 평가할 수 있다. 그리고 전문분석기관에
서는 개별 사학기관별 지표비교표에 제시된 평점의 합계를 비교함으
로써 사학기관 간 상대적인 재무상의 순위를 알아볼 수 있다. 보다 완
전하고 정밀한 분석을 위해서는 비재무지표를 포함한 지표의 활용과
함께 여기에서 제외된 다양한 지표들의 분석과 평가가 필요할 것이다.

그런데 전기(前記) ①~④까지의 비교결과는 서로 다를 수 있으며 어
떤 부분에서는 상충될 수도 있다. 즉, 종합적인 또는 일방적인 평가를 내
리기 어렵다는 문제점을 안고 있다. 그러나 전반적인 경향에 대한 파악
과 유사집단 간 비교표에서 차이정보를 확보할 수 있다. 이러한 부분을
포착하여 개선안을 제시할 수 있을 때, 재무제표분석의 의의는 커진다고
할 수 있다.

(2) 지수법

1) 지표 및 지수의 결정

지수법은 기본적으로 지표를 선정하여야 하며 선정된 지표에 대해 지
수를 부여하여야 한다. 즉, 지수법을 적용하려면 안전성, 수익성, 활동성,
성장성 등 영역별로 상대적 중요도에 따라 지수를 부여하고, 아울러 영
역별로 대표적인 지표를 선정하여 지수를 부여하여야 한다. 지수가 부여
되면 집단별 지표별 평균치를 표준치로 하여 사학기관의 실제지표 합계
를 100점 만점으로 환산한다. 각 사학기관은 몇 점을 받았는지, 각 영역
별로는 비교집단 평균치와 비교할 때 어떤 상태인지, 어느 지표가 좋은
지 또는 나쁜지 등을 평가할 수 있다.

일단 지수법을 적용할 수 있게 되면 이를 바탕으로 원형도표법의 적용이 가능하다. 원형도표법은 지표별로 지수를 부여하지 않고, 기준과 비교한 상대적인 점수를 산정하여 표시한다. 물론 원형도표법을 적용하려면 다시 지수법에서 활용되는 여러 지표 중에서 중요한 몇 가지만 선정해야 한다.

2) 지수법에 의한 평가

지수법에서는 100점을 만점으로 하여 해당 사학기관의 평점이 산출되기 때문에 100점에 가까울수록 당해 사학기관의 재무상태 및 경영성과는 양호하다는 것을 뜻한다. 그리고 취약성 또는 강점의 구체적인 내용이 무엇인가를 알기 위해서는 영역별로 지표를 분석하게 된다.

(3) 원형도표를 활용한 평가

개별 사학기관이 전국 사학기관의 평균에 비교하여 어떤 상태에 있는지를 보기 위해 원형도표(레이더 차트, radar chart)를 활용할 수 있다. 이 원형도표에 재무수치를 표시하여 그 모양 및 면적의 크기를 통해 경영상황을 파악하는 등 종합적 판단을 내리는 데 이용한다. 이 때 유사규모 또는 유사특성의 전국 사학기관집단과 비교할 수 있도록 원형도표를 이용하거나, 자기비교를 위해 개별 사학기관의 과거실적 또는 목표치와 비교하는 데 이용할 수 있다.

1) 재무지표의 선택

원형도표를 작성하려면 수많은 지표 중에서 상대적으로 중요한 대표적인 지표를 선정하여야 한다.

2) 원형도표의 작성

원형도표는 다음과 같이 작성한다.
① 도표에 표시할 지표를 선정한다.
② 지표별 수치를 계산한다.

③ 원형도표의 가운데 원(중간)에 지표별 표준비율(또는 평균비율)을 표시한다.

④ 원형도표에 ②에서 구한 사학기관의 지표별 수치를 표시한다. 이 때 실제지표의 수치를 표준비율이나 평균비율 또는 지수를 적용하여 평점으로 표시할 수 있다.

⑤ ④에 의해 표시된 지표별 점수를 연결하여 원형도표를 완성한다.

3) 원형도표에 의한 평가

원형도표는 개별 사학기관의 전반적인 경영상황을 파악하기 위한 지표활용 방법의 하나이다. 50점을 기준으로 하는 경우, 가운데 원의 연결선은 모두 50점을 나타낸다. 5점 만점으로 평점화하는 경우는 원을 5단계로 구분한 원형도표를 만들 수 있다. 즉, 평점 35 미만을 1, 35 이상 45 미만을 2, 45 이상 55 미만을 3, 55 이상 65 미만을 4, 65 이상을 5로 해서 원형도표에 기입하여 5단계로 표시한다.

원형도표의 중간원은 지표별 표준값을 나타낸다. 이 원주의 바깥은 평균보다 양호한 상황을 표시하고, 반대로 원의 안쪽은 평균보다 좋지 않은 것을 나타낸다. 따라서 실제의 지표를 지수법에 따라 평점화한 결과치가 평균수준에 가까울수록, 그리고 각 지표들이 고르게 평균수준을 유지하고 있다면 원형도표는 중간 부분의 원을 중심으로 하여 둥그렇게 그려질 것이다. 그리고 경영성과나 재무상태 등이 양호한 경우에는 원은 면적이 넓어지면서 중간원보다 바깥쪽으로 그려지게 된다. 그러나 반대로 원의 면적이 줄어들면서 중간원의 안쪽으로 그려지는 경우 또는 원의 모양이 별모양을 닮아 둥그런 모습을 보이지 못하는 경우에는 경영이 정상적이지 못하며 경영지표 간 불균형을 나타내는 것이다. 이는 당해 사학기관의 경영이 건전하지 못한 상태라는 것을 뜻한다. 따라서 원형도표를 볼 때는, 각각 비율의 우열뿐만이 아니라, 전체의 균형이 유지되는지 여부에 대해서도 주목하는 것이 필요하다. 또, 평균 이하의 값과 극단의 값이 나타난 경우에는 왜 그렇게 되었는지, 그 원인을 파악할 필요가 있다. 그리고 3년 정도의 기간에 걸친 원형도표를 작성하여 연도별 모양변화를 보는 것도 유용하다.

|제4절| 재무제표분석 절차

1 분석과정

사학기관의 재무내용에 대해 분석할 때에는 예비분석(조사단계), 본 분석, 권고 및 사후지도의 과정을 거친다.

(1) 예비분석

이 단계에서는 분석의 규모와 적용할 분석기법을 결정하고, 분석을 받을 수 있는 태세를 조성하며 사학기관의 경영환경 및 경영관리 실태를 개략적으로 파악한다. 즉, 경영 외부요인으로서 경제적 환경 및 사회적 여건을 파악하고, 내부요인으로서 대학총장과 법인의 이사장에 관한 사항, 경영목표와 방침, 중요한 장기계획, 교무 및 학생, 경영조직 및 구조, 내부통제장치, 재무회계관리, 사무관리, 인사관리 등 경영활동의 기본이 되는 사항에 대해 누락됨이 없도록 골고루 파악하여야 한다. 예비분석은 예비분석서를 별도로 작성하여 기록함으로써 당해 사학기관의 경영내용 전반에 대해 개략적으로 파악할 수 있도록 기록하는 것이 바람직하다.

(2) 본분석

이 단계에서는 기본사항, 대학의 총장과 법인이사장, 경영정책 및 계획, 경영조직, 인사관리, 교무 및 학생, 재무 및 회계, 사무관리 등에 대한 분석이 수행된다. 본분석을 위해서는 필요한 자료를 기발표된 문헌이나 문서, 관찰, 면접질문, 서면질문 등의 방법을 통해 최대한 수집하게 된다. 본분석은 분야별로 현상태를 측정하고 계량화하여 자기비교 또는 상호비교가 가능하도록 함으로써 부문별로 문제점을 파악해 내고 아울러 종합적인 판단을 할 수 있도록 하는 것이 바람직하다.

우리 나라의 경우 사학기관의 재무평가에 대해서는 한국사학진흥재단에서 매년 간행하는 사학기관에 대한 결산분석보고서를 통해, 그리고 사학기관의 제반 비재무적 경영활동에 대한 평가는 한국대학교육협의회의 대학종합평가지표를 통해 측정지표를 개발해 오고 있다. 한편, 미국에서는 서비스의 투입과 성과보고(SEA Measures : Service Efforts and Accomplishments Measures)에 대한 연구를 활발하게 전개하고 있으며 정부 부문에 대해서는 실무적인 적용단계에까지 이르고 있다.

(3) 보고서작성과 권고

이 단계에서는 예비분석과 본분석에서 파악된 당해 사학기관 경영의 장·단점을 토대로 개선안을 마련·권고한다.

(4) 사후지도

이 단계에서는 권고사항이 실현되고 있는지 지도한다.

② 분석영역의 확정

(1) 분석영역

재무제표분석을 통하여 얻어내려는 정보를 바탕으로 평가영역을 확정한다.

① 사학기관의 재무안전성　　② 사학기관의 재무융통성

③ 사학기관 재무구조의 적절성　④ 사학기관의 운영건전성

⑤ 사학기관 자산운영의 효율성　⑥ 사학기관의 성장성

(2) 평가영역별 측정지표 및 분석방법의 결정

재무제표분석은 평가목적의 달성 여부를 측정하는 데 필요한 각종 실수지표 또는 재무지표를 바탕으로 하여 구축된다. 따라서 여기에는 학생수 1인당 지표, 교원 1인당 지표, 사학기관 1기관당 지표 등과 함께 각종 비율지표들이 활용된다. 이들 지표는 분석목적에 따라 알맞게 선택된다. 이 책에서는 이상의 사고방식을 바탕으로 하여 다음과 같이 분석한다.

① 분석목적의 성취 여부를 측정할 수 있는 대표적인 지표를 바탕으로 분석한다.

② 재무제표분석목적은 재무구조의 안전성과 균형성, 운영의 건실성 내지는 수익성, 자산의 활용성 및 성장성을 측정하는 데 둔다.

③ 대차대조표와 운영계산서를 중심으로 한 재무지표로서 분석한다.

④ 이 책에서는 지표비교법을 주축으로 한 분석방법을 적용한다.

③ 분석주체별 분석단계

사학기관의 재무제표 분석 주체는 크게 둘로 구분할 수 있다. 하나는 개별대학이며 또 다른 하나는 외부의 분석전문기관[1]이다. 분석주체가 달라지면 재무제표분석절차 및 내용도 상당한 차이를 갖게 된다. 그러나 두 분석주체는 상호 떨어질 수 없는 관계이다. 왜냐하면, 개별 사학기관

---

1) 여기에서 외부 전문분석기관은 교육부, 한국사학진흥재단 또는 한국대학교육협의회 등이 될 수 있을 것이다.

은 외부전문기관의 도움이 있어야 상호비교법(외부비교법)을 적용할 수 있으며, 외부분석기관은 개별 사학기관으로부터 각종 분석자료를 수집할 수 있어야 우리 나라 사학기관 전체에 대해 분석치를 제공할 수 있기 때문이다. 개별 사학기관은 자기비교(내부비교)와 상호비교(외부비교)를 통해 실제지표를 평가하며 사학기관이 설치운영하고 있는 각종 부속기관과 사업, 즉 단과대학, 부속기관, 부속병원 및 수익사업 등에 대해서도 분석하게 된다. 그리고 외부분석기관은 개별사학기관이 자체적으로 할 수 있는 분석수준보다 보다 전문적이고 다양한 분석을 통해 여러 가지 정보를 제공해 줄 수 있다. 또한, 분석주체가 달라도 기본자료나 절차는 거의 동일하게 진행된다.

(1) 개별 사학기관

1) 제1단계 : 사학기관에 관련된 전반적인 정보의 수집 및 평가

제1단계에서는 사학기관의 재무자원에 결정적인 영향을 미치는 비재무적 사항에 대한 측정과 정보수집이 이루어진다.

① 인적 자원관련 : 정년보장교수비율, 교수 1인당 학생수, 직원 1인당 학생수, 지원자대비 합격률, 학생보유율, 신입생 합격점수추세, 전임교수 1인당 시간강사수

② 물적 시설관련 : 교실이용률, 운동장이용률, 강당이용률, 실험·실습장비 이용률, 학생 1인당 공간면적, 학생 1인당 기숙사실수, 학생 1인당 PC대수, 학생 1인당 도서수

③ 기타비재무적 지표 : 학생특성의 변화, 학사프로그램의 변화, 대학매력도의 변화, 비가시적 비재무자원의 변화

④ 외부환경지표 : 경쟁대학의 상황, 학령인구의 변화, 국내외 경제 상황의 변화, 인플레이션의 영향

2) 제2단계 : 재무지표분석

제2단계에서는 먼저 재무제표 상호간의 수치가 일치하는지 여부를 확인한 다음, 재무제표를 중심으로 하여 사학기관에 대한 각종 재무지표를 계산한다.

① 재무제표의 수집 및 재무제표의 적정성 검토
② 각종 재무지표의 계산

3) 제3단계 : 비교기준치의 수집

이 단계에서는 자기비교를 위해 개별 사학기관의 과거 실적치, 수년간의 평균치, 당해 연도의 목표치 등을 수집한다. 또한 상호비교를 위해 전국 사학기관 전체 통계치, 유사사학기관집단의 통계치를 수집한다.

4) 제4단계 : 실제지표에 대한 평가

개별 사학기관에서는 제2단계에서 계산된 각종 지표 및 제3단계에서 수집한 비교기준치를 바탕으로 자기비교 및 상호비교과정을 통해 평가하게 된다. 이 때 레이더 차트 작성을 통한 자기비교 또는 상호비교, 비교집단의 도수분포표와 비교법도 활용하게 된다.

5) 제5단계 : 사학기관의 재무자원(財務資源)에 영향을 미칠 수 있는 비재무(非財務)지표의 고려

제5단계에서는 제4단계의 평가과정에서 도출된 장·단점에 대한 올바른 해석을 위해 관련되는 비재무적 지표(제1단계의)와 연계시키는 단계이다. 즉, 사학기관의 재무상태 등이 외형상으로는 건전하게 보인다고 하여도 이것이 비재무자원의 희생을 토대로 한 것이라면 바람직한 현상이라고 볼 수 없다. 재무자원과 비재무자원 간의 관계검토는 사학기관이 보유한 자원 간의 균형 여부를 판단하는 데 도움을 준다. 운영차액은 교수급여나, 건물의 보수유지 또는 대학 홍보 등을 축소하는 경우 많아질 수도 있기 때문이다. 비재무적 자원에 대한 분석은 전통적인 재무제표분석에서는 알아낼 수 없는 부분을 파악할 수 있도록 한다. 어떤 경우, 사학기관의 재무상태는 일반적인 방법에 따르면 상당히 양호한 것으로 판명되지만 이들이 핵심적인 대학의 활동, 즉 학사프로그램, 학생서비스, 실험실습시설, 교수 등을 희생한 상태에서 이루어진 것이라면 이는 잘못된 판단이 된다. 이와 같이 학생, 학사프로그램, 교수, 직원, 제반 교육시설 등은 사학기관의 본질에 속하는 것으로서 재무적인 것보다 오히려 중요한 사항이다. 또한, 교육비비중(총예산 중 운영지출에 투입되는 예산의 비율)이 낮아진다면 이는 관리비의 증가, 고정부채상환과 같은 고정지출의 증가, 기타 장기계획에 따른 장학제도 등에 기인한 것이다. 이 비율에서 변화는 대학정책의 변화를 의미할 정도로 중요한 뜻을 가지고 있다.

6) 제6단계 : 평가결과의 해석을 통한 피드백 조치

제6단계에서는 자기비교 및 상호비교를 통해 얻어진 평가결과에 대해 해석하고 개선조치를 강구하는 단계이다. 이 때 이루어지는 어떤 지표나 부문에 대한 상대적인 중요성이나 평가는 각 사학기관이 결정할 문제이다. 예를 들어, 소재지역이나 종교단체로부터 강력한 지지를 받고 있는 사학기관은 재무자원 측정치의 중요성이 일반대학의 경우처럼 결정적인 것이 아닐 수 있다. 여기에서 중요한 것은 유사한 사학기관 간의 비교에서 발견할 수 있는 실질적인 강·약점 차이라고 할 수 있다. 앞으로 대학지원율이 감소하게 될 것이다. 이런 경우 거액의 운영차액, 높은 학생유지율, 경쟁우위의 학사프로그램, 잘 유지·관리되고 있는 각종 시설과 건물 등이 사학기관의 경쟁력 및 사학기관 유지·발전에 중요한 지표가 될 것이다.

7) 제7단계 : 분석보고서의 작성

분석결과를 토대로 다음과 같이 재무제표분석보고서를 작성한다.
① 개요표 또는 요약표를 작성하며, 요약표에는 당해 사학기관의 개요를 비롯한 전망, 수지예상, 자금운용 내용 등을 기입한다.
② 중요 문제점과 해결방안을 작성하며, 문제점의 열거는 중요성에 따

라 각 부문에서 뽑아내어 작성한다.

③ 부문별로 현황과 문제점 및 이에 대한 개선권고사항을 기입하되 중
   요문제점과 중복되는 사항은 간단하게 기입한다.

④ 종합의견표에는 현재의 부진요인을 언급하고, 이를 타개하기 위한
   대책의 핵심이 무엇인가를 제시한다.

(2) 외부 전문분석기관

사학기관의 경영진단업무를 전문적으로 취급하는 외부 전문기관에서
재무제표를 분석하는 경우에는 개별 사학기관이 자체 분석하는 경우와
그 역할면에서 차이가 있다. 개별 사학기관은 외부 전문기관의 도움이
없어도 자기비교를 통한 분석은 가능하다. 그러나 상호비교를 하려면 전
문기관이 제공하여 주는 통계치가 있어야 가능하게 된다. 즉, 전문기관에
서 전국 사학기관에 대한 통계치(전체, 개별대학, 유사집단별)를 확보하
고 이 통계치가 개별 사학기관에 제공될 때 개별 사학기관은 상호비교를
통한 자체 분석이 가능하게 된다. 또한 외부 전문분석기관의 개별 사학
기관으로부터 분석자료를 제공받아야 분석이 가능하므로 양자는 상호보
완의 관계이다. 그리고 외부 전문기관은 개별 사학기관의 자체 분석에
비해 보다 상세하게 각종 지표를 활용하여 분석할 수 있으며, 객관적인
평가를 통해 경영에 도움을 줄 수 있다는 장점이 있다. 물론 외부기관은
어디까지나 외부에 존재하기 때문에 공표된 자료로 설명할 수 없는 개별
사학기관의 상세한 상황정보에는 접근하기 어렵다는 한계를 가진다.

이 책에서는 외부 전문기관이 전국의 개별 사학기관으로부터 자료를
제공받아 이를 처리하여 다시 개별 사학기관에 각종 지표를 제공하는 것
으로 가정하고, 개별 사학기관의 자체 분석에 초점을 맞추어 기술한다.
그리고 위에서 제시한 제1~6단계의 분석과정 중에서 제2~4단계에 걸
친 내용이 재무지표분석의 중점기술대상이다.

④ 재무제표의 점검

　재무제표분석을 위해서는 기본적으로 재무제표가 적정하게 작성되어 있는지 여부에 대해 점검하여야 한다.

(1) 결산총괄표

　① 자금결산총괄의 법인결산과 합산자금계산서 법인합계의 일치
　② 자금결산총괄의 학교비결산과 합산자금계산서의 대학합계의 일치
　③ 자금결산총괄의 부속병원 결산과 부속병원의 자금수입계
　④ 기부금수입내역 중 법인합계와 합산운영계산서의 기부금의 일치
　⑤ 기부금수입내역 중 대학합계와 합산운영계산서의 기부금의 일치
　⑥ 적립금현황 중 법인적립금계와 합산대차대조표상의 적립금 일치
　⑦ 적립금현황 중 대학적립금계와 합산대차대조표상의 적립금 일치

(2) 합산자금계산서

　① 법인회계 수입총계와 지출총계의 일치
　② 학교회계 수입총계와 지출총계의 일치
　③ 합산자금계산서 수입총계와 지출총계의 일치

(3) 합산대차대조표

　① 법인회계자산 중 특정기금과 기본금의 적립금의 일치
　② 학교회계자산 중 특정기금과 기본금의 적립금의 일치
　③ 법인회계 당기운영차액과 합산운영계산서의 당기운영차액의 일치
　④ 학교회계 당기운영차액과 합산운영계산서의 당기운영차액의 일치
　⑤ 법인회계 자산총계와 부채·기본금 총계의 일치
　⑥ 학교회계 자산총계와 부채·기본금 총계의 일치

⑦ 합산대차대조표 자산총계와 부채·기부금 총계의 일치

(4) 합산운영계산서

① 법인회계 운영수익총계와 운영비용총계의 일치
② 법인회계 중 자금을 수반하지 않는 운영수익총계와 운영비용총계의
  일치
③ 학교회계 운영수익총계와 운영비용총계의 일치
④ 학교회계 중 자금을 수반하지 않는 운영수익총계와 운영비용총계의
  일치
⑤ 합산운영계산서 운영수익총계와 운영비용총계의 일치
⑥ 합산운영계산서의 자금을 수반하지 않는 운영수익계와 운영비용계
  의 일치

(5) 법인결산서

① 경상비전출금과 합산자금계산서의 경상비전출금의 일치
  *학교회계의 경상비전입금(5211)=법인회계의 경상비전출금(4511)
② 법정부담전출과 합산자금계산서의 법정부담전출의 일치
③ 자산전출과 합산자금계산서의 자산전출의 일치
④ 부속병원전출과 합산자금계산서의 부속병원전출의 일치
⑤ 특별회계전출과 합산자금계산서의 특별회계전출의 일치
⑥ 전출금계와 합산자금계산서의 법인회계 전출금의 일치
  *학교회계의 특별회계전입금(5215)=법인회계의 특별회계전출금(4515)
⑦ 대학법정부담전출금과 법정부담금전출현황계의 일치
  *학교회계의 법정부담전입금(5212)=법인회계의 법정부담전출금(4512)
⑧ 법정부담전출금계와 법정부담전출현황계의 일치 여부
⑨ 유형고정자산매입지출내역과 합산자금계산서의 일치

⑩ 유형고정자산매입지출내역이 교육용 투자내역보다 크거나 같은지
 　*학교회계의 자산전입금(5213)＝법인회계의 자산전출금(4513)

(6) 학교결산서

① 연구비와 합산자금계산서의 연구비 일치
② 학생경비와 합산자금계산서 학생경비의 일치
③ 실험실습비와 계열별 실험실습계의 일치
④ 유형고정자산매입지출내역과 합산자금계산서의 일치
⑤ 국고보조금지출현황의 수입계와 합산자금계산서의 국고보조금지출
　현황과 일치
⑥ 국고보조금지출현황의 수입계와 지출계의 일치
⑦ 국고보조금수입과 국고보조금지출의 일치(이자 포함)

(7) 부속병원결산서

① 부속병원자금계산서 수입과 지출의 일치
② 자금계산서 수입내역 중 전입기부금과 전입기부금 세부내역 일치
③ ×××2년 대차대조표 자산총계와 부채기본금총계의 일치
④ ×××1년 대차대조표의 자산총계와 부채기본총계의 일치
⑤ 대차대조표의 당기순이익과 손익계산서의 당기순이익 일치
⑥ 전입기부금내역 중 법인전입금과 법인의 부속병원전출금의 일치
⑦ 전출금내역 중 학교회계전출금과 학교의 부속병원전출금의 일치
　* 학교회계의 부속병원전입금(5214)＝법인회계의 부속병원전출금(4514)
⑧ 전출금내역 중 법인회계전출금과 법인의 부속병원전출금 부속병원
　전입금의 일치
⑨ 전출금계좌와 자금계산서의 전출금의 일치
⑩ 임상교수 보수계와 부담내역 조화

(8) 차입금 관련

① 법인회계의 차입금계와 대차대조표 단기·장기차입금의 합계의 일치
② 학교회계의 차입금계와 대차대조표 단기·장기차입금의 합계의 일치
③ 부속병원의 차입금계와 대차대조표의 단기·장기차입금 합계의 일치
　　*차기이월운영차액＝전기 대차대조표상의 운영차액＋당기운영차액
　　*운영계산서 상의 당기운영차액＝대차대조표 상의 당기운영차액
　　*당기운영차액＝당기순이익
　　*전기 대차대조표상의 운영차액＝이월이익잉여금

|제5절| 재무제표 분석방법의 적용

① 지표비교법

(1) 지표의 선정 및 계산

재무지표는 분석목적에 따라 다양하게 설계될 수 있다. 이 책에서는 분석목적별로 대표적인 지표를 각각 선정한다. 지표선정내용은 〈표 8-2〉, 〈표 8-3〉과 같다.

(2) 비교집단의 설정

재무지표의 비교를 위해 다음과 같이 사학기관을 구분하여[2] 각각에

---

2) 이동규, 「사립대학 재무구조분석 및 개선방안에 관한 연구」, 한국사학진흥재단, 1988; 이동규 외, 「사립대학의 특성이 재무구조에 미치는 영향에 관한 연구」, 대한회계학회, 1999.2; 정홍주, 「사립대학의 특성과 재무정보와의 관련성에 관한 연구」, 충남대학교 대학원 석사학위 논문, 1999.8.; 김주찬, 「사립대학의 특성과 회계정보 간의 관계에 관한 실증적 연구」, 배재대학교 대학원 박사학위 논문, 2000.2.

대해 재무지표비교표를 작성한다.[3]

1) 전체 사학기관

2) 사학기관의 학생수 규모별
① 5,000명 미만
② 10,000명 미만
③ 10,000명 이상

3) 사학기관의 자산규모별
① 500억 원 미만
② 500억 원 이상 1,000억 원 미만
③ 1,000억 원 이상

4) 설치대학 종류별
① 부속병원과 공과대학이 없는 사학기관
② 공과대학이 있는 사학기관
③ 부속병원과 공과대학을 모두 설치한 사학기관

5) 사학기관의 소재지별
① 기타 시·읍·면 소재 사학기관
② 광역시 소재 사학기관(경산, 김해 포함)
③ 수도권 소재 사학기관

---

3) 다음의 1)~5)의 집단에는 사학기관의 재무회계규칙에 관한 특례규칙에 의거 매년 교육부에 4년 이상 결산재무제표를 제출하고 있는 대학만 포함시키는 것이 통계치의 신뢰성을 위해 바람직하다.

〈표 8-2〉 전체 사학기관집단과의 지표비교표(예)

구분	지 표	공 식(x100)	평가	전체비율	전체평균	전체표준편차	자체비율표준화치*
안전성 지표	유동비율	유동자산/유동부채	▲				
	당좌비율	현금예금/유동부채					
	선수금보유율	유동자금/선수금	▲				
	고정비율	(고정자산+투자와 기타 자산)/자기자본	▽				
	고정장기적합률	(고정자산+투자와 기타 자산)/(자기자본+고정부채)	▽				
	부채비율	총부채/자기자본	▽				
	자기자본비율	자기자본/총자산	▲				
	차입금의존도	차입금/총자본	▽				
	고정부채비율	고정부채/총자본	▽				
	고정자산비율	고정자산/총자산	▽				
수익성 지표	총자본기본금대체율	기본금대체액/총자본	▲				
	운영수익기본금대체율	기본금대체액/운영수익	▲				
	금융비용대운영수입비율	금융비용/운영수익	▽				
	운영수지비율	운영수입/운영지출	▲				
	등록금비율	등록금수입/운영수익	▽				
	전입기부금비율	전입기부금/운영수익	▲				
	국고보조금비율	국고보조금/운영수익	▲				
	인건비비율	인건비/운영비용	▽				
	관리운영비율	관리운영비/운영비용	▽				
	학생경비비율	학생경비/운영비용	▲				
	인건비등록금의존율	인건비(보수)/등록금수입	▽				
활동성 지표	총자본회전율	운영수익/총자본	▲				
	고정자산회전율	운영수익/고정자산	▲				
	자기자본회전율	운영수익/자기자본	▲				
성장성 지표	총자본증가율	(당기총자본-전기총자본)/전기총자본	▲				
	운영수입증가율	(당기운영수입-전기운영수입)/전기운영수입	▲				
	자기자본증가율	(당기자기자본-전기자기자본)/전기자기자본	▲				
	기본금대체액증가율	(당기기본금대체액-전기기본금대체액)/전기 기본금대체액	▲				
합계	표준화치 총합계						

*표준화치 계산

$$50+ \text{또는} -10 \times \frac{\{\text{개별 사학기관의 비율(X)} - \text{집단평균(M)}\}}{\text{표준편차(S)}}$$

주 : 50+ : (X)의 값이 높은 쪽이 좋은 경우(▲) +를 사용
　　50- : (X)의 값이 낮은 쪽이 좋은 경우(▽) -를 사용

〈표 8-3〉 유사특성 집단과의 지표비교표

구분	지 표	공 식(x100)	평가	자체 비율	유사 특성 평균	유사 특성 표준편차	자체 비율의 표준화치*
안전성 지표	유동비율	유동자산/유동부채	▲				
	당좌비율	현금예금/유동부채					
	선수금보유율	유동자금/선수금	▲				
	고정비율	(고정자산+투자와 기타 자산) /자기자본	▽				
	고정장기적합률	(고정자산+투자와 기타 자산) /(자기자본+고정부채)	▽				
	부채비율	총부채/자기자본	▽				
	자기자본비율	자기자본/총자산	▲				
	차입금의존도	차입금/총자본	▽				
	고정부채비율	고정부채/총자본	▽				
	고정자산비율	고정자산/총자산	▽				
수익성 지표	총자본기본금대체율	기본금대체액/총자본	▲				
	운영수익기본금대체율	기본금대체액/운영수익	▲				
	금융비용대운영수입비율	금융비용/운영수익	▽				
	운영수지비율	운영수입/운영지출	▲				
	등록금비율	등록금수입/운영수익	▽				
	전입기부금비율	전입기부금/운영수익	▲				
	국고보조금비율	국고보조금/운영수익	▲				
	인건비비율	인건비/운영비용	▽				
	관리운영비율	관리운영비/운영비용	▽				
	학생경비비율	학생경비/운영비용	▽				
	인건비등록금의존율	인건비(보수)/등록금수입	▽				
활동성 지표	총자본회전율	운영수익/총자본	▲				
	고정자산회전율	운영수익/고정자산	▲				
	자기자본회전율	운영수익/자기자본	▲				
성장성 지표	총자본증가율	(당기총자본-전기총자본)/전기 총자본	▲				
	운영수입증가율	(당기운영수입-전기운영수입)/ 전기운영수입	▲				
	자기자본증가율	(당기자기자본-전기자기자본)/ 전기자기자본	▲				
	기본금대체액증가율	(당기기본금대체액-전기기본금 대체액)/전기기본금대체액	▲				
합계	표준화치 총합계						

* 표준화치 계산

$$50 + \text{또는} - \quad 10 \times \frac{\{개별\ 사학기관의\ 비율(X) - 집단평균(M)\}}{표준편차(S)}$$

주 : 50 + : (X)의 값이 높은 쪽이 좋은 경우(▲) +를 사용
50 - : (X)의 값이 낮은 쪽이 좋은 경우(▽) -를 사용

(3) 지표별 표준화, 평점부여

지표별로 개별 사학기관의 실제비율을 계산하고 비교대상 유사집단의 평균과 표준편차를 토대로 개별 사학기관의 지표별 표준화수치 또는 평점을 부여한다.

1) 평균 및 표준편차를 이용한 50점 기준법

전술한 바와 같이 지표별 비교집단 평균치와 표준편차를 활용하여 50점을 기준으로 평점화하는 방법이다.

2) 5점척도에 의한 평점법

이 방법은 지표별로 5점 척도화하여 최고점을 5점, 최저점을 1점으로 배점하여 평가하는 방법이다. 척도는 비교집단의 평균치를 2.5점으로 하여 표준편차를 바탕으로 최고점수준을 5점, 최저점수준을 1점으로 하되 그 구간이 5구분이 되도록 하여 5점 만점으로 평가한다.

예 5점척도부여법(예 : 순운영차액비율)				
5점	4점	3점	2점	1점
3.78 이상	3.51~3.77	2.51~3.50	0.02~2.5	0.01 이하

(4) 결과에 대한 평가

1) 상호비교법(비교집단기준 지표비교법)

개별 사학기관의 실제지표를 산출한 다음 그것을 비교집단을 기준으로 하여 비교하는 방법이다. 지표비교는 개별지표별 비교, 영역별 비교와 지표비교표 전체에 대한 비교로 나눌 수 있다. 그런데 지표비교표는 다양한 유사집단에 대해 이루어지므로 여러 개의 지표비교분석표가 작성된다. 상호비교를 위한 지표비교표는 다음과 같이 작성된다.

① 지표별로 개별 사학기관의 실제비율을 계산한다.

② 실제비율에 평점을 부여하여 비교한다. 평점부여 방법은 비교대상 유사 사학기관집단의 평균과 표준편차를 토대로 50점을 기준으로 하여 개별 사학기관의 지표를 평점화하거나, 5점 척도를 통하여 평점화한다.

③ 개별지표별 비교 : 여기에서는 개별 실제지표를 비교집단 각 지표와 비교한다. 이미 ②에서 평점을 구하였으므로 지표별로 평점을 비교하면 양자 간의 차이를 쉽게 구할 수 있다.

2) 영역별 평점치합계 비교

유동성, 수익성, 활동성, 성장성 등 영역별 합계와 비교집단의 영역별 평점합계를 비교한다. 영역별 평점치는 사학기관 전체 평점의 차이가 어떤 영역에 영향을 받아 발생하였는지를 설명할 수 있도록 하여 준다.

3) 지표비교표 전체 평점치 비교

기준집단의 지표비교표 평점 합계와 개별 사학기관의 평점합계를 비교하면 비교집단의 전체적으로 평균수준을 유지하고 있는지, 그 이하인지를 평가할 수 있다.

4) 다양한 기준집단과의 비교

① 전체 사학기관기준 지표비교표 : 전체 사학기관의 지표와 비교하여 지표비교표를 작성하면 당해 사학기관의 우리 나라 전체에 대해 비교한 재무상태 내지는 경영성적을 상대적으로 파악할 수 있다.

② 유사 자산규모 사학기관기준 지표비교표 : 자산규모는 사학기관의 재무상태나 경영성과에 밀접한 관련을 가지고 있다고 볼 수 있다. 유사한 자산규모를 가진 사학집단끼리 비교한 지표비교표를 통해 보다 합리적으로 당해 사학기관의 재무내용을 평가할 수 있다.

③ 유사 학생규모 사학기관기준 지표비교표 : 학생수는 자산규모와 연계되어 있으며, 사학기관의 재무상태나 경영성과에 밀접한 관련을 가

지고 있다. 유사한 학생수를 가진 사학집단끼리 비교한 지표비교표를 통해 보다 합리적으로 당해 사학기관의 재무내용을 평가할 수 있다.

④ 유사지역 사학기관기준 지표비교표 : 수도권 소재 대학인지, 광역시 등 대도시 소재 대학인지, 아니면 지방대학인지는 사학기관의 재무상태나 경영성과에 밀접한 관련을 가지고 있다. 유사한 지역성을 바탕으로 유사한 사학집단끼리 비교한 지표비교표를 통해 보다 합리적으로 당해 사학기관의 재무내용을 평가할 수 있다.

⑤ 유사설치대학 사학기관기준 지표비교표 : 당해 대학이 부속병원이나 공과대학을 설치하고 있는지 여부는 사학기관의 재무상태나 경영성과에 직접적인 관련을 가지고 있는 것으로 볼 수 있다. 유사한 설치대학을 가진 사학집단끼리 비교한 지표비교표를 통해 보다 합리적으로 당해 사학기관의 재무내용을 평가할 수 있다.

5) 전반적 평가

지표비교표에 제시된 표준화치는 다양하게 평가에 활용된다. 원칙적으로 개별 사학기관에서는 개별 지표별로 자기비교를 한 다음 상호비교과정을 통해 당해 사학기관의 어떤 지표가 높고 또 어떤 지표가 낮은지 등을 평가할 수 있다.

①~④의 비교결과는 서로 다를 수 있으며 어떤 부분에서는 상충될 수도 있다. 즉, 종합적인 또는 일방적인 평가를 내리기 어렵다는 문제점을 안고 있다. 그러나 각종 집단과의 지표비교표를 종합하여 보면 전반적인 강약점은 분명히 파악할 수 있다. 이러한 부분을 포착하여 개선안을 제시할 수 있을 때, 결산분석의 의의는 커진다고 할 수 있다. 그리고 전문분석기관에서는 개별 사학기관별 지표비교표에 제시된 평점을 비교함으로써 사학기관 간 상대적인 재무상의 순위를 제시할 수 있다.

② 지수법의 적용

이 책에서는 여러 재무지표 중에서 각 지표들의 상대적 중요도를 바탕으로 지수법을 설계하였다. 즉, 안전성, 수익성, 활동성, 성장성 등 영역별로 상대적 중요도에 따라 지수를 부여한 다음 영역별로 관련되는 대표적인 지표를 선정하고 지수를 부여한다. 지수가 부여되면 집단별·지표별 평균치를 표준치로 하여 사학기관의 실제지표를 100점 만점의 평점으로 환산한다. 이렇게 되면 각 사학기관은 몇 점을 받았는지, 영역별로는 비교집단 평균치와 비교하여 어떤 상태인지, 어느 지표가 좋은지 또는 나쁜지 등을 평가할 수 있게 된다.

일단 지수법을 적용할 수 있게 되면 이를 바탕으로 레이더 차트법의 적용이 가능하다. 레이더 차트법은 지표별로 지수를 부여하지 않고, 기준에 비교하여 점수가 산정되는 대로 표시한다. 물론 레이더 차트법을 적용하려면 다시 지수법에서 활용되는 여러 지표 중에서 몇 가지만 선정해야 한다는 과제를 해결하여야 한다.

수많은 지표를 종합하는 방법으로서 가장 일반적인 방법이 지수법이다. 지수법은 여러 영역별 지표 중에서 그 영역을 대표할 수 있는 몇 개의 대표적인 지표를 선정하는 작업과 선정된 지표별로 상대적인 중요도를 고려하여 지수를 부여해야 하는 과정을 거쳐야 한다. 이 책에서 선정한 영역별 지수 및 가중치는 〈표 8-4〉와 같다.

다만, 등록금의존율은 낮을수록 좋은 것으로 평가하므로 점수(D) 산출 공식에서 '실제비율(B)/표준비율(C)'를 역으로 '표준비율(C)/실제비율(B)'로 적용하여 산출한다. 그리고 실제비율(B)이 표준비율(C)보다 지나치게 높거나 낮아 전체 점수에 영향을 많이 끼치는 경우에는 상한선을 200%로 하며 하한선은 0으로 한다.

영역(가중치)	지 표	지수 A	실제비율 B	표준비율 C	점수 D=AxB/C	비고
안정성(40%)	유동비율	20				
	자기자본비율	20				
수익성(30%)	국고보조금비율	10				
	전입기부금비율	10				
	등록금의존율	10				
활동성(15%)	총자본회전율	5				
	자기자본회전율	5				
	고정자산회전율	5				
성장성(15%)	총자본증가율	5				
	운영수입증가율	5				
	자기자본증가율	5				
합계(100%)		100				

제 9 장

교육원가의 산정시스템

|제1절| 대학의 교육원가

① 대학교육원가의 의의

(1) 교육원가의 정의

교육원가란 대학이라는 회계실체가 교육·연구·사회서비스 활동을 제공하는 데 사용 또는 소비한 경제적 자원의 희생액이다. 등록금 산정의 근거가 되는 교육원가 분석은 기본적으로 원가회계에 기초한다. 원가회계는 어떤 목적의 달성, 활동 또는 기능의 수행, 작업의 한 단위 또는 특정과업을 완수하는 데 소요되는 모든 원가요소를 수집·기록하며, 그 결과를 활용하는 회계방법, 즉 측정가능한 산출물에 대하여 관련되는 모든 직접·간접의 원가를 배분하는 과정이다[1]. 원가회계시스템에서는 원

---

1) Irving Tenner, Edward Lynn, *Municipal and Governmental Accounting*, Englewood Cliffs, N.

가계산을 통한 제품이나 서비스의 가격결정, 업적평가 및 의사결정에 관련된 정보를 제공한다.[2] 이 중에서 원가정보는 특히 가격결정목적에 직접 관련된다.

우리 나라 대학의 경우, 수요가 공급을 훨씬 초과하고 있어 실질적인 독과점의 형태로 운영되고 있었기 때문에, 교육원가 계산을 바탕으로 한 가격결정방법이 많이 적용되지는 못하였다. 대학교육원가는 대학의 교육·연구·봉사활동이라는 원가대상을 달성하기 위하여 소요되는 자원소모액이다. 그런데 교육원가산정방식에 기초한 등록금 책정에 관한 기존연구들은 대부분 표본으로 선정한 연구대상대학들에서 수집한 자료들을 기초로 횡단면적인 기술통계를 통해 대학단위교육원가 산출,[3] 대학원단위교육원가 산출,[4] 대학의 학과별 경비분석[5]에 관한 연구를 하고 있기 때문에, 이 연구들에서 제시되는 원가는 표본으로 선정한 각 대학의 개략적인 교육원가 추정치를 의미한다고 볼 수 있다. 따라서 특정대학의 대학별, 학과별, 학점단위당, 강의시수당, 학생 1인당 등의 실제 교육원가와 이들 연구에서 제시되는 산정치와는 다를 수밖에 없다. 그런데 최근에는 이와 같은 연구동향에서 벗어나, 각 대학에서 자체적으로 대학별, 교육과정별, 학점 단위당, 학생 1인당 단위교육원가 등을 산정하여 대학등록금의 자율책정과 대학행정의 기초자료로 활용하고 있다.

(2) 대학활동과 교육원가

대학은 교육, 연구, 사회서비스 활동을 전개하면서 원가를 소비한다. 교육원가를 계산하기 위해서는 구체적으로 어떤 대학활동을 전개하였으며 활동별로 소비한 원가는 얼마인지를 파악하여야 한다. 우리는 이러

    J. : Prentice-Hall, 1975.

2) 이동규, 『원가회계의 기초』, 형설출판사, 2000, pp. 4~5.

3) 배종근, 「대학 단위교육비 산출에 관한 연구」, 한국대학교육협의회, 1985.

4) 곽영우 외, 「대학원 단위교육비 산출에 관한 연구」, 한국대학교육협의회, 1990.

5) 강영삼 외, 「대학의 학과별 경비분석에 관한 연구」, 한국대학교육협의회,1987.

한 정보를 토대로 대학활동이 효율적이었는지, 비효율적이었다면 이를 해결하기 위해 원가관리를 어떻게 할 것인지, 그리고 정당한 교육원가를 회수하기 위해 등록금을 얼마로 책정하여야 할 것인지 등을 결정할 수 있게 된다. 교육원가의 파악은 최소비용으로 최대의 고객만족을 추구하여야 한다는 오늘날의 경영원칙을 실현하기 위해 필요한 핵심적인 사항이다.

교육원가 파악을 위해서는 교육활동에서 달성하고자 하는 산출물을 제대로 정의할 필요가 있다. 즉, 활동은 자원을 소비하며 그 결과가 산출물로 나타나기 때문이다. 활동 또는 산출물은 자원소비의 동인(drivers)이 된다. 대학의 경우, 영리기관과는 성격이 다르기 때문에 산출물을 정확히 계량화하기는 어렵지만 일반적으로 학점, 강의시수, 학위, 졸업생수, 연구프로젝트의 수 및 금액, 교수의 연구업적 등으로 측정된다. 이러한 산출물은 대학의 학생모집, 입학 및 졸업사정, 강의평가, 교수업적심사 등으로부터 구체화된다. 그리고 대학의 활동은 강의, 연구, 사회봉사라는 핵심활동과 이를 지원하는 지원활동으로 이루어진다. 지원활동은 각종 건물, 실험기기 등의 고정자산의 활용과 아울러, 교무행정, 학과행정, 학사행정, 연구관리, 도서관, 전산소, 연구소, 기타의 지원서비스가 있어야 한다.

(3) 교육원가와 비교육원가의 구분

대학의 핵심적인 활동, 즉 강의·연구 그리고 사회봉사활동은 최종적으로 대학교육활동으로 통합된다. 그런데 어떤 활동은 대학의 활동 내지는 교육활동이라고 보기 어려운 것이 있다. 예를 들면, 학생의 후생복지를 지원하기 위한 소비조합의 운영, 기숙사의 운영 등 교육부대사업 또는 교육외사업의 전개에서 발생하는 활동 등이다. 이러한 비교육원가는 원가집계과정에서 당연히 제외되어야 한다.

|제2절| 대학의 원가정보

① 대학원가의 특성

대학원가란 "대학의 경상적인 교육활동 및 이에 수반되는 부수적인 활동을 수행하기 위해 발생한 지출"[6]이다. 여기에는 교직원의 인건비, 학교교육 운영을 위한 제반 운영비 그리고 대학시설·설비에 관련된 제반 비용 등이 있다. 대학원가의 특성은 다음과 같다.

첫째, 대학원가에는 인건비가 큰 비중을 차지한다. 이는 대학활동이 노동집약적이기 때문이다. 따라서 인건비의 정확한 배분은 대학원가산정에서 중요한 의미를 갖는다.

둘째, 대학은 고정시설투자가 많기 때문에 원가의 대부분이 고정시설원가(committed costs)이다. 대학의 학사일정(academic calendar)은 원가발생과 뗄 수 없는 관계이다. 즉, 일별로는 강의실 활용도가 떨어진 오전과 야간, 주별로는 월·금·토요일, 연중으로는 장기에 걸친 방학기간에는 고정원가가 주로 발생한다. 왜냐하면 각종 고정자산 관련시설 유지·관리비, 보험료 등은 고정원가이기 때문이다. 대학이 이러한 원가를 회수하려면, 학사력에 따른 고정자산 활용도를 어떻게 하면 높일 것인가, 그리고 학사력에서 나타나는 활용의 불균형을 여하히 해소할 것인가 하는 방안을 찾아내야 한다.

셋째, 학생 1인당 원가는 지속적으로 상승하고 있다. 대학경영원가가 전반적으로 상승하기 때문이다. 또한, 국민소득수준이 높을수록, 고등교육에 이를수록 대학원가는 높아진다.

넷째, 대학원가에는 규모의 경제논리가 적용된다. 연구에 따르면 4년제 대학의 경우, 학생수가 5,000명 이상에서 1만 명 이하인 경우 가장 교

---

6) 송자, 「21세기 대학경영」, 중앙일보사, 1996, p.146.

육원가가 낮게 산출된다고 보고 있다.[7]

다섯째, 대학원가의 상당부분은 공통원가이다. 따라서 대학원가계산의 정확성 여부는 이들 공통원가 배분의 정확도에 좌우된다.

여섯째, 원가대상이 다양하다. 오늘날과 같이 급격한 대학교육환경의 변화는 대학원가의 다양성을 확대시키고 있다. 사이버대학의 운영, 다학기제운영, 시간제학생제도의 도입 및 복수전공제 운영에 따른 교육원가 문제 등이 그 대표적인 것들이다.

② 원가의 종류

(1) 실제원가와 표준원가

교육원가는 실제 발생한 원가를 집계하여 산정하느냐, 또는 표준이 되는 교육상황을 가정하여 원가를 집계하느냐에 따라 실제원가와 표준원가로 구분된다. 일반적으로 교육원가는 실제원가를 집계하여 산정한다. 그러나 대학설립·운영규정과 대학교육협의회에서 제시하는 대학평가기준 상의 교수·도서·시설기자재 및 공간확보가 100% 이루어진 상황을 가정하여 원가를 산정하는 경우 이를 표준원가라고 할 수 있다. 대학의 유형별로 표준원가를 알 수 있다면 당해 대학의 현재 수준이 어느 정도인지를 파악할 수 있다. 또한, 성격이 유사하고 규모가 비슷한 대학의 평균치 이상의 대학에서 발생되는 원가를 기준으로 표준을 설정할 수도 있다.

---

7) 곽영우, 「대학단위교육원가 관한 연구」, 『한국대학교육협의회 연구보고서』, 1994.
　　그런데 어느 규모의 대학이 손익분기점을 넘어 운영되고 있는지 여부에 대해서는 대학의 특성별로 파악하는 것이 논리적이다. 즉, 당해 대학이 도시지역 대학인지, 지방에 소재하는 대학인지, 공대와 의대가 설치된 대학인지, 공대만 설치된 대학인지 아니면 공대나 의대계열 대학이 설치되어 있지 않은 대학인지 등 대학을 특성별로 구분하여 적정규모를 파악하여야 하는 것이다.

(2) 강의원가와 강의지원원가

대학에서 이루어지는 기본적인 주임무는 대학의 강의라는 서비스형태로 학생에게 제공된다. 그리고 이러한 강의서비스가 제대로 이루어질 수 있도록 제반 행정서비스가 지원된다. 따라서 대학의 교육원가(educational costs)는 강의원가(instruction costs)와 강의지원원가(supporting costs)로 구성된다고 볼 수 있다.

(3) 현금지출원가와 비현금지출원가

교육원가는 교직원에 대한 인건비, 실험실습비, 여비 등과 같이 현금으로 지출되어 당해 연도의 교육을 위한 활동에 소비되는 항목이 있는가 하면, 퇴직급여전입금, 대손상각충당금과 같은 비현금지출항목, 그리고 실험·실습기자재, 건물 등과 같이 여러 해에 걸쳐 활용되는 자본적 지출항목 등이 있다. 기업회계에서는 정규부기원칙에 따라 자산의 취득 등 자본적 지출항목에 대해 감가상각을 실시하여 비용으로 인식한다. 그러나 우리 나라의 특례규칙에서는 대학의 고정자산에 대해 감가상각을 실시하지 않도록 규정하고 있기 때문에, 각종 유형고정자산의 취득원가는 연도별로 배분이 이루어지지 못하므로 교육원가에 반영되지 않는다. 그런데 현실적으로는 실험·실습기자재나 건물의 활용을 통해 교육이 이루어지며, 나아가서 이들이 적기에 더욱 새롭게 대체되어야 제대로 된 교육서비스를 제공할 수 있는 것이므로 교육 자산의 사용원가는 당연히 교육원가에 반영되어야 한다. 지금까지의 교육원가계산에 관한 연구에 따르면, 자본원가를 기회원가로 보아 시설기자재 및 건물의 평가액에 시중 정기예금 1년만기 금리 수준인 10%를 곱하여 교육원가에 반영하거나,[8] 시설기자재나 건물에 대해 기업회계기준상의 감가상각방법에 준하여 감

---

8) 이정호, 『서울대학교의 교육원가계산』, 서울대학교 기획실; 정명환, 「대학교육원가 모델」, 『대한경영학회 학회지』, 1997.

가상각비를 산정하고 이를 교육원가에 반영하는 방법9)을 적용하고 있다. 따라서 교육원가 총액은 현금지출원가(cash outlay costs)와 함께 시설기자재나 건물의 기회원가(opportunity costs of capital expenditures) 또는 감가상각비(depreciation costs), 그리고 시설의 대체 내지는 신규취득을 위한 대학발전원가 등의 합계액으로 정의할 수 있다.

(4) 경상원가와 발전원가

경상원가란 대학이 교육서비스를 제공하는 데 직접적으로 관련된 각종 현금지출원가 및 현금비지출원가의 총액을 말한다. 따라서 여기에는 유지원가, 즉 시설투자에 대한 기회원가 또는 유형고정자산의 감가상각비 등이 포함된다. 이에 대해 발전원가란 대학이 경쟁우위를 유지하고, 발전하기 위해 지속적으로 기본재산이 되는 각종 시설과 설비 등 유형고정자산을 보완하고, 신규로 확보하는 데 소요되는 원가이다. 이 부분이 학생에게 부담시킬 수 있는 비용인지에 대해서는 논란이 많은 것이 현실이다. 원칙적으로는 대학의 설립자인 국가 또는 학교법인이 대학의 발전에 필요한 제반 유형고정자산의 신규취득과 대체에 따른 재원을 확보하여 지원하여야 하지만, 현실적으로는 그렇지 못하고 있는 실정이다. 우리나라의 경우, 지금까지 대부분의 사립대학이 등록금에 발전원가를 부담시켜 왔으며, 특례규칙에서도 기본금대체액(유형고정자산 취득부분)을 운영비용부분에 포함시키고 있는 실정이다. 즉, 표현만 안 하였을 뿐 실제는 등록금에 이 부분이 포함되어 온 것이다. 다만, 포함시킨다고 하면, 짧게는 수 년간, 길게는 수십 년간 활용할 수 있는 유형고정자산에 대해 당해연도 학생들이 전부 이를 부담한다는 것은 '세대 간의 형평(generation equity)' 면에서 볼 때, 합리적이지 못하므로, 학교채를 발행하거나 장기차입금을 조달하여 시설을 확보하고 그 원리금을 균등하게 부

---

9) 이동규, 『교육원가에 관한 연구』, 충남대학교, 1991.

담하게 하는 등 세대 간 형평화를 기하도록 하여야 한다.

③ 원가중심점(원가대상), 원가부문 및 단위원가

원가중심점이란 교육원가를 집계하는 대상을 말하며, 최종적으로는 단위원가로서 나타난다. 단위교육원가는 교육서비스의 측정치를 무엇으로 할 것인가에 따라 다양하게 제시될 수 있다. 즉, 교육원가의 최종원가단위는 원가정보의 활용목적에 따라 학생 1인당 교육원가, 1학점당 교육원가 등 다양하다. 학과별 총원가를 산정한 다음 이를 분자로 하고 여기에 학과별 총학점수나 학과별 전일제환산학생수(FTE : full time equivalent)로 나누어 1학점당 단위원가, 1학생당 단위원가, 1학생당 학과별·학년별 단위원가를 산정한다. 일반적으로 학과별 학생 1인당 교육원가나 1학점당 원가를 최종원가대상으로 하고 있다. 여기에서 학생 1인당 원가는 학생 1인당 등록금의 책정이나 대학정원의 자율조정 의사결정에 활용된다. 그러나 강좌개설이나 학점당 등록금을 책정하는 경우에는 개설학점당 원가나 학생의 수강 1학점당 원가정보를 이용한다. 최종원가대상으로는 다음과 같은 것이 있다.

(1) 학생(student)

학생은 교육의 최종수혜자이며, 교육서비스의 구매자이다. 학생이 받는 대학교육서비스의 가치는 본질적으로 교육의 성과(outputs) 또는 결과치(results)로 측정되어야 하지만, 현실적으로 이를 측정하기가 곤란하다. 따라서 교육서비스의 가치는 성과의 대용치(surrogate)로서 투입치(inputs measures)를 적용한다. 따라서 한 학생에 대해 대학이 제공한 교육서비스의 가치는 학생 1인에 대해 투입된 경제적 가치로 측정할 수 있다.

(2) 개설학점(SCH : student-credit-hours)

학생이 구매하는 교육의 양은 학점으로 측정된다. 한 기간에 개설되어 판매되는 총교육서비스의 양은 수강학생의 적고 많음에 관계없이 개설되는 학점의 수라고 볼 수 있다. 따라서 개설 1학점당 단위원가는 교육서비스 공급자의 입장에서 본 교육서비스의 단위당 투입가치를 나타낸다.

(3) 수강시수(SCH : student-class-hours)

학생의 입장에서 측정한 교육서비스의 총구매량은 그 기간에 학생들이 수강한 시수의 합계이다. 따라서 단위원가는 학생이 구입한 1시간당 교육서비스에 투입된 경제적 가치를 나타낸다.

이렇게 집계된 원가를 관련되는 산출로 나누어 주면 각각의 단위원가를 산정할 수 있다. 각 단위원가의 종류별로 이용목적을 보면 다음과 같다.
① 학생 1인당 원가(교양교직별·전공학과별·대학원별 학생당원가) : 교육원가의 회수를 바탕으로 한 등록금의 책정, 학과별 등록금의 차등화, 학과별 교육원가환원율의 형평화정책추진 목적
② 수강과목 1학점당 원가 : 시간제 등록학생, 사이버대학 등록학생, 계절학기 등록학생, 기타 비정규학생에 대한 등록금책정 목적
③ 수강 1시수당 원가 : 수강학점당 원가와 함께 각종 학점단위 등록금책정, 시간제 등록금책정, 계절학기 등록금책정, 기타 비정규학생에 대한 등록금책정 등에 활용

① 교육원가의 산정절차

교육원가는 〈표 9-1〉과 같이 ① 예산단위별[10]·원가요소별(비목별)로 1차 집계하고, ② 1차 집계된 원가를 교육부문 및 교육지원부문의 중간원가중심점별로 배분하여 집계한 다음(2차 집계), ③ ˙교육지원부문 원가중심점에 집계된 공통원가를 교육부문 원가중심점(학생별, 수강시수별, 학점별, 학과 또는 전공별, 교양교직별, 대학원별)에 배분한다. 그리고 ④ 교육부문 원가중심점에 집계된 원가를 원가중심점별 산출물로 나누어 단위원가를 계산하고(학생 1인당, 수강학점 1시수당, 1학점당), ⑤ 학생 1인당 단위원가를 학생 1인당 등록금과 비교하여 교육원가환원율을 구함으로써 대학별·학생별 원가환원율의 차이를 형평화하는 등록금책정을 도모하게 된다.

② 교육원가 계산모형

(1) 원가계산 기본모형

원가계산 기본모형은 다음과 같이 다섯 가지로 구분한다.
① 유형 I(총원가 기준) : 총지출액+감가상각비→국·공립, 사립공통
② 유형 II(총기성회비지출액 기준) : 기성회비에 국비보조금, 이월금 및 기타 수입액 등이 모두 포함된 총기성회비 지출액기준. 다만, 수입대체경비는 제외하여 계산한다.→국립대학만 해당됨

---

10) 예산단위란 세입과 세출이 이루어지는 회계단위를 말한다. 일반적으로 각 단과대학과 부속기관 및 연구소 등이 예산단위로 설정되어 있다.

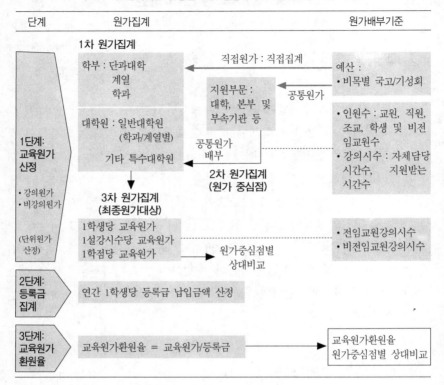

〈표 9-1〉 원가계산 산정절차 및 공통원가의 배분(유형 Ⅲ을 적용)

단계	원가집계	원가배부기준

1차 원가집계

학부 : 단과대학
　　　계열
　　　학과

직접원가 : 직접집계

예산 :
• 비목별 국고/기성회

지원부문 :
대학, 본부 및
부속기관 등

공통원가

대학원 : 일반대학원
　　　　(학과/계열별)

기타 특수대학원

공통원가
배부

• 인원수 : 교원, 직원,
조교, 학생 및 비전
임교원수
• 강의시수 : 자체담당
시간수,　지원받는
시간수

2차 원가집계
(원가 중심점)

1단계:
교육원가
산정

• 강의원가
• 비강의원가

(단위원가
산정)

3차 원가집계
(최종원가대상)

1학생당 교육원가
1설강시수당 교육원가
1학점당 교육원가

원가중심점별
상대비교

• 전임교원강의시수
• 비전임교원강의시수

2단계:
등록금
집계

연간 1학생당 등록금 납입금액 산정

3단계:
교육원가
환원율

교육원가환원율 = 교육원가/등록금

교육원가환원율
원가중심점별 상대비교

③ 유형 Ⅲ(순기성회비 지출액기준) : 이월금수입, 기타 수입, 수입대체
　경비수입, 국고보조금수입 등을 제외한 순수기성회비 수입액만으로
　원가를 계산한다→국립대학만 해당됨

④ 유형 Ⅳ(총지출액기준) : 감가상각비를 제외한 실제 총세출결산액을
　기준으로 원가를 계산한다→사립대학의 경우

⑤ 유형 Ⅴ(순학생부담액기준) : 학생이 부담한 등록금액을 기준으로 하
　여 원가를 계산한다→사립대학의 경우

여기서 국립대학의 경우 순세출액을 구하기 위해 수입대체경비나 국

비보조금 등은 항목이 분명하게 표시되어 있으므로 총기성회 세출결산액에서 차감하면 되지만 이월금이나 기타 수입 등은 학생부담금 수입과 함께 편성되어 세출이 이루어지므로 구분하기 어렵다.

이 경우는 편의상 본부의 총운영비에서 해당 금액만큼을 차감하여 계산하는 방법을 적용한다.

(2) 원가계산 세부모형

I, II, III, VI, V모형은 다시 어떤 유형의 강의원가를 적용할 것인가, 어떤 방법으로 공통원가를 교육부문 원가중심점별로 배분할 것인가, 그리고 비현금지출원가인 감가상각비를 포함시켜 계산할 것인가 등에 따라 다시 세분된다.

1) 적용 강의원가의 종류에 따른 세부모형

① 세부유형 A : 실제발생 강의원가[11]기준

② 세부유형 B : 평준화한 강의원가[12]기준

2) 공통원가 배분기준의 차이에 따른 세부모형

① 세부유형 C : 학생수 기준으로 공통원가를 배분

② 세부유형 D : 원가항목별 특성에 따라 공통원가를 배분

---

11) 실제발생강의원가란 전임교원담당 강의원가와 비전임교원 담당강의원가를 실제대로 계산하여 산정한 원가를 말한다. 따라서 어떤 교육원가중심점이 전임교원으로부터 상대적으로 많은 강의를 받은 경우, 그렇지 않은 원가중심점보다 강의원가가 올라가므로 총교육원가가 높아지게 된다. 따라서 전임교원확보율이 높은 곳일수록 높은 교육원가를 나타내게 된다.

12) 전임교원 인건비와 비전임교원 인건비를 평준화하여 강의원가를 계산하는 방법이다. 이 방법에 따르면 어떤 원가중심점이 전임교원에 의해 서비스를 받건, 비전임교원에 의해 서비스를 받건 원가는 동일하다. 다만, 강의서비스를 얼마나 많이 받았느냐가 원가의 크기를 결정한다.

3) 감가상각비 포함 여부에 따른 세부모형

① 세부모형 E : 교육원가에 감가상각비 포함

② 세부모형 F : 교육원가에 감가상각비 제외

(3) 원가중심점의 설정

교육원가의 보다 정확한 산정 및 원가계산 목적상 교과과정의 유사성
(교육원가가 발생의 유사성)을 중심으로 원가중심점을 설정한다.

③ 원가중심점의 구분

원가중심점은 1차 원가중심점, 2차 원가중심점, 3차 원가중심점으로
구분한다. 1차 원가중심점은 대학의 자원을 소비하는 예산단위로서 교육
부문(각 단과대학 및 대학원), 지원부문(본부, 연구소 및 부속기관)이다.
교육부문으로서 각 단과대학 및 대학원은 문과대학, 교육학과, 자연과학
대학, 수학과, 체육교육학과, 의예과, 공과대학, 경상대학, 농과대학, 농업
경제학과, 미술학과, 음악학과, 의학과, 간호학과, 수의과대학, 생활과학
대학, 법과대학, 약학대학, 일반대학원의 5개 학부, 각 특수대학원 등이
있으며 지원부문으로서는 각 단과대학본부, 대학본부, 연구소 및 부속기
관 등이 있다.

2차 원가중심점은 1차 원가중심점을 다시 세분한 원가중심점으로 학
부, 학과 등이다. 그리고 3차 원가중심점은 교육부문 원가중심점을 다시
세분한 학생, 강의시수, 학점 등이다.

1) 학부

① 전공별 교과과정의 유사성을 기준으로 구분한다.

② 전공·학과·학부·대학·계열 등을 바탕으로 구분한다.

③ 최종 원가중심점은 학생·학점·강의시수 등으로 설정한다.

2) 대학원

일반대학원은 전공별 계열별로, 특수대학원은 대학원별 원가유사성을 기준으로 구분한다.

3) 1학년만 계열로 운영되는 경우

2학년부터는 학과 또는 전공으로 세분되는 경우에는 1학년만을 별도의 원가중심점으로 설정하며 해당 학과나 전공은 2학년에서 4학년까지를 묶어 원가중심점으로 설정할 수 있다.

④ 원가중심점별 개별원가와 공통원가

1) 개별원가(직접원가)

대학, 학부, 학과 등 각 원가중심점에 개별적으로 귀속시킬 수 있는 성격의 원가를 말한다.

2) 공통원가(간접원가)

여러 원가중심점에 공통적으로 소비되는 원가를 말한다. 이들 공통원가를 합리적이고 체계적인 방법과 절차에 따라 각 원가중심점에 배분하여야 한다.

3) 지원부문의 원가중심점에 집계된 원가

단과대학, 대학본부, 연구소 및 부속기관 등에 집계된 원가로서 이들은 수혜기준, 인과기준 또는 부담능력기준에 따라 교육부문 원가중심점에 배분한다.

⑤ 원가의 집계

(1) 1차 집계 : 예산단위별 발생장소별 집계

① 강의인건비(전임교원인건비+비전임교원인건비)를 발생장소별로 교육부문 원가중심점(대학별, 학과별)에 집계한다. 강의인건비는 제공된 강의용역의 양(강의시수 또는 학점수)에 따라 각 교육부문 원가중심점에 배분된다.

② 교육부문(대학, 대학원 등)의 조교 및 직원인건비 : 대학이나 대학원 등 교육부문에 근무하는 직원과 조교의 인건비는 해당 교육부문 원가중심점에 직접 집계한다. 이 때 학과 등 개별원가중심점에 대해 귀속이 분명한 조교의 인건비는 해당 원가중심점에 집계하고, 그렇지 않은 조교와 직원의 인건비는 학과 또는 원가중심점별 학생수에 비례하여 배부한다.

③ 학과별 또는 원가중심점별로 배분되는 운영비, 실험・실습비 및 사업비는 각 학과별 또는 원가중심점로 집계한다.

④ 대학원별 원가중심점에는 강의인건비와 실험실습비, 사업비 및 대학원에 귀속된 조교 및 직원의 인건비와 운영비를 집계한다.

(2) 2차 집계 1 : 공통원가를 각 원가중심점에 배분하는 단계

감가상각비 등 공통원가는 각 원가중심점이 활용하는 건물바닥의 면적 등 수혜기준, 부담능력기준 등을 바탕으로 배분한다.

(3) 2차 집계 2 : 지원부문 원가중심점에 집계된 원가를 교육부문 원가중심점으로 재배분하는 단계

대학, 대학본부, 연구소 및 부속기관 등 지원부문 원가중심점에 집계된 원가는 교육부문 원가중심점별 학생 수에 비례하여 배분한다.

〈표 9-2〉 원가집계 단계 및 공통원가의 배분 예 : 세부유형 C를 적용

원 가 항 목	배 부 기 준
1단계 : 강의직접원가	강의인건비
(1) 강의인건비	
1) 전임교원인건비	수혜전공강의 시수
2) 전공비전임교원인건비	수혜전공강의 시수
2단계 : 비강의원가(원가중심점 및 대학단위 강의지출원가)	실험실습비+교육부문 직원인건비+교육부문운영비
(1) 실험 · 실습비	원가중심점에 직접 부과
(2) 교육부문직원인건비	
1) 원가중심점조교인건비	해당 원가중심점에 직접부과
2) 단과대학 직원 및 조교인건비	50%는 단과대학별 원가중심점수로 배부, 50%는 학생수로 배부
3) 대학원직원 및 조교인건비	대학원에 직접부과
(2) 운영비	
1) 원가중심점운영비	각 원가중심점에 직접부과
2) 단과대학운영비	원가중심점별 학생수로 배부
3) 대학원운영비	대학원에 직접부과
3단계 : 교육지출원가	지원부문직원인건비+관리운영비+연구학생경비
(1) 지원부문직원, 조교인건비	
1) 대학본부	
2) 교무처	전액 원가중심점별 학생수기준 균등배부
3) 학생처	
4) 기획처	
5) 사무처	
6) 부속기관 / 연구소	
(2) 관리운영비	
1) 여비	
2) 판공비	전액 원가중심점별 학생수기준 균등배부
3) 시설유지비	
4) 기타	
(3) 연구학생경비	
1) 학생복지비	
2) 연구비	전액 원가중심점별 학생수기준 균등배부
3) 기타경비	
4단계 : 시설기자재원가	
(1) 기자재원가	(원가중심점별기자재보유액+공동기자재원가의 원가중심점별 학생수 기준 균등배부액)×1년만기 정기예금 이자율
(2) 시설원가	*(해당연도 건물평가액/전체 건물면적)×1년만기 정기예금 이자율=면적당 배부율
1) 건물 및 기본시설원가	단과대학단위 건물 및 기본시설의 원가중심점별 활용건물면적×배부율
2) 건물 및 지원시설원가	본부단위 지원시설 및 건물의 원가중심점별 학생수 기준으로 배부한 면적×배부율

주 : C는 학생수기준 공통원가를 배분한 것임

원 가 항 목	배 부 기 준
1단계 : 강의직접원가	강의인건비+실험실습비
1) 강의인건비	
(1) 전임교원인건비	수혜전공강의시수
(2) 전공비전임교원인건비	수혜전공강의시수
2) 실험·실습비	각 원가중심점에 직접부과
2단계 : 비강의원가(원가중심점 및 대학 단위 강의지원원가)	교육부문 직원인건비 + 교육부문운영비
(1) 교육부문직원인건비	
1) 원가중심점조교인건비	해당 원가중심점에 직접부과
2) 단과대학직원,조교인건비	50%는 단과대학별 원가중심점수로 배부, 50%는 학생수로 배부
3) 대학원직원 및 조교인건비	대학원에 직접부과
(2) 운영비	
1) 원가중심점운영비	각원가중심점에 직접부과
2) 단과대학운영비	50%는 단과대학별 원가중심점수로 배부, 50%는 학생수로 배부
3) 대학원운영비	대학원에 직접부과
3단계 : 교육지출원가	지원부문직원인건비+관리운영비+연구학생경비
(1) 지원부문 직원,조교인건비	
1) 대학본부	전액 원가중심점별 균등배부
2) 교무처	50% 원가중심점수로 배부, 25% 교수수, 25% 학생수로 배부
3) 학생처	50%는 원가중심점수로 배부, 50%는 학생수로 배부
4) 기획처	전액 원가중심점에 균등배부
5) 사무처	40% 원가중심점수, 15% 교수수, 15% 학생수, 15% 건물면적, 15% 기자재보유액기준배부
6) 부속기관 / 연구소	50% 학과수로 배부, 50%는 학생수로 배부
(2) 관리운영비	
1) 여비	50%는 교수수, 50%는 학생수로 배부
2) 판공비	전액 원가중심점에 균등 배부
3) 시설유지비	장비유지비는 기자재보유액, 잔여액은 건물면적에 비례배분
4) 기타	전액 학생수로 배부
(3) 연구학생경비	
1) 학생복지비	전액 학생수로 배부
2) 연구비	전액 교수수로 배부
3) 기타경비	전액 학생수로 배부
4단계 : 시설기자재원가	시설기자재원가
(1) 기자재원가	(원가중심점별 기자재보유액+공동기자재원가중심점별 균등배부액)×1년만기 정기예금 이자율
(2) 시설원가	* 배부율=(해당 연도 건물평가액/전체 건물면적)×1년만기 정기예금 이자율
1) 건물 및 기본시설원가	단과대학단위 건물 및 기본시설을 원가중심점수로 균등배부한 건물면적×배부율
2) 건물 및 지원시설원가	본부단위 지원시설 및 건물을 학생수로 비례배부한 건물면적×배부율

주 : D는 원가항목별 특성에 따라 공통원가를 배분한 것임

(4) 3차 집계 및 단위원가의 산정

대학별 교육부문 원가중심점별로 집계된 강의원가와 비강의원가 합계액을 등록학생수, 강의시간수 및 학점수 등으로 나누어 다음과 같은 단위원가를 산정한다.

① 교육부문 원가중심점별 1학생당 교육원가
② 교육부문 원가중심점별 1설강시수 또는 1수강시수당 교육원가
③ 교육부문 원가중심점별 1학점당 교육원가

|제4절| 원가산정을 위한 재무·비재무측정치의 집계

단위당 교육원가는 재무측정치인 교육원가를 분자로 하고, 학생수, 강의시수, 학점수 등 비재무측정치를 분모로 하여 계산된다. 재무적 측정치와 비재무적 측정치의 집계방법은 다음과 같다.

1 재무적 측정치

(1) 인건비

각 교육부문 원가중심점별 전임교원 및 비전임교원에 대한 강의인건비 세출결산액을 집계한다.

1) 강의인건비

다음과 같은 두 가지 방법으로 원가를 계산하여 원가중심점별 개설강의시수를 기준으로 배분한다. 여기에서 강의시수란 전임교원 제공 강의시수+비전임교원 제공 강의시수이며, 원가중심점별 전임교원 강의시수란 원가중심점에서 자체 설강하여 제공받은 전임교원 강의시수+타원가

중심점으로부터 제공받은 전임교원 강의시수를 말한다. 그리고 원가중심점별 비전임교원 강의시수란 원가중심점에서 설강하여 제공받은 비전임교원 강의시수+타원가중심점에서 지원받은 비전임교원 강의시수로 계산한다.

(가) 강의인건비를 전임교원과 비전임교원으로 각각 구분하여 계산하는 방법(A형)

① 원가중심점별 실제 전임교원으로부터 제공받은 강의시수와 비전임교원으로부터 제공받은 강의시수를 구분하여 집계한다.

② 1시수당 전임교원 평균 강의인건비=전임교원 총인건비÷전임교원 제공 연간 강의시수

③ 1시수당 비전임교원 평균 강의인건비=비전임교원 총인건비÷비전임교원 총담당 강의시수

④ 원가중심점별 강의원가=실제로 제공받은 전임교원 강의시수×1시수당 전임교원 평균 강의원가+실제로 제공받은 비전임교원 강의시수×1시수당 비전임교원 평균 강의원가

(나) 전임교원 인건비와 비전임교원 인건비를 구분하지 않고 평준화하는 방법(B형)

① 원가중심점별 총강의 시수=전임교원으로부터 제공받은 강의시수+비전임교원으로부터 제공받은 강의시수

② 1시수당 평균 강의원가=(전임교원 총인건비+비전임교원 총인건비)÷대학교 연간 총강의시수

③ 원가중심점별 총강의원가=①×②

2) 비강의인건비

대학, 대학본부, 연구소 및 부속기관의 조교 및 직원에 대한 국고 및 기성회의 인건비 세출결산액

① 예산단위별로 집계한다.

② 원가중심점별로 배분·집계한다.

③ 지원부문 원가중심점에 집계된 비강의인건비는 배부기준에 따라 교육부문 원가중심점으로 배분한다.

(2) 비강의원가(비인건비)

1) 종류 및 집계

비강의원가는 강의 직접 지원기관인 단과대학과 간접지원기관인 본부 및 부속기관에서 발생하는 원가로서 다음과 같이 집계한다.

① 관서운영비, 산취득비, 사업비, 기준경비, 과년도지출, 기타 공통경비 : 예산단위별로 1차 집계하여 각 교육부문 원가중심점별로 배분한다.

② 실험실습비 : 각 교육부문 원가중심점별로 집계한다.

2) 항목별 구분

① 단과대학 비강의원가 : 직원 및 조교인건비, 실험·실습비, 각종 사업비, 각종 관리운영비 등으로 구성된다.

② 본부 및 지원기관의 비강의원가 : 직원 및 조교인건비, 각종 사업비, 각종 관리운영비 등으로 구성된다.

3) 비목별 집계 및 배분

① 예산단위별로 집계된 비강의원가 중 교육부문 원가중심점별로 개별 집계가 가능한 항목, 즉 실험실습비, 구분가능한 관리운영비나 사업비 등은 해당 교육부문 원가중심점별로 집계한다.

② 예산단위별로 집계된 강의원가 중 교육부문 원가중심점별 개별집계를 할 수 없는 비강의원가, 즉 관서운영비, 자산취득비, 사업비, 기준경비, 과년도 지출 및 기타 공통경비 등은 공통원가 배분기준에 따라 각 원가중심점(교육부문, 지원부문)으로 배분한다.

③ 지원부문 원가중심점에 집계된 공통원가는 배분기준에 따라 교육부
   문 원가중심점으로 배분한다.

② 비재무적 측정치

(1) 인원수

1) 학생수 파악
등록학생수 : 5월 1일 및 11월 1일 현재 등록학생의 평균치
① 원가중심점별 학부학생수
② 원가중심점별 대학원학생수

2) 교원 및 조교의 수
원가중심점별 재직교원 및 조교의 수 : 5월 1일 및 11월 1일 현재 재직
교원의 평균치

3) 직원수
원가중심점별 재직직원수 : 5월 1일 및 11월 1일 현재 재직직원의 평
균치

4) 비전임교원수
원가중심점별 비전임교원 : 비전임교원, 겸임교수, 명예교수, 기타 시
간강사의 5월 1일 및 11월 1일 현재 재직 비전임교원의 평균치

(2) 강의시수(또는 학점수)

1) 학부강의시수(또는 학점수)
① 원가중심점별 설강 시간수(또는 학점수) : 자체 담당 시간수(또는 학

점수)+타원가중심점으로부터 지원받은 시간수(또는 학점수)

② 전임교원 담당시간수(또는 학점수)=원가중심점별 설강 시간수 중 전임교원 담당시간수(또는 학점수)+타원가중심점으로부터 지원받은 전임교원 담당시간수(또는 학점수)

③ 비전임교원 담당시간수(또는 학점수)=원가중심점별 자체 설강비전 임교원 담당시간수+타원가중심점에서 설강하여 지원받은 비전임교 원 담당시간수

2) 대학원 강의시수(또는 학점수)

① 대학원 설강시간수(또는 학점수) : 대학원별 자체 담당 강의시간수 (또는 학점수)+타원가중심점으로부터 지원받은 강의시간수(또는 학 점수)

② 대학원별 전임교원 담당시수(또는 학점수)=자체 점임교원 담당 강 의시간수(또는 학점수)+타원가중심점으로부터 지원받은 전임교원 강 의담당시수(또는 학점수)

③ 비전임교원 담당시수(또는 학점수)=자체 비전임교원 담당시수(또는 학점수)+타원가중심점으로부터 지원받은 비전임교원 담당시수(또는 학점수)

|제5절| 교육부문 원가중심점의 단계별 교육원가집계

① 제1단계 : 강의직접원가=강의인건비+실험실습비

 ※ 여기에서 강의인건비로만 구분하는 경우에는 실험실습비를 비강의 원가로 포함시킨다. 그러나 강의직접비를 집계하는 경우에는 강의 인건비에 실험실습비까지 포함하여 집계하여야 한다.

② 제2단계 : 비강의원가 1(직접 지원하는 대학단위 지출원가 중 배분

액)=대학부문 등 중간원가중심점별 지출원가 중 배분액 : (원가중심점별 직원 및 조교인건비+원가중심점별 공통원가) 중 원가중심점별 배분액

③ 제3단계 : 비강의원가 2(간접 지원하는 본부나 부속기관의 지출원가 중 배분액)=대학본부, 부속기관 등 지원부문의 지출원가 중 배분액 =(지원부문 조교 및 직원인건비+관리운영비+연구학생경비+기타) 중 원가중심점별 배분액

④ 제4단계 : 비강의원가 3(비지출원가 : 감가상각비 중 배분액)=시설기자재의 감가상각비 중 배분액 또는 시설기자재원가×1년만기 정기예금이자율 중 배분액

⑤ 제5단계 : 총지출원가=제1단계+제2단계+제3단계

⑥ 제6단계 : 총원가=지출원가+비지출원가

  =제5단계+제4단계

⑦ 제7단계 : 원가중심점별 단위원가=

  ⑤ 또는 ⑥/원가중심점별 학생수=원가중심점별 학생 1인당 원가

  ⑤ 또는 ⑥/원가중심점별 수강학점=원가중심점별 수강 1학점당 원가

  ⑤ 또는 ⑥/원가중심점별 수강시수=원가중심점별 수강 1시수당 원가

⑧ 제8단계 : 원가중심점별 학생1인당 교육원가환원율 및 원가차이도 분석

  ㉠ 1시수당 단위원가 산정공식

    원가중심점별 총원가(강의원가+비강의원가)÷원가중심점별 총강의시수

  ㉡ 1학점당 단위원가 산정공식

    원가중심점별 총원가÷원가중심점별 총학점수

  ㉢ 원가중심점별 학생 1인당 교육원가 산정공식

    원가중심점별 총원가÷원가중심점별 등록학생수

  ㉣ 원가중심점별 학생 1인당 교육원가환원율 산정공식

원가중심점별 연간학생1인당 교육원가÷원가중심점별 학생 1인당 연간등록금

⑨ 제9단계 : 등록금 반영비율의 결정

※ 원가중심점별 등록금 인상율=기본인상율+원가중심점별 차이도

제 **10** 장

대학의 원가정보 활용

|제1절| **대학경영과 원가정보의 활용**

1997년 말에 불어닥친 IMF 구제금융 상황은 대학의 재무환경을 다음과 같이 어려운 상태로 몰아넣었다.

첫째는 자금조달의 어려움이다. 대학의 최대수입원인 등록금을 인상한다는 것은 생각하기 어려운 여건이 되었고, 학비부담·미래에 대한 불안 등으로 휴학생이 급증하여 등록금수입도 예상 외로 저조한 상태가 되었다. 정부의 교육예산 삭감으로 인해 대학에 지원가능한 정부보조금 규모가 대폭적으로 줄어들었다. 또한, 경기불황으로 기업이나 독지가로부터의 기부금 수입은 기대하기 곤란하게 되었으며, 금융기관으로부터의 자금차입도 힘들어졌다.

둘째는 현재의 대학구조가 고원가저효율이라는 것이 분명하게 드러난 것이다. 그간 이루어진 무리한 확장과 시설투자에 따른 차입금이자 부담의 가중, 특성도 없이 백화점식으로 개설한 수많은 학과와 보직, 잘못된 교과과정, 중복 투자된 학교시설, 교육평가를 위한 비효율적 투자 등이 고원가를 유발시키고 있는 것이다.

셋째는 대학의 생존·유지 자체가 어려워지는 극심한 경쟁상황에 처하게 되었다. 대학정원의 자율화(대학의 정원정책과 국가인력 수요와는 거리가 멀어진 지 오래이다), 대학설립의 간편화, 사이버대학의 설립, 시간제학생제도·다학기제의 도입, 취업불확실로 인한 대학매력도 자체의 저하, 외국대학의 국내진출 등과 함께 대학지원인구의 감소추세로 인해 대학 간의 경쟁은 더욱 치열해지고 있다.

이상에서 언급한 자원조달의 어려움·고원가구조·대학경쟁의 심화라는 세 가지 걸림돌을 제거하거나 뛰어넘어야 생존이 가능한 것이 오늘날의 한국 대학의 상황이라고 할 수 있다. 대학도 어느 조직체나 마찬가지로 효과성·효율성을 발휘하지 못하면 가차없이 퇴출당하고 만다는 현실에 직면해 있는 것이다. 따라서 대학의 최대 화두(話頭)는 어떻게 하면 상대적 경쟁우위를 유지하면서 생존하느냐이다. 이에 따라, 대학은 주요 재원인 등록금수입을 학생들과 마찰 없이 확충할 것인가, 자구노력에 대응하여 지원되고 있는 정부보조금을 더 많이 확보할 것인가, 대학발전기금을 더 많이 확보할 것인가, 휴학생 및 미등록 학생을 최소화할 것인가, 대학이 가진 시설과 연구인력, 교육능력을 평생교육에 연결시켜 학교수익을 증대시킬 수 있을 것인가, 학과 특성화를 통해 경쟁력을 키울 것인가 등을 해결하는 데 고심하고 있다.

이와 함께 대학은 어렵게 조달한 재원을 어떻게 하면 효율적으로 활용할 것인가에 모든 경영력을 집중하고 있다. 대학의 경영전략은 현재의 자원다소비 고원가구조에서 저원가구조의 효율적 대학으로 개편할 것인가 하는 것이다. 이를 실현하려면, 학생정원의 자율화·교수채용·시설투자·등록금책정·사이버강의의 실시, 다학기제의 도입, 시간제 학생의 수강, 대내외적인 학과의 통합과 제휴 등이 이루어질 필요가 있다. 이에 관련된 의사결정에서 가장 중요한 정보는 원가정보이다.

교육원가 정보는 대학경영의사결정의 합리화를 위한 바탕이다. 대학이 학생이라는 고객에게 교육서비스를 판매할 때, 양질의 서비스를 보다 낮은 가격으로 공급함으로써 대학의 경쟁력을 키울 수 있을 것인가에 대한 출발점이 된다. 대학을 에워싼 고물가, 고환율, 고금리, 고실업, 저소득상황은 대학경영 전반에 걸쳐 철저한 원가관리의 도입을 강제하고 있다고 볼 수 있다.

본장에서는 원가정보의 활용, 즉 원가관리가 왜 필요한지를 알아보고, 구체적으로 교육원가의 산정방법 그리고 활용방법을 논의한다. 원가정보는 교육활동에 수반하여 발생하는 모든 원가를 회수할 수 있는 등록금책정의 기본이 되며, 또한 학생부담의 형평화를 기함으로써 "동일한 원가의 서비스에 대해서는 동일한 가격을 책정"하는 합리적인 풍토를 마련하는 기틀이 된다. 이 과정에서, 대학의 최대수입원인 등록금의 합리적 책정뿐만이 아니라, 학생부담의 형평화, 예산편성 및 배분의 합리화, 손익분기점분석을 이용한 시설투자, 증과 · 증원, 교수충원 등의 자율적 의사결정의 합리화 등을 이룩할 있다. 특히, 대학발전원가에 대한 공론화를 통해 사립대학이 속으로 고민하고 있는 시설장비취득에 소요되는 자원을 공공연하게 확보할 수 있는 공감대형성에 적극 나서는 계기를 마련할 수 있을 것이다.

대학활동원가를 보다 합리적으로 계산하기 위해서는 대학제공 서비스 및 대학본부 제공서비스 원가부분을 보다 정확히 계산하기 위한 원가배분방법, 대학개념이 없어지고 완전 학부제화 또는 광역화되는 경우, 학생이 부담해야 할 간접원가의 배분방법, 과목당 수강학생수를 기준으로 하여 학점원가에 반영하는 방안, 과목당 수강생수를 기준으로 하여 예산배정 내지는 교수처우 및 교수업적평가에 반영하는 방안, 학과목의 특성을 최대한 반영하는 방안(예 : 회화과의 경우 모델료, 시간강사료의 적정부담, 기타) 등에 대한 합의가 이루어질 필요가 있다. 특히 대학유지 · 발전비에 대한 교육수요자와의 합의는 앞으로 해결되어야 할 과제라고 할 수 있다. 그리고 교육원가계산은 특례규칙 등을 바탕으로 한 프로그램에 따 · 라 통합정보시스템 속에서 자동계산할 수 있도록 되어야 할 것이다.

또한, 지금까지 이루어진 무특성의 수많은 학과설립, 많은 부속기관의 설립 등으로 빚어진 현재의 고원가구조를 벗어나기 위한 학부제화·학과의 통·폐합 등 대학 내부의 구조조정문제는 대학 고유목적과 대학의 특성화 및 장기비전이라는 측면에서 구성원과의 공감대를 바탕으로 신중하게 수행되어야 할 것으로 생각된다. 결코 원가제일주의·효율성제일주의로 흘러서는 안 될 것이다. 원가정보의 활용 면에서는 가장 뒤떨어진 조직으로 비판받고 있는 대학사회에서 원가정보를 바탕으로 한 경영전략 및 학사관리를 시행함으로써 대학의 유지존속은 물론 상대적 경쟁우위를 마련하면서 세계의 대학으로 발전할 수 있어야 할 것이다.

본장에서는 국내외 선행연구문헌을 토대로 원가정보를 활용한 대학 활동원가의 회수방법, 학부별, 학과별, 전공별 학생 1인이 부담하는 등록금의 형평화를 기하기 위한 등록금책정방안, 고객만족시대라는 환경변화에 대응하기 위한 각종 학사제도의 변경에 따른 원가의 산정과 학점단위 등록금책정방안, 각종 시설투자, 학생정원의 자율화 및 교수충원 의사결정과 관련한 손익분기점 기법의 활용방안, 그리고 현재 전개되고 있는 대학의 각종 구조조정과 관련된 원가정보의 활용 등을 논의한다.

교육원가정보는 대학의 각종 경영의사결정에 유용하게 쓰인다. 대표적인 활용방안으로는 다음과 같은 것을 들 수 있다.

첫째, 원가에 바탕을 둔 등록금책정의 합리화를 통해 대학 교육서비스의 원가를 회수하고, 나아가서는 학생 간, 학점 간 등록금의 형평화를 기하며 대학의 유지·발전을 도모할 수 있는 재원을 확보한다.

둘째, 예산편성 및 배분의 합리화를 통해 배분형평성 내지는 단위예산의 효율화를 기할 수 있다.

셋째, 고객중심의 제반 학사관리 전환, 즉 다학기제·다전공제·사이버대학제·시간제 등록학생제 등의 실시, 교과목의 개설·폐강, 분반규모, 전공별 필수이수 학점비율의 결정 등에 따른 합리적인 의사결정을 할 수 있다.

넷째, 대학별 원가분석을 통해 원가회수 여부 및 학과 간 학생부담의 형평성 여부 등을 분석할 수 있다.

다섯째, 정원 및 시설관리를 합리적으로 수행할 수 있다. 현재의 상태에서 교원을 확충할 수 있는가, 직원을 채용할 수 있는가, 학생정원을 조정할 것인가, 대학·학부 또는 학과를 신설할 수 있는가, 새로운 시설을 투자할 수 있는가, 현재의 요금은 적정한가 등에 대한 합리적 판단을 내릴 수 있는 것이다.

여섯째, 최근 대학마다 문제가 되고 있는 대학의 구조조정, 대학 간 전략적 제휴 및 대학 간 빅딜 등 고비용구조를 해결하기 위한 합리적인 경영전략 의사결정을 내리는 데 도움이 되는 정보를 제공한다.

|제2절| 등록금책정과 원가정보

① 등록금책정에 관한 선행연구의 검토

(1) 국내의 연구

1) 이동규의 공동연구[1]

1989년 대학등록금 책정이 자율화된 직후 수행된 이동규 등의 연구는 이 분야에서 전국 최초로 충남대학교에 대한 교육원가 분석을 바탕으로, 3년간의 시계열자료를 제공했다는 점에서 그 의의를 찾아볼 수 있다. 이 연구에서는 대학별·계열별 교육원가를 ① 경상적 지출원가, ② 인건비

---

1) 이동규 외, 『대학(계열)별 교육원가에 관한 연구』, 충남대학교 기획실, 1990, 1991, 1992.

성 경비, ③ 경상원가(경상적 지출원가+감가상각비), ④ 총투입원가(경상원가+시설비)로 구분하여 학생 1인당 교육원가와 교육원가 환원율 등을 산정하고, 아울러 교육원가 환원율의 형평화를 기하기 위한 등록금의 결정을 강조하였다.

2) 이정호와 곽수근의 연구[2]

1990년도 서울대학교 예산자료에 기초하여 대학별·대학원별·교육과정별·학과별 교육원가와 학생 1인당 단위교육원가를 산정·분석하였다. 이 연구는 교육원가를 강의원가(전임교원 인건비+비전임교원 인건비)와 비강의원가(관리운영비+자산취득비+교원이외의 인건비)로 구분하여 이들을 단과대학 등에 배분하되 한 단과대학의 강좌를 타대학 소속학생들이 수강할 수 있는 점을 고려하여 단과대학 간의 상호배분을 실시하였다. 이 밖에도 서울대학교의 원가산정시 고려된 점은 다음과 같다.

① 교육서비스의 질이 교수의 실제 인건비와 무관하다고 가정하였기 때문에 교수인건비는 실제 발생액을 기초로 직급·호봉에 관계없이 동일한 것으로 보아 표준화하여 적용하였다.

② 비교가능성을 높이기 위해 자본적 지출을 비경상항목으로 보고 원가산정에서 제외하였다.

③ 감가상각비를 반영하지 않는 대신에 단과대학 기자재의 취득원가에 대한 연 12%의 이자를 기자재사용원가로 교육원가에 포함시켰다.

④ 연구소 등 부속기관의 발생원가는 교육원가 산정에서 제외시켰다.

3) 최웅용 외 공동연구[3]

1992학년도 전남대학교의 교육원가를 강의원가, 비강의원가, 기자재원가로 구분하여 대학별·학과별, 학생 1인당 교육원가를 산정하였다. 강의원가(교수와 비전임교원 인건비)는 실제원가를 기준으로 학부와 대학

---

2) 이정호·곽수근, 『서울대학교 교육원가 분석에 관한 연구』, 서울대학교 기획실, 1991.
3) 최웅용 외, 『전남대학교 교육원가 분석에 관한 연구』, 전남대학교, 1993.

원에 1차 배분한 후, 학부 강의원가를 다시 강의교류를 고려하여 2차 배분하였다.

4) 김병주의 연구[4]

김병주는 A국립대학의 1992년도 예산자료를 근간으로 대학별, 전공별 학생 1인당 및 학점당 교육비를 산정하였다. 단과대학별로 강의교육비, 비강의교육비, 시설교육비를 합산하여 총교육비를 계산하였는데, 이 과정에서 단과대학별 교육비 차이도를 구하여 기준연도 총교육비에 납입금 책정 대상연도 추가소요 교육비를 합산한 액수에 적용한 다음 단과대학별 납입금을 산출하도록 하였다.

5) 권수영과 정종욱의 연구[5]

1994년도 고려대학교 예·결산자료를 바탕으로 각 대학의 계열별 학과를 원가집계대상으로 선정한 다음 직접적인 인건비원가와 운영비원가를 원가대상에 집계하고 공통원가는 여러 배분기준에 의하여 배분하였다. 인건비원가의 경우 수강학생의 구성에 의하여 대학 간 전공 및 교양 과목간 상호배부법을 이용하여 배부하였다. 이렇게 집계된 총원가를 학생수로 나누어 학생 1인당 원가집계대상별 원가와 계열별 평균 1인당 원가를 계산하였다.

6) 이효익의 공동연구[6]

이효익 등은 1994년도 성균관대학교의 실제 발생한 원가를 기초로 해서 인건비원가, 운영비원가, 건물·구축물의 사용원가 등의 교육원가를 분석하였다. 이 연구에서 전임교원 1인당 인건비를 동일하다고 가정하고 1차 배부하였으며 대학별 강의교류를 고려하여 2차 배부하였다. 학부와

---

4) 김병주, 「교육비분석에 근거한 대학납입금 차등화에 관한 연구」, 서울대학교 대학원 박사학위논문, 1994.
5) 권수영·정종욱, 『합리적인 등록금 산정을 위한 연구』, 고려대학교 기업경영연구소, 1996.
6) 이효익 외, 『성균관대학교 교육원가 분석』, 성균관대학교, 1996.

대학원 간의 복잡한 배부방법에 의해 산출된 평균 연간교육원가가 학부생은 약 390만 원으로 대학원생은 약 590만 원인 것으로 나타났다.

7) 김병주 등의 공동연구[7]

교육부 위탁과제의 하나로, 교육비차이도 분석 연구위원회에서 수행한 이 연구는 전국 12개 사립대학을 대상으로 하여, 교육원가를 분석한 점이 앞의 연구와 다른 점이다. 교육비차이도는 먼저 학과별 교육비 차이도를 산출한 후, 이를 평균화해서 대학의 계열별 교육비차이도를 산출하는 방식을 채택하였다. 학과별 총교육비는 강의, 비강의, 시설설비 교육비를 구분하여 합산하였고, 강의교육비와 시설설비교육비를 각각 두 가지 방법에 의하여 배분함으로써 모두 네 가지의 총교육비와 학과별 학생당 교육비를 산정 하였다.

8) 정명환과 배후석의 연구[8]

사립대학인 K대학의 1994~1995년도 결산자료를 이용한 이들의 연구는 교육원가 산정은 물론 원가정보의 활용방안에 대하여 구체적으로 언급하였다는 점에서 의미가 있다. 이 연구에서는 특히 "상이한 목적을 위한 상이한 원가"개념에 바탕을 두어 교육활동에 따라 강의원가와 지원원가, 현금지출 여부와 그 효용기간에 따라 지출원가와 기회원가(시설기자재원가)로 구분하였으며, 원가대상으로 학생, 개설학점 및 수강학점, 원가집계부문으로서 교육부문(학과, 단과대학 등)과 지원부문(대학본부 및 부속기관)으로 구분한 후, 원가대상 단위당 원가, 교육원가차이도, 엥겔계수(강의직접원가＋교육총원가), 교육원가환원율(교육원가÷등록금) 등을 산출하였다. 교육원가정보의 활용방안으로서 원가보상원칙에 따라 실제 교육지출원가에 알파(기준원가와 실제원가의 차이, 발전계획에 따른

---

7) 김병주 외, 『대학교육비와 등록금』, 교육과학사, 1996.
8) 정명환·배후석, 「사립대학교 교육원가 계산과 원가 정보의 활용방안」, 『대한경영학회발표 논문집』, 1996.

재원 확보 등 정책적으로 결정되는 금액)를 합한 액수를 등록금으로 책정할 것을 제시하였다.

9) 정진환 · 반상진 등의 연구9)

학술진흥재단의 연구과제로 수행된 「대학등록금 책정방안 개혁연구」에서 연구자들은 원칙적으로 등록금은 대학교육의 질을 유지하고 발전시킬 수 있어야 하며 계열별 · 과정별 · 학년별로 학생 간에 불평등한 관계, 즉 인문계열 학생이 이공계열학생의 교육비를 보조하거나 저학년의 학생이 고학년의 교육비를 보조하는 관계를 방지할 수 있도록 교육비분석을 바탕으로 한 교육비차이도에 근거한 등록금책정이 이루어져야 한다는 주장을 하고 있다. 그런데 교육비차이도를 엄격하게 적용하는 경우, 전공간 대학등록금이 현재보다 엄청나게 차이가 날 수 있기 때문에 학생간 등록금부담의 형평을 장기적인 계획하에 실현시킬 수 있도록 하는 것이 바람직하다는 현실적인 대안을 제시하고 있다. 또한, 학생수가 대학정원에 비해 감소하는 경우, 등록금에 대한 수요탄력성이 있게 되기 때문에 대학 교육구매자의 수요탄력성을 고려한 차별적 등록금책정모델이 적용될 필요가 있다는 것을 미국의 사례를 들어 제시하고 있다. 그리고 현실적으로 매년 교육비차이도를 산정하고 이에 근거한 등록금을 책정하기란 쉽지 않은 일이기 때문에 일정한 간격을 두어 주기적으로 차이도를 계산하되 그 사이에는 전년도의 등록금액을 기준으로 변동요인을 감안한 연동적 점증방식을 권고하고 있다.

10) 이동규 등의 연구10)

이동규 등은 지금까지의 교육원가 계산 및 등록금 책정에 관련된 연구를 종합하고 이를 충남대학교에 적용한 「교육원가계산 및 등록금책정에

---

9) 정진환, 반상진 등, 「대학등록금 책정방법 개혁연구」, 동국대학교 교육대학원, 1998.12
10) 이동규 · 임학빈 · 천세영, 『교육원가계산 및 등록금 책정에 관한 연구』, 충남대학교, 1999.12.

관한 연구」를 수행하였는바, 이 연구에서는 교육원가요소, 교육원가중심점 및 교육원가의 집계과정에 대한 정의와 이를 토대로 한 교육원가계산 기준을 제시하고, 다음과 같이 제언하고 있다.

① 교육원가환원율의 평준화가 이루어질 수 있는 등록금의 책정
② 교육원가기준을 바탕으로 한 웹기반(web-based) 원가정보시스템의 구축
③ 등록금예고제의 실시
④ 학점단위 등록금제의 도입

이상에 소개한 교육원가와 등록금 관련 연구의 결론을 종합하여 보면 대학의 예산 또는 결산자료를 근거로 해서 원가중심점(대학, 계열 또는 학과)별 교육원가를 집계하고 각 원가중심점별 총원가의 상대적 차이도에 근거하여 원가중심점별 등록금을 산정하도록 하는 방식을 따르고 있다. 연구결과의 공통적인 사항은 교육원가환원율로 볼 때 인문사회계열 소속학생이 이공계열 및 의·약학, 예능계열 소속학생에 비해 상대적으로 낮기 때문에 인문사회계열의 학생이 여타 계열의 교육원가 중 일부를 보조하는 불합리성이 있다는 것이다. 따라서 등록금의 책정은 교육원가 환원율의 차이도를 바탕으로 학생 간 부담형평성을 기할 수 있는 방향으로 이루어져야 한다는 결론을 제시하고 있다.

이들 연구의 문제점은 다음과 같다.

① 등록금과 예산시스템이 연결되지 못한 상태에서 이루어진 원가계산이다. 즉, 등록금책정을 위한 원가계산은 과거의 일방적으로 배분된 예산결과를 토대로 이루어지기 때문에 원가자체가 적정원가라고 보기 어렵다. 따라서 잘못된 대학별 원가차이도, 잘못된 대학별 교육원가 환원율을 바탕으로 한 등록금은 잘못 책정된 등록금(mispriced tuition)으로 귀결된다. 즉, 현재의 교육원가계산과 등록금 책정방법은

교육원가차이도를 형평화시키지 못한다. 따라서 인문사회계의 학생이 비인문사회계의 학생원가를 부담하는 이른바 원가의 전이현상을 해결하지 못하게 된다.

② 구성원들이 충분히 이해하고 합의할 수 있는 원가계산 시스템이 구축되지 못하고 너무 전문적인 내용으로 치우쳐 구성원의 수용이 제대로 이루어지지 못한 상태이다. 따라서 제도화과정에서 결론이 반영되지 못하거나 왜곡되는 현상이 이어지고 있다.

③ 국립대학 교육원가계산의 경우 현행 등록금제도는 국립대학의 재정자주권을 바탕으로 한 것이 아니기 때문에 국비를 제외한 기성회비만을 대상으로 한 원가계산이라는 한계에서 벗어나지 못하고 있다. 또한 재정자주권이 없기 때문에 다양하게 전개되는 새로운 학사운영제도에 등록금책정이 합리적으로 대응을 하지 못하는 상황에 처해 있다. 사이버대학에 대한 학점당 계정원가는 얼마인가, 시간제 등록생에 대한 등록금은 얼마인가 그리고 기준학점 미만을 취득하는 학생에 대한 등록금은 얼마로 책정할 것인가, 계절학기 수강학생의 신청학점당 원가는 얼마인가 등에 대해 합리적으로 대응하지 못하고 있다.

(2) 미국의 연구

1) 미네소타대학의 교육원가모형

버그(Berg)와 호내크(Hoenack)가 보고한[11] 미네소타대학의 원가기준 등록금(CBT : cost-based tuition) 책정모형은 원가회계에 충실하며 체계적인 분석을 하고 있다. 이 모형에서는 교육원가를 강의직접원가와 비강의

---

11) David J. Berg, Stephen A. Hoenack, "The Concept of Cost-Related, Tuition and Its Implementation at the University of Minnesota," *Journal of Higher Education*, May/June 1987.

원가로 구분하고 교육원가를 실제 등록금(tuition)으로 나눈 값인 교육원가환원율(ERR : education restituion rate)을 산출하였다. CBT의 시행에서 가격(등록금)을 설정할 강의단위의 결정에서 고려하고 있는 사항은 다음과 같다.

첫째, 학년별·대학별·전문대학원별로 등록금을 차별화 하되, 예외적으로 일반 대학원생과 학부 저학년생은 각기 1단위로 통합한다.

둘째, 각 단과대학 내 학과별 등록금은 교육원가의 차이가 크지 않으며, 차별화로 가중될 행정비용을 고려하여 차별화하지 않는다.

셋째, 수강 교과목수에 따른 학생별 등록금 차등화는 행정을 복잡하게 하며, 학부 저학년생의 교과목 선택을 제약하므로 채택하지 않는다.

그런데 버그와 호내크는 교육에 사용된 자원의 가치를 정확하게 측정하기 위하여, 교육원가를 계산하는 과정에서, 원가배분 절차상의 어려움을 다음과 같이 지적하고 있다.

① 학부와 대학원 간의 원가배분문제 : 학부 교육원가가 낮은 것은 저임금의 강의조교(TA)를 활용하기 때문이고 대학원 지도활동은 교수 급여의 원가배분에 반영되지 않기 때문에 대학원 교육원가가 저평가 된다.

② 학부의 저학년과 고학년 간의 원가배분문제 : 저(고)학년생이 고(저)학년 교과목을 이수하므로 이 구분의 개선이 요망된다(1984학년도에 개선됨).

③ 의과대학 교육부문의 강의활동 원가문제 : 학생들의 서비스 및 관련 비용이 병원의 소득에 공헌할 경우, 그 소득만큼 병원의 강의원가를 삭감하거나(미네소타대 채택), 비용지출을 강의원가에 포함시킬 경우에는 그 소득의 일부를 등록금으로 간주하는 방법이 있을 수 있다.

2) 미국 주립대학의 등록금 책정[12]

미국 대학의 등록금은 주 또는 대학별로 다양한 이해관계자 간의 적법한 절차를 거친 타협의 산물이다. 미국 대학의 등록금수준 결정은 계획과정(planning process)이 아니라 점진적 과정(evolutionary process)이라고 볼 수 있다. 따라서 중앙정부나 대학당국에서 획일적으로 규정하는 우리나라의 경우와는 달리, 미국의 등록금은 기금을 제공한 주정부, 주의회, 대학이사회, 대학 등이 공익성과 수혜자 부담원칙에 입각하여 시장가격, 주정부 출연액, 주의 개인소득수준, 등록학생 추이, 교육서비스 품질 등 다양한 변수를 고려해서 산정된다고 볼 수 있다. 미국 주립대학의 학점기준 등록금 구조의 산정 및 부과방식 연구에 나타난 수업료(tuition), 시설사용료(fee)를 고려한 등록금의 부과방식은 다음과 같다.

첫째, 수업료는 철저하게 학점시간수별로 비례하여 차등부과한다.

둘째, 법대, 의대, 치대, 수의대 등 특수목적의 대학들을 제외한 나머지 일반 대학의 수업료는 대학·계열·학과별로 차이가 없다.

셋째, 대체로 이공계, 예술계 등과 같이 추가적인 자원소비(실험설비 기자재, 개인교습 등)가 필요한 학과는 경비항목에서 과목 또는 학점시수별로 따로 부과시킨다.

넷째, 주에서 대부분 부담하고 일부 학생부담 몫인 수업료는 주의회 및 관할 이사회에서 결정하고 경비항목은 대체로 수혜자부담원칙을 철저하게 준수한다.

다섯째, 자원소비가 많은 대학원의 수업료는 학부수업료에 비해 1.5~2배 정도로 높지만 학생활동 관련 경비는 대학원에게 적게 부담시켜 예정 자원소비에 비례한 부과방식을 합리적으로 유지하고 있다.

여섯째, 몇몇 대학은 시설사용료에 대한 사용목적을 철저하게 명시하여, 학생들에게 납부등록금의 흐름과 그 가치를 충분히 예상하도록 도움

---

12) 김홍식 외, 『대학등록금 책정에 관한 연구』, 충남대학교 기획연구실, 1997. 8, pp.32~33.

을 준다.

마지막으로 시설사용료는 효익이 단기간에만 지속되는 유지·관리·운영원가뿐만 아니라, 시설설비의 개량, 개축, 확장, 개발 등의 자본적 지출원가를 보존하는 성격을 지니며, 경우에 따라서는 특수목적을 위한 기금적립까지도 포함시킨다.

(3) 충남대의 연구

1) 이동규 외 공동연구[13]

충남대학교는 1989년부터 전국에서 처음으로 교육원가 분석을 시작 후 3년간 계속하여 연구를 진행한 바 있다. 이 연구에서는 대학별 교육원가를 ① 경상적 지출원가, ② 인건비성 경비, ③ 경상원가(경상적 지출원가+시설비) ④ 총투입원가(경상원가+시설비)로 구분하고, 학생 1인당 교육원가와 교육원가 환원 등을 산정하여 교육원가 환원율의 균등화를 통한 등록금의 결정을 강조하였다.

그러나 이 연구는 다음과 같은 문제점을 가지고 있는 것으로 지적되었다.[14]

첫째, 산정된 교육원가는 예산배정에 따라 집행된 사후의 실제 교육비이므로 예산의 배정결과에 따라 달라질 가능성이 높다. 따라서 학과나 단과대학 특성에 적합한 교육을 할 수 있는 원가를 산정한 것은 아니다.

둘째, 대학당국이 기성회비를 총괄적으로 수납하여 합리적인 기준 없이 단과대학, 학과, 기관의 예산을 편성·배분하기 때문에 수혜의 공평성 (교육원가 환원율의 차이)에 대한 시시비비가 끊이지 않고 이로 인한 구성원 간의 갈등이 존재한다.

셋째, 등록금의 차등적 책정을 위한 계열구분이 객관적인 근거 없이

---

13) 이동규 외, 『대학(계열)별 교육원가에 관한 연구』, 충남대학교 기획실, 1990, 1991, 1992.
14) 김홍식 외, 『대학등록금 책정에 관한 연구』, 충남대학교, 1997, pp.47~48.

자의적으로 이루어진 상태이다.

넷째, 학과 및 단과대학의 특성을 고려하지 않고 계열별로 등록금을 책정하여 교직원 및 학생수를 기준으로 단과대학 및 학과의 예산을 획일적으로 배정하기 때문에 학과 및 단과대학 특성에 적합한 양질의 교육서비스 제공에 관련된 원가계산은 아니다.

다섯째, 현재의 등록금차등 책정방식으로는 학점단위 등록제, 시간제 등록제, 학점은행제, 계절학기제 등과 같은 개방지향적 대학교육 개혁방안을 일관되게 수용하기 곤란하다.

마지막으로, 학생 등 이해관계자와 학교당국간에 이루어지는 등록금 인상률은 총괄적 협의이므로 인상안에 대한 구체적인 합의가 어렵다.

2) 김흥식 외 공동연구[15]

김흥식 등은 충남대학교의 등록금 중 기성회 부분에 초점을 맞추어 이동규 등의 공동연구(1992)에서 채택한 "총괄적 등록금책정 후 사후 예산배분방식"을 지양하여 각 단과대학(또는 학과)이 예산편성 및 집행에서 책임중심점이 되도록 하는 구조를 채택했다. 즉, 단과대학 또는 학과 특수성에 부합한 예산을 구성원의 합의하에 편성하고 이를 본부에 수납토록 한 다음 본부 공통운영비를 제외한 나머지를 그대로 단과대학에서 돌려받도록 하는 것이다. 이 방식에 의한 학생 1인당 기성회 등록금의 산정구조는 다음과 같다.

위의 계산식에서, 학점기준 강의원가는 대학별·학과별 학점 단위당 평균 강의원가에 수강신청 학점수를 곱하여 산출한다. 이 때 강의원가는 대학전체의 교수인건비와 시간강사인건비를 합한 수치이다. 물론 등록금 산정시에는 신규채용 교수수와 비전임교원수를 고려하여 강의원가를 추정하여야 한다.

---

15) 김흥식 외, 『대학등록금 책정에 관한 연구』, 충남대학교, 1997.

> 학생 1인당 기성회 등록금 = 학점기준 강의원가
> +학생 1인당 단과대학 운영비
> +학생 1인당 대학본부 공통운영비
> +학과별 실험·실습경비

① 학점단위당 대학전체 평균강의원가
   =강의원가 ÷ 학부학생 수강신청 총학점수

② 대학별·학과별 학점단위당 강의원가
   =학점단위당 대학 전체 평균강의 원가
   ×(대학별·학과별 강의 및 실험시수÷학점수)

위의 계산식에서 강의원가를 대학전체로 평균화시킨 이유는 국립대학의 경우 학생수나 교수수가 정부에 의해 통제받기 때문에 완벽한 수익자 부담원칙을 지키기는 어렵기 때문이다. 그리고 강의원가에는 연구조교나 실습조교의 인건비를 포함시키지 않았고 조교가 강의를 담당할 경우에만 전임교원 인건비로 취급하였다. 또한 교과목의 학점수와 강의시간 및 험실습시수가 대학별·학과별로 다르고, 강의시간과 실험실습시수에 하여 강사료가 지급되고 있어서 강의원가 산정시수(강의 및 실험시수 학점수)를 가중치로 하여 조정하였다.

특히, 이 연구는 시간제 등록, 학점단위 등록, 학점은행제 등 열린 교육사 를 지향하는 교육개혁에 발맞추어 전일제 시스템하에서 전일제와 시간제 등록금 적용대상학생을 구분하여 전일제기준 등록금모델의 개선을 시 하였다. 전일제 등록금을 적용받는 학생의 경우는 단과대학 운영비 및 부 공통운영비를 100% 부담하여야 한다. 시간제 등록금을 적용 학생의 경우는 3학점 이하는 3학점에 강의단가를 곱해서 강의 원가 등록금을 계산하고 단과대학 운영비와 본부공통운영비는 전일제 학생의

50%만 부담하도록 하였다. 4~11(12 또는 13)학점을 수강할 경우에는 6(7)학점에 단가를 곱한 강의원가 등록금을 부담하고, 단과대학운영비와 본부공통운영비는 전일제 학생과 동일하게 부담하도록 하였다.

그리고 대학원의 경우는 대학원소속의 교수와 별도시설이 없고 대학원 자체적으로 학점기준 강의원가와 기타 경비를 산출하기 어려우므로 단과대학 및 해당 학과의 의사결정에 맡기도록 하였다.

그러나 이 연구에서는 다음과 같은 문제점이 있다.

첫째, 대학교육환경이 크게 바뀐 점이다. 교육부는 대학의 학과별 학생모집을 지양하고, 하나 이상의 학과를 모집단위로 하여 신입생을 선발하며, 학생들에게는 복수전공제 등을 권장하고 있다. 복수전공제하에서는 학생들의 수강이 입학한 모집단위 내에서 개설된 교과목에 한정되지 않고, 입학한 모집단위 이외의 모집단위에서도 활발하게 이루어질 것이기 때문에 특정 단과대학에 입학한 모든 학생이 똑 같은 등록금을 부담하는 이 연구의 모델은 새로운 환경하에서는 적합하지 않은 모델이다.

둘째, 전일제 등록금적용 학생의 경우를 보면, 졸업학점이 140학점인 경우 12학점 이상만 수강신청하면 18학점에 해당하는 강의원가를 부담하고, 학업성적이 우수한 학생의 경우는 24학점을 수강신청 하더라도 18학점에 해당하는 강의원가를 부담하게 되어 있다. 이는 갑작스런 재정악화가능성에 대비한 것으로 일견 그 타당성이 있어 보이나, 교육수요자인 학생의 처지에서는 교육수혜에 비례해서 교육원가를 부담하는 것이 아니므로 불만의 요인으로 작용하게 될 우려가 있다. 또한 전일제 등록대상 학생으로 보는 학점수가 12학점인데 12학점 이상을 수강신청하면 전일제 학생으로 보는 기준이 어떤 합리적인 근거에 의해서 만들어졌는지 알 수 없다.

셋째, 시간제 등록금 적용학생의 경우를 보면, 수강신청학점이 3학점이하인 경우는 3학점에 강의원가를 곱해서 산출한 강의원가를 부담하고, 아울러 학생 1인당 단과대학운영비와 본부공통운영비는 전일제 학생의

50%를 부담하며, 4~11학점(12 또는 13학점)을 수강신청하는 학생의 경우에는 6(7)학점에 강의단가를 곱해서 산출한 강의원가를 부담하고, 학생 1인당 단과대학운영비와 본부공통운영비는 전일제 학생과 똑 같이 부담하도록 되어 있다. 이러한 시간제 등록학생의 등록금부담은 자의적인 것으로 대학의 재정적 안정성을 지나치게 강조한 결과로 보인다.

3) 김두정 외 공동연구[16]

이 연구에서는 국립대학 특별회계법(안)에 근거하여 국비수업료와 대학 자체의 기성회비로 구분되어 있는 기존의 이원적 등록금을 하나의 등록금으로 통합하였으며, 향후 이 법(안)이 심의·확정되어 시행될 경우, 국고지원 예산액과 기성회 예산액을 통합하여 대학별·학부별·모집단위별·학과별로 특성에 맞는 교육을 할 수 있고 자율적으로 등록금을 책정할 수 있는 모형과 절차를 논의하였다. 따라서 이 연구에서 제안한 등록금 책정모형 및 절차는 국립대학 특별회계법(안), 고등교육법시행령, 교육부의 대학교육개혁안의 취지를 반영하고 있다. 또한 IMF 경제체제 하에서는 대학도 근본적인 구조조정(단과대학의 통폐합, 행정조직의 축소 및 쇄신, 보직축소, 유사학과의 통폐합 등)과 교육·연구 및 행정활동 등을 실질적으로 개혁해야 하기 때문에, 이 연구의 내용 및 결과들은 이러한 개혁과제에 기초자료를 제공하고 있다. 이 연구에서는 국립대학교 특별회계법(안)의 취지를 반영하고, 복수전공제, 시간제 등록제 등 새로운 교육환경에 적합한 새로운 등록금 책정모형을 제시하고 있다.

국립대학교 특별회계법에서 지원되는 예산을 제외한 충남대학교의 1년간 세출예산은 수익사업이나 차입금 또는 등록금 납입액으로 충당하여야 한다. 따라서 모든 국립대학은 총세입예산 중 정부지원분과 수입대체경비를 제외한 나머지는 등록금 수입으로 확보하게 된다. 그런데 기존의

---

16) 김두정 외, 『국립대학특별회계법(안)에 근거한 대학 등록금 책정 연구』, 충남대학교 기획연구실, 1998.

연구들은 투입된 교육원가를 기준으로 대학별·전공별 또는 학과별로 등록금을 차등적으로 책정하고자 하였다. 이러한 모델의 가장 큰 문제점은 소속대학의 모든 학생이 동일한 금액의 등록금을 부담한다는 점이다. 수강신청 학점수가 다르고 수강하는 교과목과 수강하는 대학이 소속대학이 아닌 경우도 많지만 소속대학이 같다는 이유만으로 동일한 금액의 등록금을 부담한다는 것은 교육수혜자인 학생의 처지를 전혀 고려하지 않고 대학당국의 편의만을 고려한 등록금 책정이라고 할 수 있다.

따라서 1998년도의 연구에서는 종래의 관행적으로 적용되어 오고 있는 획일적인 등록금 책정방식을 탈피하여 학생 개개인이 수강하는 학점수와 교과목의 성격을 고려하여 등록금을 책정함으로써 결과적으로 학생 개개인의 등록금이 소속대학 여부에 관계없이 수강하는 내용에 따라 달라질 수 있다는 점을 전제로 하고 있다.

또한 학생 1인이 입학함으로써 발생하는 교육원가를 크게 두 가지로 구분하고 있다. 즉, 교육원가를 변동비와 고정비로 구분하였다. 고정비는 학생이 특정 단과대학·학과 또는 모집단위에 입학함으로써 부담하여야 하는 비용으로 단과대학의 관서운영비, 단과대학의 자산취득비, 단과대학의 시설장비 유지비, 본부공통운영비 등이 여기에 속한다. 변동비는 학생이 수강신청 내역에 따라 달라질 수 있는 비목이다. 즉, 수강신청 내역에 따라 부담하는 학점당 강의원가와 변동실험실습비가 여기에 속한다.

그런데 이 연구는 국립대학 특별회계법(안)이 확정·시행되지 않은 시점에서 연구되었으므로, 국립대학 특별회계법(안)에 근거하여 산정한 대학별·학과별 등록금은 일부 규정의 해석에 따라 그 결과가 달라질 수 있을 것이다. 그리고 이 연구의 등록금 책정모형에 따르면, 수강신청 학점수와 수강과목, 소속대학 및 학과에 따라 등록금이 모두 상이하게 될 것이므로, 현행의 경리행정상의 절차를 보완하지 않는다면, 혼란한 상황이 발생할 것이다. 따라서 이를 방지할 수 있는 보다 합리적인 업무처리 절차의 정착이 선행되어야 할 것이다. 또한 이 연구의 등록금 책정모형은 실험실습비를 변동실험실습비와 고정실험실습비로 구분하였는데, 이에 관한 자료이용에 어려움이 있는 경우에는 대학 또는 학과의 특성에 따라 하나의 실험실습비로 통합하여 자율적으로 책정해도 될 것이다.

4) 이동규 등의 연구[17]

이동규 등은 지금까지의 교육원가 계산 및 등록금책정에 관련된 연구를 종합하고 이를 충남대학교에 적용한 "교육원가계산 및 등록금 책정에 관한 연구"를 수행하였다. 이 연구에서는 국립대학교의 특별회계화를 전제하면서 교육원가요소, 교육원가중심점 및 교육원가의 집계과정에 대한 정의와 이를 토대로 한 교육원가계산기준을 제시하고, 교육원가환원율의 평준화가 이루어질 수 있는 등록금의 책정, 교육원가기준을 바탕으로 한 웹기반(web-based) 원가정보시스템의 구축, 등록금예고제의 실시, 학점단위 등록금제의 도입 등을 제언하고 있다.

② 우리 나라 대학의 등록금제도

대학의 등록금은 교육 수혜자인 학생들이 교육을 받는 반대급부로 납부하는 일종의 지불금액이다. 등록금은 학생이나 학부모에 의해 납부될 수도 있고, 정부나 기타 기관에 의해 지불될 수도 있는데, 등록금으로 대학교육비의 전체를 충당하는 것은 아니다.[18] 각 대학들은 등록금 이외에도 대학의 비영리적 성격을 바탕으로 여러 가지 다양한 재원을 갖는다. 그러나 우리 나라의 대학재정은 선진국에 비하여 등록금 의존도가 매우 높은 편이다. 또한 등록금은 교육을 받는 당사자에게는 교육기회를 결정짓는 주된 요건 중의 하나이므로 공공의 주요 관심대상이 된다. 이러한

---

17) 이동규・임학빈・천세영, 『교육원가계산 및 등록금책정에 관한 연구』, 충남대학교, 1999.12.

18) M. Woodhall, "Student Fees," *Economics of Education : Research and Studies*, Oxford : Pergamon Press, 1987, p.413.

이유에서 등록금 책정방식은 고등교육 정책에서 매우 중요한 문제가 되고 있다.[19]

그 동안 우리 나라 대학등록금 정책은 수익자부담원칙을 기본으로 하였기 때문에 교육열과 교육기회의 양적 팽창으로 늘어나는 재정수요를 등록금으로 충당해 왔다. 우리 나라 대학의 대부분을 차지하고 있는 사립대학의 경우, 대학교육에 필요한 최소의 기본재산과 시설을 갖추었을 뿐 대학운영의 경상적 지출은 물론 대부분의 추가적인 시설까지도 학생이 부담해 왔다고 할 수 있다. 그리고 우리 나라 대학들의 등록금 책정은 대학재정의 운영상태나 필요 교육비와는 무관하게 어림수로 납입금을 책정해 왔기 때문에,[20] 등록금의 수준이 어떠한 논리로 그러한 액수가 책정되었는가를 학생들에게 설명하지 못하였다. 그리고 등록금수준이 대학에서 제공하는 교육서비스에 상응하는 적절한 것인지 또는 과대한 것인지를 과학적인 데이터를 기준으로 판단하지 못했다.

등록금책정상에 이와 같은 문제점이 내포되어 있음에도 불구하고, 정부가 등록금징수의 상한선을 제시하고 대학이 그 범위 안에서 등록금 액수를 책정하였던 과거의 타율적 조정관행 아래서는 표면상 별문제가 되지 않았다. 그러나 1989년부터 등록금 책정이 대학별로 자율화되면서, 대학의 등록금 책정이 학내의 주요 현안과제로 등장하게 되었다. 학생들은 대학의 자율적 판단에 의한 납입금책정에 대하여 그 근거를 요구하게 되었고, 대학은 이에 대하여 설득력 있는 근거를 제시해야 할 필요성에 직면하게 된 것이다.

그 동안 우리 나라에서는 등록금에 관한 다양한 연구가 이루어졌다. 대표적인 연구들로는 등록금을 합리적으로 책정할 수 있는 방법과 더불어 다음 해에 어느 정도의 수준이 되어야 할 것인가를 제시하는 연구[21]

---

19) 윤정일 외, 『한국의 교육정책』, 교육과학사, 1992, p.330.
20) 김병주, 「교육비분석에 근거한 대학납입금 차등화에 관한 연구」, 서울대학교 대학원 박사학위 논문, 1994, 2, p.2.
21) 곽수일 외, 「84학년도 사립대학 공납금 적정화를 위한 연구」, 한국대학교육협의회, 1984 ;

가 있었으며, 등록금책정과정, 결과, 책정방법에 관한 연구22)도 있다. 또한 전공계열별 학점 단위당 등록금차등화 및 계열별 차이도에 관한 연구,23) 단위교육비 및 교육비분석연구,24) 대학납입금 예고제에 관한 연구,25) 대학납입금 정책평가연구26) 등도 찾아볼 수 있다.

이러한 연구에서 제시하고 공통적으로 지적하고 있는 것은 기존의 등록금책정이 교육원가의 분석에 바탕을 두지 않고 이루어졌다는 것이다. 교육원가는 교육활동의 경제적 가치평가의 기본단위라고 할 수 있으며, 교육원가 분석은 원가회계에 기초한다. 대학에서는 얼마나 교육원가를 투입하여 교육·연구·서비스를 제공하고 있는가를 분석하고, 계열별·대학별 원가정보를 기준으로 볼 때, 현재의 등록금 수준은 적정한가에 대한 고려가 필요한 것이다. 또한 단과대학별·계열별·학과별 학생들의 교육비부담 정도에는 형평성이 있는가 하는 문제가 체계적으로 분석될 수 있다. 이와 같은 정보를 기초로 할 때 등록금은 보다 합리적으로 책정될 수 있는 것이다. 교육원가정보는 등록금 납부자들에게 등록금책정 액수에 대하여 납득할 수 있는 명백한 근거를 제시해 줄 수 있게 된다.

윤정일 외, 「대학납입금 자율화 정책에 관한 연구」, 한국대학교육협의회, 1989.
22) 이종승 외, 「90학년도 대학 등록금 책정의 과정 및 결과 분석」, 한국대학교육협의회, 1990; 이종재 외, 「대학의 자율과 납입금 책정과정에 관한 연구」, 한국대학교육협의회, 1989; 김병주 외, 「1992학년도 대학 등록금의 책정결과 분석」, 한국대학교육협의회, 1992.
23) 배종근 외, 「대학 단위교육비 산출에 관한 연구」, 한국대학교육협의회, 1984; 강영삼 외, 「대학의 학과별 경비분석에 관한 연구」, 한국대학교육협의회, 1987.
24) 이동규 외, 「교육원가에 관한 연구 보고서」, 충남대학교, 1990, 11; 김광수 외, 「1991학년도 교육원가의 분석 및 평가」, 강원대학교, 1993; 이동규 외, 「1991학년도 대학별(계열별」; 이정호 외, 「서울대학교 교육원가 분석에 관한 연구」, 서울대학교 기획실, 1991.
25) 송자 외, 「1991학년도 사립대학 등록금 책정 및 납입방법 개선에 관한 연구」, 중앙교육심의회, 1991; 김병주, 「등록금 예고제에 따른 사립대학 등록금의 책정방안」, (전국사립대학재정관리자협의회, 1991.
26) 강경석, 「대학납입금 정책에 관한 평가 연구」, 서울대학교대학원 석사학위논문, 1989.

③ 대학등록금의 성격 및 접근방법

(1) 등록금의 성격

대학의 등록금은 관점에서 따라 그 성격을 다음과 같이 생산비용, 사용비용, 계약 또는 합의비용, 목적비용 또는 학업성취비용의 네 가지 측면으로 설명할 수 있다.

첫째, 등록금을 생산비용(cost of production)의 측면에서 설명하는 관점에 따르면, 등록금은 교육서비스를 제공하는 데 드는 돈(money), 물자(materials), 인력(man) 등의 비용을 기준으로 산정해야 한다. 이 관점에 따르면, 학생이 납부하는 등록금은 학생이 받는 교육서비스를 공급하는 대학이 지출하거나 쓰는 생산요소의 양 또는 가치의 비용에 충당하는 것으로 보는 것이다. 그런데 대학교육을 생산·공급하는 데 소요되는 비용은 그 성격에 따라 여러 가지로 나누어 생각해 볼 수 있다. 즉, 대학의 생산비용은 실질비용과 기회비용, 직접비용과 간접비용, 명시적 비용과 잠재적 비용, 고정비용과 가변비용, 자본적 비용과 경상적 비용, 단기비용과 장기비용 등으로 나누어서 살펴볼 수 있다. 이와 같이 대학교육에서의 생산비가 내포하고 있는 다양한 성격은 대학등록금을 산정함에 중요한 전제가 될 수 있을 것이다.

둘째, 등록금의 성격을 사용비용 측면에서 산정해야 한다고 보는 관점에서는 등록금을, 교육을 하는 공공기관의 시설물이나 교육서비스를 사용한 학생들로부터 징수하는 보상적 공과금으로 규정한다. 등록금의 의미를 사용비용으로 규정한다고 할 때, 비용보상주의와 이익보상주의 두 가지 견지에서 등록금의 수준을 결정할 수 있다. 그런데 일반적으로 현재의 시설물 사용비용은 이익보상주의를 채택하고 있으며, 이러한 사용비용의 이익보상주의를 구체화하는 원칙으로 수익자부담원칙을 들 수 있다. 이는 대학교육에 대한 수익자에게 수익을 받은 만큼 그에 쓰이는 비용을 부담해야 한다는 원칙이다. 수익자부담원칙을 등록금결정에 적용하려면, 대학의 전공계열별로 각기 다른 학생들의 수익을 규명하여 학생들에게 부과하는 등록금의 액수를 합리적으로 산출해야 하며, 이를 위해서는 교육원가의 정확한 산출이 요구된다.

셋째, 등록금을 계약 또는 합의비용으로 보는 관점이다. 여기에서는 대학교육의 공급자인 학교와 대학교육의 수요자인 학생이 일정한 교육활동을 매개로 서로 합의하여 계약하는 것을 말한다. 따라서 등록금은 학교로부터 일정한 교육서비스를 공급받을 것을 전제로 하여, 그 서비스에 대한 계약상 의무로서 학생이 내는 비용인 것이다.

넷째, 등록금의 성격을 목적비용 또는 학업성취비용으로 보는 관점이다. 이 관점에 따르면, 대학교육의 본래목적을 달성하기 위하여 필요한 교육재정 수요에 따라 등록금이 결정된다고 본다. 즉, 목적비용으로서 학생이 내는 등록금은 대학교육의 본래목적을 보다 질 높게 달성하기 위하여 필요한 재정에 충당하거나 그에 모자라는 교육재정에 보탬을 주는 성격을 갖는다.

이와 같이 등록금의 성격을 어떻게 정의하느냐에 따라 등록금책정 접근방식도 달라질 수 있다. 다양한 등록금의 성격정의에 기초하여, 등록금책정을 접근하는 방식을 살펴보면 다음과 같다.

(2) 등록금책정의 접근방법

대학의 현실적인 여건이 각기 상이하고, 대학에 따라 지향하고 있는 목표들의 우선 순위가 다르기 때문에, 대학 등록금의 책정방법도 대학에 따라 다양하게 나타나고 있다. 따라서 등록금의 일반적인 책정모형을 제시하기는 어렵다.

미국의 경우에서도 대학등록금이 과학적이고 합리적인 틀에서 책정되어야 한다는 논의가 시도된 것은 1980년 이후라고 할 수 있고, 그 이후 등록금인상 요인분석, 등록금이 미치는 영향에 대한 연구와 동시에 대학

등록금의 지수화를 위한 각종 연구들이 전개되어 왔다. 그러나 현재 미국 대학의 등록금 책정과정에서 특성은 학점단위 등록금제도가 널리 활용되고 있다는 점이다. 또한, 등록금의 특성으로 인해 특정공식이나 지수를 바탕으로 일률적으로 책정되기보다는 정책적·정치적인 타협과 조정 과정을 거치고 있다는 점이다.

우리 나라에서도 대학등록금 책정모형과 실효성에 관한 연구가 끊임없이 수행되어 왔으나 아직까지 합의된 책정모형이 제시되고 있지 않고, 대부분의 대학들은 여전히 다른 대학의 수준을 고려하면서 정치적 타협의 과정을 거쳐 등록금수준을 책정하고 있다. 그러나 국가경제가 어려운 요즈음 대학 등록금수준이 가계에 많은 재정부담을 안겨주고 있으며, 또 우리 나라 대학등록금수준에 대한 사회적 신뢰도가 높지 않다는 점을 감안할 때, 등록금의 합리적인 책정에 대한 연구의 중요성은 더욱 강조되고 있다. 대학등록금의 합리적인 책정방안을 모색하기 위한 기초자료를 확보하기 위하여 지금까지 다양한 학자들에 의해 제시되어 왔던 책정방법을 살펴보면 크게 세 가지 유형, 즉 대학재원 확보방식에 근거한 대학등록금 책정방법, 최종결정방법에 의한 대학등록금 책정방법, 교육원가에 근거한 등록금 책정방법으로 나뉘는데,[27] 이를 상세히 살펴보면 다음과 같다.

1) 대학재원 확보방식에 근거한 등록금 책정방법

새먼과 젬스키(Shaman and Zemsky)는 대학등록금을 대학교육 수혜자들이 지불해야 하는 교육가격(educational price)으로 규정하고, 대학에서는 가격에 적합한 수준의 교육서비스가 제공되어야 하며, 그에 따라 대학재정의 확충이 요구되기 때문에 그들은 대학재정의 안정적 확보에 초점을 맞추어 등록금 책정방법을 다음과 같이 비율비용방법, 외부지수기

---

27) 정진환, 「대학등록금 책정방법 개혁 연구」, 동국대학교 교육연구원, 1998. 12, pp.41~56.

준법, 경쟁대학비교책정법, 부가가치기준법, 잔여비용책정법 등으로 규정하고 있다.[28)]

첫번째로, 비율비용방법(proportional cost pricing)은 대학교육예산 중에서 교육활동과 직접적으로 관련이 있는 교육비용예산의 일정비율을 등록금수입으로 충당하도록 하고, 그 비율을 토대로 학생 개개인의 등록금수준을 결정하는 방법이다.

두 번째, 외부지수 기준법(externally-indexed pricing)은 대학등록금수준을 결정하는 과정에서 소비자물가지수, GDP deflator, 가계소득지수 등 경제지수의 변화율을 반영하는 방법이다. 경제지수에 따라 가계소득 수준이 영향을 받기 때문에 경제적 여건을 반영한 가계소득을 기초로, 가계소득에서 차지하는 일정비율을 상정하고 그 비율에 따라 등록금 인상분을 결정하는 방법이다.

세 번째, 경쟁대학비교책정법(peer pricing)은 다른 경쟁대학의 등록금수준과 비교하여 등록금수준을 책정하는 방법이며, 여기에서는 등록금수준이 대학의 질과 직접적인 관계가 있다고 가정하고 있다.

네 번째, 부가가치기준법(value-added pricing)은 교육비와 관계없이 대학교육에 기대되는 시장가치를 반영하여 등록금을 책정하는 방법이다. 이는 노동인력으로서의 학생들에게 기대되는 시장가치를 등록금책정수준에 반영하기 때문에, 교육소비자들의 실질적인 요구수준이 등록금수준에 반영되는 것으로 볼 수 있다.

다섯째, 잔여비용책정법(residual pricing)은 대학의 세입·세출예산규모가 적정한 균형을 이루도록 하고, 대학의 세입원 중에서 가장 중요한 등록금재원이 균형예산을 충족시킬 수 있도록 학생 개개인의 등록금수준을 결정하는 방법이다.

---

28) Susan Shaman, Robert Zemsky, "Perspective on Pricing," In Larry H. Litten, ed., *Issues in Pricing Undergraduate Education*, San Francisco, CA : Jossey-Bass Inc., Publishers, 1984, pp. 7~18.

이와 같은 대학재원 확보방식에 의한 대학등록금책정방법은 등록금의 성격을 교육서비스를 받고 있는 소비자가 지급해야 하는 교육가격으로 규명하고, 그에 따라 대학교육서비스의 공급자를 중심으로 등록금을 책정하는 방법이기 때문에, 대학재정의 안정적 확보를 위해서는 효과적인 방법이라 할 수 있다. 그러나 이러한 방법들이 대학등록금을 통한 대학교육의 기회균등 실현, 교육비부담의 형평성 등의 교육소비자들의 교육적 요구도 적절히 반영하고 있는가 하는 점에 대해서는 많은 비판을 받고 있다.

2) 최종결정방법에 의한 대학등록금 책정방법

송광용 등은[29] 대학이 최종적으로 등록금을 결정하는 방법에 초점을 두고 이와 서로 관련이 있는 각종 다양한 등록금책정모형들을 결합시켜 수리모형, 협의모형, 비교모형, 혼합모형 등으로 구분하였으며, 이를 살펴보면 다음과 같다.

첫번째로 수리모형은 총교육비, 인건비, 장학금, 교수·학생수, 학과수, 물가지수, 가계소득, 정부예산 등의 등록금과 관련된 다양한 변인들을 고려하여, 등록금결정수식을 통하여 등록금을 결정하는 방식으로 여기에는 회귀계수모형, 점증적 연동모형, 교육비차이도모형 등이 있다.

두 번째 모형은 협의모형인데, 대학 내부의 다양한 구성원들의 의견을 수렴하여 합의에 의해 등록금을 결정하는 방법이다. 이 모형은 학생이 대학에서 제공하는 각종 교육서비스를 공급받는 것을 전제로 그 서비스에 대한 계약상 의무로서 등록금을 지불한다는 전제에서 출발한다. 이 모형에 따르면 대학정책결정자, 교직원, 학생에 이르기까지 다양한 의견수렴과정을 거치므로 민주성을 확보하고, 등록금결정에 따른 내분을 줄일 수 있다.

---

29) 송광용 외, 『1997학년도 대학등록금 책정과정 및 결과분석』, 한국대학교육협의회 고등교육연구소, 1997, pp.11∼13.

세 번째, 비교모형을 들 수 있는데, 이 모형에 따르면 대학이 등록금을 결정하는 준거는 다른 대학들 특히 경쟁관계에 있는 대학의 등록금수준과 정부에서 제시하는 방침이다. 우리 나라 대학들은 다른 대학의 등록금책정결과를 참고하거나, 비공식적인 대학 간의 협의과정을 거쳐 등록금을 결정하는 경우가 많다. 그리고 정부의 입장에서도 물가인상률을 기준으로 대학 간의 등록금수준이 결정되도록 권고함으로써 정부의 간접적인 간섭이 이루어지고 있다.

네 번째는 혼합모형인데, 혼합모형은 등록금결정을 수리모형과 비교모형에 근거하여 합리적이고 협의가 가능한 자료를 산출한 이후, 최종적으로 협의모형에 의하여 결정하는 방식이다. 이 모형은 과학적이고 객관적인 자료를 토대로 협의에 의해 등록금이 책정되기 때문에 다양한 구성원이 만족하는 수준에서 책정될 가능성이 높다. 그러나 등록금 책정과정에서 정치적 영향력이 여전히 작용될 것이고, 객관적인 자료산출과정에서도 대학의 규모, 설립주체, 교육여건 등이 유연하게 반영될 수 있느냐에 대해서는 여전히 한계가 있다.

3) 교육비에 근거한 등록금 책정방법

교육비에 근거한 등록금 책정방안은 대학교육의 질을 유지하고, 계열별, 과정별, 학년별 등 교육프로그램별로 교육의 수혜와 대가지급과의 관계에서 불평등을 해소하는 데 그 초점이 있다. 학생에게는 교육을 받는 데 소요되는 비용과 똑같은 등록금이 부과되어야 한다는 논리에서 출발한다. 현재 대학교육을 받는 데 소요되는 비용은 학문의 수준이나 교육프로그램 등의 요인에 따라 다르기 때문에 교육비에 근거한 등록금책정방법은 전공별·과정별·학년별 등록금의 차별화를 목적으로 하고 있다.

이 방법에서 가장 중요한 것은 대학단위 교육비, 교육원가 등의 방법을 통해 교육비를 정확하게 산출하는 것이다. 교육비에 근거한 등록금책정방법은 전공별, 과정별, 또는 학년별 등록금차등화를 시도하고 있기 때문에, 교육비의 분석에서도 전공별·과정별·학년별 교육비가 정확하게 산출되어야 한다. 김병주[30]는 교육비에 근거한 등록금책정방법을 크게 세 가지 유형으로 나누어 다음과 같이 설명하고 있다.

첫째는 전공별·과정별로 각기 다른 비율을 적용하여 등록금수준을 책정하는 방법이다. 이 경우 전공별 교육비 차이에 따라 등록금수준이 차등화될 것이다. 이는 상대적으로 등록금수준이 낮은 전공에 학생들의 수요가 몰림에 따라 전공별 학생들의 배분이 편중될 가능성이 있고, 사회적으로도 등록금수준에 따라 인력양성이 편중되어 인력구조의 부조화 현상을 초래시킬 가능성도 있다.

둘째는 교육비와 수요탄력성을 고려하여 등록금수준을 책정하는 방법이다. 이 경우 교육수요가 탄력적인 전공은 교육비 대비 등록금비율을 상대적으로 낮게 책정하여 대학의 수입을 증대시킬 수 있고, 또한 등록학생수와 그에 따른 교육비용이 증대될 것이다. 반면에 교육수요가 비탄력적인 전공은 교육비 대비 등록금의 비율을 상대적으로 높게 책정하는 것이 대학의 수입을 증대시키는 방안이며, 이 경우 등록학생수와 교육비용은 감소할 것이다. 따라서 이 경우에 등록금수준은 전공별, 과정별 교육비의 높고낮음에 반드시 영향을 받지 않고, 수요탄력성의 높고 낮음에 따라 조정된다.

셋째는 교육비와 수요탄력성을 고려함은 물론 전공의 사회적 기여도 및 학내외 여건을 함께 고려하는 것이다. 앞의 경우와 같이 교육비와 수요탄력성에 근거하여 등록금을 책정할 경우 전공의 사회적 기여도와 관계없이 그 전공의 등록금의 높고낮음은 그 등록금에 대한 교육비 및 수요탄력성의 높고낮음에 따라 결정되기 때문에, 전공의 사회적 기여도 및 학내의 여건을 함께 고려하는 것이다.

교육비에 근거한 등록금책정방법은 대학과 노동시장 간의 효율적인

---

30) 김병주, 「교육비 분석에 근거한 대학 납입금의 차등화」, 『교육행정학연구』 제12권 제2호, 한국교육행정학회, 1994, pp.24~25.

인력 양성이라는 관점에서 매우 유용하게 작용한다고 할 수 있다. 특히 대학의 입장에서는 교육수요자가 탄력적인 전공에는 저등록금정책을, 교육수요가 비탄력적인 전공에는 고등록금정책을 적용시키므로 전략적으로 대학의 재정적 이득을 도모할 수 있을 것이다.

이와 같이 대학등록금의 책정방법은 학자들의 관점에 따라 다양한 유형이 제시되고 있다. 책정방법이 다양한 이유는 학자들마다 등록금의 성격을 어떻게 규정하고, 책정의 기본단위와 주요 대상을 어떻게 보느냐에 따라 다르기 때문이다. 그런데 대학등록금책정에서 제기되는 가장 중요한 문제는 등록금책정과정이 일정한 모형이나 공식을 준거로 합리적으로 이루어지기보다는 여전히 정치적 타협에 의해 이루어지는 과정이라고 하는 사실이다. 따라서 중요한 것은 대학등록금수준이 대학을 운영하는 교육공급자, 대학교육을 직·간접적으로 수혜받고 있는 교육소비자 그리고 국가·사회에 직접적으로 영향을 미치기 때문에, 대학등록금책정은 이들의 욕구를 모두 수용할 수 있는 유연한 정책의 틀 속에서 이루어져야 하는 것이다.

④ 대학등록금정책의 현실과 방향

(1) 우리 나라의 등록금정책

우리 나라에서 등록금정책은 그 자체가 정책목표가 되지 않고, 정부의 고등교육에 대한 정책목표를 달성하기 위한 수단적 성격을 갖는다. 대학교육에 대한 정책목표는 목표원리와 운영원리의 두 가지 측면으로 나누어 살펴볼 수 있다.31) 목표원리는 대학교육의 목적을 정책적으로 구현하기 위해서 정책을 통하여 성취하고자 하는 방향과 목표를 말한다. 그리

---

31) 김병주 외, 『대학교육비와 등록금』, 교육과학사, 1996, pp.89~90.

고 대학교육의 운영원리는 이러한 목표원리를 구현하기 위하여 대학이 어떠한 원칙 아래 운영되어야 할 것인가를 규정하는 기본방침이 될 수 있다.

이렇게 볼 때 대학교육정책의 목표원리는 대학교육에 대한 개인적·사회적·국가적·교육적 요구에 대한 대응관계에서 파악할 수 있다. 따라서 대학교육정책은 고등교육의 기회균등에 대한 국민적 요구, 인력수요에 대한 사회적 요구, 대학교육의 질적 개선의 요구 등을 수용할 수 있어야 한다. 그리고 대학교육의 이러한 정책목표를 구체화하는 운영원리로서 대학의 자율화, 대학 간 경쟁 속에서의 협동, 대학교육의 효율화방향 등이 논의되고 있다. 우리 나라의 대학교육정책은 시대와 상황에 따라 이러한 목표원리와 운영원리 간에 적절한 균형을 취해 가면서 전개되어 온 것으로 이해되며, 대학의 등록금정책은 이와 같은 목표원리와 운영원리를 실현하기 위한 수단으로서 보다 효율적인 방안을 모색해 왔다.

그런데 정부의 대학교육정책과 등록금정책은 내적으로 갈등상태에 놓여 있다. 왜냐하면 대학교육의 기회 확대와 질적 수준의 향상이라고 하는 정책목표를 달성하기 위해서는 교육투자의 규모를 확대하고 등록금을 인상시켜야 하지만, 등록금인상은 교육의 기회균등이라고 하는 또 다른 정책목표를 제약하기 때문이다. 따라서 등록금 정책은 정책목표들 간에 적절한 균형을 취하는 논리를 선택하게 된다. 우리 나라에서는 수익자부담원칙의 적용, 예산편성에 대한 통제, 이중가격제의 시행, 교육비부담에서의 형평추구라고 하는 네 가지 원칙을 설정하고 있다.[32] 이와 같은 원칙들은 정부가 안고 있는 교육정책과 등록금 정책 실현 상의 혼란을 그대로 반영하고 있는 것이다. 등록금 정책의 원칙상, 대학교육비를 학생에게 부담시키기 위해서 수익자 부담원칙을 적용하고 있는데, 대학교육의 수익자를 학생만으로 볼 수는 없다. 그런데 학생이 대학교육비의 상당부분을 부담할 수밖에 없는 현실적 여건상 학생의 지나친 부담을 억제하기

---

32) 김병주 외, 앞의 책, p. 92.

위하여 근거와 합의에 기초한 등록금책정이 이루어지도록 여건을 조성하고 있다.

현실적으로, 우리 나라에서는 1988년까지 사립대학의 등록금은 교육부 장관이 기준을 제시하고 그 기준에 따라 대학의 장이 결정해 왔지만, 사실 법률상으로는 국립대학의 입학금과 수업료를 제외하고는 대학등록금을 정부가 통제할 근거가 없었다. 다만, 정부로서는 학부모 교육비부담의 경감을 통한 대학교육기회의 확대와 물가안정정책 등을 이유로 행정적인 통제를 해왔던 것이다.

그러나 1987년 6.29선언 이후, 사회 각계각층의 민주화추세에 따라 대학의 자율화에 대한 요구도 고조되어 다양한 부문에 대한 대학의 자율화가 추진되었다. 이러한 대학자율화방안의 일환으로 문교부는 1987년 대학등록금 책정의 단계적 자율화방안을 제시하였는데, 그에 따르면 1988년에는 사립대학 대학원의 등록금을 자율화하고, 1989년부터 1991년에는 정부가 일정기준을 제시하여 사립대학협의기구(국립대학 기성회비의 경우 국립대학협의기구)에서 결정하며, 1992년 이후부터는 대학별 완전 자율화를 실시하는 것이다.

교육부는 등록금 자율화계획과 함께 가계가 곤란한 성적 우수자의 수학기회를 확대하기 위하여 학비감면을 확대하며, 대학의 연구분위기를 조성하기 위하여 연구비를 확충하고, 교수확보율을 높이며, 계열별 소요교육비를 감안한 교육비차이도를 적용하고 재학생의 기득권을 인정하여 신입생과 차등조정하도록 하며, 소요교육비를 연차적으로 등록금에 반영함으로써 등록금의 대폭 인상을 억제하고, 대학별 등록금 차이가 대학지원의 선택요소가 되도록 대학별 등록금액을 입시요강에 발표하도록 권장하였다. 이로써 대학들이 자기 대학의 등록금을 스스로 결정하고 책정할 수 있게 되었다.

정부가 통제해 오던 사립대학등록금 및 국·공립대학 기성회비를 각 대학에서 자율적으로 책정하도록 하면서 나타난 등록금 정책상의 특징을 살펴보면 다음과 같다.

첫째, 대학등록금의 책정주체가 바뀜에 따라 등록금인상률 결정에 따르는 책임이 정부에서 개별대학으로 넘어갔다. 즉, 종래에는 정부가 대학등록금 인상률을 결정하거나, 정부는 인상률 상한선을 제시하고 개별대학이 그 범위 안에서 인상률을 정했기 때문에 대학은 인상률결정에 따른 문제에 책임을 지지 않았다. 그러나 등록금책정의 자율화가 실시된 이후에는 개별대학이 스스로 등록금을 책정해야 했기 때문에 책임을 지지 않을 수 없게 되었다.

둘째, 자율화 초기에는 주춤했던 등록금인상률이 상당기간 물가인상률을 웃도는 수준으로 높아졌다가 최근 들어 다시 주춤해지고 있다. 등록금의 자율화 이전에는 문교부(현 교육부)가 경제기획원과 협의하여 물가에 큰 영향을 미치지 않는 범위 안에서 등록금을 통제하였기 때문에 1982년 이후 등록금 인상률은 평균 2~4%에 머물렀다. 그러나 자율화 이후 첫해에는 학생들의 등록금동결투쟁으로 계열에 따라 동결에서 6.4% 정도의 인상에 그쳤지만, 1990년에는 11.0~13.6%, 1991년에는 15.6~17.8%, 1992년에는 15.9~16.6%에 이르렀다. 최근 들어서는 학생들의 등록금인상 저지투쟁에 따라 대학들이 다시 등록금책정에 고심하고 있다.

셋째, 등록금자율화 이후, 등록금인상률과 책정과정이 학생운동의 표적이 되고 학원소요의 큰 원인으로 등장하게 되었다. 따라서 보다 합리적인 등록금책정방식이 요구되었다.

넷째, 등록금자율화 이후, 등록금책정과정에 구성원의 참여범위와 기회가 확대되었다. 즉, 등록금을 책정하는 과정에 교수, 직원, 학생이 참여하는 대학자치협의회나 교수회 등을 통해 논의되거나 보고를 거치는 경우가 많았다.

다섯째, 개별대학들에게 보다 합리적인 등록금책정을 위한 노력을 기울이도록 하였다. 그러나 여전히 등록금의 책정은 다른 대학의 예를 참고하는 정도에 그치고 교육원가 분석에 의한 등록금책정과정을 거치는 경우는 그렇게 많지 않다.

(2) 우리 나라 등록금책정의 문제점 및 해결방안

대학의 활동은 크게 교육활동, 연구활동 그리고 공공봉사활동 등 세 가지로 구분할 수 있다. 이들 중에서 학생에 대한 교육활동은 대학의 중심활동으로서 등록금의 결정문제와 직접적으로 관련된다. 원칙적으로 대학의 등록금은 대학교육을 위한 경상적인 교육원가를 하한으로 하고 교육의 질적 개선과 연구능력의 증진을 도모할 수 있는 정책적인 시설·장비투자비(기본금대체액, 대학발전비)를 경상적 교육비에 가산한 금액을 상한으로 하여 결정되어야 한다.

1) 우리 나라 대학의 현행 등록금의 문제점

① 교육원가에 바탕을 둔 등록금책정이 아니기 때문에 교육원가를 회수하고 있는지 여부를 알지 못한다.

② 대학의 역사, 규모, 지역적 특성, 대학의 설치계열 등이 서로 다르면 원가발생이 달라진다. 따라서 이러한 차이가 등록금에 반영되어야 하지만 현재의 등록금은 전혀 이러한 점이 고려되지 않고 있다.

③ 학생과 설립자 간에 대학발전비(기본재산대체액) 부담 여부, 부담 정도 등에 대해 합의되지 못한 상태이다. 특히, 대학의 발전비는 당해 설립자만 부담할 것인지, 학생도 부담한다면 양자가 어떤 비율로 부담할 것이지 등에 대해 아직까지 어떤 기준도 없다. 사실상 지금까지의 관행으로는 등록금에 일방적으로 산정한 발전비 부분을 부담시켜 왔으나, 이 부분을 공론화하여 합리적으로 학생에게 부담시키는 경우, 과연 얼마만큼 부담시켜야 타당할 것인가에 대해 논의가 계속되고 있다. 사학기관의 재무·회계규칙에 관한 특례규칙의 운영계산서에서는 기본재산 확보부분을 운영비용에 포함시킴으로써 등록금에

부과가능한 비용으로 처리하고 있으나, 그 이상의 내용에 대해서는 규정하고 있지 않다. 그러나 오늘날 비영리조직에서 점차 일반화되고 있는 조직의 유지·발전비, 즉 최소이익개념 관점에서는 대학발전비의 학생부담은 당연하다. 다만, 이 부담은 세대간 형평성(generation equity)을 기할 수 있는 방법으로 이루어져야 할 것이다.

④ 학생 1인당 부담액이 대학 간·학생 간·전공 간의 형평성을 유지하지 못하고 있다. 학생이 부담하는 등록금은 당연히 교육원가에 바탕을 두어, 학과 간·학생 간·학점 간 교육원가환원율(=교육원가/등록금×100)의 형평화가 이루어져야 한다. 이러한 형평화과정을 통해, 원가가 높은 프로그램에 대해서는 수익자가 더 많이 부담하는 원리가 일반화될 수 있을 것이다. 그리고 지금까지 교육환원율이 높음에도 불구하고, 등록금이 낮게 책정되어 온 부분이 형평화됨으로써 대학 전체적으로는 등록금수입의 증대도 가능할 것이다.

⑤ 고정등록금방법으로 등록금이 부과되고 있다. 따라서 변화하는 고객중심의 새로운 학사시스템에 대응하지 못한다.

2) 해결방안

등록금을 합리적으로 책정하려면 다음과 방법으로 등록금이 산정되어야 할 것이다.

① 교육원가에 바탕을 두어 학부별·전공별·학과별로 등록금을 산정한다.

② 기본교육·연구시설·장비취득 등 기본금대체액(대학발전비) 성격의 비용을 적정하게 등록금에 부담시킨다.

③ 교육원가를 바탕으로 "동일한 서비스에는 동일한 원가부담, 서로 다른 서비스에 대해서는 서로 다른 원가부담"을 실현함으로써 학생부담의 형평화를 도모한다.

④ 대학의 역사, 규모, 지역적 특성, 설치운영하는 계열 등에 따른 원가

차이를 등록금에 반영한다.

⑤ 학점단위 등록금책정방식을 도입한다.

(3) 우리 나라 등록금정책의 방향

우리 나라 등록금정책의 현실과 문제점들을 고려할 때, 앞으로의 등록금책정방식에 있어 다음과 같은 방향을 지향해 나가야 하는 것으로 생각해 볼 수 있다.[33]

대학등록금 책정방식을 선택함에, 고려해야 할 첫번째 문제는 대학교육의 질에 관한 문제이다. 고등교육의 기능과 역할은 매우 다양하기 때문에, 대학교육의 질에 대하여 한 마디로 정의할 수는 없지만, 경제학적 관점에서 본다면 고등교육체제가 다양한 교육여건 속에서 교수·학습과정을 통해 생산해 내는 산출의 질로 설명할 수 있을 것이다. 그런데 이러한 고등교육에 영향을 주는 변인은 크게 외생적 변인과 내생적 변인으로 구분할 수 있다.[34] 국내외 정치환경, 사회경제적 환경 등을 의미하는 외생적 변인은 실제적으로 대학에서 통제가 불가능하기 때문에, 대학교육의 질에 영향을 미치는 변인으로서 고려해야 할 문제는 내생적 변인이다. 내생적 변인은 고등교육체제 안에서 고등교육 산출의 질에 직접적 영향을 미치는 변인으로서, 투입·산출·과정요소로 구분된다. 대학의 등록금책정은 대학교육의 질에 영향을 미치는 내생적 변수인 투입요소로, 대학교육이라고 하는 산출요소의 질을 결정하는 요인이다. 따라서 대학교육이라고 하는 산출요소의 질향상을 가져올 수 있는 등록금책정방식을 고려해야 한다.

등록금책정에서 지향해야 하는 두 번째 방향은 교육의 기회균등이다. 등록금의 사회·경제적 의의는 개인의 교육비부담 능력차이로 인하여 대학교육의 기회균등이 실질적으로 제약된다는 점에 있다. 대학교육 기회

---

33) 김병주, 앞의 책, pp. 32-48.
34) 윤정일 외, 『고등교육의 기회확대 및 질관리』, 한국교육개발원, 1979, p.172.

균등의 개념과 관련하여 대학의 등록금을 고려한다면, 등록금은 학부모의 납입금 부담능력을 고려하여 책정되어야 한다. 대학교육의 기회가 상위계층에 의해서만 독점되어서는 안 되며, 상대적으로 교육에 접근이 어려운 저소득층에 대한 배려가 필요하다. 그런데 저소득층을 배려하기 위하여 일률적으로 저납입금이나 무료교육의 형태를 취하는 것은 모든 계층에 대하여 무차별적으로 적용되어 오히려 형평성의 원칙을 저해하는 요소가 될 수 있다. 따라서 저소득층 학부모의 교육비부담을 덜어 줄 수 있도록 제도적 차원에서의 보조장치가 필요할 것이다.

그리고 대학의 등록금책정에서는 교육비부담의 형평성을 고려해야 한다. 교육비부담의 형평측면은 소득계층별 형평은 물론 대학교육기관의 설립별·전공별 형평을 포함한다. 소득계층별 형평성의 문제와 대학교육기관의 설립별 등록금격차를 해소하는 문제는 국가수준의 고등교육 정책의 문제로써 제도적 장치를 마련하여야 해결이 가능할 것이다.

개별 대학수준의 등록금책정과정에서 가장 중요하게 고려되어야 할 문제는 교육비부담의 전공별 형평성이다. 서로 다른 원가에 대해서는 서로 다른 가격이 책정되는 것이 합리적이다. 학과 또는 전공마다 교과과정이 다르기 때문에 당연히 발생하는 교육원가에도 차이가 있다. 등록금도 학부별·학과별·전공별 교과과정의 차이에 따른 교육원가의 차이를 반영하여 학과별·학년별·전공별·학점별로 서로 달라야 한다. 최근 도입이 이루어지고 있는 시간제 등록학생이나, 사이버(cyber)대학 시스템, 계절학기제 등의 실시에 따른 학점신청 등에도 당연히 당해 원가에 바탕을 두어 그 신청금액이 산정되어야 한다. 이렇게 되지 못한다면, 특정학생이 부담한 등록금이 다른 학과학생의 교육에 투입되거나 그 반대의 상황이 야기되는 등 불평등이 발생하게 된다. 그런데 현재의 등록금 제도는 계열별로 약간의 차등화가 이루어져 있으나, 교육원가정보에 바탕을 두지 않았기 때문에 학생 간 부담이 형평성을 유지하고 있는지 여부에 대해서는 설명하기 어려운 형편이다. 단위교육원가정보를 알게 되면, 이를 바탕으로 학과별 학생당 교육원가환원율을 구해 볼 수 있다. 교육원가환원율을 알게 되면 학생은 자기가 부담한 등록금액에 비추어 볼 때, 이에 상응한 교육서비스를 받고 있는 것인지, 그리고 타학부나 타학과의 학생과 비교해 볼 때, 자기의 부담이 형평을 유지하고 있는지 여부를 파악할 수 있다. 또한, 대학의 처지에서는 부과한 등록금이 학과별 학생별 형평을 유지하고 있는지를 평가할 수 있다.

우리 나라에서는 1987년까지는 전공계열별 교육비의 차이를 고려하지 않은 채 인문계와 자연계의 2계열로만 구분하여 등록금을 책정하였다. 1989년부터 등록금책정이 자율화된 이후 계열을 인문사회, 이학체육, 공학예능, 약학, 의·치·한의학 등 5개 계열로 구분하고, 이들간의 교육비 차이도를 적용하려는 시도가 있어 왔다. 그러나 현실적으로는 1992년의 경우 인문사회계와 의학계 간 등록금의 차이는 국립대학은 평균 1.5배, 사립대학은 평균 1.4배로 책정하는 데 그쳤다.[35] 이와 같은 등록금부과의 형식은 사립대학의 경우, 전공에 따라서는 자기가 납부한 교육비의 혜택도 받지 못함으로써 한 학생의 등록금이 다른 학생의 교육비를 보조하는 결과를 초래하였다. 따라서 전공별 교육비부담의 형평성을 위하여, 교육비의 규모에 따라 등록금을 합리적으로 차등부과할 수 있는 방법을 모색해야 할 것이다.

그런데 그 동안 우리 나라의 등록금정책에서 나타났던 여러 가지 문제점들을 극복하고, 앞에서 제시한 방향을 고려할 수 있는 등록금산정방식은 대학의 원가정보에 근거한 교육비분석방법으로 볼 수 있다. 왜냐하면 정확한 원가정보를 전제로 하는 교육비분석을 기초자료로 활용하여 등록금을 산정할 경우, 학생이 대학으로부터 받게 되는 교육서비스의 질에 따라 차등등록금액수를 지급하게 되기 때문에 교육비부담에 형평성을 추구하면서도, 대학교육의 질향상에 소요되는 비용을 정당한 부과의 형식

---

35) 박종렬 외, 『1992학년도 대학등록금의 책정결과분석』, 한국대학교육협의회, 1992, pp.83
~86.

으로 충당해 나갈 수 있기 때문이다. 또한 대학경영에서 소요되는 정확한 원가정보가 제시될 경우, 투입자원과 산출성과의 보다 효율적인 관리가 이루어질 수 있을 것이다.

|제3절| 대학교육원가와 등록금책정

① 교육원가와 등록금

(1) 교육원가와 등록금책정방법의 관계

대학은 고유활동을 통해 소비자에게 서비스를 제공하고 그 대가를 받아 활동을 영위하는 조직체이다. 미국이나 일본과는 달리 우리 나라의 대학은 등록금수입이 대학자원조달의 대부분을 이루고 있다. 따라서 등록금이 대학 서비스활동의 원가를 회수하지 못한다면 대학은 심각한 재정적 어려움에 처하게 된다. 그러므로 대학은 서비스제공을 위한 원가가 얼마인지를 정확하게 파악하고 이를 보상할 수 있는 등록금을 책정함으로써 대학을 유지·발전시켜야 할 책무를 가진다.

1987년 이전에는 원가와 관계없이 물가당국의 주도에 따라 일방적으로 등록금책정이 이루어졌으나, 1989년부터는 학교 수업료 및 입학금에 관한 규정에 의거 대학이 자율적으로 등록금을 책정할 수 있게 되었다. 자율화시행 초기에는 과거의 관행에 따라 전년도 등록금액에 일률적으로 소정의 인상률을 적용하여 대학당국이 일방적으로 책정하였다. 그러나 이 방식은 구성원들의 등록금인상의 근거 및 대학재정의 공개에 대한 요구 등과 맞물려 학내분규의 주요 요인으로 등장하였다. 1990년대에 이르러 충남대학교를 시작으로 몇몇의 대학들이 지금까지의 획일적이고 일방적인 등록금책정방식에서 벗어나 대학활동의 원가를 바탕으로 한 원가기준가격결정(cost-based pricing)방식으로 등록금을 책정(CBT : cost-based tuition)하기 시작하였다. 충남대학교와 같은 국립대학의 경우, 수업료는 교육부 장관이 결정하지만, 기성회비는 대학이 소요교육비를 감안하여 합리적인 수준으로 자율책정할 수 있게 되어 있다. 이에 따라 국립대학은 자율적으로 책정가능한 기성회비의 합리적 책정을 기하기 위해 교육원가를 분석하고, 계열별·대학별 학생부담의 차이도를 시정하는 방향으로 대처하여 왔다.

이와 같이 원가를 바탕으로 등록금을 책정하는 경우 여러 가지 장점이 있다.

첫째는 교육원가를 실제 등록금으로 나누어 교육원가환원율(education restitution rate)을 산출하고 원가중심점별로 교육원가환원율이 균등하도록 등록금을 책정할 수 있다.

둘째는 원가중심점별로 교육원가가 산출되기 때문에 수익부담원칙을 공정하게 적용할 수 있다.

셋째는 원가중심점별 원가가 분명하게 파악되기 때문에 수혜자별 경비(user fees)를 명시할 수 있다.

넷째는 교육원가환원율의 균등화를 추구할 수 있기 때문에 원가중심점 간 교육원가의 전가를 방지할 수 있다.

다섯째는 교육원가 의식을 높임으로써 원가를 절감하고 교육자원의 효율성을 기할 수 있다.

(2) 등록금대상 교육원가의 범위

교육원가를 바탕으로 한 등록금책정에 문제가 되는 것은 어디까지를 부담가능한 교육비로 볼 것인가이다. 대학교육원가의 정의에서 명백히 한 바와 같이 대학의 교육·연구 및 사회봉사라는 고유활동을 전개하는 과정에서 소비되는 경제적 자원의 희생액은 당연히 교육원가에 해당된다. 그러므로 교육외사업이나 교육부대사업 등 사업적인 성격의 활동을 전개하기 위해 발생하는 원가는 교육원가에서 제외되어야 할 것이다. 국립대학의 경우, 수익을 목적으로 한 교육부대사업이나 교육외사업은 대부분 수익대체사업이나 독자적인 수익사업 형태로 운영하고 있기 때문에 이 부분은 교육원가에서 제외되어야 할 것이다. 예를 들어, 소비조합이나 기숙사를 운영하는 과정에서 발생하는 원가는 교육원가로 볼 수 없는 것이다.

또한, 교육원가를 경상적인 원가와 비경상적인 원가로 구분하는 경우, 미래에 이루어질 대학활동을 위해 투입되는 비경상적인 부분을 교육원가로 보아야 하는지도 풀어야 할 과제이다. 즉, 대학의 유지·존속을 위해 투자할 수 있는 재원을 확보하기 위한 부분을 등록금으로 부과시킬 수 있는 교육원가로 볼 수 있는가, 그리고 부과한다면 어느 정도까지 부과할 수 있는가 하는 문제이다. 우리 나라의 사립대학은 물론 미국의 주립대학 등에서도 이 부분을 등록금으로 부과하고 있지만, 부과수준에 대해서는 일치된 어떤 기준을 찾아보기 어렵다.

국립대학의 경우에는 원칙적으로 국가가 대학의 유지·존속에 대한 1차적인 책임을 지고 있으므로 이 부분을 반드시 기성회비책정을 위한 등록금에 반영할 필요는 없을 것이다. 다만, 국비에서 지원되지 못하는 부분을 보완하기 위해서는 기성회비에도 대학의 발전을 위한 투자재원에 대한 부담이 필요하다. 그리고 대학재정의 자주성을 기본으로 하고 있는 국립대학교 특별회계법(안)이 성립된다면 문제는 달라진다. 여기에서는 대학의 유지·존속의 1차적인 책임이 개별대학으로 전가된다. 이런 상황에서는 개별대학이 대학의 유지·존속을 위한 자본비용부분을 수익자에게 부담시켜야 하는 논리가 성립될 수 있을 것이다.

(3) 국립대학교에서의 원가회수와 등록금책정

전술한 바와 같이 국립대학교에서는 등록금 중 기성회비만 자율적으로 책정할 수 있다. 다만, 국립대학교 특별회계법(안)이 국회를 통과하여 시행되는 경우에는 기성회비뿐만이 아니라 수업료도 대학이 자율적으로 책정할 수 있게 될 것이다. 따라서 등록금의 책정은 다음과 같은 두 가지의 경우로 나뉜다.

1) 기성회비만 자율적으로 책정할 수 있는 경우

이 경우에는 수익자가 부담하는 등록금보다 오히려 대학으로부터 받는 혜택이 더 많기 때문에 교육원가환원율(=교육원가 / 등록금)은 1을 초과한다. 이런 상황에서는 원가중심점별로 국비와 기성회비를 합계한 총교육원가를 구하고 이를 바탕으로 원가중심점 간 교육원가차이도를 구하여 기성회비책정에 반영하는 방법을 따르는 것이 합리적이다.

2) 입학금, 수업료 및 기성회비 등을 모두 자율적으로 책정할 수 있는 경우

이 경우에는 모든 등록금을 자율적으로 책정할 수 있으므로 원가중심점별로 총교육원가 및 단위원가를 산정하고 이 단위원가에 대학의 유지·존속을 위한 자본비용(발전원가)을 가산하여 등록금을 책정할 수 있다. 그리고 이 제도하에서는 교육원가의 산정과 예산의 편성·배분이 직결될 수 있기 때문에 원가중심점별로 개별적으로 발생하는 경비는 수익자에게 직접 부담시킬 수 있다. 즉, 개별원가와 공통원가의 구분이 보다 명백해지고 개별원가 부분이 차지하는 비중이 상대적으로 많아지며, 공통원가의 배분기준도 보다 합리적이고 간편하게 설정할 수 있게 된다. 미국의 주립대학에서 적용하고 있는 학점당수업료+학점당 또는 학생당 개별경비부담액 사고방식이 대표적인 예라 할 수 있다.

(4) 사립대학교에서의 원가회수와 등록금책정

사립대학교에서는 대학활동에 관련된 모든 원가를 등록금을 통해 회수하고 있다. 사립대학에서는 기성회비와 교비 간의 구분도 사실상 의미가 없다. 근래에 이르러 기성회비를 교비에 통합하여 등록금을 책정하고 있다. 따라서 사립대학에서는 전술한 "국립대학교가 입학금, 수업료, 기성회비 등을 자율적으로 책정할 수 있는 경우"에 준해서 원가회수 및 등록금을 책정하게 된다.

② 등록금산정기준

등록금의 산정은 전년도의 등록금을 기초로 하여 산정하는 방법과 교육원가를 계산하고 이를 토대로 산정하는 교육원가기준 등 두 가지가 있다.

(1) 전년도 기준방식

이 방식은 지금까지 각 사립대학에서 적용하여 온 것으로 전년도 등록금에 물가상승률, 교직원 및 학생수 증감에 따른 변동요인 등을 반영하여 획일적으로 산정한다. 항목별 예산편성방식(LIBS : line item budgeting system)이나 마찬가지로 등록금액을 간편하게 산정할 수 있다는 장점은 있으나 전공별 원가차이, 기타 특성별 원가차이 등이 전혀 반영되지 않기 때문에 등록금액이 왜 그 정도가 되어야 하는가에 대하여 설명할 수 없다.

(2) 교육원가기준방식

이 방식은 학생에게 제공하는 대학교육서비스에 대한 원가를 바탕으로 등록금액을 산정하는 것으로 원가의 회수, 원가정보의 활용, 유지·발전비의 부담정책 등을 수행하려면 당연히 이 방식에 따라야 할 것이다. 이 방식은 다시 다음과 같은 두 가지 방법으로 구분할 수 있다.

첫째는 전년도의 실제발생원가를 토대로 교육원가를 산정하고 여기에 물가인상률과 각종 변동요인 및 소정의 대학유지·발전비를 부담시켜 산정하는 방식이다. 여기서는 대학유지·발전비의 부담 및 그 규모에 대해 구성원 간의 합의가 이루어져야 한다.

둘째는 표준교육원가를 산정하고 여기에 물가인상률 및 대학의 유지·발전비를 부담시키는 방식이다. 이 방법은 가장 이상적이지만 표준교육원가를 어떻게 산정할 것인가 하는 문제와 대학의 유지·발전비를 얼마나 부담시킬 것인가 하는 문제가 해결되어야 한다.

③ 교육원가기준 등록금의 책정

(1) 전일제 정규학생대상 등록금의 책정

이 방식은 학년단위의 교육제도와 연계된다. 즉, 1학년도를 중심으로 한 학생 1인당 교육원가(수강신청학점원가+학생 1인당 기타 원가)를 기초로 하되, 여기에 물가상승률이나 대학발전기금 등을 가산하고 이를 두 학기로 나누어 학생이 부담할 등록금을 결정한다. 이 방식은 우리 나라 대학에서 적용하고 있는 가장 대표적인 등록금책정방식이다.

이 방식에 따라 학생 1인당 등록금산정모델을 제시하면 〈표 10-1〉과

〈표 10-1〉 학생 1인당 등록금 산정모델의 예

◆ 학생 1인당 부담 교육서비스원가 　= 수강신청학점수×학점당원가 　　+대학의 서비스활동원가 　　+대학본부 및 지원기관의 지원서비스활동원가 ◆ 학생 1인당 등록금 　= 학생 1인당 부담 교육서비스원가 　　+대학발전원가 　따라서 등록금액은 1) 강의원가(학점)　　　　　　　　　　　　　원 2) 변동실험·실습원가(　학점)　　　　　　　원 3) 대학단위별 학생 1인당 강의 지원원가　　　원 4) 대학 본부 및 지원기관의 지원 서비스 　활동에 따른 학생 1인당원가　　　　　　　원 5) 발전원가　　　　　　　　　　　　　　　원 　　합　계　　　　　　　　　　　　　　　원

같다.

1) 강의원가의 산정

① 학점단위당 평균강의원가를 산정한다.

　공식 : 대학 전체 전임교수 및 시간강사 인건비 총액 / (학부 수강신청 총학점수＋대학원 수강신청 총학점수)

② ①을 기초로 하여 대학별 학점단위당 강의원가를 산정한다.

　공식 : 학점단위당 평균강의원가×(당해 단과대학 개설 강의 및 실험실습시수) / 대학별 개설 총학점수

③ 학생당 등록금고지 강의원가＝신청학점수×대학별 학점 단위당 강의원가

2) 변동실험·실습원가의 산정

① 학점단위당 변동실험실습비를 산정한다.

　공식 : 단과대학별(또는 모집단위별, 학과별) 변동실험·실습비 예산 / 변동실험·실습비 관련 교과목 수강신청 총학점수

② 학생당 등록금 고지 변동실험실습원가＝실험실습학점수×학점단위당 변동실험실습원가

3) 대학단위별 학생 1인당 강의 지원원가의 산정

① 학생 1인당 단과대학 운영비를 산정한다.

　공식 : 대학별 관서운영비예산 / 당해 연도 모집요강기준 단과대학(또는 모집단위별·학과별) 재학생수

② 단과대학별 학생 1인당 고정비(대학별 건물 및 시설 등 고정자산에 대한 감가상각비, 보험료, 보수유지비 등 고정적 원가의 집계액)를 산정한다.

　공식 : 단과대학별(또는 모집단위별·학과별) 고정비 / 당해 연도 모집요강기준 단과대학(또는 모집단위별·학과별) 재학생수

③ 대학단위별 학생 1인당 단과대학운영비의 등록금 고지액=①+②

4) 대학본부 및 지원기관의 지원서비스 활동에 따른 학생 1인당 원가의 산정

① 학생 1인당 대학본부의 단과대학 및 학생에 대한 일반서비스 활동원가의 산정

　공식 : 관서운영비 및 대학본부 차원의 건물, 시설 및 교지 등 제반 고정자산에 대한 감가상각비, 보험료, 보수유지비 등 고정적 원가발생액 / (당해 연도 모집요강기준 학부 재학생수+대학원재학생수)

② 학생 1인당 대학교 차원의 교육서비스활동을 위해 설치된 각종 지원시설에서 발생하는 원가의 산정

　공식 : 전산소, 도서관, 박물관, 직속연구소 등의 운영에 따른 관서운영비 및 고정자산에 대한 고정적 원가발생액 / (당해 연도 모집요강기준 학부 재학생 수+대학원재학생 수)

③ 학생 1인당 대학 본부 및 지원기관의 지원서비스활동에 따른 원가의 등록금고지액=①+②

5) 대학유지 · 발전원가의 산정

① 대학별 교육서비스력 제고를 위한 비경상적 사업 및 시설의 취득활동에 따라 발생하는 투자예산액 / 당해 연도 모집요강기준 단과대학 (또는 모집단위별 · 학과별) 재학생수

② 대학교의 서비스력 제고를 위한 제반 비경상적 사업 및 시설의 취득활동에 따라 발생하는 투자예산액 / (당해 연도 모집요강기준 학부 재학생수+대학원 재학생수)

③ 학생 1인당 유지 · 발전원가의 등록금고지액=①+②

　그런데 대학유지 · 발전비의 부담은 논란이 많은 부분이지만, 현실적으로 대학 간 경쟁이 치열해질수록 이 부분이 있어야만 대학의 유

지·존속 내지는 발전이 가능하다고 볼 수 있다. 대학유지·발전비의 규모는 표준원가와 실제원가의 차이를 통해 구할 수 있으나, 기본적으로는 다른 대학과의 경쟁성, 미래의 대학발전계획을 실현하기 위한 재원확보 등을 고려하여 정책적으로 결정된다. 근래에는 법인세법의 규정에 따라 고유목적사업준비금을 설정하고 있는 대학이 늘고있다.

(2) 유지·발전비 부담방식과 등록금책정

등록금책정에 있어 대학유지·발전비를 어떻게 부담시키느냐에 따라 등록금책정모델은 두 가지로 구분된다. 즉, 각학과별 교육원가환원율이 동일하게 되도록 대학유지·발전비를 부담시켜 등록금을 책정하는 방법과 소요되는 대학유지·발전비를 각 학과수로 나누어 각 학과가 균등하게 이를 부담하도록 책정하는 방법이 있다.

1) 방법 1 : 교육원가환원율을 균등하게 책정하는 방법

　　㉠ 교육원가산정을 통해 도출된 금액

　　㉡ 대학유지 발전을 위해서 필요한 금액

　　㉢ =㉠+㉡

　　㉣ (교육원가 3,900+대학유지발전비 975)=4,875이다. 따라서 평균 교육원가환원율은 0.8이다. 그러므로 학과별 등록금액을 교육원가 환원율이 모두 0.8이 산출되도록 책정된다.

〈표 10-2〉 원가환원율 균등책정　　　　　　　　(단위 : 천 원)

학과	교육원가(1)	대학유지발전비(2)	등록금액(3)	원가환원율(4)
A	1,000	250	1,250	0.8
B	1,400	350	1,750	0.8
C	1,500	375	1,875	0.8
합계	3,900	975	4,875	0.8

<표 10-3> 대학발전비균등 : 학과별(학생별) 균등투자   (단위 : 천 원)

학과	교육원가(1)	대학유지발전비 (2)	등록금액 (3)	원가환원율 (4)
A	1,000	325	1,325	0.754
B	1,400	325	1,725	0.812
C	1,500	325	1,825	0.821
합계	3,900	975	4,875	0.8

2) 방법 2 : 학과별 대학발전비를 균등하게 책정하는 방법

  ㉠ 교육원가산정을 통해 도출된 금액

  ㉡ 대학유지발전을 위해서 필요한 금액

  ㉢ 대학유지발전비 975 / 3개 학과=325, 따라서 각 학과의 등록금액
    은 교육원가에 325를 가산한 금액이 된다.

  ㉣ 교육원가환원율은 학과별로 차이가 발생한다.

(3) 학점당 원가를 토대로 한 시간제학생, 사이버학생, 계절학기 학생대상의 등록금책정

평생교육개념 및 고객중심의 학사제도의 시행으로 시간제학생, 사이버
대학 수강학생, 계절학기 수강학생 등 다양한 제도가 시행되거나 될 것
으로 보인다. 이에 대응한 등록금의 합리적 책정은 대학재정에서 중요한
과제이다. 이러한 여러 제도에 공통적으로 적용할 수 있는 등록금책정방
식은 신청학점당 교육원가(1학점당 평균원가+실험·실습원가)×신청 학
점수+학생 1인당 부담 간접원가이다. 신청학점당 교육원가는 전일학생
에 대한 경우나 마찬가지로 산정된다. 여기에서 문제가 되는 부분은 학
생 1인당 부담 간접원가 부분이다. 즉, 다음과 같은 항목의 원가를 얼마
나 부담시킬 것인가 하는 것이 해결되어야 한다.

학점신청 수준별 1학생당 원가는 다음과 같이 산정된다. 다만, 몇 학점
신청을 정규학생수준으로 볼 것인가에 대해서는 별도로 규정을 해 두어

야 한다.

① 학생 신청학점당 교육원가 : 대학별 1학점당 교육원가×신청학점수
② 학점별 부가원가 : 실험실습 과목, 기타 실습과목 등으로서 일반 과목보다 부가되는 학점당 원가×해당과목에 대한 신청학점수
③ 대학별 또는 학부별 제공서비스에 대한 학생 1인당 원가의 학점당 환산액
④ 대학교 차원에서 제공되는 서비스에 대한 학생 1인당 원가의 학점당 환산액
⑤ 대학교의 발전계획에 따른 시설취득 등에 관련된 유지·발전원가 중 당해 세대부담액에 대한 학생 1인당 원가의 학점당 환산액

여기에서 각종 공통원가 부담액을 어떻게 학점당으로 환산할 것인가 하는 것이 과제이다. 그리고 몇 학점 이상을 전일제 학생 1인당으로 환산할 것인가에 대한 기준이 제정되어야 한다.

|제4절| 교육원가정보를 활용한 예산편성 및 배분의 합리화도모

① 예산편성의 합리화

예산은 비영리조직인 대학이 활용하는 가장 중요한 경영도구이다. 대학은 예산을 통해 교수충원, 시설투자, 정원조정 및 학사운영이 계획한 대로 이루어질 수 있도록 한다. 예산을 합리적으로 편성하기 위해서는 대학의 장기발전계획을 바탕으로 한 예산편성지침, 민주적인 예산과정, 예산년도에 대한 수익과 비용의 추정이 있어야 한다. 즉, 합리적으로 예

산이 편성되기 위해서는 기본적으로 지출 내지는 원가에 대한 타당한 추정이 필요하다. 대학에 적용되는 예산편성기법으로는 통제중심의 항목별 예산편성제도(LIBS)와 장기적 목표달성을 목표로 하는 기획예산편성제도(PPBS) 등을 들 수 있다.

② 예산배분의 합리화

재정공헌도란 각 학부 또는 학과가 대학의 총재정에 공헌한 정도를 측정하는 지표이다. 대학교에 대한 각 학과나 단과대학의 재정공헌도를 분석하고 이를 각 학과나 대학에 실제 투입된 금액과 비교하면, 상당한 불균형이 존재하고 있다는 것을 알 수 있다. 단위재정공헌액은 학생 1인이 부담한 등록금에서 그 학생이 대학으로부터 받은 직접성격의 교육서비스원가(직접교육원가 : 강의원가+변동실험실습원가)와 단과대학단위별 학생 1인당 강의지원원가를 차감한 나머지이다. 단위재정공헌액이 크고 학생수가 많다면 그 만큼 대학교재정에 대한 공헌도는 커지게 된다. 단기적인 공헌도는 대학발전원가부분을 차감한 등록금액에서 직접성격의 교육서비스원가를 차감한 금액으로 계산하며, 장기적인 공헌도는 총등록금액(대학발전원가 포함)에서 직접성격의 교육서비스원가를 차감한 금액으로 계산한다. 학부별·학과별·전공별 상대적인 재정공헌 정보를 바탕으로 학과별 시설투자, 교원확보, 학생정원조정, 예산배분 등에 관련된 합리적인 의사결정을 내릴 수 있다.

일반적으로 대학의 예산배분과정은 다음과 같이 이루어진다.

① 총예산액의 산정 : 교비+기타의 수입 등
② 재량가능예산액의 산정 : 총예산액－경직성 경비
　*경직성 경비란 정액성 인건비와 연구비, 매년 경상적으로 발생하는 경비이다.

③ 총재량가능예산액의 배분=기획예산제도(PPBS) 등을 적용하여 대학 발전계획을 실현하기 위한 본부 차원의 투자예산액과 단과대학과 본 부 및 각종 기관 운영을 위한 운영예산액으로 구분한다.
④ 단과대학과 본부 및 각종 기관운영을 위한 운영예산의 배분

단과대학에서는 ③의 투자예산의 적정성에 대한 검토와 함께 ④의 과 정에서 각 기관 간의 예산배분기준은 합리적으로 결정되었는지 여부와 단과대학별 배분예산이 재정기여도에 바탕을 두었는지, 그리고 대학이 목표한 교육서비스를 제대로 제공할 수 있는 수준으로 예산이 배분되었 는지 여부를 검토한다. ③의 과정 이후의 예산배분은 다음과 같이 여러 가지 관점에서 이루어질 수 있다.

첫째, 등록금책정 내용에 따른 배분

둘째, 학과별(예산단위별) 균등배분

셋째, 학과별(예산단위별) 재정공헌율 기준배분

넷째, 현재 상태에서 최대의 교육서비스를 제공할 수 있도록 하는 예 산의 배분

등록금책정내용에 근거한 배분방식에서는 등록금에 고지된 내용을 기 준으로 하여 예산을 배분하는 것이다. 즉, 학점신청에 따른 강의직접원가

〈표 10-4〉 학과별 균등배분표

학과	등록금 1)	교육 원가 2)	강의 직접 원가 3)	공헌액 4)= 1)-3)	예산배분			학과별 직접예산 총배분액7)	총배분액/ 등록금 8)	교육원가 환원율 9)
					대학 발전5)	본부 및 지원기관	학과와 기관배분6)			
A	1,250	1,000	800	450			250	1,050	0.84	0.8
B	1,750	1,500	1,100	650			250	1,350	0.77	0.85
총예산	3,000	2,500	1,900	1,100	500	100	500	2,400	0.8	0.833

주 : 6) 학과별로 균등배분 : 1,100-600(대학공통부분)=500, 500 / 2개학과=250
   9) 학과별 균등배분에 따른 교육원가환원율과 학과배분율 간의 차이를 보기 위해 산출한 비율임.

부분은 공통기준경비로 예산을 편성하고, 학생 1인당 대학서비스원가는 학생수를 기준으로 각 예산단위에, 학생 1인당 본부와 지원기관의 원가는 학생수를 기준으로 본부와 지원기관에 배정한다.

여기에는 학과별·학부별 균등배부방법과 재정공헌도를 기준차등배부방법이 있으며 그 내용은 다음과 같다.

① 방법1(학과별·학부별 균등배부법) : 대학유지·발전사업 부분을 제외한 나머지를 〈표 10-4〉와 같이 학과별·기관별로 균등하게 배분한다.

② 방법 2(학과별·학부별 차등배부법) : 본부공통사업을 제외한 나머지를 학과별 공헌율에 따라 〈표 10-5〉와 같이 배분한다. 그런데 재정공헌도를 산출하는 방법으로는 〈표 10-5〉에서와 같이 등록금액에서 강의직접원가를 차감하는 방법과 대학교의 등록금수입 총액에서 각 학과 또는 각 대학이 기여한 백분율을 기준으로 산출하는 방법이 있다.

넷째의 배분방법은 현재의 교원, 학생수 및 시설장비하에서 최대의 교육서비스 제공을 가능케 하는 예산요구액을 토대로 예산을 배분하는 방법이다.

〈표 10-5〉 학과별 공헌율기준 배분표

학과	등록금 1)	교육 원가 2)	강의 원가 3)	공헌액 4)	학과별 공헌율5)	예산배분		학과별 직접예산 총배분액8)	총배분액/등록금 9)	교육원가 환원율 10)
						대학 발전6)	본부 및 지원기관	학과분 7)			
A	1,250	1,000	800	450	450/1100 =0.41			204.5	1,004.5	0.80	0.8
B	1,750	1,500	1,100	650	0.59			295.5	1,395.5	0.797	0.85
총예산	3,000	2,500	1,900	1,100	1.00	500	100	500	2,400	0.8	0.833

주 : 7) 1,100-600(대학공통분)=500(배분가능액) 500×5)=학과별 배분액

　　8) =3)+7)

　　9), 10) 항목은 학과별 재정공헌도기준 배분에 따른 교육원가환원율과 학과배분율 간의 차이를 보기 위해 산출한 비율임.

|제5절| 대학별 원가분석

교육원가가 산정되면, 이를 토대로 다음과 같은 분석을 할 수 있다.

1 단과대학별 재정기여도의 분석

① 학생 1인당 재정기여액=단과대학별 학생 1인당 평균등록금액－단과대학별 학생 1인당 평균직접원가
② 단과대학별 재정기여액=학생 1인당 재정기여액×단과대학의 재학생수
③ 단과대학별 재정기여비율=단과대학의 재정기여액／대학교 총재정기여액

2 재정기여도에 상응한 예산배분이 이루어지는지 여부의 분석

① 제1단계 : 총재량가능예산액의 산정=총예산액(교비와 기성회 및 기타 학교수입)－경직성 경비
② 제2단계 : 총재량가능예산액의 배분=기획예산제도(PPBS) 등을 적용하여 대학발전계획을 실현하기 위한 본부차원의 투자예산액과 단과대학과 본부 및 각종 기관운영을 위한 운영예산액으로 구분한다.
③ 제3단계 : 단과대학과 본부 및 각종 기관운영을 위한 운영예산의 배분에 따른 검토
　　㉠ 각 기관 간의 예산배분기준은 합리적으로 결정되었는지 여부
　　㉡ 단과대학별 배분예산이 재정기여도에 바탕을 두었는지 여부와 대

학이 목표한 교육서비스를 제대로 제공할 수 있는 수준으로 예산이 배분되었는지 여부를 분석한다.

③ 단과대학별·원가중심점별 공통원가 차이분석과 구조조정

단과대학이 많을수록, 원가중심점이 많을수록 대학교 총원가는 증가한다. 또한, 단과대학별(원가중심점별) 총공통원가를 단과대학별(원가중심점별) 학생수로 나눠 주면 학생 1인당 공통원가부담액을 산정할 수 있다. 만약 학생 1인당 부담하는 단과대학별(원가중심점별) 공통원가가 지나치게 높다면 단과대학을 유사한 단과대학과 합병하거나, 단과대학을 학부화하는 등 구조조정을 할 필요가 있다.

|제6절| 손익운영분기점기법의 활용

① 손익(운영)분기점의 정의 및 산정절차

(1) 정의

손익운영분기점이란 대학의 운영수익과 운영비용이 일치하는 점으로, 여기에 해당하는 학생수 또는 등록금 수입액으로 표시한다. 손익운영분기점 분석을 위해서는 일단 대학의 원가를 고정비용(원가)과 변동비용(원가)으로 구분하여야 한다. 이것이 이루어지면, 대학의 각종 프로그램, 시설투자, 학생정원, 교수채용, 전산시스템의 도입, 분반기준, 학과별 전공 및 선택과목의 개설기준, 폐강기준, 기타 대학의 발전을 위한 제반 사업시행 여부가 손익분기 운영수익액 범위 내에서 이루어지는지 여부에 대해 합리적인 판단을 내릴 수 있게 된다.

(2) 산정절차

① 대학교육원가의 원가행태를 고정비와 변동비로 구분한다.
② 고정비 및 변동비금액의 크기를 확정한다.
③ 공헌이익률을 산정한다.
④ 공헌이익법이나 등식법을 적용하여 손익분기점 학생수, 손익분기 운영수익액을 산정한다.

② 손익(운영)분기점기법의 활용

원가정보에 바탕으로 둔 손익(운영)분기점 분석기법을 적용하여 다음과 같은 대학의 각종 의사결정을 보다 합리적으로 내릴 수 있다.

① 교수충원과 학생정원의 자율조정 근거 제공 : 적정한 교수충원은 교육의 질적 향상을 통한 대학경쟁력 향상을 위해 반드시 이루어져야 할 사항이다. 그런데 교수원가는 고정원가로서, 계단원가(step cost)의 형태를 취하고 있으므로 학생 1인당 재정공헌도(공헌이익)를 토대로 한 손익(운영)분기학생수를 바탕으로 교수충원 여부를 결정하여야 할 것이다. 또한, 현재의 원가 상황(교수, 시설, 학생당 교육원가 및 재정공헌액 등)에서 손익(운영)분기학생정원이 몇 명인지를 파악함으로써 정원자율조정의 근거로 활용할 수 있다.

② 학과별 손익(운영)분기학생수 파악 : 학과별로 고정비와 변동비를 산정하고 이를 학과별 수익에 대비시킴으로써 당해 학과가 손익분기점 이내에서 운영되고 있는지 여부를 판단할 수 있다. 이 과정에서 당해 학과의 손익분기 학생이 몇 명인지를 알아낼 수 있게 된다. 이는 학과별 정원을 책정하는 데 결정적인 기초자료가 된다.

③ 현정원을 토대로 한 교수충원, 시설투자규모의 결정

④ 시설투자에 따른 손익(운영)분기점의 변동과 입학정원 및 등록금조정

⑤ 교수확보에 따른 손익(운영)분기점의 변동과 입학정원 및 등록금조정

⑥ 교수, 시설투자가 더 이상 어려운 경우, 학생정원의 조절 또는 학생 1인당 등록금액의 조정

⑦ 관리비 증대 등 원가의 변동이 가져오는 손익(운영)분기학생수의 변동

⑧ 등록금인상에 따른 손익(운영)분기학생수의 변동

⑨ 학교시설에 대한 학생 이용요금의 결정

③ 원가행태의 추정

원가회계가 대학계획을 위한 용구, 즉 예산의 편성·집행 등 예산통제와 연결되려면 대학활동에 따른 원가의 행태를 파악하고 이들이 어떤 요인에 의해 어떻게 변화하는지를 알아야 한다. 원가의 행태추정은 여러 가지 대체안들이 미래에 가져올 경제적인 결과를 합리적으로 예측할 수 있도록 하여 준다.[36]

원가의 행태는 조업도가 변화하여도 총원가가 변화하지 않는 고정원가와 조업도의 변화에 비례적으로 그 총액이 변화하는 변동원가로 크게 구분할 수 있다. 대학의 경우, 조업도를 나타내는 것으로서 대표적인 것은 학생수 또는 제공학점수 등이다. 그러나 조업도를 보다 종합적이고 구체적으로 볼 때에는 대학활동과정에서 선택하게 되는 대체적인 행동에 있어서의 차이와 환경적 요소의 변화에 따른 차이로 나누어 접근할 수 있다.

대체적 행동의 변화란, 첫째 대학의 목적, 목표 또는 프로그램의 변화,

---

36) NACUBO, Professional File, "Cost Behavior Analysis for Planning in Higher Education," *NACUBO*, 1977, p.7.

둘째 대학정책의 변화, 셋째 대학조직구조의 변화를 의미한다. 따라서 이들은 내부적으로 통제가 가능한 의사결정요소의 변화라고 할 수 있다. 이에 대해 환경적 요소의 변화라는 것은 외적인 요소, 즉 물가변동, 법규의 변경 등에 기인하는 것을 말한다.

대학은 교육·연구 그리고 공공서비스라는 세 가지 기능을 수행하며, 그 대표적인 산물로서 '대학교육을 수료한 사람'을 사회에 배출한다. 이들 주요 활동과 관련하여 대학원가가 발생하며, 활동량의 증가에 비례하여 변동원가는 증대된다. 교육원가의 경우, 교과목의 공통성 여부, 학생의 교과목에 대한 수요변화, 학사·석사·박사 등 과정상의 차이, 선택과목에 대한 설강의 폭, 강의 반별 학생수, 교양과목에 대한 규정, 실험·실습 유무 등에 의해 변화한다.

대학의 원가추정은 대부분의 경우 과거의 실적자료를 토대로 하여 미래원가의 행태를 추정하게 되지만 여기에는 다음과 같은 몇 가지 단점이 있으므로 적용에서는 유의하여야 한다.[37]

① 교육활동 내용에서의 변화를 반영하지 못한다. 역사원가는 교수의 월급, 직급, 고용계약, 강의방법 등 서비스 제공에 관련되 여러 요소들이 변화하지 않을 것으로 가정하고 있다. 그러나 현실적으로는 이들 항목이 변화하는 것이며 미래원가에도 많은 영향을 미친다.

② 조업도가 주는 영향을 반영하지 못한다. 역사원가에서는 조업도가 변화하는 데도 단위원가가 동일한 것으로 간주한다. 즉, 변동원가와 고정원가라는 원가의 행태가 고려되지 않는다. 결과적으로 역사원가에서는 모든 원가를 변동원가로 간주하는 오류를 범할 수 있다.

(1) 원가행태에 영향을 미치는 제요소

원가행태는 전술한 바와 같이 의사결정요소의 변화와 환경적 요소의

---

37) *Ibid.*, p.6.

변화에 따라 변화한다. 물론 이 요소들은 대학생수, 학점수, 등록금수준 등의 조업수준과 연결되어 원가행태의 전반적인 수준을 결정한다.

학생수는 그 나라의 사회·문화·경제적인 인력수요와 대학이 가지고 있는 교육서비스 제공능력 그리고 입학정원제 등 제도적인 사항과 관련을 갖는다. 그리고 학점수는 졸업에 필요한 총학점수·필수학점수·선택과목학점수·교양과목학점수·교직과목학점수 등에 의해 제한되며 이들은 대학교육활동의 전반적인 수준을 결정한다.

원가의 행태가 의사결정요소와 환경적인 요소에 밀접한 관련을 가지고 있다면 학생수·학점수 등의 조업수준은 원가의 총수준과 연결되는 것으로 볼 수 있다.

1) 의사결정요소

이들 요소는 내부관리자인 총·학장, 교수회의, 행정책임자 등에 의해 결정될 수 있는 대학의 장·단기 목적의 결정, 운영방침의 수립, 조직구조의 결정, 절차의 변경 등에 관련을 가지고 있다. 구체적인 예를 들면 다음과 같다.

① 학위요건의 변화, 선택과목의 개설, 새로운 학과의 설치, 새로운 대학의 설립 등

② 전임교수수의 변화　③ 교직원에 대한 급여수준의 변화

④ 계절학기의 개설　⑤ 입학자격의 변경

2) 환경적인 요소

이 요소들은 대학이 처하게 될 미래의 환경상태에 관한 것으로서 일반적으로 대학이 통제할 수 없는 인플레이션, 인구증가율, 대학에 대한 지원율 등과 같은 것을 말한다. 원가의 행태를 보다 잘 예측하려면 의사결정요소와 여기에 영향을 미치는 환경적 요소를 연관시키는 것이 유용하다. 예를 들면, 원가총액은 인플레이션에 의해서도 증액되는 것이다.

(2) 원가의 예측

원가의 예측이란 원가를 둘러싼 상황과 기간 등이 가정된 상태에서 특정활동의 경제적 결과를 추정하는 작업이다. 의사결정자는 정확한 예측보다는 적절한 예측을 지향한다. 왜냐하면 미래의 결과를 정확하게 예측한다는 것은 사실상 불가능하기 때문이다.

의사결정이란 대체안을 선택하는 과정이며 대학에서도 어떤 변화를 필요로 할 때 가장 중요시되는 것이 바로 의사결정이다. 의사결정자는 대체안의 선택에 관련된 제반 경제적·비경제적 사항을 검토한다. 즉, 조직의 임무, 목표, 방침, 조직의 구조, 운영방법 등에 관한 모든 사항을 고려하게 되는 것이다. 대학은 기업과 달리 비경제적 사항에도 특히 역점을 둔다. 따라서 원가의 행태분석에는 많은 주관이 개입될 우려도 있다.

원가의 예측은 먼저 원가예측의 대상이 되는 활동을 식별하고 이를 명백하게 정의하며 제공될 서비스단위를 확정하는 일부터 시작된다. 그리고 나서 원가와 조업도와의 관계에서 나타나는 행태의 결정, 즉 고정원가, 변동원가 그리고 혼합원가라는 세 가지의 원가행태로 구분한다.

이러한 행태가 대체적인 활동, 즉 조직의 목적, 프로그램, 방침, 조직구조의 변경 등에 의해, 그리고 환경적인 요소에 의해 여하히 변화하게 되는가를 예측하게 된다. 이 때에 단일의 조업도만 고려하는 것이 아니라 여러 상이한 수준의 조업도를 고려할 때 보다 합리적인 예측이 가능하게 된다. 고정원가와 변동원가의 구분에서는 구분기간을 얼마로 잡고 하느냐에 따라 달라질 수 있으며, 혼합원가의 경우에도 분류방법에 따라 약간씩의 차이가 있게 된다. 즉, 이러한 구분이 명확하게 이루어질 수 있는 것이 아니기 때문에 어느 정도 주관이 개입될 수밖에 없으나 의사결정자가 필요로 하는 것은 정확한 정보가 아니라 의사결정에 적절한 정보이기 때문에 의사결정의 큰 방향을 오도하는 것이 아닌 이상 이러한 한계성을 용인해야 할 것이다.

이상과 같이 조업수준, 환경적 요소의 고려, 대체안의 확정 및 혼합원가가 합리적이고 체계적인 배분을 통하여 원가의 집계가 이루어질 때, 대체적 행동의 경제적 추정치는 더욱 설득력을 갖게 될 것이다.

(3) 원가행태의 활용

원가행태를 파악하게 되면 원가-조업도-수익 간의 관계분석을 활용할 수 있게 된다. 또한, 합리적인 계획의 수립과 이를 바탕으로 한 예산통제기법의 활용 등에 힘입어 현실적인 경영전략의 수립이 가능하게 된다는 장점을 갖는다. 원가의 행태추정에 있어 전산화된 시뮬레이션 모델을 활용하게 되면 대학의 회계정보이용자에게 적시에 적절한 의사결정을 내릴 수 있도록 하는 원가정보의 제공이 가능하게 된다.

④ 손익(운영)분기점 분석

(1) 원가 · 조업도 · 수익의 내용

1) 원가

손익(운영)분기점 분석에서 모든 원가는 관련범위 내에서 조업도에 따라 그 원가총액이 변동하는 변동원가와 조업도의 변화에도 불구하고 원가총액이 고정되어 있는 고정원가로 나뉠 수 있어야 한다. 그런데 이러한 원가형태에 관한 구분은 어느 조직체를 막론하고 어려운 일이다. 대학의 원가는 일차적으로 주요 기능에 따라 교육원가, 연구원가 그리고 공공서비스 활동원가 등 세 가지로 구분된다. 이 중에서 교육원가가 가장 큰 비중을 차지한다.

2) 조업도

안토니(R.N. Anthony)와 웰슈(G.A. Welsch)는 조업도를 표시함에 그것을 투입척도로 할 것인가, 산출척도로 할 것인가, 또는 화폐척도로 할 것인가, 비화폐적인 척도로 할 것인가 등을 먼저 결정하여야 한다고 보고 있다.

투입척도는 원가중심점에 투입되는 재화 또는 용역에 관계되는 것으로 직접재료비, 직접노무비 등이 대표적인 것이다. 이에 대하여, 산출척도란 원가중심점에서 이루어진 작업의 결과로서 일반적으로 제품생산량으로 표현된다.

대학의 경우, 투입의 측정은 쉽게 이루어 질 수 있으나 산출의 측정은 어려운 일이다. 학생수, 수강학점수 등은 대학의 투입척도에 속한다. 그러나 산출척도는 한 가지로 표현될 수 있는 성질이 아니기 때문에 성과척도(result measures), 과정척도(process measures) 및 사회적 지표(social indicators) 등으로 표현된다.

성과척도는 조직목적과 관련된 것으로서 대학의 경우, 졸업생, 재학생 등이 얻은 지식 또는 대학교육에 대한 졸업생들의 만족도 등으로 나타낼 수 있다. 이에 대해 과정척도는 대학이 전개하는 활동에 관련된 것으로서 성과척도가 목표지향적(goal oriented)이라면 과정척도는 수단지향적(mean oriented)이다. 손익분기점 분석의 측면에서는 산출척도보다는 투입척도가 더 신뢰성이 있으며 실무상 적용가능성도 크다고 볼 수 있다.

3) 수익

수익이란 그 조직체의 주된 활동이 되는 제품의 생산, 서비스의 제공 또는 기타 활동에 의한 자산의 유입이나 증가 및 부채의 감소를 말한다. 대학에서의 수익이란 결국 매회계연도의 대학활동에 사용할 목적으로 수입된 학생납입금, 수수료, 법인전입금, 기부원조금, 국고보조금, 기본재산수입, 기타의 수입 등을 말한다. 그런데 이들 수입에는 학생의 납입금과 같이 고정적으로 확보되는 고정적 수입(hard money)과 등록금 이외의 수입과 같이 부정기적인 수입, 즉 변동적 수입(soft money)의 두 가지로 구분할 수 있다. 전자는 수익행태면에서는 변동적이며 후자는 고정적이다.

물론 양자의 중간적 형태인 준변동적 수익(semivariable revenue)도 있다. 우리 나라 사립대학의 주요 수익원천은 학생납입금이기 때문에 사립대학의 수익행태는 변동적이라고 할 수 있다. 그러나 국립대학은 정부예산으로부터 대부분의 자원이 고정적으로 조달되기 때문에 고정적인 수익행태를 취한다.

(2) 여러 가지 수익행태와 손익(운영)분기점

대학수익에는 고정적 수익행태, 변동적 수익행태 그리고 준변동적인 수익행태 등 세 가지가 있다.

1) 준변동적인 수익행태

준변동적인 수익 형태에서는 수익액 중 상당 부분이 고정적인 기부금이나 정부보조금 그리고 재단전입금 등을 통하여 조달되고 나머지는 변동적 수익인 학생등록금으로 구성되어 있다. 이 경우의 손익(운영)분기점 분석 도표는 〈그림 10-1〉과 같다.

〈그림 10-1〉 준변동적 수익행태와 손익(운영)분기도표

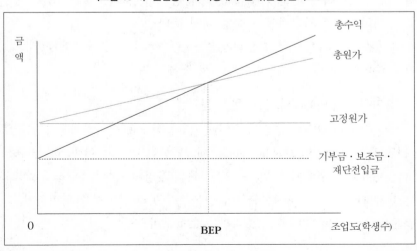

〈그림 10-2〉의 도표에 의하면, 대학생의 등록금수입이 손익(운영)분기점에서 중단되는 경우 손익(운영)분기점을 통과한 수익선은 고정적 수익인 기부금, 보조금, 재단전입금 등과 평행선을 이루는 모양을 형성한다. 대학은 교육서비스의 이용자인 학생으로부터 요금을 받고 서비스를 제공하는 조직이기 때문에 수업료 등 학생이 부담하는 제납입금과 제공되는 서비스와는 직접적인 관계를 갖게 된다.

여기에서 손익(운영)분기점 학생수는 (총고정비-고정수익액) / (학생 1인당 수입액-학생 1인당 변동비)로서 구해진다.

2) 고정적 수익행태와 손익(운영)분기점

〈그림 10-3〉의 경우, 손익(운영)분기점분석도표는 이익계획의 용구로서가 아니라 주어진 자원을 가지고 제공가능한 최대의 서비스량을 표시하는 도표로서 활용됨을 알 수 있다. 손익(운영)분기점을 밑도는 조업도는 당해 대학의 노력 또는 활동이 충분하지 못하다는 것을 의미하며, 그 반대의 경우에는 수익액을 초과하는 교육서비스 등의 공급을 뜻하므로

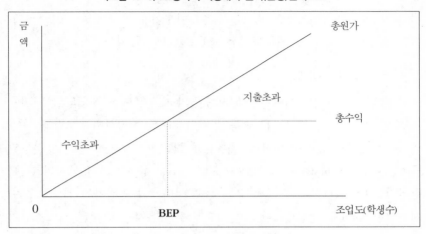

〈그림 10-3〉 고정적 수익행태의 손익(운영)분기도표

〈그림 10-4〉 고정적 수익행태와 손익(운영)분기점의 확장

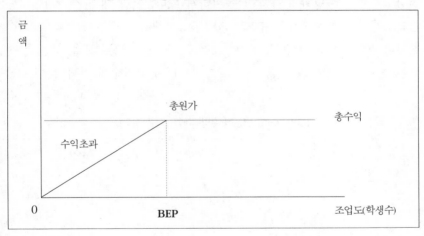

계속적으로 대학을 유지한다는 것 자체가 문제가 될 수 있다.

이와 같이 일정액의 고정적인 수익으로 서비스를 제공하는 경우에는 최소의 자원으로 최대의 서비스를 제공할 수 있도록 합리적·효율적인 자원배분 및 관리가 필요하게 된다. 국립대학은 대부분의 수익이 정부예산을 통하여 배정되기 때문에 고정적인 수익행태를 가진다. 따라서 국립대학의 운영은 자원의 공급을 초과하여 이루어질 수 없도록 되어 있다. 이와 같은 수익행태의 손익분기점은 〈그림 10-4〉와 같다.

3) 변동적 수익행태

우리 나라의 사립대학에서는 대학수입의 대부분이 학생납입금에 의존하고 있으므로 손익분기점은 변동적 수익행태를 반영하여 〈그림 10-5〉와 같이 표현된다. 사립대학이 등록금원가를 산정하는 방법에는 전부원가기준(full cost basis)과 시장기준(market basis) 등 두 가지가 있다. 전부원가기준이란 원가를 산정함에 제공하는 서비스의 총원가에 기준을 두어 계산하는 방법을 말한다. 이렇게 함으로써 이용자인 학생은 서비스원가가 얼마인지를 알게 되며, 내부적으로도 운영비와 간접비 등 제원가를 절감할 수 있는 방안의 수립이 용이하게 된다. 이에 대해 시장기준이란 영리조직체나 마찬가지로 수요의 탄력성, 경쟁가격 등을 고려하여 가격결정이 이루어지는 것을 말한다. 그런데 대학은 시장이론을 적용할 수 있는 적당한 대상이라고 볼 수 없으므로 전부원가기준에 의해 원가를 산

〈그림 10-5〉 변동적 수익행태의 손익분기도표

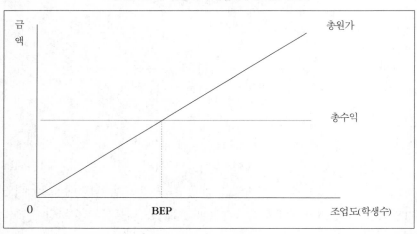

정하는 것이 타당하다고 볼 수 있다.

따라서 손익(운영)분기점은 [고정비 총액 / (1 – 단위당 변동비 / 단위당 요금)]으로 계산된다. 영리조직체와 다른 점은 대학이 비영리조직체이기 때문에 손익(운영)분기점 이상의 수익을 획득하려는 목적으로 운영되는 것이 아니라는 점이다. 또한 대학은 사회적 공기이므로 수지상의 균형뿐만이 아니라 사회적 측면도 고려해야 한다.

(3) 손익(운영)분기점 사례의 검토

학생이 2,300명 등록하면 손익(운영)분기점에 도달하는 '갑 대학'의 경우가 〈그림 10-6〉에 제시되어 있다.

그런데 연간 유지비(고정비)가 2억 원 증가하고 다른 조건은 〈그림 10-6〉과 같은 경우, 손익분기점은 〈그림 10-7〉과 같이 2,350명으로 50명이 증가한다. 〈그림 10-6〉과 모든 조건은 동일하지만, 납부금인상으

〈그림 10-6〉 사례대학의 손익분기도표

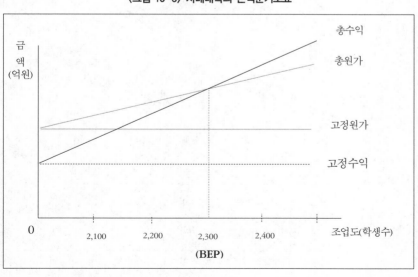

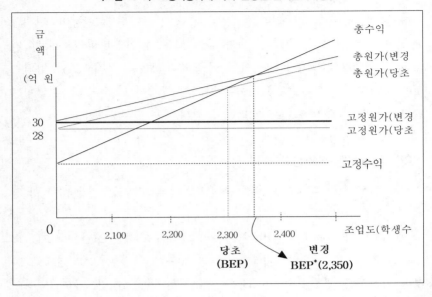

〈그림 10-7〉 고정비증가에 따라 변경된 손익분기학생수

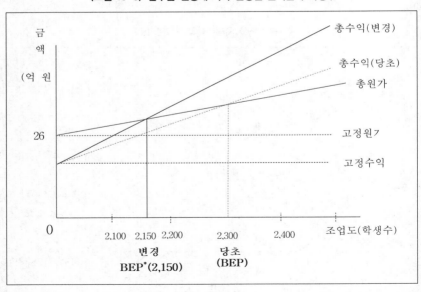

〈그림 10-8〉 납부금 인상에 따라 변경된 손익분기 학생수

로 수익선이 변경된 경우, 손익분기학생수는 〈그림 10-8〉에서 볼 수 있는 바와 같이 2,150명으로 감소된다.

5 고객중심의 학사관리에 관련된 원가정보의 제공

대학의 교육시스템은 고객중심, 즉 학생 중심으로 전환되고 있다. 지금까지의 대학에서 설치한 학과중심에서 학생의 자유로운 선택에 바탕을 둔 전공중심으로, 고정학년제 중심에서 다학기제로, 교실수업·출석수업 위주에서 사이버대학의 도입으로, 정규학생(full-time student) 위주에서 시간제학생(part-time student)제도의 도입으로, 학생의 학과소속에서 학부소속으로 하루가 다르게 바뀌고 있다. 국내·외 대학 간 학점교류제도도 확산되고 있으며, 사이버대학을 통해 국내·외의 대학에서 학점을 취득할 수 있는 기회도 열리고 있다(평생학습법 입법예고). 대내적으로는 자연계·인문계 구별 없이 입학을 허용하고, 필수전공학점과 교양학점의 대폭적인 하향화를 통해 다전공을 가능토록 하는 등 학사전반에 걸쳐 고객중심으로 급변하고 있다. 그런데 이러한 학사행정의 변화는 당연히 원가의 변동을 수반한다. 예를 들어, 졸업취득학점을 낮추게 되면, 대학의 투입원가는 그만큼 줄어든다. 또한, 실험·실습이 수반된 전공필수학점 취득을 낮추게 되면, 실험·실습비 등 관련비용이 줄어들게 될 것이다. 그러나 분반규모를 세분화하고 대형강의를 줄이게 되면, 대학의 원가는 훨씬 높아지게 된다. 그리고 현안과제가 되어 있는 시간제학생에게 얼마만큼의 등록금을 책정할 것인가, 사이버대학에 수강을 요청하는 타대학 학생에 대해 얼마의 계정 개설료를 부담시킬 것인가 등은 모두 원가와 관련된 문제이다. 이들 문제는 전공별 학점당 원가의 정확한 산정과 이용을 통해 해결될 수 있을 것이다.

(1) 교양 및 전공과목에 대한 필수·선택과목 등의 개설확대 및 축소, 학과목의 폐강 및 분반학생수 등의 의사결정

개설학점당 원가를 산정함으로써 교양 및 전공과목에 대한 필수·선택과목 등의 개설확대 및 축소에 따른 합리적 의사결정을 기할 수 있다. 여기에서 개설학점당 원가란 공급자처지(대학당국)에서 계산한 원가로서 학과목을 개설하는 데 따른 원가를 1학점으로 환산한 것이다. 이와 같이 개설학점당 원가는 하나의 교과목을 개설하는 데 소요되는 원가가 얼마인지를 산정해 낸다. 이 때 개설과목당 원가를 산정하지 않고 1학점당으로 산정하는 이유는 과목마다 시수와 학점이 다르기 때문에 공통적인 측정 및 상호비교를 위해서이다. 또한, 반당 학생수 과다 또는 과소로 인한 분반 또는 폐강시에도 개설학점당 원가정보를 활용할 수 있다. 즉, 특정과목개설에 대한 학점당 원가를 파악하고 있는 경우, 당해 학과목의 손익(운영)분기점 분석을 통해 최저 수강학생수를 산정할 수 있게 된다. 그러나 분반의 경우는 원가정보 이외에 교육효과, 대학의 강의능력, 강사확보, 강의진행 등을 고려하여 교육정책적으로 결정되어야 할 것이다.

(2) 새로운 학사제도에 따른 대응

학부제의 일반화, 다학기제·다전공제·시간제학생제·사이버대학제 등 고객중심의 새로운 학사제도에 대응하여 새로운 제도에 관련된 원가를 회수하고, 예산을 배분하는 데 원가정보를 활용한다. 또한, 학부제의 확산에 따른 원가증감요인을 파악하고, 예산배분기준을 설정하는 데에도 관련원가에 대한 분석이 필요하다.

⑥ 구조조정 등에 따른 원가정보 제공

우리 나라 대학은 현재의 고비용 자원다소비 구조에서 벗어나 최소비용·최소자원소비 구조로 전환하기 위한 몸부림을 하고 있다. 즉, 쓸데없이 원가를 발생시키고 있다고 여겨지는, 그리고 지금까지 신성불가침 영역처럼 보이던 대학 내의 무특성 백화점식 학과는 사회가 요청하는 분야를 중심으로 통폐합되고 있다. 학과의 수명주기(life cycle)는 점점 단축되고 있는 것이다. 이러한 사고방식의 일환으로 볼 수 있는 것이 바로 학부를 중심으로 한 학과 통합 내지는 타대학 학과와의 제휴논의, 사립대학 간 일부 또는 전부에 대한 딜(small deal, big deal) 논의 등이다. 즉, 다양한 학과설치로 인한 고원가구조(유사전공의 교수가 학과별로 채용되어 있는 경우, 교수당 학생수의 불균형, 학과간 규모의 현격한 차이, 학과별 이기주의로 인한 예산의 과다소비 등)에서 학부중심의 저원가구조로의 전환이 강제되고 있다(고등교육법 시행령). 그런데 이러한 원가제일주의, 효율성 제일주의는 학문·대학의 목적이라는 것과 상치될 가능성이 많으므로 구성원 간의 공감대, 대학의 특성화 및 장기 비전의 바탕위에서 구조조정이 이루어져야 할 것이다.

제 11 장

대학의 업적측정과 평가 및 DEA

　사립대학의 재정규모는 1년에 약 10조 원을 넘어서고 있다.[1]　이러한 막대한 자원을 대학이 효과적·효율적으로 활용하지 못한다면 이는 사회 전체적으로 볼 때, 자원의 낭비가 되는 셈이며 그만큼 국가경쟁력이 떨어지고 사회발전 내지는 생활의 질에 대한 향상은 늦어지게 된다.

　본 장에서는 대학의 회계정보이용자들이 필요로 하는 대학의 업적측정에 관한 틀을 구축하기 위해, 먼저 비영리조직체의 업적 및 업적측정 개념을 정립하고, 이를 경영통제와 연결시켜 대학업적 및 그 측정에 관한 준거의 틀을 제시한다. 그 다음, 대학의 업적내용과 업적의 유형을 파악하고 업적측정에서 고려하여야 할 사항을 광범위하게 논의하여 대학업적측정의 방향을 설정한다. 또한 본 장에서는 서비스 노력과 성과(SEA : service efforts and accomplishments) 측정치와 경영평가를 비롯하여 계량적 업적평가방법인 자료포락분석(DEA : data envelopment analysis)기법에 대해 소개한다.

---

1) 한국사학진흥재단, 『경영정보집』, 1999.

경영통제란 경영자가 당해 조직의 목적달성에 소요되는 자원의 획득과 사용이 효과적이고도 효율적으로 이루어지도록 하는 일련의 과정을 말한다.[2] 통제시스템은 통제구조와 통제과정으로 구성된다. 통제구조(control structure)란 조직목적(what it is)의 측면이며, 통제과정(control process)이란 조직이 하는 일(what it does)을 의미한다. 통제란 결국 누가 어떠한 자원을 통제하는가에 관련된다. 통제구조는 통제가능성(controllability)과 책임(responsibility) 간의 관계에 관한 정의로 이루어지며, 일반적으로 조직구조(organization structure)와 유사하다. 이에 대하여 통제과정은 동적(動的)인 개념으로 계획의 설정과 그 효과적·효율적 달성을 확보하기 위한 제반 활동을 말한다.

안토니(R.N. Anthony)와 영(D.W. Young)은 경영통제의 과정을 ① 계

〈표 11-1〉 경영통제과정

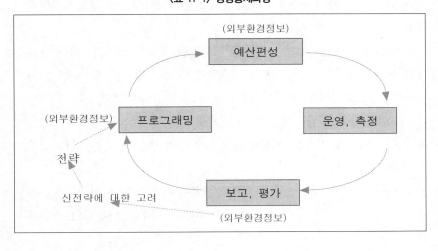

---

2) Robert N. Anthony, "Planning and Control System : A Framework for Analysis," Division of Research, Boston, Mass. : Graduate School of Business, Harvard University, 1965, p.17.

획의 설정, ② 예산편성, ③ 운영 및 측정, ④ 보고 및 평가로 구분하고, 이들 간의 상호관계를 〈표 11-1〉과 같이 나타내고 있다.

경영통제는 일반적으로 업적이 계량적으로 측정이 가능할 때 잘 이루어질 수 있다. 그러나 업적의 측정치가 잘못된 기준에 준거한 경우나 측정치의 산정에 조작이나 오류가 개입할 소지가 있는 경우, 통제시스템은 근본적으로 흔들리게 된다. 즉, 조직체는 잘못된 방향으로 나아가거나 보상을 목적으로 하는 명목적인 측정치가 통용되는 모순을 초래할 수 있게 되는 것이다.

① 대학경영통제의 제특성

영리조직체나 비영리조직체인 대학이나 당해 조직의 목표를 설정하고 이를 달성하기 위한 전략을 수립하여 경영활동을 수행하는 점은 마찬가지이다. 그러나 대학은 영리목적이 없으며 시장검증의 논리가 잘 적용되지 아니하는 교육서비스를 제공하는 조직체이기 때문에 경영통제면에서 다음과 같은 특성을 갖는다.

첫째, 대학업적은 계량화가 곤란한 질적인 것, 비재무적인 것이 대부분이다. 또한, 투입과 산출, 수익과 비용 간에 상관관계를 찾기 어렵다.

둘째, 영리조직체는 환경의 변화에 따라 신속하게 사업물량을 가감한다. 그러나 대학은 환경의 변화에 대하여 비탄력적이며, 고정적이다. 즉, 대학에서 수입과 지출은 학생수가 급작스럽게 변동될 수는 없는 것이므로 거의 고정적이다.

셋째, 대학은 교육·연구·공공봉사라는 서비스를 사회에 제공한다. 이것은 서비스이기 때문에 사전에 제조되거나 사후적으로 재고로써 저장할 수 있는 것이 아니다.

넷째, 교육서비스는 일반적으로 노동집약적인 과정을 통하여 제공된다. 따라서 기계중심적·유형물 중심적인 과정으로 되어 있는 제조기업에 비하여 통제가 훨씬 어렵다.

다섯째, 유형(有形)의 제품은 대부분이 고객에게 인도되기 이전에 불량품이 식별된다. 그러나 대학이 제공하는 서비스는 무형이며, 그 품질은 사전에 검사될 수 없고, 품질관리(quality control)를 적용하기 곤란하다.

② 비영리조직체에서의 경영통제모델 모색과 업적측정의 필요성

(1) 경영통제모델

영리조직체는 일상적 통제, 즉 사이버네틱스모델(cybernetics model)에 의한 경영통제가 가능하다. 그러나 대학과 같은 비영리조직체에서는 영리조직체에서의 이익과 같은 단일척도를 적용할 수 없으므로 일상적인 통제모델의 적용이 불가능하다. 따라서 대학의 경우에는 다양한 활동 유형별로 각각의 유형에 알맞은 통제시스템을 설계하는 것이 보다 바람직한 것으로 보고있다.[3]

지금까지의 연구에 의하면,[4] 비영리조직체의 활동은 통제의 관점에서 다음과 같은 네 가지 유형으로 구분된다.

첫째, 활동의 목적이 명료한 유형

둘째, 활동의 산출물이 측정 가능한 유형

셋째, 활동에 대한 경영자의 관여와 이에 대한 조직체의 대응관계가 식별 가능한 유형

넷째, 활동이 반복적으로 이루어지는 유형 등이다.

---

3) Geert Hofstete. "The Poverty of Management Control Philosophy," *Academy of Management Review*, 1978, pp.450~461 and Geert Hofstete, "Management Control of Public and Not-for-Profit Activities," *Accounting, Organization and Society*, Vol.6, No.3, 1981, pp.194~196.

4) *Ibid*.

만일, 어떠한 활동의 목적이 명료하며, 업적이 계량적으로 측정가능하고, 경영자의 조직에 대한 관여와 이에 대한 대응관계가 명백하며, 활동이 반복적이라면 일상적인 통제, 즉 사이버네틱스모델의 적용에 의한 경영통제가 가능할 것이다. 그런데 대학에서는 일반적으로 이러한 모든 유형을 동시에 갖추고 있는 활동을 찾기는 어렵다. 대부분이 이들 유형 중 일부만을 가지고 있다. 따라서 대학에 대한 경영통제를 수행하려면 각 활동유형에 알맞은 통제시스템을 찾아서 이를 적용하는 것이 합리적이다.

한편, 호프스테테(Hofstete)는 〈표 11-2〉와 같이 활동의 유형별로 적용할 수 있는 통제방법을 제시하고 있다.

〈표 11-2〉 활동별 경영통제

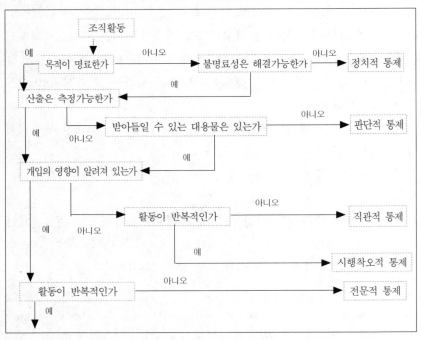

자료 : Geert Hofstete, "Management Control in Public and Not-for-Profit Activities," *Accounting, Organization and Society*, Vol.6, No.3, p.196.

대학의 경우에는 교육프로그램별 활동에 대한 목적의 명료성이나, 활동의 반복성 등은 어느 정도 갖추어져 있다고 볼 수 있으나, 업적의 측정이 어렵고 경영자관여의 효과에 관하여는 잘 알 수 없다.

(2) 업적측정의 필요성과 유용성

대학의 업적이 측정·평가되어야 한다는 데 대하여 이의를 제기하는 사람은 거의 없다. 업적평가를 위해서는 대학활동의 노력과 그 달성에 관한 정보, 즉 업적측정이 우선적으로 이루어져야 한다. 이러한 서비스 노력과 성취에 관한 정보에는 필연적으로 비재무적 측정치도 고려된다. 그런데 이러한 비재무적 측정치에 대하여는 회계학적인 측면에서 두 가지 문제가 제기된다. 첫째는 비재무적인 사항이 회계학의 범주에 포함될 수 있는가 하는 문제이며, 둘째는 만약, 비재무적인 것까지 재무보고에 포함된다고 하는 경우 이것이 미국 재무회계개념보고서 제2호(FASB SFAC No.2)에서 규정하고 있는 회계정보의 질적 특성을 충족시킬 수 있겠는가 하는 문제이다. 전자에 대하여 아직까지 연구자들 사이에 합의가 이루어진 것은 아니지만 일반적인 경향은 비재무적인 것이라 할 지라도 그것이 재무보고의 목적 달성을 위하여 필요한 경우에는 포함시킬 수 있다는 방향으로 의견이 모아지고 있다.[5] 이러한 사고방식은 SEA 보고, 영리조직의 BSC(balanced-scored cards)에 의한 업적의 측정 등에 나타나고 있다. 그런데 이는 회계가 본질적으로 재무적이며, 화폐단위로 표시되어야 한다는 속성을 가지고 있으므로 양자 간을 어떻게 조화하여 보다 유용한 정보를 제공할 것인가 하는 것이 앞으로의 과제라고 할 수 있다.

업적측정의 필요성과 유용성을 정리하면 다음과 같다.

---

5) ① AAA, "Report of the Committee on Nonfinancial Measures of Effectiveness," *The Accounting Review,* Supplement to Vol.XLVI, 1971, pp.167~168.

② AAA, "Report of the Committee on Measures of Effectiveness for Social Programs," *The Accounting Review*, Supplement to Vol.XLVII, 1972, pp.344~345.

③ Paul K.Brace, *et al.,op.cit.*, forward.

1) 필요성

첫째, 자원제공자가 제공할 수 있는 자원의 양은 한정되어 있으며, 그 증가 속도도 점차 완만하여 지고 있다. 그러나 대학의 자원수요는 급증하고 있어서 양자간에 불균형이 발생한다. 대학이 유지·발전하려면 우선적으로 활동에 필요한 자원을 충분히 확보하여야 하는바, 이는 대학업적의 공정한 측정과 평가를 바탕으로 한 자원제공자의 의사결정에 의하여 이루어지는 것이다.

둘째, 대학교육의 질적 향상을 위한 대학평가제도의 시행이다. 당해 대학이 경쟁력이 있는 대학활동을 수행하고 있는가에 대해 학과별 평가와 종합평가가 이루어지고 있으며, 이는 자체평가와 외부평가(대학교육협의회에 의한 평가)를 통해 시행되고 있다. 대학평가는 교육목표, 교육과정, 교수, 학생, 행·재정 및 시설 등을 평가하기 위한 지표를 토대로 이루어진다.

셋째, 대학에 대한 정부의 보조금이 증대되고, 보조금이 대학의 자구노력, 대학의 업적 등을 기초로 하여 지원됨에 따라 지원을 받기 위한 필요성에서 그리고 지원결과에 대한 보고를 위해, 정부의 감사에 대비하기 위해 대학은 자체적으로 업적평가를 하게 되었다. 특히, 1990연대 이후 각 대학에 대한 정부의 지원은 대학별 평가결과에 따른 등급을 기준으로 결정하고 있어 현실적으로도 그 필요성이 절실한 상태이다.

넷째, 업적에 대한 합리적인 측정과 평가가 없다면 "경영자는 자기의 왕국을 건설하려고 한다"[6]라는 말처럼 조직 전체보다는 자기 부문만을 위해 더 많은 자원을 확보하고 사용하려 하기 때문에 자원의 합리적인 배분, 목표에 의한 관리, 예외에 의한 관리, 동기부여에 의한 공동노력 등을 기하기가 어렵다.

---

6) Minzberg, *The Structure of Organization*, p.240.

2) 유용성

업적측정치가 체계적이며 합리적이지 못한 경우에는 여러 가지 모순이 발생한다. 예를 들면, 유용한 프로그램인데도 이를 중단시킨다거나, 조직의 목적이 실제로는 달성되고 있지 아니한데도 경영자는 성취되고 있는 것으로 잘못 판단하는 일이 발생할 수 있다. 그러나 대학의 업적측정치가 체계적이고 합리적인 경우에는 다음과 같은 유용성을 갖는다.

첫째, 합리적인 계획을 편성할 수 있는 근거를 제공하여 주며, 올바른 방향으로 피드백이 이루어질 수 있도록 한다.

둘째, 대학의 효과성·효율성·경제성이 평가된다.

셋째, 영리조직체에서 적용할 수 있는 일상적인 통제, 즉 사이버네틱스 모델(cybernetics model)의 적용 등 여러 통제기법을 도입할 수 있다.

넷째, 조직구성원에게 동기부여를 함으로써 통합된 노력을 창출할 수 있다.

다섯째, 자원의 배분에 관한 의사결정 등 대체안의 선택에 중요한 정보를 제공한다.

여섯째, 현재 또는 미래의 자원제공자가 자원제공 여부를 결정함에 직접적인 영향을 미친다. 따라서 업적이 좋지 아니한 대학에게는 그만큼 자원제공자로부터의 자원제공도 줄어들게 되어 그 존속이 어려워질 것이다.[7]

일곱째, 업적측정 정보는 대학경영자에 대한 업적평가의 정보로서 활용되어 그 선임에 중대한 영향을 미친다.

---

7) Paul K. Brace, *et al.*, *op.cit.*, p.17.

|제2절| 업적측정의 개념

업적이란 제품이나 용역을 제조하거나 제공하는 데 투입된 노력의 공
헌도를 말하며 성과와 동의어로 쓰인다. 이에 대하여, 측정이란 계량화
대상이 되는 항목의 속성(attribute)과 속성에 대한 측정척도(scale of
measures)에 의한 표현을 내용으로 한다. 상이한 속성에 대하여는 상이한
측정척도가 적용되며, 회계측정은 일반적으로 명목화폐단위(nominal
units of money)를 활용하여 이루어진다.[8] 따라서 업적측정이란 투입이나
노력의 공헌도를 일정한 척도에 의하여 계량화하는 작업을 말한다.

대학의 경우에 업적측정의 대상은 활동자체, 즉 프로그램 또는 활동과
활동의 책임을 맡고 있는 개인 및 조직이다. 측정대상의 내용에 따라 프
로그램 또는 개인 및 조직으로 구분될 수 있으며, 양자는 통합이 가능하
다.[9]

① 업적측정과 효과성 · 효율성 · 경제성

대학의 업적은 대학활동 전체에 대한 효과성 · 경제성 그리고 효율성
에 바탕을 두어 측정되어야 할 것이다.[10]

(1) 효과성(effectiveness)

효과성은 목표달성의 정도와 관련되는 개념이다. 콜러(Kohler)의 회계
사 사전에서는 다음과 같이 효과성을 정의하고 있다.[11]

---

8) FASB SFAC No.5, "Recognition and Measurement in Financial Statement of Business
   Enterprises," *FASB*, Stamford,Conn. : December 1984, par.3.
9) Charles T.Horngren, *op. cit.*, p.701 and J.L. *Livingstone, Managerial Accounting* : The Behavioral
   Foundations, Grid, Inc., 1975, p.3.
10) Jones and Pendlebury, *Public Sector Accounting*, Engleland, London : Pitman, 1984, p.5.

"효과성은 목표에의 달성 정도이다. 따라서 효과적이지만 비효율적일 수도 있다. 또한, 효과성이란 제품의 표준원가에 대한 실제원가, 예산상의 산출에 대한 실제생산 사이의 비교를 의미하는 개념이다." 따라서 교육활동의 효과성이란 교육비의 투입과 관계되는 것이 아니라, 계획된 교육·연구 그리고 공공봉사 활동에 대하여 어떠한 성과를 거두었는지에 관계된다고 볼 수 있다.12)

(2) 경제성(economy)

효과성이 산출에 대한 개념이라면, 경제성은 투입에 관련된 개념이다. 예를 들어, 어떤 대학병원의 신축비가 당초보다 더 많이 소요되었는지 여부나, 같은 크기의 다른 대학병원 건축비보다 더 많이 소요되었는지 여부에 관한 검토 등은 모두 경제성에 관련된 것이다.

(3) 효율성(efficiency)

이는 효과성과 경제성을 포괄하는 개념으로서 산출과 투입 간의 비율에 의하여 표시된다. 효율성은 상대적인 비율을 뜻하기 때문에 다음과 같은 방법을 이용하여 증대를 기할 수 있다.13)

첫째, 투입이 그대로인 경우 산출을 늘린다.

둘째, 투입증대비율보다 산출증대비율을 높인다.

셋째, 산출이 그대로인 경우 투입을 줄인다.

넷째, 투입의 감소비율을 산출의 감소비율보다 줄인다.

교육의 효율성이란 결국 계획한 교육비로서 어느 정도의 교육산출을

---

11) Cooper and Ijiri, *Kohler's Dictionary for Accounts*, 6th ed., Prentice-Hall, Inc., 1983, pp.190~191.

12) Samuel Bowels, "Toward a Educational Production Function," *Education,Income and Human Capital*, lee W. Hansen ed., National Bureau of Economics Research, 1970, p.13.

13) Jones and Pendlebury, *op. cit.*, pp.5~6.

하였는가를 뜻하는 것이며, 다음과 같은 면에서 효율성은 대학교육에서 중요하다고 볼 수 있다.[14]

첫째, 교육의 자원은 한정되어 있으며 희소하다.

둘째, 많은 교육자원의 투입이 바로 높은 교육성과를 올리는 것은 아니다.

셋째, 교육활동을 전개하는 데는 여러 가지 자원결합방법이 있으며, 보다 효율적인 자원의 결합을 도모하는 것은 중요한 일이다.

(4) 효과성 · 효율성 · 경제성의 상호관계

전술한 바와 같이 효과성은 산출면, 경제성은 투입면, 그리고 효율성은 투입과 산출 양자에 관련된 개념이다. 대학의 업적은 당연히 세 가지 개념이 통합되어 측정되어야 할 것이다. 즉, 이들 중 어느 하나의 지표가 양호하다고 하여 대학의 전반적 업적이 좋다고 볼 수는 없기 때문이다.

② 대학업적측정의 전제

대학의 업적측정에서 고려하여야 할 전제로서는 다음과 같은 것을 들 수 있다.

① 대학회계 및 재무보고목적은 자원제공자의 합리적 자원배분에 관한 의사결정에 유용한 정보의 제공에 있다. 대학의 업적정보는 회계정보 이용자가 요구하는 핵심적인 정보이므로, 대학의 재무보고목적과 밀접하게 연결되어 있다.

② 대학도 다른 조직체나 마찬가지로 유한의 희소자원을 어떻게 하면 보다 효과적 · 경제적 · 효율적으로 활용할 것인가에 경영의 중점을 두고 있다. 궁극적으로 연결시키는 경영통제기법이 도입되어야 한다.

---

14) 한국교육행정학회, 『현대교육행정론』, 형설출판사, 1981, p.38.

그런데 이러한 경영통제는 업적측정이 선행되어야 가능하게 된다.

③ 대학의 업적은 대부분이 질적인 것이어서 그 측정이 어렵다고 하여도 업적측정을 시도하는 사고방식 자체가 경영통제를 지향하는 것이라고 볼 수 있다.

④ 회계측정치는 기본적으로 회계정보로서의 질적 특성을 갖추어야 한다. 또한, 회계측정대상이 되려면 회계사상이 재무제표 요소로서의 정의[15]에 부합되고, 회계인식과 측정기준에 일치되며, 거래가 발생주의원칙에 따라 기입되어야 한다.

⑤ 회계정보는 본질적으로 재무적이다. 따라서 재무제표는 재무적인 사상이 중심이 된다. 그러나 대학회계에서는 비재무적인 정보도 재무적인 정보에 못지 않게 중요하다.[16] 따라서 비재무적 업적정보라고 할지라도 중요한 사항은 대학의 재무보고에 당연히 포함되어야 한다.

⑥ 영리조직체는 이익이라는 단일척도에 의하여 비교적 쉽게 업적을 측정한다. 그러나 대학은 영리를 추구하지 아니하므로 이익척도의 사용은 불가능하다. 따라서 대학은 각 활동에 적합한 척도에 의하여 업적을 측정하여야 할 것이다. 그리고 업적측정치가 업적의 단면만을 나타내고 있는 경우에는 다른 측면에서 측정한 업적측정치들을 목적적합하게 통합하여 측정이 이루어지도록 하여야 할 것이다. 또한, 측정척도나 측정방법에서도 계량화가 가능한 측정대상을 식별하여 투입치·과정치·결과치로서 업적을 측정할 필요가 있다.

⑦ 대학업적은 대부분이 비계량적·비재무적인 성질을 가지고 있으므로, 이들은 간접적인 계량화, 즉 대용물(surrogate)에 의하여 표현하는 것이 유용하다.

⑧ 대학의 업적측정은 대학의 총생산성을 향상시키기 위하여 효과성·효율성·경제성을 통합시키는 방향에서 이루어져야 한다.

---

15) FASB SFAC No.6, *op. cit.*, High Lights.
16) Paul K. Brace, *et al.,op.cit.*, Preface VII.

⑨ 대학의 업적측정치는 『교육통계연보』나 경제기획원의 『한국사회지표』 등 외부의 각종 사회지표(social indicators) 등과 연계시켜 검토하는 것이 바람직하다.

⑩ 대학에서는 순자산의 주요 항목별 유입, 유출의 내용 및 그 변동에 관한 보고는 순자산 총액에 대한 보고보다 더 중요하다.[17] 순자산의 유입·유출 및 여러 항목 간의 관계를 분석하기 위하여 기업에서 활용하고 있는 재무분석방법을 적절하게 원용하는 것이 필요하다.

⑪ 기획예산제도(PPBS)나 영기준예산제도(ZBB) 등이 도입되어 예산에 의한 업적측정이 제도화되는 것이 바람직하다.

⑫ 활동원가에 대한 표준의 설정이 가능할 때, 목표에 의한 관리를 할 수 있다. 발생주의를 바탕으로 한 원가회계시스템하에서 보다 합리적인 업적측정시스템의 구축이 가능해진다.

⑬ 대학업적의 측정은 활동별로 활동목적의 명확한 설정과 업적평가기준이 있을 때 보다 합리적이며, 목적적합하게 측정될 수 있다.

|제3절| 대학업적측정의 접근방법

이 절에서는 대학의 활동과 목적을 알아본 다음, 업적측정의 대상을 파악하여 업적측정 접근방법을 논의함으로써 업적측정방법을 제시하고자 한다.

① 대학의 목적과 활동

대학을 하나의 시스템으로 볼 때, 다음과 같이 목적을 기술 할 수 있

---

17) FASB SFAC No.6, *op.cit.*, par.105 and par.224.

〈표 11-3〉 교육경제적인 면에서의 교육목적

행복(비경제적)	사회		부(경제적)
	사회복지교육	사회의 부를 위한 교육	
	개인행복을 위한 교육	개인의 부를 위한 교육	
	개인		

자료 : 한국교육행정학연구회편, 『현대교육행정이론』, 형설출판사. 1981, p.37.

다.18)

첫째, 대학수준의 지식과 기술을 습득한 인간을 사회에 배출한다.

둘째, 특정 과정 입학생에게 당해 과정을 이수토록 한다.

셋째, 연구활동을 수행하며, 공공에 봉사한다.

따라서 대학의 교육활동이란 '대학교육을 이수한 인간'을 배출하는 일이며 제조기업이 동종의 제품을 생산하는데 대하여 대학은 이질의 다양한 산물을 배출하는 특성을 가진다.19)

한편, 교육경제학에서는 〈표 11-3〉과 같이 교육의 목적을 사회, 개인, 행복, 부의 매트릭스로서 표현하고 있다.

대학의 모든 활동은 사실 이러한 목적을 달성하기 위하여 이루어진다. 미국 공인회계사회는 대학감사지침에서 다음과 같이 대학의 활동을 열거하고 있다.20)

---

18) Fredlich Edding, "Education and Productivity," *Essays on World Education*, George Z.F. Bredly ed., New York : Oxford University Press, 1966, p.22.

19) 森隆夫·新井有男 編著, 前揭書, p.105.

20) AICPA, *Audits of Colleges and Universities*, 1974, p.8.

21) Lenning, Oscar T., Young S.Lee, Sidney S. Micek, and Allan L., *Service, A Structure for Outcomes of Postsecondary Education*, Boulder, Colorado : National Center for Higher Education

(1) 교육 및 일반

① 교육　　　　　　　　　② 연구
③ 공공에 대한 봉사　　　④ 시설의 유지 및 운용
⑤ 장학사업　　　　　　　⑥ 행정서비스
⑦ 부속사업 (식당, 기숙사, 매점 등)
⑧ 부속병원　　　　　　　⑨ 기타의 사업

레닝 등은 교육 산출물의 측정을 위해 경제적 산출물, 인간 특성상의 산출물, 지식·기술·예술형태의 산출물, 자원 및 서비스 제공 산출물, 기타 유지 및 변화 산출물 등 다섯 가지 영역으로 분류하여 접근하고 있다.21)

그리고 밀러는 다음과 같은 다섯 가지 영역으로 대학의 업적을 구분하여 측정 항목을 분류하고 있다.22)

1) 목적 및 목표

① 목표에 대한 기술은 현재 및 미래에 대해 효과적인 지침이 되고 있다.
② 목표는 목적을 달성하도록 일관되게 표현되어 있다.
③ 대학이 적절한 계획수립능력을 가지고 있다.
④ 대학입학지침 및 절차는 대학의 목적 및 목표와 일치한다.
⑤ 대학의 목적과 목표는 전국적인 대학들과 합리적인 동질성을 유지하고 있다.

2) 학생학습

① 학생들은 그들의 조언 및 상담시스템에 대해 좋게 평가하고 있다.

---

21) Lenning, Oscar T., Young S.Lee, Sidney S. Micek, and Allan L., *Service, A Structure for Outcomes of Postsecondary Education*, Boulder, Colorado : National Center for Higher Education Management System, 1977, p.23, p.25.
22) Miller, Richard, *The Assesment of College Performance : A Handbook of Techniques and Measurement for Institutional Self-Evaluation* San-Francisco : Jossy Bass Publishers, 1979.

② 학생보유율이 합리적이다.

③ 개별화된 그리고 보상적인 학습자원세트의 활용이 가능하다.

④ 학습목표에 대해 만족할 만한 진척이 명백하게 나타나고 있다.

3) 교수업적

① 현재의 교수 개별 업적평가지침과 절차는 만족할 만하다.

② 현재의 교육개선 / 교수개발 프로그램은 당초의 목적에 기여하고 있다.

③ 교수인사지침 및 정책은 만족할 만하다.

④ 교수의 급여 및 부가급여는 경쟁적이다.

⑤ 교수 업적의 전반적인 질이 적정하다.

4) 대학프로그램

① 대학은 새로운 프로그램을 개발하는 효과적인 지침과 절차를 가지고 있다.

② 대학은 현재 시행되고 있는 프로그램의 평가와 검토를 위한 효과적인 지침과 절차를 가지고 있다.

③ 일반교육은 지적인 자극을 줄 수 있도록 구성되어 있으며 커리큘럼은 통합적인 한 부분으로서 성격을 가지고 있다.

④ 학사프로그램의 질과 규모는 대학의 목적 및 목표와 일치한다.

⑤ 도서관 또는 학습자원센터는 대학사회에 훌륭하게 서비스를 제공하고 있다.

② 대학 업적측정의 대상

대학의 업적은 대학활동의 결과물로서 〈표 11−4〉와 같은 자원의 전환과정(transformation process)으로 볼 수 있다.

대학의 경우, 최종생산물은 교육과정이라는 전환과정의 결과이다. 그

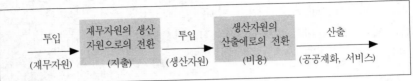

자료 : AAA, "Report of the Committee on Nonprofit Organizations", *The Accounting Review*, Supplement to Vol. XLX, 1975, p.6.

런데 대학의 업적은 결과치(result measures)로 측정하기 어려운 경우가 대부분인바, 이 때에는 과정치(process measures)로서 대용하고, 이것도 적절하지 아니한 경우에는 투입치로서 보완되는 것이 합리적이다. 따라서 대학의 업적은 대학활동의 전과정을 대상으로 하여 측정이 이루어진다고 할 수 있다. 브레이스(Paul K. Brace) 등도 이러한 사고방식에 따라 비영리조직체의 업적측정대상을 비영리조직체활동의 전반으로 보아 〈표 11-5〉와 같이 나타내고 있다.

③ 업적측정 접근방법

전술한 전제와 대학활동의 목적에 비추어 볼 때 다음과 같은 방향에서 업적측정을 시도하는 것이 바람직하다고 생각된다.

첫째, 활동별 또는 프로그램별로 업적을 재무적인 것과 비재무적인 것으로 구분한다.

둘째, 재무적으로 측정이 가능한 업적은 회계정보의 질적 특성을 갖출 수 있는 것으로 볼 수 있으며, 이들은 호프스테테(Hofstete)의 일상적인 경영통제가 가능한 유형의 활동으로 분류된다. 즉, 이 부분은 일반적인 회계측정의 대상이 된다.

셋째, 비재무적 업적은 계량화가 가능한 분야, 즉 졸업생의 수라든지

〈표 11-5〉 서비스노력과 성과

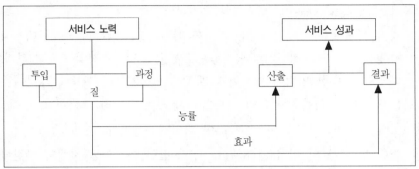

자료 : Paul K. Brace. et al., "Reporting of Service Effort and Accomplishments," *FASB Research Report*, 1980, p.5.

또는 취득학점수 등과 전혀 계량화가 불가능한 분야로 구분한다. 전자에
대하여는 활동의 성격에 알맞은 측정척도에 의하여 측정되어야 할 것이

〈표 11-6〉 업적측정에의 접근방법

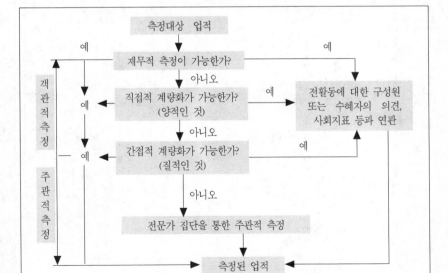

며, 후자에 대하여는 당해 활동을 가장 잘 대변할 수 있다고 생각되는 계량적 대용치(surrogate)를 모색하여 측정한다.

넷째, 대용치는 목적적합성을 갖도록 선정하고, 가급적 복수의 대용치를 이용하여 이들을 적절히 배합시킴으로써 합리적인 측정이 되도록 한다.

다섯째, 어떠한 방법에 의하여도 계량화가 불가능한 활동에 대하여는 전문가 집단에 의한 주관적인 판단을 이용하여 측정하도록 한다.

이러한 과정은 〈표 11-6〉과 같이 나타낼 수 있다.

또한 교육활동의 업적은 〈표 11-7〉과 같이 대학활동 전체의 관점에서 측정되어야 할 것이다.

그런데 업적측정에서는 어떠한 측정방법이나 측정척도가 적용되든지 간에 다음과 같은 세 가지 제약사항을 고려하여 이루어져야 할 것이다.

〈표 11-7〉 대학활동과 업적측정

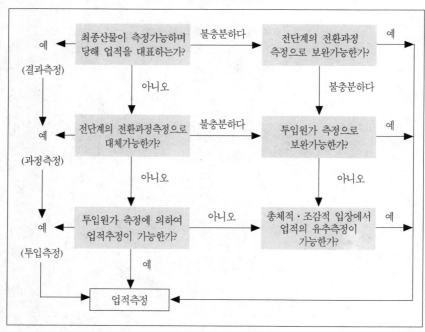

첫째, 원가와 효익에 대한 검토이다.

둘째, 회계정보로서의 질적 특성을 갖추고 있는가 하는 것이다.

셋째, 업적측정이 동기부여와 연결되는가 하는 것이다.

|제4절| 업적측정치의 제유형

대학의 업적은 활동의 전과정에서 포착되는 것이므로 결과치, 투입치, 과정치 그리고 이들의 복합치에 의하여 측정된다. 이 측정치들은 궁극적으로 재무보고의 목적을 달성하고 있는가 하는 관점에서 검토되어야 할 것이다. 또한, 업적측정치는 조직 및 경영자의 업적을 평가하는 데, 그리고 경영계획과 통제의 시스템에 활용될 수 있어야 할 것이다. 특히 SEA 측정치는 현재상태로서는 가장 합의가 이루어진 업적측정치라고 할 수 있다.

1 결과치

결과치(result measures)란 대학이 제공한 서비스에 의하여 얻는 최종산물로서 졸업생수와 같은 산출로부터 대학교육의 사회적 영향까지도 포함하는 폭넓은 개념이다. 그런데 결과치는 비재무적·비계량적인 것이 대부분이어서 아직까지 이들에 대한 측정의 기법이 충분히 개발되어 있는 상태는 아니다.[23] 그러나 결과치에 대한 정보는 재무적인 측정치로 표시되는 투입치나 과정치 못지 않게 중요하다는 데 대하여는 일반적인 합의가 이루어 지고 있다.[24] 대학의 업적은 사실 교수가 얼마나 정열적으로

---

23) FASB SFAC. No.4, *op.cit*., par.53.

24) Paul K. Brace, *et al*., pp.6~7.

〈표 11-8〉 교육산출

구 분		항 목
경제적 측면	사회적 측면	1. 국가사회 소득의 증진 2. 산업구조의 변화 3. 경제안정, 소득의 재분배 등
	개인적 측면	1. 소득향상, 고임금 등 2. 직업의 안정
비경제적 측면	사회적 측면	1. 지적자원의 축적, 전문가 배출 2. 정치의식의 향상 3. 사회환경의 정화 4. 문화적 동질성, 사회적 응결강화 5. 국민의 체력향상
	개인적 측면	1. 심리적 소득 2. 사회적 적응력 3. 지적 창조성의 증가 4. 가정적 만족감 5. 사회계층의 변동

학생들에게 교육프로그램을 이수하게 하였는가에 의하여 크게 좌우된다. 그러나 교육의 열성을 측정하고 평가한다는 것은 지극히 어려운 일이다.[25]

이와 같이, 교육의 최종산물은 질적인 요소가 대부분이므로 계량화를 위해서는 대용치를 이용하거나 의견조사를 통한 간접적인 측정에 의존하게 된다.

교육산출은 평면적으로 볼 때, 졸업생수로 표현되는 것이지만, 넓은 의미로 볼 때에는 〈표 11-8〉과 같이 여러 가지 내용으로 되어 있다.[26]

---

25) NCHEM(National Center for Higher Education Management Systems), *The Chronicle of Higher Education*, April 1972, p.1.
26) 배종근, 「교육경제」, 『새교육』, 1973, p.219, 214 ; H.R. Kells, Self Study Processes : *A Guide for Post Secondary Institutions*, Washington D.C. : American Council on Education, 1980. pp.93~95, 97 ; Robert C. *Pace, Measuring Outcomes of Colleges*, San Francisco : Jossey-Bass, 1979.
27) Maureen Woodhall and Mark Braug, "Productivity Trend in British Secondary Education," 1950-1963, Sociology of Education and Productivity Trends in British

즉, 대학교육의 산출은 "대학교육을 받은 개인"이므로 졸업생수를 가지고 측정한다면 지극히 단순하다. 그러나 교육의 산출(outcomes)은 생산물(outputs)뿐만이 아니라 결과(results), 영향(impacts) 등과 관련되는 것이기 때문에 그 측정은 단순하지 않다.

한편, 교육경제의 입장에서는 대학교육의 산출을 대학의 졸업생이 대학교육의 결과로 인하여 평생동안 대학교육을 받지 아니한 사람과 비교할 때 더 벌어들일 수 있는 생애소득이라고 규정하고, 원가·효익접근방법 (cost-benefit approach) 또는 원가·효과접근방법(cost-effectiveness approach)에 의하여 교육산출을 측정하려는 연구가 진행되고 있다.[27]

결과치로서 제시되고 있는 대표적인 것으로는 다음과 같은 것이 있다.

① 취업대상자의 취업비율

② 동문, 수료생 등의 대학교육에 대한 의견 (예 : 대학교육이 사회진출이나 인생을 살아가는 데 보탬이 되었는지 여부 등)

③ 수여학위별 학생수(전공별, 학위별)

④ 저술의 수, 발표논문의 수 등에 의한 연구업적의 측정

⑤ 연간 제공한 총학점수

⑥ 공공에 대한 서비스에 대하여는 음악회, 미술전람회, 학술발표회 등의 제공회수와 여기에 참여한 사람의 수

한편, 미국회계학회는 비영리조직체의 업적측정에 관한 연구에서 원가, 효익의 지표로서 네 가지를, 그리고 효익에 대하여는 세 가지의 측정지표를 제시하고 있는바 그 내용은 다음과 같다.

---

27) Maureen Woodhall and Mark Braug, "Productivity Trend in British Secondary Education," 1950-1963, Sociology of Education and Productivity Trends in British University Education,1938-1962,Economics and Education, Daniel C. Rogers and Hirch S. Ruchlin ed., New York : Free Press, 1971, pp.121-133.

(1) 원가 · 효익지표 [28)

① 수행한 프로그램 및 사업활동(work completed)
② 생산물(product produced)
③ 달성한 효익(benefit achieved)
④ 성취한 파급효과(impact achieved)

대학교육의 경우, 수행한 프로그램 및 사업활동이란 특정의 교육프로 그램의 과정완료를, 생산물이란 대학교육을 수료한 졸업생을, 달성한 효 익이란 지식의 증가, 기법의 향상, 소득의 증대를, 그리고 성취한 파급효 과란 대학교육을 이수한 학생의 사회에 대한 공헌도를 의미한다고 볼 수 있다.

(2) 효익지표 [29)

① 활동지표(operations indicators)
② 프로그램지표(program impact indicators)
③ 사회지표(social indicators)

대학교육에서 활동지표란 대부분 비재무적인 것으로서 취업대상자 대 취업자비율, 졸업예정자 대 졸업생비율, 자격증획득자의 수, 각종 고시에 의 합격자 수 등이다. 그리고 프로그램 지표란 교육프로그램을 편성하여 시행한 결과 나타나는 영향을 표시하는 지표로서 프로그램상의 계획과 실제결과를 측정한다. 이에 대하여, 사회지표란 사회적 환경의 변화를 나

---

28) AAA, Report of the Committee on Nonprofit Organizations, The Accounting Review, Supplement to Vol.XLX 1975, P.25 and Carol A.Weiss, Evaluation Research, Englewood Cliffs, N.J. : Prentice-Hall, Inc., 1972, p.34.

29) AAA, "Report of the Committee on Concepts of Accounting Applicable to the Public Sector, 1070-1971," *The Accounting Review*, Supplement to Vol.X, 1972, p.10.

타내는 지표로서 생활의 질(quality of life)과 관련된 광범위한 개념이다.

② 과정치

과정치는 주로 투입된 자원이 어떻게 쓰이고 있는가에 관계된다. 안토니(R.N. Anthony)는 과정척도란 조직체가 수행하는 활동량에 관한 산출의 측정척도라고 정의하고 있다.[30] 원가통제에서는 효율성을 중시하지만 투입과 과정 간에는 서로 밀접한 관계를 가지고 있으므로 업적측정의 척도로서 과정척도는 유용성이 크다고 볼 수 있다.[31] 과정척도에서는 효과성을 측정하지는 않지만, 효율성의 요소인 활동량을 측정한다.

브레이스(Paul.K. Brace)는 과정에서 얻을 수 있는 측정치로서 다음과 같은 것을 제시하고 있다.[32]

① 제공프로그램의 수와 여기에 참여한 사람수

② 입학률, 지원율, 합격률, 등록률

③ 학생 1인당 에너지 소모량

④ 대학별·연령별·성별·학과별 학생통계

⑤ 학생보유율(student retention rate)

한편, 이반스(William M.Evens)는 〈표 11-9〉와 같이 대학업적의 과정 측정방법으로서 서비스를 제공하는 과정에 투입된 작업부하량(work load)을 중심으로 계량화를 시도하고 있다. 즉, 그는 책임중심점의 책임자나 관리자가 전개하는 활동, 동원한 수단 등을 계량화의 대상으로 활용하고 있다.[33]

---

30) Robert N.Anthony and David W.Young, *op.cit.*, p.141.

31) *Ibid.*

32) Paul K.Brace, *et.al.*, *op.cit.*, pp.23~24.

33) William M. Evans, "Organization Theory and Organizational Effectiveness : An Exploratory Analysis," in Lee Spray ed., *Organizational Effectiveness : Theory, Research,*

측정항목	내용(예)
산출(outputs)/투입(inputs)	교수의 저술량
전환(transformation)/투입(inputs)	정보시스템의 원가
전환(transformation)/산출(outputs)	졸업생수
투입의 변화(changes in inputs)/투입(inputs)	등록학생수의 변화

③ 투입치

투입원가는 대학업적이 존재할 수 있도록 한 최초의 원인행위이다. 즉, 원가 없는 업적이란 있을 수 없기 때문이다. 비록 원가와 업적 사이에 직접적인 인과관계를 찾기가 어렵다고 하여도 당해 업적이 있을 수 있도록 한 원가는 업적측정치의 훌륭한 대용물이 될 수 있는 것이다. 특히, 원가는 현행회계시스템을 통하여 생산이 가능한 재무적인 측정치이기 때문에, 자료획득에서도 유리한 입장에 있다.

투입치(inputs measures)가 갖고 있는 업적측정치로서의 장점을 열거하면 다음과 같다.

첫째, 재무적인 측정치이다.

둘째, 기존의 회계시스템 속에서 비교적 용이하게 자료를 얻어낼 수 있다.

셋째, 검증가능성(verfiability)을 가지고 있다.

한편, 교육 경제적인 측면에서 볼 때, 대학활동의 투입치는 〈표 11-10〉과 같이 넓은 의미로 해석할 수 있다.

그러나 회계학적인 입장에서는 이들 투입 중에서 회계시스템에 포괄될 수 있는 것만 측정의 대상이 된다고 할 수 있다. 즉, 경제적 입장에서의 공·사교육비,[34] 교육에 사용되는 모든 재화와 서비스의 원가, 교육활

Utilization, Kent, Ohio : Kent State University Press, 1976, pp.22～23.

<표 11-10> 교육투입

구 분		항 목
경제적 측면	사회적 측면	1. 자본적 투입 : 교지매입, 교사신축 2. 재무적 투입 : 급여, 경상지출 등 3. 후생적 투입 : 연금 등 후생적 지출
	개인적 측면	1. 자본적 투입 : 공부방 신축 등 2. 재무적 투입 : 등록금, 피복비, 잡비 등 3. 후생적 투입 : 교육보험가입 등
비경제적 측면	사회적 측면	1. 환경적 투입 : 학교주변의 환경정화 등 2. 심리적 투입 : 교육의 중요성 인식 등 3. 사회문화적 투입 : 교수, 학생에 대한 우대
	개인적 측면	1. 환경적 투입 : 맹모삼천지교 등 2. 심리적 투입 : 부모의 교육적 관심, 기대, 사랑

자료; 배종근, 「교육경제」, 『새교육』, 1973.1-6, pp.219~224.

동에 활용되는 제자원의 획득원가, 그리고 학생이 대학을 진학함으로써 포기하는 취업기회에 대한 기회손실[35] 중에서 미시적·단기적이고 회계정보로서의 질적 특성을 지닌 것만이 회계측정의 대상이 될 수 있는 것이다.

재무적인 성격을 가진 것으로서 업적측정치의 투입치로 활용될 수 있는 항목에는 다음과 같은 것이 있다.

① 전임교수의 급여총액 및 1인당 평균급여액

② 건물단위당 관리비

③ 연구프로젝트별 연구비

---

34) 공교육비란 교육활동을 재정적으로 지원하기 위해 예산회계 시스템에 따라 지원되는 경비로서 문교부, 지방교육행정기관 그리고 학교예산에 포함되는 모든 것을 말하며, 사교육비란 교육활동에 투입되지만, 예산회계 시스템을 거치지 아니하는 교재대금, 과외활동비, 하숙비 등을 말한다(김열철·공정배 외 1인, 『자본재와 적정단위 교육비』, 한국교육개발원, 1982, pp.5~8).

35) 森隆夫·新井有男 編著, 전게서, p.116.

36) Paul K. Brace, et al., op.cit., p.22.

그런데 이 투입치들이 다음과 같은 비재무적 측정치들과 연관되어 활용될 때 그 유용성은 커진다고 볼 수 있다.[36]

① 기능별 · 학과별 · 대학별 교직원수
② 학위별 · 성별 · 직위별 · 근무연수별 · 저술의 수 및 발표논문의 수별로 집계된 교수에 관한 자료
③ 도서관의 연면적, 기능별 도서관 면적, 장서수, 열람석의 규모
④ 기능별 학교의 면적

한편, 미국의 고등교육경영센터에서는 투입치를 재무적인 것과 비재무적인 것으로 나누어 다음과 같이 제시하고 있다.[37]

(1) 재무적인 투입치

① 프로그램별 인건비
② 관리직원별 인건비
③ 기타의 인건비
④ 소모품대, 서비스료
⑤ 자본적 지출액
⑥ 시설의 유지관리비
⑦ 장학금
⑧ 직접원가=①+②+③+④
⑨ 간접원가=원가의 최종 목적에 직접 부과되지 아니하는 원가

(2) 비재무적인 측정치

① 학생 1인당 교실면적

---

36) Paul K. Brace, *et al.*, op.cit., p.22.
37) James R.Topping, Cost Analysis Manual, NCHEMS Technical Report, No.45, 1974, pp.19-23.

② 학생 1인당 도서관면적

③ 학생수

④ 총신청 학점수

⑤ 과목당 수강학생수

특히, 원가자료는 다음과 같은 사항을 측정할 수 있도록 한다.

① 교육프로그램별 원가

② 연구프로젝트별 원가

③ 대학생 1인당 교육원가

④ 학점 1단위당 교육원가

⑤ 수업료산정을 위한 총교육원가 등

또한, 대학의 재무적 활동능력을 측정하는 하나의 방법으로 활용되는 재무분석기법은 업적측정에도 적용될 수 있다.

④ SEA 측정치

(1) 서비스노력(service efforts)의 측정치

즉, 대학활동의 투입관련측정치이다. 대학활동에 대한 투입이란 교육·연구 및 공공봉사활동을 위해 투입된 재무 또는 비재무자원의 총액을 말한다. 여기에는 투입된 인건비, 인력, 서비스투입시간 등이 있다.

1) 재무정보(financial information)

재무정보는 지출 및 비용의 재무측정치를 말한다. 대학의 경우, 대학활동에 투입된 인건비 및 제수당, 여비, 교육재료 및 소모품비, 각종 실험장비의 사용원가, 그리고 교육관련 각종 간접비 등이 있다.

2) 비재무정보(nonfinancial information)

비재무정보에는 인원수(number of personnel) 및 기타의 측정치(other measures) 등이 있다. 특히, 인력은 중요한 투입측정치이다. 투입교직원수, 투입교육시간수, 교직원당 공간면적, 학생당 도서수, 교수 1인당 학생수, 교수 1인당 직원수, 직원 1인당 학생수, 교수의 학위소지비율 등은 대표적인 비재무정보이다.

(2) 서비스성과의 측정치

서비스성과(service accomplishments) 측정치는 사용된 자원으로 무엇을 제공하였으며, 무엇을 달성하였는가를 보고한다. 성과측정치는 산출(outputs)과 결과(outcomes)라는 두 유형으로 구분할 수 있다. 산출치는 제공된 서비스의 양을 측정하고 결과치는 이들 산출물이 제공한 결과를 측정한다.

1) 산출측정치(outputs measures)

산출물이란 제공된 서비스의 양을 말하며, 산출물측정치는 제공된 서비스의 양, 특정한 질적 요구수준에 부합되도록 제공된 서비스의 양 등이다. 예를 들면, 졸업생수, 총이수학점수, 총발표논문수 등이 있다.

2) 결과측정치(outcomes measures)

결과치는 제공된 산출물의 결과를 측정한 것이며, 결과치는 제공된 교육 및 연구활동 결과로 발생하는 성과 또는 업적으로서 측정된다. 결과치는 대학의 목표에 대한 달성정도, 경제적 효과 등을 들 수 있다.

(3) 서비스노력과 성과의 관련성 측정

1) 효율성 측정치(efficiency measures)

서비스의 결과에 대해 투입을 연계시켜 측정하며, 이러한 지표들은 사용된 자원 또는 산출물 단위당 원가로서 표시한다. 이 측정치들은 일정수준의 자원사용에 대한 산출물의 생산에 관한 정보를 제공하며, 과거의 결과, 내부적으로 설정된 목표, 일반적으로 인정된 표준 또는 기준, 유사한 기관에 의하여 달성된 결과 등과 비교하여 그 조직체의 상대적인 효율을 표시해 준다.

2) 원가-결과 측정치(cost-outcome measures)

서비스의 성과 또는 결과에 대한 투입치(노력)와의 관련성으로 측정하며 이러한 측정치들은 결과치 또는 결과 단위당 원가로 표시한다.

(4) 설명정보

앞에서 설명한 SEA 측정치와 함께 설명정보(explanatory information)가 SEA 보고에 포함된다. 설명정보는 재무정보 이용자들이 SEA 측정치를 이해하고, 조직체의 업적을 평가하며, 보고된 업적에 영향을 미친 기본적인 요소들의 중요성을 평가하는 데 도움이 되는 계량적·서술적 정보를 포함한다.

① SEA 측정치와 함께 보고할 수 있는 계량적 설명정보(quantitative explanatory information)에는 ⓐ 환경적·인구 통계적 성격과 같은 실질적으로 해당 조직체의 통제 밖에 있는 요소들과, ⓑ 직원배치 등과 같이 당해 조직체가 상당한 통제력을 갖는 요소 등 두 가지 유형이 있다.

② SEA 측정치와 함께 제공되는 서술적 정보(narrative information)는 SEA 측정치로 표시되어 제시된 업적수준이 무엇을 의미하며, 설명적

<표 11-12> 대학의 서비스투입 및 성과보고서(안)

00대학교 제00(당)기 19××년×월×일 부터 19××년×월×일까지
(전)기 19××년×월×일 부터 19××년×월×일까지

과 목	단위	제 00(당) 기	제 00(전) 기
Ⅰ. 서비스투입			
1. 재무적 투입			
① 인건비	원		
② 장비·시설투입비	원		
③ 대학예산	원		
2. 비재무적 정보			
① 인원수			
가. 교원수	명		
나. 직원수	명		
② 총강의시간	시간		
③ 교육시설 등			
가. 공간면적/교수수	m²		
나. 실험장비수/교수수	점		
다. 장서수/교수수	권		
Ⅱ. 서비스성과			
1. 산출물			
① 이수학점수	건		
② 발표논문수	건		
2. 결과물			
① 제공학점수	학점		
② 국내외학술발표건수	건		
③ 공공봉사건수	건		
Ⅲ. 서비스 노력과 성과 관련성			
1. 제공학점수/교수수	학점		
2. 연구비/논문수	원		
3. 논문수/교수수	편수		
Ⅳ. 설명정보			
1. 교육특성화	건		
2. 신규채용자수	명		
3. 수탁과제수	건		
4. 퇴직자수	명		

요소가 업적에 미칠 수 있는 가능한 영향은 무엇이고, 보고된 업적을 변동시킨 또는 변동시키기 위해 취한 행동은 무엇인가에 대한 정보를 제공한다.

⑤ SEA 보고모델

앞에서 설명한 바와 같이 대학의 재무보고에 SEA를 도입하기 위하여는 SEA의 구성요소들을 적절히 나타낼 수 있는 보고서 양식개발이 필요하다.

이 책에서는 GASB 개념보고서 제2호에 정리된 SEA 보고의 구성요소 즉, 대학서비스의 노력(service efforts)을 측정하는 측정치, 대학의 성과(service accomplishments)를 측정하는 측정치, 대학의 서비스노력을 대학성과에 관련시키는(service efforts to accomplishments) 측정치 등과 함께 SEA 측정치에 관련된 계량적 설명정보(quantitative explanatory information) 및 서술적 정보(narrative information) 등을 중심으로 하여 전기와 당기를 비교할 수 있도록 〈표 11-12〉와 같이 보고서양식을 설계하였다.

|제5절| 대학의 경영평가

① 경영평가제도의 의의

경영평가제도란 조직의 운영에 대한 효과성과 효율성의 정도를 측정하여 이를 평가하고 그 결과를 피드백함으로써 조직의 목적을 달성하도록 하는 관리시스템이다. 대학은 전형적인 비영리조직으로서 투입대비 산출 간의 인과관계를 찾기 어렵고, 대학의 산출이 비재무적인 것이기 때문에 영리조직이 적용하는 '이익'과 같은 단일평가척도가 없다. 즉, 운영계산서상에 나타난 운영수지차액과 손익계산서의 당기순이익과는 전혀 그 성격이 다르다. 운영수지차액이 있다 하여도 그것이 바로 대학경영을 잘했다는 것을 의미하지 않기 때문이다. 따라서 대학의 경영평가는 인위적으로 개발한 각종 측정치를 이용하게 된다. 앞장에서 소개한 SEA 측정치가 그 대표적인 예이다.

경영평가는 정기적·체계적·객관적 평가와 비정기적·임의적·주관적 평가 등으로 나누어 볼 수 있다. 임의적인 경영평가는 평가담당자나 최고경영진의 주관적 가치판단이 개입될 가능성이 크다. 따라서 대학이 교육서비스의 질을 향상시키고, 발전을 도모하려면, 외부로부터의 객관적·체계적인 평가를 받는 것이 바람직하다.

② 경영평가의 기본요소

일반적으로 경영평가는 ① 평가목적, ② 평가자, ③ 평가대상, ④ 평가지표(평가항목), ⑤ 평가기준, ⑥ 평가결과에 따른 인센티브 등의 여섯 가지로 구성되어 있다.

첫째, 경영평가에는 평가의 목적이 있어야 한다. 여타 제도의 경우도 마찬가지이지만, 목적이 없는 평가란 존재할 수 없다. 대학의 경우, 평가목적은 대학구성원들의 자발적인 개선노력을 유도함으로써 대학을 발전시키고자 하는 데 있다.

둘째, 경영평가에서는 평가자가 있어야 하며, 평가자는 평가업무를 수행함에 공평무사하고 전문적인 인적 소양과 특성을 갖추어야 한다.

셋째, 경영평가에는 평가대상이 분명하여야 한다. 평가대상은 바로 누구를 평가할 것인가 하는 문제이다. 그런데 이러한 평가대상은 평가목적이 무엇인가에 따라 달라진다. 대학에서 자체적으로 실시하는 경영평가의 경우, 평가목적이 교원의 강의 및 연구수준의 향상이라면 교원 개개인이 평가대상이 될 것이고, 대학 내 각 조직의 운영효율성을 제고하는 것이 평가의 목적이라면, 그 평가대상은 대학 내 각 기관들이 될 것이다.

넷째, 경영평가제도에는 평가지표가 있어야 한다. 평가지표 또는 평가항목이란 경영활동의 효율성 여부를 판단하기 위하여 사용되는 구체적인 평가요소를 말한다.

다섯째, 경영평가에는 평가기준이 있어야 한다. 평가기준은 평가지표의 일정 수준을 의미하며, 평가결과를 좋은 것과 나쁜 것으로 분류하는 기준이 된다. 따라서 평가기준은 평가대상이 수용할 수 있도록 합리적이어야 한다.

여섯째, 평가결과에 따른 인센티브가 있어야 한다. 이는 평가결과에 대한 사후조치에 해당하는 것으로서 잘된 것에 대해서는 앞으로도 더욱더 잘될 수 있도록 인센티브를 제공하고, 잘못된 부분에 대해서는 그러한 오류나 잘못이 다시는 일어나지 않도록 적절한 사후처리를 하여야 구성원들이 평가에 대해 관심을 가지게 되며, 실질적인 경영개선 효과를 얻어낼 수 있다.

③ 한국대학교육협의회의 대학평가

21세기는 교육산업사회 내지는 지식산업사회이며, 교육·지식면에서 국제적인 무한경쟁상황이 펼쳐질 것이다. 학습자들이 대학교육의 질과 시설·설비 그리고 교수 등의 여건에 따라 스스로 대학을 선택하게 되는 학습권 내지는 소비자주권시대가 될 것으로 보고 있다. 대학을 둘러싸고 있는 환경이 이렇게 변화함에도 불구하고, 우리 나라 대학의 교육환경은 국제지표와 비교하기 민망할 정도로 열악하다. 이러한 근본적인 문제를 해결하기 위해 우리 나라에서는 1992년부터 학과평가인정제를, 1994년부터는 대학종합평가인정제를 실시하고 있다. 평가인정제란 대학의 운영 전반을 분석·평가하여 대학교육의 수월성을 추구하고, 대학경영의 효율성을 제고하며, 대학의 책무성 향상과 대학의 자율성 신장 그리고 대학 간 협동을 강화·촉진하려는 데 목적을 두고 모든 대학이 일정수준 이상의 교육체제를 갖추도록 유도하는 제도이다. 평가인정제의 내용을 좀더 정리하면 다음과 같다.

① 교육의 수월성 제고 : 각 대학(학과)이 수월성 측면에서 일정수준 이상이 되도록 자구적 노력을 경주하는 분위기를 조성하여 대학(학과) 교육의 발전을 도모한다.

② 경영의 효율성 제고 : 각 대학(학과)에게 대학(학과)경영의 부단한 개선을 통하여 효율성을 진작시킨다.

③ 대학(학과)의 책무성 향상 : 각 대학(학과)의 문제점과 그 원인의 규명 및 개선방안을 제시함으로써 대학교육의 사회적 책무성과 공신력을 제고한다.

④ 대학(학과)운영의 자율성 신장 : 대학(학과)교육의 발전을 위하여 가능한 한 대학(학과)운영의 자율성을 신장하고 대학(학과)소속 교수들의 협력과 참여를 증대시킨다.

⑤ 대학(학과) 간 협동성 진작 : 대학(학과) 간의 상호신뢰와 협동의 필요성에 대한 인식을 부여함으로써, 문제해결에 대한 공동대처와 인력 및 시설을 공동활용하는 분위기를 진작시킨다.

⑥ 대학에 대한 재정지원의 확충 : 대학의 열악한 교육여건을 사회에 공개함으로써 정부와 산업체의 대학재정지원을 유도한다.

학과평가인정제는 1992년 물리학과·전자공학과, 1993년 화학과·기계공학과, 1994년 생물학계열을 대상으로 실시하였고, 1995년부터는 경영계열에 대한 평가를 실시하였다. 1995년 이후부터는 평가대상 학과수를 대폭 늘려서, 대학경영의 효율성을 평가하여 유사학과 간의 통합을

학사과정			대학원		
영역	항목수	가중치(%)	영역	항목수	가중치(%)
1. 교육목표	8	21(7)		5	14(7)
1.1 교육목표의 설정	5	13	1.1 교육목표의 설정	3	8
1.2 교육목표의 구현	3	8	1.2 교육목표의 구현	2	6
2. 교육과정	21	90(30)	2. 교육과정	15	60(30)
2.1 교육과정의 설계	3	12	2.1 교육과정의 설계	3	14
2.2 교양교육과정	3	12	2.2 교육과정의 운용	3	13
2.3 전공교육과정	6	28	2.3 수업	5	17
2.4 수업	9	38	2.4 논문지도	4	16
3. 학생	11	45(15)	3. 학생	10	30(15)
3.1 학생지도	3	12	3.1 학생선발	3	8
3.2 학생활동	3	10	3.2 학생활동	2	5
3.3 학생장학 및 복지	3	13	3.3 학생장학 및 복지	3	7
3.4 학생진로	2	10	3.4 학생진로	2	10
4. 교수	21	90(30)	4. 교수	10	66(33)
4.1 교수의 임용	3	8	4.1 교수의 임용	3	10
4.2 교수의 확보와 구성	7	37	4.2 교수의 확보와 구성	4	31
4.3 교수의 수업부담	4	15	4.3 교수의 연구	3	25
4.4 교수의 연구와 개발 및 봉사	7	30			
5. 시설 · 설비	8	30(10)	5. 시설 · 설비	6	20(10)
5.1 기본시설	3	12	5.1 기본시설	2	8
5.2 지원시설	3	10	5.2 지원시설	2	6
5.3 교육기자재 및 software	2	8	5.3 교육보조기자재 및 software	2	6
6. 행정 · 재정	7	24(8)	6. 행정 · 재정	4	10(5)
6.1 학과행정	4	14	6.1 학과행정	2	6
6.2 학과재정	3	10	6.2 학과재정	2	4
총 계	76	300(100)	총 계	50	200(100)

유도 · 권장하고 있다.

또한, 종합평가인정제는 1994년부터 시행되어 여러 대학이 인정대학으로 평가를 받았다. 그러나 이 인정대학들이 국제적인 경쟁력을 가졌다고 보기는 어렵다. 다만, 세계지향대학으로서 기본조건을 갖추기 위한 노력하는 단계라고 보는 것이 타당하다.

대학 학과 및 종합평가인정제는 2000년까지를 1주기로 하며, 교육목표, 교육과정, 학생, 교수, 시설·설비, 행정·재정 등 6개 평가영역으로 구성되어 있다. 그리고 질적인 측면을 담고 있는 정성적(定性的)인 영역 65%, 양적 측면을 평가하는 정량적(定量的) 영역 35%의 100개 문항은 설정하고, 각 문항에 대해서는 중요도에 따라 가중치를 두어 항목별 점수를 부여하는 가중지수법을 따르고 있다. 이 방법은 점수산정이 쉽고, 종합평점을 구할 수 있어 판정이 용이하다는 점, 그리고 대상 간 동일척도로 상호 비교가 가능하다는 장점이 있으나, 가중치를 과연 어떻게 부여할 것인지, 그리고 수많은 지표 중에서 어떤 지표를 쓸모 있다고 보아 선택할 것인지 등의 문제점이 있다.

|제6절| 대학의 업적평가와 DEA

① DEA의 개념

DEA(data envelopmemt analysis)는 여러 종류의 투입요소를 이용하여 여러 종류의 산출물을 생산하는 유사한 목적을 위하여 조직된 의사결정단위(DMU : desison making unit)들 간의 상대적 효율성을 평가하기 위해 사용되는 일종의 선형계획법이다.[38] DEA는 조직체의 상대적 효율성을 평가하기 위해 Farrell(1957)의 「생산효율성측정」 연구에 기초하여 찰스, 쿠퍼와 로즈(Charles, Cooper and Rhodes)에 의해 1978년 개발되었다. 이후 교육기관, 군대, 법정, 병원 등의 비영리기관뿐만 아니라, 은행 등 영

---

38) 안태식 외, 「한국대학의 효율행태와 영향요인」, 『회계학연구』, 제23권 제2호, 1998.6, p.198.

리조직의 효율성 평가에도 널리 이용되어 왔다.

조직의 성과측정에 관심을 갖고 있는 많은 연구자들은 비교가능한 DMU에 대하여 상대적 효율성이나 생산성을 측정하고자 할 것이다. 이들 DMU는 상이한 다수의 산출물을 생산하기 위하여 상이한 다수의 투입요소를 사용할 수 있다. 개별 DMU들이 생산한 다수의 산출물에 대하여 다수의 투입물을 동시에 대응시키는 DEA측정기법이 현실적으로 보다 설득력 있는 효율성 측정방법이라 할 수 있다.

② DEA의 유용성

DEA의 효율성 평가는 다수의 투입과 다수의 산출물이 존재하는 조직에 유용하게 활용될 수 있다. 이는 기존의 비율분석이나 지수법이 각 투입요소나 산출물에 대해 또는 투입요소와 산출물의 비율에 대해 가중치를 부여하여 종합적인 평가를 실시해 왔던 것과 다르다. DEA는 임의적인 가중치를 배제하고 효율치의 산출과정에서 객관적인 방법으로 가중치가 도출되는 점이 특징이며, 또한 다음과 같은 장점을 지니고 있다.

① DEA는 투입과 산출의 측정단위를 화폐단위와 같이 하나의 단위로 통일할 필요가 없이 각 요소의 측정단위가 상이하여도 무관하게 상대적 효율을 추정할 수 있어 투입과 산출의 시장가격이 존재하지 않는 비영리조직의 평가에 유용하게 적용될 수 있다.

② DEA는 투입요소를 이용하여 산출물을 생산하는 의사결정단위에 대한 전반적인 효율성추정치와 함께 각 DMU의 투입 및 산출물 변수에 대해 비효율적인 정도를 제시해 주기 때문에 업무감사(management audit)의 선행수단으로 사용될 수 있다.

③ 성과평가의 결과 비효율적인 DMU와 효율적인 DMU가 결정되면 그 결과에 따라 자원을 효율적으로 분배하는 수단으로 사용될 수 있다.

④ DMU의 개별단위별로 효율성의 평가를 할 수 있고 동시에 특정 프로그램의 효율성을 상호비교할 수 있다.

③ DEA와 관련된 효율성 개념[39]

개념적으로 다투입, 다산출물을 갖는 DMU들의 효율성평가를 위해서 DEA기본모형은 분수계획법을 이용하고 있다. 즉, 산출물 / 투입물의 선형결합비율을 최대화하는 가중치를 산정하도록 구성되어 있다. 피평가 DMU의 효율성척도는 선정된 가중치가 실행가능해야 하며, 집단 내에서 가장 모범적인 DMU(준거집합)보다 더 큰 효율치를 가질 수 없다는 제약을 받는다.

목적함수에 포함된 DMU의 산출 / 투입비율은 동시에 제약조건의 일원으로 포함된다. 그러므로 최상의 효율성 비율은 1보다 같거나 적은 값을 갖게 되며, DMU모형은 모든 피평가 DMU에 대해 준거집합을 구성하도록 하여 가장 효율적인 DMU의 부분집합과 비교하기를 요구하고 있다. DMU기법에 도입된 효율성의 개념은 파레토(pareto)효율성과 관련되는데 다음과 같이 설명할 수 있다.

(1) 산출물에 초점을 둔 파레토효율성

한 DMU에 대하여 다른 일부의 DMU나 DMU들의 결합을 통해서 이들이 다수의 투입자원 중 어떤 자원도 보다 많이 사용하지 않고, 다수의 산출물 중 어떤 다른 산출물의 생산감소 없이 일부의 산출물이 보다 많이 생산될 수 있다면 그 DMU는 주어진 투입물로부터 효율적인 생산을 하고 있는 것이 아니다. 즉, 다른 DMU나 DMU들의 선형결합에서 위에

---

39) 곽영진, 「자료포락분석(DEA)을 이용한 병원의 효율성평가에 관한 연구」, 충남대학교 박사학위논문, 1992.10, pp.35~38.

언급된 가능성이 존재하지 않는다면 DMU는 효율적이다.

(2) 투입물에 초점을 둔 파레토효율성

한 DMU에 대하여 다른 일부의 DMU나 DMU들의 결합을 통해서 이들이 다른 어떤 자원을 추가시키지도 않고 일부의 자원을 더 적게 사용하여 동일한 양의 산출물이 생산할 수 있음을 보여 준다면, 그 DMU는 주어진 산출물을 생산하는데 투입물의 이용면에서 비효율적인 것이다. 즉, 다른 DMU나 DMU들의 선형결합에서 위에 언급된 가능성이 존재하지 않는다면 DMU는 효율적이다.

찰스와 쿠퍼(Charles and Cooper, 1984)는 DMU의 100% 효율성이란 다음과 같을 때만이 달성된다고 설명하고 있다.

① DMU가 어떤 산출요소도 투입요소 중 하나 또는 그 이상 증가 없이는 산출의 증가가 없거나, 다른 산출요소의 일부를 감소시키지 않고 어떤 산출요소도 증가될 수 없을 때 100% 효율성을 달성하게 된다.

② 다른 DMU가 어떤 투입요소도 산출요소 중 일부를 감소시키지 않고 줄일수 없거나 다른 투입요소 중 일부를 증가시키지 않고는 줄일 수 없을 때 100% 효율성이 달성된다.

③ 다음 조건을 추가시키면 위 조건을 수정한 상대적 효율성을 얻을 수 있다. 즉, 100%의 상대적 효율성은 어떤 DMU가 다른 적정 DMU와 비교하여 어떤 투입물의 사용이나 산출물생산에 비효율성의 증거가 제공되지 않을 때만 달성된다.

④ 대학의 업적평가와 DEA

일반적으로 실시되고 있는 현행의 대학의 업적평가에서 사용되는 많은 지표는 투입중심의 지표로 대학 간에 동일한 효율성이 보장되지 않는

한 많은 투입이 많은 산출로 연결되고 있다는 한계점을 지니고 있어 투입자체의 증대보다 대학의 효율성의 증대가 더욱 중요한 과제이며 보다 정확한 평가라 할 수 있다. DEA는 바로 이러한 대학의 효율성 증대를 객관적으로 비교 평가하는 접근방법으로 대학의 다양한 투입 및 산출요소에 대한 평가를 실시할 수 있도록 하고 있다.

효율성 평가와 비교에서 가장 중요한 것은 효율성의 평가에 사용할 투입과 산출요소의 선택이다. 일반적으로 고등교육기관의 산출물은 지식의 축적과 증가를 의미하며, 이는 유형무형의 산출물 모두를 포함하므로 그 측정이 모호하여 파악하기가 쉽지 않고 측정이 어려우며, 투입요소와의 함수관계로 표현하기가 쉽지 않다. 따라서 실제 많은 연구들에서는 이들에 대한 대용치(surrogate)를 사용하여 지식의 축적과 증가라는 최종산출물 대신 일차적인 산출물 또는 중간산출물을 기준으로 산출물을 측정하고 있다.

예를 들어, 안(Ahn, 1989)은 산출물로 학부학생수, 제공총학점수, 연방정부와 개인연구기관의 연구지원금을 대용치로 선정하고, 투입변수로는 교직원인건비, 주정부연구지원금, 시설관리운영비와 기타 간접비를 사용하였다.[40] Cyrii & Green(1988)은 산출물로 재학생수, 대학원생수, 연구용역수입, 연구논문수, 저서수로, 투입물은 전임교수수, 직원수, 교수인건비, 직원인건비 등을 이용하였다.[41] 안태식(1998)의 연구에서는 산출물을 학부학생수, 대학원생수, 취업자수, 연구논문수, 외부연구비 등을 두고, 투입요소는 교수수, 직원수, 관리운영비, 인건비, 기자재비 등을 사용하였다.[42] 특히 이들의 연구에서는 대학활동의 특성에 의해 교육부문에의

---

40) Ahn, T.S., V. Arnold, A. Charles, and W.W. Cooper, 1989. "DEA and Ratio Efficiency Analysis for Public Institutions of Higher Learning in Texas," *Research in Governmental and Nonprofit Accounting*, Vol. 1989, pp.165~182.

41) Cyrii, T. and R. Green, "An Experiment in the Use of Data Envelopment Analysis for Evaluting the Efficiency of UK University Departments of Accounting," *Financial Accountability & Management*, Summer 1998, pp.147~165.

42) 안태식, 전게서, pp.192~194.

중점을 두는 교육모형과 연구부문에 중점을 두는 연구모형으로 구분하여 이들 간의 차이분석을 시도하였다. 이에 따라 각 영역의 특성에 따라 투입요소와 산출요소를 적절히 조정하여 측정변수를 선정하도록 해야 함은 DEA 효율성 측정의 중요한 과정이다. 〈표 11-14〉는 이들 선행연구에서의 다양한 투입요소와 산출물을 나타내고 있다.

〈표 11-14〉 선행연구의 산출물 및 투입요소

투입요소	산출물
교수수 직원수 교직원봉급 주정보의 연구지원금 간접비(관리 및 교육지원 비용) 인건비, 시설운영비, 관리비 고정자산	학부학생수 대학원생수 취업자수 전체학점수 연방정부기관의 지원금 개인연구기관의 지원금 연구논문수 연구용역수입

제 12 장

대학의 부실예측과 파산 및
흡수 · 합병

|제1절| 사립대학의 파산

1 대학의 파산이란

우리 나라에서도 사립대학이 과연 파산할 수 있을 것인가? 사실 지금까지는 전혀 이러한 생각을 해 볼 필요가 없었다. 왜냐하면 한국 사립대학은 설립만 되면 어떻게 하든 유지 · 발전해 왔기 때문이다. 그러나 오늘날에는 대학설립요건이 완화되고, 인구감소로 인해 대학지원자 절대수가 감소하고 있으며, 교육개방으로 인해 국내 · 외 간 대학경쟁이 심화되고 있다. 여기에 IMF로 인한 고금리 · 환차손 · 차입 등의 어려움으로 대학의 재정상황은 파산지경에 도달하고 있어 상황은 급변한 것이다. 실제로 1998년 초에는 서울의 모대학에 부도상황이 발생하여 사립대학의 어려운 현실을 세상에 적나라하게 드러냈다. 사립대학이 망한다는 것은 결국 대학교육을 수행할 수 있는 재무능력이 없어 대학이 국·공립대학으로 설립주체가 전환되거나(인천대학교의 경우) 타대학에 흡수·합병된다는 것을 뜻한다. 2000년 이후부터는 대학입학정원지원자의 감소, 학교경영환경의 악화에 대한 대처 또는 대학경쟁력의 향상 등을 위한 사립대학 간의 빅딜, 즉 대학 간 흡수·합병(M&A)도 가시적으로 이루어질 것으로 전망된다. 재무능력이 뒤따르지 못하는 사립대학은 그 설립취지가 아무리 훌륭하다고 하여도 대학운영이 중단될 수밖에 없다는 냉엄한 현실에 처해 있는 것이다. 따라서 우리는 대학에 대해 재무적으로 건전하며 파산(破産)이나 부도(不渡), 또는 자금압박(資金壓迫)의 위험은 없는가, 그리고 대학의 교육·연구·공공봉사라는 고유활동과 재무상태간에 균형을 유지하고 있는가 등에 대해 좀더 현실적인 관점에서 면밀하게 검토하여야 한다.

일반적으로 대학의 재무적인 능력에 결정적인 영향을 미치고 있는 요인으로는 당해 대학의 단기자금지급능력(短期資金支給能力), 유동성(流動性), 적립금의 크기, 유입자원(流入資源)과 유출자원(流出資源) 간의 관계, 유입자원의 성격, 그리고 자원이 다른 용도로도 사용될 수 있는 융통성의 정도 등이다. 대학의 재무적(財務的) 능력이 있다는 것은, 첫째 현재의 교육·연구·공공봉사 활동수준 또는 기대되는 활동수준을 계속적으로 제공할 수 있는 재무적 능력이며, 둘째는 다른 사람 또는 다른 조직의 개입이 없이도 대학이 스스로 대학 자체의 업무를 통제할 수 있는 재무적 능력이고, 셋째는 고객(학생 및 교직원)과의 계약사항을 차질없이 수행할 수 있는 재무적인 능력이 있음을 말한다.

특정대학이 이러한 재무적 능력이 있는지를 검토함으로써 우리는 다음과 같은 사항을 파악할 수 있다.

첫째, 대학의 전반적인 강점과 약점을 파악할 수 있다.

둘째, 일정기간에 그 조직체의 업적을 파악할 수 있다.

셋째, 서비스를 계속적으로 제공할 수 있는지 여부를 판단할 수 있다.

넷째, 현금흐름 예상액 및 의무이행에 소요되는 현금규모를 파악할 수 있다.

다섯째, 자원에 결부된 제약사항을 파악할 수 있다.

대학이 고유활동 수행을 위한 재무적 능력을 가지고 있다는 것은 중요한 사항이며, 자원제공자들에게는 가장 관심이 큰 회계정보이다. 반대로 대학이 이러한 재무적 능력이 없다는 것은, 즉 대학이 파산할 가능성이 있다는 것을 의미한다.

대학이 최소한 현재의 교육프로그램을 지속적으로 수행하여 갈 수 있는가는 대학이 자원제공자로부터 필요한 자원을 계속하여 획득할 수 있는지 여부에 달려 있다. 자원제공자들은 대학이 제공하는 서비스를 기대하고 자원을 제공하는 것이기 때문에, 대학이 제공하는 서비스와 여기에 소요되는 자원관계는 그 대학이 서비스를 성공적으로 제공하였는지 여부를 결정함에 유용하다.

자원은 대학이 활동을 함에 필수불가결한 것이기 때문에 인간의 혈액에 비유할 수 있다. 대학은 장기적으로 자원제공자 등이 만족할 만한 수준의 대학활동을 영위하여야 하며, 대학이 조달한 자원이 이러한 활동을 전개함에 필요한 자원액과 최소한 같거나 그 이상을 획득하지 못한다면 대학의 고유목적 성취는 어렵게 된다. 자원제공자가 계속하여 자원을 제공할 것인가를 결정할 때에는 대학이 장래 제공하게 될 서비스의 어떤 수준을 기대하게 되는데, 이 수준은 보통 그 조직체의 과거 업적이 기준이 되어 설정된다. 즉, 그들은 그 대학이 과거에 교육활동을 전개하면서 소요되는 자원을 어떻게 획득하였으며, 어떻게 사용하였는지에 관심을 갖는 것이다. 대학이 대학활동과 재무상태 간에 조화를 이루지 못하여 기본재산이 잠식당하고, 이사장이 경질된다거나 다른 대학에 흡수·합병된다든지, 또는 공공지원을 받아야 되는 상황이 된다면 그 대학의 설립목적이 아무리 훌륭하다고 하여도 더 이상 사회적으로 지지를 받기는 어려워진다.

이러한 상황에 이르지 않도록 하기 위해서는 사전에 재무적인 문제가 발생하지 아니하도록 제반 조치를 취해야 한다. 이를 위해서는 평소에 균형예산을 편성하고, 파산예측기법을 활용하여 재무적인 곤경을 예측하며 이를 회계정보이용자에게 보고할 필요가 있다. 또한, 이러한 일을 담당할 수 있는 책임자를 두어 항상 관심을 갖고 대처하는 것이 현명하다고 볼 수 있다.

대학의 재무적 능력은 다음과 같은 관점에서 파악되어야 할 것이다.

첫째, 건전하지 못한 대학과 건전한 대학의 재무에 관한 정보를 비교할 때, 양자에 차이가 있는 특성은 무엇인가?

둘째, 대학에 재무적 어려움을 가져오는 재무적인 요인으로는 어떠한 것이 있는가?

셋째, 대학에 재무적 어려움을 가져오는 비재무적인 요인에는 어떠한 것이 있는가?

넷째, 대학의 파산은 예측가능한가? 또한, 예측모델의 설정은 가능한 것인가?

다섯째, 대학에 파산을 가져올 수 있는 일반적인 조짐은 어떤 것들인가? 그리고 이에 대한 대책은 무엇인가?

② 기본재산(純資産 : net assets)과 재무능력(財務能力)

영리기업에서는 자본이라는 용어를 사용하지만 대학과 같은 비영리조직에서는 자본금의 개념이 없으므로 일반적으로 기본재산 또는 순자산이라는 용어를 사용하고 있다. 대학에서 기본자산이란 학교법인의 설립기본금과 적립금 그리고 당해 연도의 운영수지차액을 합한 금액으로 자산에서 부채를 차감한 액이다. 기본재산은 대학이 전개하는 교육·연구·봉사활동이 재무적으로 균형을 이루어 나가고 있는지 여부를 표시하여 주는 가장 기본적인 지표이다.

대학에는 영리조직체의 소유자지분(owner's equity)개념이나 이익의 개념은 없으나, 자본유지(capital maintenance) 여부, 또는 일정기간 자원의 유입과 유출 간의 균형 여부는 중요한 회계정보이다. 어떠한 비영리조직체라고 하여도 자원제공자나 기타 이용자가 바라는 바의 서비스를 제대로 제공하는 데 소요되는 최소한의 자원을 확보하지 못한다면 조직체 고유목적의 성취는 어렵게 된다.

일정기간에 대학의 활동은 과거에 조달한 자원을 인출하여 이루어지거나, 당기에 확보한 자원에 여유가 생겨 미래의 기간에 이용할 수 있도록 축적되기도 한다. 만약, 대학이 특정시점에서 기본재산의 유지에 실패한다면 미래에 유입될 것으로 예상되는 자원으로서 현재의 부족분을 충당하게 된다. 그런데 이러한 상황이 계속되면 결과적으로 미래의 서비스량은 점차 줄어들게 되어 대학의 기능은 마비될 것이다.

기본재산이 특정기간에 늘어났다고 하는 것은 결과적으로 자원제공자가 제공한 자원에 비하여 충분한 서비스를 제공받지 못하였다는 것을 의미하며, 기본재산이 줄어들었다는 것은 미래의 자원제공자가 현재의 서비스원가를 부담하고 있음을 뜻한다. 즉, 세대 간의 형평(generation equity)이 이루어지지 못하고 있다는 것을 의미하게 된다.

기본재산의 유지란 대학 전반적인 면에서 볼 때 감가상각비를 포함한 모든 소비원가 및 손실의 합계액과 수익, 이득의 합계액 간에 균형이 이루어진다는 것을 뜻한다. 감가상각은 자산원가의 기간배분개념으로 자본유지 여부를 계산할 때에는 반드시 포함되어야 한다. 또한, 기본재산의 유지 여부를 평가할 때에는 발생주의(發生主義)를 토대로 한 회계자료가 준비되어야 할 것이다. 여기서 자본유지(資本維持)란 영리조직체나 마찬가지로 재무자본(financial capital)의 유지를 말한다.

대학에서 기본재산의 유지란 기말의 기본재산가액이 기초의 기본재산액과 동일하거나 그 이상임을 뜻하며, 기본재산의 유지는 그 총액의 유지 여부도 중요하지만 기본재산의 세부항목별 유지 여부가 더욱 중요하다고 보고 있다. 기본재산이 유지되고 있는지 여부 등을 파악하기 위해서는 학생납입금, 보조금 등의 유입과 교직원 인건비와 같이 운영수지의 변화를 가져오는 자원의 흐름을 차입금, 건물의 매입 등과 같이 운영수지와 무관한 자본수지를 구분할 필요가 있다. 또한, 어떠한 이유로 인하여 기본재산이 변화하였으며 어떻게 변화하였는지를 회계정보이용자가 알 수 있도록 대학의 고유활동에 관련된 자원의 흐름과 그렇지 아니한 자원의 흐름을 구분하여 보고하는 것이 유용하다.

이러한 구분보고를 통하여, 그 대학이 당기 활동을 수행하면서 과거에 축적한 자원을 인출하여 사용한 것인지, 당기의 수입으로서 균형있게 충당한 것인지, 아니면 미래에 유입될 자원을 미리 사용한 것인지 등을 알 수 있다.

이 사고방식은 그대로 기본재산의 세부항목별 유지 보고에도 적용되어야 할 것이다. 기본재산의 세부항목이란 기본재산에 대하여 부여된 제약의 정도나 그 성격에 따라 세분한 것으로 일반적으로 다음과 같이 세 가지 항목으로 나누고 있다.

① 영구제한기본재산(permanently restricted net assets) : 기부자의 의사에 따라 특정 목적에만 사용하고 영구히 타용도로 전용할 수 없는 원금, 고정자산 등의 기본재산을 말한다.

② 임시제한기본재산(temporalily restricted net assets) : 기부자의 의사에 따라 일정기간은 타용도로 사용할 수 없으나, 그 기간이 지나거나 기타 조건이 충족되면 이사회의 결의에 따라 타용도로 사용할 수 있는 기본재산을 말한다(예 : 10년간은 기부원금에 대한 이자를 학부 학생 장학금으로 사용하되, 그 이후는 이사회의 결의에 따라 대학이 필요한 용도로 사용할 수 있다고 한 경우의 기본재산).

③ 비제한기본재산(unrestricted net assets) : 제약조건이 전혀 없어 대학이 자유롭게 필요한 용도로 활용가능한 기본재산을 말한다.

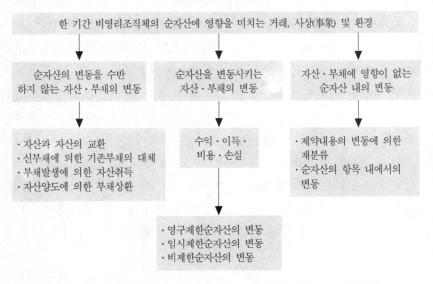

〈그림 12-1〉 순자산의 변동

한 기간 비영리조직체의 순자산에 영향을 미치는 거래, 사상(事象) 및 환경

| 순자산의 변동을 수반
하지 않는 자산·부채의 변동 | 순자산을 변동시키는
자산·부채의 변동 | 자산·부채에 영향이 없는
순자산 내의 변동 |

· 자산과 자산의 교환
· 신부채에 의한 기존부채의 대체
· 부채발생에 의한 자산취득
· 자산양도에 의한 부채상환

수익·이득·
비용·손실

· 제약내용의 변동에 의한
재분류
· 순자산의 항목 내에서의
변동

· 영구제한순자산의 변동
· 임시제한순자산의 변동
· 비제한순자산의 변동

자료 : FASB SFAC No.6, *Elements of Financial Statement*, FASB, 1985, para. 107-110.

대학의 기본재산이 유지되고 있는지 여부에 대한 평가는 〈그림 12-1〉에서 볼 수 있는 바와 같이 기본재산의 변동을 가져오는 요인을 분석함으로써 가능하다. 이 변동액은 기본재산의 항목별 변동액의 합계액과 일치한다. 따라서 대학의 재무적 능력은 기본재산의 변동내용, 균형 여부에 의하여 표현될 수 있으며, 여기에는 금액의 변동과 함께 기본재산의 세부항목에 대해 부여된 제약사항의 변동도 검토하여 보아야 할 것이다.

③ 대학파산의 일반적인 신호

국·공립대학의 경우에는 운영이 어렵더라도 최후보루로서 국가나 지방자치단체가 버티고 있다. 그러나 사립대학은 혼자서 이 어려움을 감당하여야 한다. 사립대학이 일단 재무적으로 어렵게 되어 차입금이 늘어나게 되면 덩달아서 이자부담이 문제가 되고, 학교경영은 더욱 어렵게 된다. 사립대학경영의 일반적인 적신호를 열거하면 다음과 같다.

(1) 내부적 요인

1) 최고경영진에 관련된 사항

① 총장, 이사장이 후계자를 양성하지 못하여 관리능력이 없는 교수가 총장후보로 선출된다.

② 총장, 이사장 등이 구성원과 만나는 것을 꺼린다.

③ 총장의 의사결정력, 실천력, 설득력, 기획력 등 전반적 관리능력과 리더십이 부족하다.

④ 공사(公私)의 혼동, 경영자의 불성실 등이 나타난다.

2) 일반적인 사항

① 변화에 대한 기본전략이 없으며 대응능력이 부족하다.

② 시설설비투자, 학생모집방법, 학비수준 등이 부적절하다.

③ 경영관리에 관련된 보직에 경영을 전혀 모르는, 관리능력이 없는 교수가 차지하고 있다.

④ 중간관리층에 대한 교육훈련의 부족, 적재적소 인사가 이루어지지 않는다.

⑤ 구성원 간, 경영진 내부 간 파벌이 생기고 서로의 갈등이 노출된다.

⑥ 비적재적소의 인사배치, 노사 간의 불협화음, 기타 구성원 간의 갈등이 심화된다.

⑦ 차입금의 과다사용, 고리의 자금차입, 원가의식의 결여 등이 문제점으로 나타난다.

⑧ 능력주의가 아니고 연공서열주의에 의한 인사관리가 이루어진다.

⑨ 교과과정이 구태의연하다.

⑩ 일시적 단기자금 조달에 실패한다.

⑪ 경영진 및 구성원들이 경영마인드가 없다.

(2) 환경요인

① 대학지원자수가 감소한다. 우리 나라의 2000학년도 4년제대학 입학 시험 예상경쟁률은 1999학년도의 경우보다 감소하였다. 이러한 추세는 계속될 것으로 보인다.
② 학령인구 자체가 감소한다. 현재 재학생(초·중등학교)을 토대로 추정하면 2005년 이후부터는 고등학교 졸업생 수가 대학입학정원보다 적어진다.
③ 국내경기가 침체되어 학부모층의 소득이 떨어진다.
④ 취업률이 하락한다.
⑤ 대학에 대한 상대적인 인기도가 전반적으로 하락한다.
⑥ 대학 간 경쟁이 심화된다.
⑦ 개방에 따라 외국대학이 분교를 설치한다.

(3) 구조적 요인

① 대학 간 과다경쟁이 벌어진다.
② 학교경영과 교육·연구활동 간의 역할관계에 문제점이 발생한다.

(4) 우발적 요인

① 경영자가 갑자기 사망한다.
② 부정입학, 분식결산, 탈세, 수뢰, 사기사건 등이 언론에 보도된다.
③ 화재 등 재해가 발생한다.

이러한 조짐들은 일반적으로 시계열적으로 초기, 중기, 말기의 과정을 거치면서 확대된다.

① 초기 : 리더십의 변화(일인독재, 측근의 아부, 전략의 결여, 공사혼동), 정보 루트의 혼란(파벌화, 관료화, 내부고발, 괴문서, 섹셔널리즘), 인사불화(유능자 전출, 후계자 부재, 인사정체, 사기저하, 이기주의 팽배)

② 중기 : 경리의 악화(지출급증, 효율저하, 주력은행 결여), 조직의 혼란(노사분쟁, 이해관계단체와 분쟁, 후원회와 학부모·졸업생과의 불협화음)

③ 말기 : 윤리적인 타락발생, 공사혼동의 빈번, 부정사건의 발생, 외압이 사방에서 들어옴, 자금조달의 악화, 누적적자의 발생, 자금조달의 지연, 내부유지 시스템의 기능정지, 자산의 매각 시작

|제2절| 대학의 재무적 파산에 대한 분석

재무적으로 파산에 처한, 또는 처하게 될 대학과 그렇지 아니한 대학을 어떤 방법으로 구분할 수 있다면, 사립대학의 재무적 곤경은 훨씬 현명하게 대처될 수 있을 것이다. 이러한 예측을 하려면, 어떠한 요인이 재무적 건전성 또는 불건전성에 결정적인 영향을 미치는가를 규명하여, 분석하여야 할 것이다. 그리고 그 결과를 보고함으로써 재무적 능력의 유지를 도모하는 것이 필요하다.

① 요인의 분석

대학은 영리조직체가 아니며, 교수, 학생, 시설, 재무자원 등의 유기적 결합을 통하여 대학활동이라는 산출을 만들어 내는 조직체이기 때문에, 대학의 재무적 파산원인은 재무적인 요인에만 국한되는 것이 아니라 비

재무적인 요인도 재무적인 요인 못지않게 중요하다고 볼 수 있다.

재무적으로 건전한 대학과 불건전한 대학의 차이는 학생에 대한 지원경비, 교직원의 급여, 학생부담금의 크기, 도서관 장서수, 고정자산 및 기본수익용 자산의 금액 등에서 나타날 수 있다. 불건전한 대학의 경우, 이상의 요인들은 보다 부정적으로 나타난다고 볼 수 있다.

재무상태에 결정적인 영향을 미치는 요소로서는, 수업료, 기부금, 수익자산의 수익획득능력, 운영원가의 회수능력, 적립금의 확충능력, 재무적 융통성 등 네 가지 재무적인 요인들과 아울러, 대학의 안전성, 교육프로그램의 질, 대학의 사회·문화적 매력도 등이라고 할 수 있다.

과거에 발표된 대학의 재무적 파산에 관한 연구들은 그 원인을 주로 재무적인 것에서 찾고 있다.[1] 즉, 앤드류(Andrew)와 프리드만(Fridman)은 다음과 같은 사항을 재무적 파산의 원인으로서 제시하고 있다.

첫째, 대학을 지원하고 있는 동창회, 종교재단, 일반단체, 기업 및 정부 등 대학 자원제공자의 자원제공 감소

둘째, 사립대학보다는 국·공립대학의 선호에서 오는 지원율의 둔화

셋째, 대학의 임무에 대한 합의의 결여

넷째, 대학 경영능력의 전반적인 결핍

다섯째, 불충분한 재무자원

그런데 이 연구는 지나치게 재무적인 요인만을 중시하고 있으며, 자료분석을 위하여 적용된 수치가 1년에 한정된 것이어서 연구결과가 타당성을 갖기에는 미흡한 점들이 많다는 것이 단점으로서 지적되고 있다.[2]

1) ① Hans Jenny and Richard G. Wynn, "The Golden Years : A Study of Income and Expenditure Growth and Distribution of 48 Private, Four-Year, Liberal Art Colleges, 1960~1968," Wooster, Ohio : The College of Wooster, 1970.

② Earl F. Cheit, *The New Depression in Higher Education : A Study of Financial Condition at 41 Colleges and Universities*, NY : McGraw-Hill, 1971 and 1973.

③ Loid Andrew and Burton D. Friedman, A Study of Causes for the Demise of Certain Small Private, *Liberal Arts Colleges in the United States*, U.S.Office of Education, May 1976.

2) Victor W. Lomax and Earl R. Willson, *op.cit.*, pp.215~216.

1977년의 시퍼(Schipper)의 연구와[3] 1978년의 콜리어(Collier), 패트릭 (Patric)의 연구,[4] 그리고 딕마이어(Dickmeyer)[5]의 연구 등은 그 이전의 연구에 비해 파산의 요인을 재무적인 것에 국한하지 아니하고 비재무적인 것도 포함시키려는 시도를 하고 있다.

그러나 그들도 역시 재무적인 면에 치중하고 있으며, 다변인판별분석 (多變因判別分析 : multiple discriminant analysis) 등의 통계기법을 활용하고 있지만, 보다 타당한 결론을 유도할 수 있는 통계기법의 적용에까지는 이르지 못하였다는 비판을 받고 있다.

시퍼는 재무적으로 건전한 대학과 불건전한 대학의 차이는 학생에 대한 지원 경비, 교직원의 급여, 학생부담금의 크기, 도서관 장서의 수, 고정자산 및 기본 수익용 자산의 금액 등에서 나타날 수 있다고 보고 있다. 즉, 불건전한 대학의 경우 이들 요인들은 보다 부정적으로 나타난다는

〈표 12-1〉

$$Q = f[\ L,\ P,\ E,\ a,\ Ft,\ S\ ]$$
$$+\ \ +\ \ +\ \ +\ \ \ +\ +/\text{-}$$

Q : 대학교육의 질
L : 도서관 면적, 장서수
P : 대학의 자본시설
E : 기본수익자산
a : 1인당 보조금액
Ft : 종신교수의 수
S : 학생공간의 크기

---

3) Katherine Schipper, "Financial Distress in Private Colleges," *Journal of Accounting Research*, Vol.15, Supplement, 1977, pp.1~40.

4) Doglas J. Collier and Cathleen Patrick, *A Multivariate Approach to the Analysis of Institutional Financial Condition*, Boulder, Colo : National Center for Higher Education Management Systems, 1978.

5) Nathan Dickmeyer, *Financial Condition of Colleges and Universities*, American Council on Education, 1983.

것이다.

이러한 가정에 바탕을 두어 그는 다음과 같은 선형공식을 유도하고 있다.[6]

시퍼도 역시 비재무적 요인에 대한 경시, 통계처리방법의 미흡, 그리고 2년제와 4년제를 같이 취급함으로써 타당성에 미치는 영향 등이 무시되어 있다는 점으로 인하여 문제점이 많은 것으로 지적되고 있다.[7]

이에 대하여, 콜리어와 패트릭은 재무상태에 결정적인 영향을 미치는 요소로서, 첫째 재무적 자립성, 둘째 수익의 획득능력, 셋째 위험의 상태, 넷째 수익의 안정성, 다섯째 재무적 융통성, 여섯째 유보능력 등 여섯 가지를 들고 이들 항목에 대하여 개별 대학별로 문항을 만들어 전문가들에게 특정대학이 재무적으로 곤경에 빠져 있는지 여부를 판별하도록 하는 실험을 하였다. 그 결과 〈표 12-1〉에서 볼 수 있는 바와 같이 상당한 예측능력을 보이고 있다. 그러나 전술한 바와 마찬가지로 자료의 성격, 통계처리의 방법, 그리고 비재무적 사항에 대한 경시 등의 단점이 있다.

이들 선행연구의 결함에 대한 비판의식과 연구결과의 타당성을 확보하려는 노력은 대학의 재무적 파산요인에 대한 전면적인 재검토로 나타났다. 즉, 대학은 영리조직체가 아니며, 교수, 학생, 시설, 재무자원 등의 유기적 결합을 통하여 대학활동이라는 산출을 만들어 내는 조직체이기 때문에, 대학의 재무적 파산원인은 재무적인 것에서만 구할 것이 아니라 비재무적인 것도 마찬가지로 중요하다는 결론에 도달한 것이다.

이와 같은 경향의 대표적인 연구로는 로맥스(Lomax)와 윌슨(Willson)의 「사립대학의 파산 예측에 대한 연구」[8]이다. 이 연구에 의하면, 대학의 재무적 활동력에 결정적인 영향을 미치는 요인으로는 수업료, 기부금, 기본수익자산수익 등의 수익획득능력, 운영원가의 회수능력, 적립금의 확충

---

6) Katherine Schipper, *op.cit.*, pp.4～5.

7) Robert P.Magee, "Discussion of Financial Distress in Private Colleges," *Journal of Accounting Research*, Vol.15, Supplement 1977, pp.46～51.

8) Victor W. Lomax and Earl R. Willson, *op.cit.*, pp.218～221.

능력, 재무적 융통성 등 네 가지 재무적인 요인들과 아울러 대학의 안전성, 교육프로그램의 질, 대학의 사회·문화적 매력도 등 비재무적 요인을 같이 고려하고 있다.

② 파산의 예측

재무적 파산을 예측하는 방법은 과거의 재무제표나 중간보고서를 이용하는 방법과 파산예측 기법을 적용하는 방법 등이 있다. 이 책에서는 당해 대학이 재무적으로 파산지경에 이르고 있는지 여부를 예측하는 방법에 대해, 첫째는 과거의 재무제표나 중간보고서를 활용하는 방법, 둘째로 일반 기업의 파산예측모델을 대학에 적용하는 방법 등을 소개하기로 한다.

(1) 과거의 재무제표나 중간보고서를 활용하는 방법

일반적으로 과거원가는 매몰원가(sunk cost)이다. 그러나 과거원가는 미래원가를 예측할 수 있는 기본자료로서 역할을 한다. 여러 회계기간의 대학재무제표를 분석하여 자원의 유입추세와 유출추세, 그리고 양자 간의 관계에 대한 추세를 파악하는 것은 재무적 파산을 예측하는 간편한 방법이 될 수 있다.

즉, 유출부문에서 과거 5년간의 증가율, 인플레이션, 수업료, 기부금 등 유입의 증가율, 그리고 유입·유출 간의 차이 추세 등은 대학의 재무적 활동력을 평가하고, 재무적 파산을 예측할 수 있는 중요한 지표가 된다. 특히, 대학자원의 유입원천별 추세를 파악하는 것은 중요하다. 대학 수입의 항목별 구분, 즉, 고정적 수입(hard money), 유동적 수입(soft money), 제약의 정도별 순자산변동 등에 관한 추세는 자원유입을 예측하는 데 유용하다.

또한, 대학의 중간보고서도 훌륭한 예측자료로서의 역할을 한다. 분기별 예산 및 실적에 관한 내용은 그대로 미래에 대한 추세로 활용될 수 있다. 즉, 1/4분기의 결과는 이를 연장하면 나머지 2/4, 3/4, 4/4분기의 자원변동추세표를 작성할 수 있는 것이다. 1년 2학기제를 적용하고 있는 우리 나라 대학의 경우 1학기에 재무상태의 내용과 추세는 그대로 2학기의 재무상태내용과 변화를 추정하는 데 활용될 수 있다.

이상의 과거재무제표나 중간보고서를 이용하는 방법은 많은 한계점을 가지고 있으나, 단기적으로 간편하게 재무적 변화를 예측할 수 있기 때문에 실무적으로 바로 적용할 수 있는 방법이다. 이들 방법에 의한 결과가 비재무적인 항목들과 관련지어질 때 결론의 타당성은 보다 높아질 것이다.

(2) 파산예측기법의 활용방법

대학의 경우에도 영리조직체나 마찬가지로 파산예측모델(bankruptcy prediction model)이 적용될 수 있다고 보고 있다. 그러나 대학은 영리조직체와는 달리 복합적인 유기체로서 비영리목적을 가지기 때문에 재무적인 요인뿐만이 아니라, 비재무적인 사항도 변인(variable)으로 고려되어야 한다는 특성을 가지고 있다.

최근의 연구인 로맥스와 윌슨의 재무적 활동력에 대한 정의와 파산예측모델을 보면 다음과 같다.

1) 재무적 활동력

그들은 대학의 재무적 활동력 산식과 대학의 실패 등 관련되는 용어에 대해 다음과 같이 정의하고 있다.

① 재무적 활동력(Vf)

$Vf = f$ (수익획득능력, 운영원가회수능력, 적립금 확보 정도, 재무적 융통성, 대학의 안정성, 교육프로그램의 질, 대학의 사회·문화적 매력)

② 용어의 정의

　㉠ 대학의 실패(failure) : 실패한 대학이란 재무적인 문제로 인하여 현재의 대학활동을 중단하고 다른 대학에 흡수·합병되거나, 공립 또는 국립화하는 것을 말한다.

　㉡ 재무적 활동력 : 인구의 변동, 사회의 변화로 인한 자원경쟁의 심화, 교육수요의 감퇴 등의 부정적인 상황에 처하여서도, 현존하는 대학의 제반 프로그램을 계속하여 가는 데 부족함이 없을 정도의 자원을 지속적으로 창출할 수 있는 능력을 말한다.

　㉢ 적립금 확보상태(reserve position) : 적립금이란 과거의 경영결과를 나타내는 것으로, 과거기간에 운영수익과 운영비용의 차액이다. 있어야 적립이 가능하다. 적립금의 상태는 대학의 과거기간에 운영관리능력의 정도를 말하는 것으로, 현재의 수익부족 및 예상 밖의 긴급 지출에 대한 대응능력의 정도를 알 수 있게 한다.

　㉣ 재무적 융통성 : 욕구충족의 우선순위에 따라 자원을 배분하며, 외부로부터 추가적으로 자원을 획득할 수 있는 능력을 말한다. 이 재무적 융통성은 자원제공자가 부여한 제약, 교직원과의 고용계약, 자금차용에 따른 제약 등으로부터 많은 영향을 받는다.

　㉤ 대학의 안정성 : 이는 그 대학이 실패의 위험이 적다는 것을 의미한다. 자원제공자는 보다 안정적인 대학에 그들의 자원을 제공하려는 성향을 갖는다. 그리고 안정성은 재무적으로 안정되어 있다는 것을 의미할 뿐만 아니라, 대학의 임무수행, 정책의 결정, 예산의 집행 등에 불합리성 및 애매모호한 점 등이 없다는 것을 말한다.

　㉥ 대학프로그램의 질, 사회·문화적 매력의 정도 : 이러한 사항은 비재무적인 것이지만 학생들의 욕구와 직결되는 사항이다. 구체적으로는 프로그램의 지적 매력의 정도, 프로그램 이수자의 장래에 대한 전망, 교수수 및 교수의 자질, 대학의 사회·문화적 시설의

정도 등이 관련된다.

2) 파산예측모델

$$Y_C = b_1 \times 1 + b_2 \times 2 + \cdots\cdots + b_m \times m + E$$

단, Y_C는 이항변수로서 1은 실패대학, 0은 건전대학을 의미한다.

그리고 $\times 1\cdots\cdots$, $\times m$은 재무적 활동력을 결정하는 제차원변수의 벡터 (vector)이다. 또한, E는 무작위오류를 의미한다.

그들은 이러한 선형로지트회귀모델(linear logit regression model)을 설정하고, 그 검증방법으로 다변량판별분석(multiple discriminant analysis)과 최소자승법(ordinal least square)을 적용하되 이들의 단점을 보완할 수 있도록 로지트분석(logit analysis)을 같이 사용하고 있다. 그리고 자료로서는 미국의 교육관계 공인통계자료인 미국 고등교육국의 5년간 수치를 활용하였다. 그들은 이 연구를 통하여 실패한 대학을 실패로 분류하는 정확도가 87.1%이며, 건전한 대학을 건전한 대학으로 판별한 정확도가 89.8%라는 것을 보여 주고 있다.

③ 대책

대학경영을 분석하여 경영 적신호를 감지하게 되면 그 원인을 분명히 규명하고, 적절한 대책을 수립하여야 한다.

이 때 해결방안으로 생각할 수 있는 단기적인 방법으로는 다음과 같은 것이 있다.[9]

첫째, 기금모금운동을 전개하는 방법이다. 그 대학이 재무적으로 파산할 가능성이 있으며, 그 원인이 당해 연도의 특수한 사정에 기인하는 경

---

9) Malvern W. Gross, Jr. and Stephen F. Jablonsky, *op.cit.*, pp.384~385.

우, 동문회, 학생, 학부모, 정부, 기업체, 기타 비영리법인 등을 대상으로 하여 기금모금운동을 전개하는 방법이다. 그런데 이 방법은 자원제공자에게 모금운동이 금년도에 한정된 것이며, 파산의 단순한 연기가 아님을 분명히 하여야 성공할 수 있다.

둘째, 학생의 부담금을 인상하는 방법이다. 이 방법은 학생, 학부모의 이해에 직접연결되는 것이기 때문에, 설득력 있는 이유가 없으면 실패할 확률이 높다. 즉, 인상이유가 타당하며, 인상률이 용인될 수 있는 수준이어야 한다. 특히, 납입금의 인상이 대학의 재무적 활동력 유지에 최선의 방법임을 인식시킬 수 있을 때, 성공은 커지게 된다.

일반적인 대책을 열거하면 다음과 같다.

① 당해 대학이 대학학과평가, 대학 종합인정평가에서 몇 점을 획득하였으며, 전반적으로 몇 위에 속하는가 등 현재의 위치를 명백히 한다.

② 입학생의 출신지역별 및 대학 소재지역의 18세 인구의 변화를 파악하도록 한다. 인구감소에 대해서는 해당 대학의 매력을 토대로 입학지원자를 끌어들이는 방법 및 18~22세가 대학고객이라는 고정관념에서 벗어나 다양한 연령층을 대상으로 한 프로그램을 제시하여 입학자를 늘리도록 한다. 즉, 재교육, 재재교육 프로그램을 개발함으로써 18세 인구 이외의 고객층을 개발한다. 예를 들어, 30세 이상, 45세 이상, 노인층 및 여성층을 대상으로 한 교육프로그램을 개발하고 각각에 대해 서로 다른 등록금책정, 교육시간대 및 교육방법의 차별화를 통해 대학 활용도를 높이는 전략을 수립한다. 또한, 평생교육사회, 정보화사회, 세계화사회, 도시화사회, 노령화사회, 성숙사회, 여성사회, 소프트사회 등 변화된 사회상을 고려하여 교육프로그램을 개발한다(예 : 다양한 대학원 교육, 어학교육, 국제화교육 등 제2차 교육, 성인에 대한 사이버학위 과정 교육, 재택통신 교육방법의 적용, 노인교육, 여성교육, 동남아시아 등 외국인교육, 해외동포교육 등).

③ 대학을 21세기의 고도지식정보사회에 맞추어 지식집약, 정보집약 사회의 구심점이 되도록 운영한다. 시내중심가에 위치하는 것이 바람직하며, 최신의 정보망을 구성하고 데이터베이스를 집약하는 노력을 기울여야 한다.

④ 대학의 손익분기점이 어디인지를 알고 경영에 임하도록 한다. 경영수지균형을 위한 최저학생수는 얼마여야 하는가, 현재의 상태에서 손익분기점에 도달하려면 등록금수준이 어느 정도 되어야 하는가, 기부금을 어느 정도 확보하여야 하는가, 어느 정도까지 학비면제정책을 적용할 수 있는가를 알고 경영에 임하여야 하는 것이다.

⑤ 월별로 정확히 자금수요를 예측하여 월별 평균 여유자금을 명백히 파악하고 여유자금에 대해서는 가장 고리의 금융상품을 매입하여 운용하도록 하여야 한다.

⑥ 자금운용수지의 균형만으로는 대학경영이 정상적인지 여부를 분석할 수 없다. 차입금에 의해 임시변통하여 자금수지만 맞출 수도 있기 때문이다. 따라서 차입금의 상태와 함께 운영수지내용을 검토할 필요가 있다. 특히, 감가상각충당금, 퇴직급여충당금 등 비현금지출비용이 계상되지 않기 때문에 이러한 항목을 충분히 감안하고 아울러 각종기본금액을 고려하여 운영수지균형 여부를 검토하여야 한다.

⑦ 수입원천을 철저히 분석하여, 이를 최대한 확충하도록 한다.
　㉠ 학생으로부터의 수입(입학전형료, 입학금, 교비, 기성회비)
　㉡ 졸업생으로부터의 수입(기부금, 발전기금 등)
　㉢ 학부모로부터의 수입(기부금)
　㉣ 종교 내지는 특수재단으로부터의 수입(기부와 보조)
　㉤ 부속시설(병원, 농장 등) 및 부설학교기관(유치원, 초·중등, 전문대학) 등으로부터의 수입
　㉥ 수익사업으로부터의 수입
　㉦ 학교채 수입

◎ 국고보조, 지방자치단체 보조금 등

㋡ 한국사학진흥재단의 차입금 수입

㋩ 기타

   ⅰ) 특별기부금 : 당대에 학벌 없이 자수성가하여 큰 재산을 모은
     경영 실무능력이 충분한 사람을 대상으로 한 명예학위수여 등

   ⅱ) 법인, 기업가 등의 기부금을 토대로 한 특별장학재단 설립,
     ○○기념연구소 설립, ○○ 박물관 등 설립 등

|제3절| 대학의 구조조정과 합병

1 대학의 구조조정

팽창일변도로만, 몸집 불리기 위주로만 치달아 온 대학에 불어닥친 구제금융한파의 영향은 생각보다 훨씬 심각하다. 1998년 3월 7일 서울의 모 사립대학이 부도를 냈다. 대학사회에서는 생각할 수 없었던 역사상 초유의 사건이 터진 것이다. 1999년에도 10여 개 이상의 대학이 경영곤란에 빠져 있는 것으로 소문이 돌고 있다. 이처럼 대학도 더 이상 온실경영의 사각지대로 남아 있을 수 없는 환경에 처해 있는 것이다. 대학에는 해당되지 않을 것처럼 생각되어 온 재벌이나 기업의 구조조정, 정부의 구조조정, 정치권의 구조조정논리도 대학이 거쳐야 하는 소용돌이이다. 대학의 구조조정은 선택의 문제가 아니라 대학의 생존을 판가름하는 과제이며 존폐를 가름하는 당위의 과제이기 때문이다.

과거와는 달리 조직의 목적, 설립근거 등이 아무리 명분이 있고, 사회에 유익한 것이라고 할지라도, 조직 자체가 상대적인 경쟁력이 없으면 존속 자체가 문제가 된다. 즉, 대학도 상대적으로 비효율적이라면 존속이

문제가 되는 상황에 봉착하게 된다. 여기에서 상대적 비효율적이란 고원가 저서비스, 적자상태, 방만한 경영 내지는 친인척 경영으로 인해 조직이 제기능을 발휘하지 못하는 상태 등을 지칭한다. 그리고 상대적 경쟁력은 국내외 대학간의 경쟁력만 뜻하는 것이 아니라, 이업종이라 할 수 있는 기업과의 상대적 경쟁력까지도 포함된다.

따라서 대학은 외적 팽창위주의 대학성장전략을 대폭 수정하여야 한다. 재빨리 효율성이 높고, 분명한 특성을 갖춘, 거품이 없는 대학으로 다시 태어나야 하는 것이다. 대학이 경쟁우위를 지키면서 존속하기 위해서는 교육·연구·공공봉사라는 대학고유의 서비스제공에서 수요자의 욕구에 부응하는 고품질, 저원가의 대학교육이라는 서비스를 적시에 최선의 방법으로 제공하여야 한다. 이를 위해 각 대학은 특성화·차별화를 기하고, 어렵게 조달한 자원을 최대한 효과적·효율적으로 활용하는 시스템을 구축하여야 하는 것이다.

이제는 재단전입금이 너무 적다, 등록금수입이 너무 적다 등의 핑계로써는 우리가 처한 대학경영의 위기를 해결할 수 없는 상황이다. 사립대학교육재정의 투명성·명료성·합리성을 바탕으로 구성원이 대학재정과 경영합리화에 대해 관심을 갖고 몰입하여 줄 때, 사립대학의 존속과 유지는 바람직한 방향을 찾을 수 있을 것으로 볼 수 있다.

경영혁신이란 구조조정부터 출발한다고 볼 수 있다. 지금의 대학경영 환경은 구조조정을 하지 않으면 부도 또는 폐교라는 극한상황에 실제 나타날 수도 있다는 위기감에 차 있다. 현재 전개되고 있는 대학의 위기는 대학의 구조조정을 성공적으로 실천함으로써 대학을 한 단계 더 성숙시키는 계기로 이용되어야 한다. 즉, 지금까지의 팽창일변도, 무분별한 몸불리기 위주 경영에서 내실 있고, 특성 있는, 그리고 경쟁력 있는 대학 및 학과를 지원하는 이른바 분야별 특성화를 실현하는 계기가 될 수 있을 것이다.

구조조정은 비효율적인 조직구조를 효율화시키기 위한 외과적 수술이다. 구조조정은 조직의 단순화, 인원의 최소화를 반드시 수반하며, 경우에 따라서는 타대학과의 전략적 제휴나 합병까지도 추진하게 된다. 대학이 구조조정을 하지 않을 수 없는 주요 환경을 정리하면 다음과 같다.

첫째, 대학정원에 비해 지원자가 미달하는 사태가 코앞에 닥치고 있다. 대학정원의 자율화, 대학설립의 용이화, 외국대학에 대한 문호개방, 사이버대학(cyber university)의 개설, 시간제 등록제 및 다학기제의 시행 등으로 대학의 교육공급능력은 갈수록 커지고 있다. 그러나 대학 진학인구는 감소추세이다. 특히, 2005년부터는 대학을 진학하게 되는 고등학교 졸업생수가 대학의 입학정원에 미달하게 되는 수요와 공급 간 역전현상이 나타날 것으로 전망하고 있다.

둘째, 대학교육에 대한 선호도가 계속 떨어지고 있다. IMF 구제금융 상황이라는 국가경제의 어려움은 대학졸업생의 취업곤란으로 이어지면서, 대학에 대한 선호도가 급격하게 떨어짐에 따라 대학지원자의 수가 줄어드는 경향을 보이고 있어 대학교육 공급과잉사태는 예상된 2005년보다 앞당겨질 것으로 보고 있다.

셋째, 대학 내 학사편입의 자율화 그리고 편입학제도의 용이화 등으로 군소대학은 학생을 유지하기 어려운 상황으로 빠져들고 있다. 1998년도만 해도 서울의 대학들이 5만여 명에 달하는 편입학생을 모집함으로써 군소전문대학이나 지방사립대학의 학생유지를 더욱 어렵게 하고 있다. 이에 따라 대학 간 부익부빈익빈 상황은 더욱더 심화될 전망이다.

넷째, 정부의 대학에 대한 국가보조금 지원방식을 분야별 대학평가결과와 연계시키고 있고, 한국대학교육협의회 주관으로 대학종합평가 및 분야별 평가를 실시하는 등 대학평가가 일반화되고 있다. 이러한 대학평가를 통해 대학의 강의·연구 및 봉사능력을 지표화하여 제시함으로써 각 대학에게 교육환경을 적극적으로 개선하도록 유도하고, 아울러 교육수요자에게 대학선택을 보다 합리적으로 할 수 있는 근거를 제공하고 있다. 그러나 대학평가에서 좋은 평점을 받기 위해 이루어진 무리한 시설투자는 사립대학에게 과중한 이자 및 환차손을 부담시킴으로써 대학재정 위기를 가중시키고 있다. 또한, 낮은 순위에 처한 사립대학들은 차별화된 순위로 인해 지원자가 격감하여 대학운영을 더욱 어렵게 하고 있다.

다섯째, 의대, 공대 등에 도입된 각종 기자재에 대하여 막대한 환차손이 발생하여 대학재정을 압박하고 있다. 또한, 각종 물가의 인상으로 인한 교육경상비의 급증, 환율상승으로 인한 외국도서 및 외국저널가격의 급등, 각종 실험실습기자재가격의 급등으로 대학 재정의 어려움이 가시화되고 있다.

여섯째, 대학의 수익구조 자체가 취약한 상황에서 등록금, 입학금 등 대학 정기수입항목들의 동결로 인한 수입의 상대적 감소가 이루어지고 있다. 그리고 정부의 교육예산 삭감으로 대학에 대한 지원예산이 늘어나지 않고 있으며, 기업이나 동문들이 내는 외부지원금도 격감되었다. 또한, 학생들의 미등록률이 1998년도에는 예년의 5%선에서 10%선으로 높아졌으며, 휴학생비율도 급증하고 있다. 특히, 휴학생 비율은 2학기에 이르러 더욱 높아졌다.

일곱째, 지금까지 각 단과대학이나 학과의 대학 이미지에 대한 기여도 및 각 단과대학이나 학과 및 교육프로그램별 재정기여도에 대한 분석이 없이, 일류대학에 있으니 우리.도 개설한다는 사고방식에 따라 과다한 수의 대학이나 학과를 개설하였다. 그 결과 대학의 특성을 찾아보기 어렵고, 단과대학별 이기주의, 학과별 이기주의 등 낭비요인이 겹쳐, 대학경영을 어려움으로 몰고 있다.

여덟째, 대학이 차입경영, 팽창경영, 방만한 경영에 익숙해져 있다. 양적 성장이 대학의 성장과 발전으로 간주되어 온 지금까지의 잘못된 대학경영자의 인식 및 사회통념이 문제되고 있다.

대학이 구조조정을 하려면 무엇보다도 먼저 대학의 목표, 특성화방향을 토대로 대학의 진로를 명확히 정립하여야 한다. 이를 바탕으로 대학목적달성을 가장 효율적으로 할 수 있는 조직으로 재편하는 작업이 구조조정이다. 구조조정은 필연적으로 조직의 축소, 인원의 대폭적인 삭감을 동반한다. 따라서 구조조정은 교직원이면 누구도 섣불리 대들고 싶어하지 않는 고양이 목에 방울 달기이다. 대학의 구조조정은 이른바 제로베이스(zero-based) 사고방식을 바탕으로 하여 과감하게 이루어져야 하며, 기존문화의 저항을 최소화하면서 새로운 전환을 실현하려는 공동체적 일체감이 있어야 한다. 이와 같이 대학의 구조조정은 장기적 전망을 토대로 한 근본적인 대학구조의 재편을 뜻하는 것이기 때문에 최고경영진의 결단과 구성원의 공감대형성 없이는 실현되기 어렵다.

아웃소싱(outsourcing)과 벤치마킹(bench-marking)을 바탕으로 한 대학 구조조정방향을 제시하면 다음과 같다.

① 국내대학 간 내지는 외국대학과의 M&A 실시
② 국내대학 간 내지는 외국대학과의 전략적 제휴 실시
③ 유사학과의 통폐합, 학부제의 실시
④ 대학별 특성화·경쟁력을 중심으로 한 과감한 학교 간 빅딜의 실시
⑤ 학사행정기구의 통폐합 등 기구의 대폭적 축소

② 대학의 인수·합병

인수·합병(M&A)은 기업의 전유물이 아니다. 대학도 생존을 위해 인수·합병을 할 수밖에 없는 상황이다. 우리 나라에서도 몇 건의 대학간 인수·합병 경험을 가지고 있다. 우석의대를 합병하여 성공한 고려대학교의 경우나, 최근의 성심여대와 가톨릭대의 합교 등이 그 대표적인 예이다.

(1) 대학의 인수·합병이란

M&A란 mergers and aquisitions의 약자이다. 일반적으로 기업의 합병·

인수(또는 매수)를 말한다. 그런데 합병도 인수의 한 형태이므로 단순히 기업인수라고도 한다. 현재 쓰이고 있는 용어를 보면 기업의 인수·합병, 기업합병매수, 기업매수·합병, 기업매수, 합병·매수, 기업합병인수, 기업의 매수와 합병 등으로 거의 통일이 되어 있지 않다. 그러나 공통적인 말은 합병이다. 이하에서는 대학의 인수·합병이라는 말 대신에 대학의 합병이라는 용어를 적용한다.

대학의 합병이란 두 개 이상의 대학이 결합하여 법률적·실질적으로 하나의 대학이 되는 것을 뜻한다. 대학의 합병도 신설합병과 흡수합병의 두 가지로 나눌 수 있다. 신설합병은 기존의 두 대학법인이 모두 소멸하고 새로운 법인으로 합병하여 태어나는 경우이며, 흡수합병은 대학 가운데 하나는 존속하고 나머지가 해산·소멸하여 존속되는 법인에 흡수되는 경우이다.

대학을 운영하는 학교법인이 고유목적을 달성하기 어려운 상황이나 또는 보다 효율적·효과적으로 목적을 달성하기 위해 대학 간 합병을 추진하는 경우, 교육법, 교육법시행령, 사립학교법, 사립학교법시행령, 민법 등 관련법규에 따라 합병절차를 이행하게 된다.

(2) 대학합병의 필요성

대학합병의 필요성을 보면 다음과 같다.

첫째, 규모 및 범위의 경제를 추구한다. 수평적 합병을 통해 적정규모를 유지함으로써 각종 설비와 인원을 효율적으로 활용하고, 전문화 내지는 특성화를 기할 수 있게 된다.

둘째, 비효율성을 최대한 제거할 수 있다.

셋째, 절세효과를 얻을 수 있다.

넷째, 잉여자원을 보다 효율적으로 활용할 수 있다.

다섯째, 보완적 자원을 결합시킴으로써 대학의 능력을 배가시킨다.

여섯째, 대학의 특성화를 기함으로써 경쟁력을 제고시킨다.

(3) 대학합병의 절차

1) 합병의 개시

합병의 출발점은 당사자 간의 합병에 대한 합의이다. 당사자 간에 합병의 필요성, 합병의 조건 및 합병형태 등에 대해 사전합의가 이루어져야 한다. 이러한 합의과정을 통해 합병계약서가 작성된다. 그리고 합병각서는 법으로 규정된 서류는 아니지만 당사자 간의 계약내용을 명백히 하는 것이기 때문에 대부분 작성된다. 합병절차는 합병에 대한 합의계약 및 합병이행각서의 작성으로부터 출발한다. 합병을 위해서는 임시기구로서 합병위원회가 설치된다. 이 임시기구는 합병절차가 종료될 때까지 합병의 기본조건인 합병의 형태, 합병기일, 합병비율, 임원과 종업원에 관한 사항 및 합병 후의 조직을 결정하며, 대부분 합병 당사자의 최고경영책임자로 구성된다. 합병합의가 이루어지면 합병위원회에서는 합병일정표를 작성하여 합병을 추진한다. 합병계약서에는 임원에 관한 사항, 종업원에 관한 사항, 합병비율, 합병에 따른 재산액, 합병재무제표의 작성 등이 포함된다. 그리고 합병에 의해 영향을 받게 되는 이해관계자에 대해서는 법에서 정한 내용에 따라 보호절차를 이행하여야 한다.

대학의 합병은 학교법인 이사회 이사 정수의 3분의 2 이상의 합병 동의를 얻어 사립학교법 제36조에 따라 교육부 장관의 인가를 받는다. 이때, 다음과 같은 합병인가신청서류(사립학교법 제36조의 제3항 및 동시행령 제16조)를 첨부하여 신청하게 된다.

2) 합병인가신청서류

① 합병이유서

② 이사회회의록 사본

③ 합병약정서

④ 합병 전 학교법인 설립취지서

⑤ 합병 후 존속하는 학교법인 정관

⑥ 합병 전의 각 학교법인의 정관

⑦ 합병 전의 각 학교법인의 설립취지서, 재산목록 및 대차대조표

⑧ 재산의 소유권을 증명하는 서류

⑨ 합병 후 존속하는 학교법인에 대한 제4조 제1항 제9호 내의 14호에 기재한 서류(임원의 이력서, 신원증명서, 취임승낙서, 호적등본, 규정 미저촉각서, 수익사업의 경우 설립 후 3년간 사업계획서·예산서 첨부. 단, 합병 후 존속하는 학교법인의 임원으로서 계속 재임되는 임원에 대해서는 이상의 서류를 생략한다)

3) 합병인가 통지를 받은 날부터 15일 이내 재산목록과 대차대조표를 작성(사립학교법 제37조 및 제38조)하여 공고한다.

채권자에게 공고 후 2개월 이내에 이의가 있으면 제기할 것을 공고한다. 그리고 기간 내 이의를 제기하는 경우에는 변제하거나 이에 상당한 담보를 제공하여야 한다.

4) 합병의 효과발생

합병에 의해 소멸된 학교법인의 권리의무를 승계한다(사립학교법 제40조).

5) 합병의 효력시기

학교법인의 주된 사무소 소재지에 등기함으로써 합병효력이 발생한다(사립학교법 제41조).

③ 대학의 해산

(1) 해산사유

학교법인이 해산되는 경우는 정관에 정한 해산사유가 발생할 때, 목적

달성이 불가능할 때, 다른 학교법인과 합병할 때 등이다. 따라서 합병되는 학교법인은 합병이 인가되어 효력이 발생됨과 동시에 해산된다.

(2) 해산인가의 신청

해산사유에 해당되는 경우에는 이사 정수의 3분의 2 이상의 동의를 얻어 교육부 장관에게 해산신청을 하게 된다. 이 때, 이사회 회의록 사본, 재산목록, 남은 재산의 처분에 관한 사항을 기재한 서류를 제출한다(사립학교법 시행령 제15조).

제 13 장

대학예산개요

|제1절| 대학예산

대학예산이란 대학계획을 특정기간에 대해 화폐로 표시하여 이를 항목화하고, 승인을 받은 체계적인 활동계획으로 전환하는 일련의 과정이다. 예산은 대학교육 프로그램계획의 실현을 위한 질서 있는 청사진이다. 그리고 예산은 운영수익과 운영비용에 대해 예상과 실제를 대응시키는 통제메커니즘으로서 역할을 한다. 예산의 기본적인 목적은 각 교육 프로그램과 활동에 대한 대학의 자원조달과 배분을 효율적으로 달성하기 위한 기회를 제공하는 데 있다. 대학의 자원은 다양하게 조달된다. 그런데 자원의 사용에서는 사용이 제한된 자원과 사용제한이 없는 자원의 두 가지로 구성되어 있다. 예산의 편성과정에서는 모든 대학의 활동과 프로그램을 원칙적으로 한정된 가용자원이라는 관점에서 검토하게 된다. 그리고 예산과정은 반드시 구성원과의 다양한 의사소통을 통하여 예산상의 우선순위를 결정하고 특정 제약사항을 인식하며, 대학자원에 대한 사전적인 통제시스템을 수립하여야 한다. 예산과정은 임무, 규모, 조직, 재무구조 등과 같은 대학의 특성으로부터 영향을 받는다. 예산에 영향을 미치는 기타 요인으로는 정부의 법규에 의한 규제, 기타 사회 경제적인 규제 등이 있다.

예산에는 두 가지가 있다. 하나는 운영예산으로서 특정회계기간의 추정수익과 추정비용을 내용으로 하고 있는 당기 운용예산이다. 또 다른 하나는 자본예산으로서 시설의 신규취득, 대수선 또는 개축 그리고 기타 장비의 취득에 대한 지출 등을 내용으로 하고 있다. 자본예산의 경우는 1~5년의 장기간을 대상으로 하여 편성된다.

이 책에서는 주로 운영예산의 수립과 실행에 대해 다루지만 자본예산과 운영예산은 통합의 관점에서 고려하여야 한다. 예를 들면, 새로운 학사계획의 추가나 사이버교육의 강화와 같은 교육프로그램의 시행에서는 운영예산뿐만이 아니라 새로운 시설의 투자와 공간수요의 발생 및 기타 유형고정자산 취득에 영향을 미치기 때문에 자본예산과 연결이 이루어져야 한다. 자본예산도 운영예산에 영향을 미친다. 또한, 새로운 시설을 도입하게 되면 이 시설의 유지와 관리를 위해 추가적인 인원과 유지비용이 필요하게 되며 이는 운영예산에 반영되어야 하는 것이다. 운영예산과 자본예산의 편성은 기본적으로 대학의 장·단기 계획을 바탕으로 한다. 계획과정을 통하여 예산편성 참여자들은 대학프로그램의 목적과 목표를 정하고, 프로그램 선택에 대한 대체안을 검토하며, 통제된 예산전략을 전개할 수 있다. 대학계획은 1~10년에 이르기까지 그 기간이 다양할 수 있다. 그러나 계획의 최초연도 부분은 예산편성과정에서 반드시 반영되어야 할 부분이다.

이와 같이 예산의 기본적인 목적은 대학활동과 이를 위한 대학자원과의 구체적인 대응 여부를 사전적으로 검토할 수 있는 기회를 제공하는데 있다. 대학의 자원은 학생들의 등록금을 재원으로 한 부분뿐만이 아니라 재단으로부터의 전입금, 정부의 보조금, 독지가의 기부금, 교육부대수입이나 교육외수입 등 다양한 내용으로 되어 있다. 예산이 제기능을 발휘할 수 있으려면, 교직원, 학생 기타 대학구성원들 간에 대학의 제반 활동에 대해 합의가 우선 이루어져야 한다.

대학예산제도란 대학예산의 편성과 실행을 위한 조직과 절차를 말한다. 예산제도는 대학 내의 자원배분뿐만이 아니라 자원획득에서도 중요한 역할을 담당한다. 또한, 예산제도는 대학이 제공하여야 할 서비스수준과 이를 위해 조달하여야 할 자원을 연결시키고 자원사용에 대해 자기검증기능을 수행한다. 특히 오늘날과 같이 대학의 규모가 커지고 고정자산이 많으며, 대학에 대한 공공성을 중시하는 상황에서는 대학에 대한 단순한 치료적인 경영(remedical management)에서 예방적인 경영(preventive management)으로의 전환을 바라고 있다. 예산은 예산편성과정을 통해 사전적으로 대학의 합리적 경영을 유도하는 피드 포워드(feed foreward) 기능뿐만이 아니라 사후적인 예산통제의 기능 중 피드 백(feedback) 기능을 가지고 있기 때문에 대학이 변화하는 현실에 대응하기 위한 가장 적절한 경영도구라 할 수 있다.

|제2절| 대학예산제도의 목적과 특성

① 대학예산제도의 목적

대학예산은 대학에게 계획적인 활동을 하도록 하며, 업적평가의 기준을 제시하고 조직 내에 의사소통과 종적·횡적인 상호협조를 가능하게 한다. 특히 사립대학의 예산은 대학재무활동의 계획화와 수탁관계의 명확화를 통하여 법규나 계약에의 준수 여부를 분명히 하는 동시에 대학자원의 효율적인 활용과 배분에 기여한다. 그리고 특례규칙에서 규정하고 있듯이 자금예산서를 복식부기에 의해 기록하게 되면 거래의 이중성원칙에 따라 모든 기록이 자동검증되어 부정과 오류를 예방하고, 실제와의 차이를 분석함으로써 장부기록의 객관성 및 통제효과를 높여준다.

대학예산제도의 주요 목적을 열거하면 다음과 같다.

① 공공성의 확보
② 대학재정의 계획화
③ 자원수탁관계의 명확화
④ 부문 간 책임의 명시 및 활동의 조정
⑤ 업적의 측정 및 동기부여

(1) 공공성의 확보

대학은 사회적 공기로서 공공적 성격이 강하다. 사립대학이 개인 또는 법인의 출연에 의하여 설립되었다 하여도 활동의 목적은 공공적·공익적인 것이다. 따라서 대학활동은 사회 전체의 수준향상을 기할 수 있도록 효과적·효율적인 방향으로 전개되어야 한다. 이러한 활동의 내용은 예산을 통하여 구체적으로 명시된다. 즉, 몇 명의 대학생을 어떻게 교육시키며, 얼마의 금액을 연구비로 배정하여 어떤 연구활동을 전개할 것인가, 그리고 어떠한 공공봉사활동에 얼마를 투입할 것인가 등이 대학예산에 명백하게 제시되는 것이다.

(2) 대학재정의 계획화

대학의 수익과 비용은 영리조직체의 수익 및 비용과 다음과 같은 점에서 차이가 있다.

① 대학의 수입과 지출은 거의 비탄력적이어서 1회계기간 중에 이를 증감시킨다는 것은 어렵다. 즉, 학기중에 학생수를 임의로 증감시키거나 교직원의 노력에 의해 수입을 증감시킨다는 것은 사실상 불가능

하다. 이와 같이 대학의 수입은 거의가 정기적·고정적 수입(hard money)이며 비정기적인 수입(soft money)이 아니다. 비용의 경우도 인건비 및 경상적 운영비가 대부분을 차지하고 있기 때문에 수익이나 마찬가지로 비용을 융통성 있게 조정한다는 것이 어렵다는 것은 대학재정의 특성이다.

② 대학에서는 수익과 비용 간에 직접적인 대응관계가 성립되지 아니한다. 즉, 교육의 성과는 비용의 다소에 의해 측정되는 것이 아니다.

③ 대부분의 교육원가는 고정원가이며, 자유재량원가 성격이기 때문에 비용의 상한을 결정하기 어렵다. 이에 대해 대학의 수입은 전술한 바와 같이 고정적이며 한정되어 있다. 즉, 대학은 조달할 수 있는 자원보다는 항상 대학활동을 위해 사용하여야 할 수요가 초과되어 있는 상태라고 할 수 있다.

이와 같이 대학의 수익과 비용은 비탄력적이며 양자 간에는 상관관계가 없기 때문에 필요한 비용의 수요는 무한하지만, 수익은 한정되어 있는 상황에서 대학의 영속성을 유지하려면 대학의 수익과 비용이 미리 장단기적으로 계획되어 예산단계에서 조정됨으로써 균형을 이루면서 대학활동이 전개되어야 한다. 즉, 대학의 모든 재무활동은 예산에 따라서 이루어지고 예산의 범위 내에서 전개되어야 하는 것이기 때문에 대학재정을 계획하는 것이 대학예산의 일차적인 목적이 되는 것이다.

(3) 자원수탁관계의 명확화

대학예산은 학교법인과 총·학장 사이, 대학당국과 대학구성원 사이에 성립되는 자산운영에 관한 자원의 수탁관계를 구체적으로 표현한다. 즉, 양자 간에 수입과 지출에 관한 권한과 집행책임의 범위 등 자원의 수탁관계가 예산을 통하여 명확하게 규정된다.

대학의 자산에 대해서는 어떠한 소유관계도 존재하지 아니하므로 자산운영에 손실이 발생한다고 하여도 그 손실이 선량한 관리자로서의 의무를 다한 것이라면 그것을 부담할 책임이 없다. 이는 자본의 출자자가 손실을 모두 부담하는 기업의 경우와 비교하여 볼 때 근본적인 차이점이라고 할 수 있다. 따라서 기업에서는 예산이 임의적인 것이지만 대학에서는 수탁관계의 명확화를 기하기 위하여 예산이 의무적인 것으로 규정되는 것이다.

(4) 부문 간의 책임명시 및 활동의 조정

예산에는 대학의 목적달성을 위한 구체적인 내용이 조직 단위별로 명시된다. 부문별로 이루어진 예산집행권은 사후적으로 예산범위 내에서 이루어지도록 통제된다. 또한 예산은 부문 간의 의사소통과 조정을 통하여 공동목표가 성취되도록 하여 준다.

(5) 업적측정 및 동기부여

예산은 관련당사자들의 적극적인 참여를 바탕으로 이루어질 때 동기부여효과가 나타난다. 즉, 예산편성에서 관리자들에게 동기부여를 할 수 있는 예산수준이 선택될 때 업적은 향상되는 것이다. 예산과정이 투입면이나 산출면에서 관련참여자들에게 동기부여를 줄 수 있다는 연구결과도 많이 발표되고 있다. 이와 같이 예산은 통제수단으로서가 아니라 긍정적인 동기부여의 기능도 가지고 있는 것이다.

② 대학예산의 특성

(1) 예산항목이 대부분 재량원가이다

예산은 어느 조직체에서나 마찬가지로 유용한 경영통제도구이다. 특히 비영리 조직체인 대학에서는 그 의미가 크다. 영리조직체에 있어서는 대부분의 원가가 활동에 대해 비례적으로 증감하는 원가(engineered costs)이지만 대학의 경우에는 거의가 고정원가(fixed costs)이며 이 중 재량원가(discretionary cost)가 상당 부분을 차지한다. 이에 따라 예산의 항목별 지출한도가 예산과정에서 인위적인 합의과정을 통해 결정되는 경우가 많다. 영리조직에서는 상황변화에 따라 원가가 변화한다. 그러나 대학의 경우에서는 상황변화라는 것이 거의 발생하지 않기 때문에 대학은 주어진 자원을 가지고 여하히 보다 효율적인 교육서비스를 제공할 것인가에 경영중점을 두고 있다.

(2) 균형예산을 추구한다

대학의 경우에는 우선적으로 등록금, 기부금 기타 자금의 원천을 면밀히 검토하여 수익에 대한 추정액을 결정하여야 한다. 대학에서는 이 수익액이 거의 고정적이어서 예산연도 중에 가감되는 경우가 드물다. 만일 대학에서 예산연도의 수익액보다 더 많은 지출이 발생하는 경우에는 결과적으로 차입금의 증대 내지는 기본재산의 감소를 가져와서 세대 간의 형평(generation equity)이 깨진다는 문제가 발생한다. 즉, 다음에 입학하는 학생들의 부담으로 현재의 대학이 운영된다는 것을 의미하기 때문이다. 따라서 대학에서 가장 중요한 예산원칙은 수입과 지출 간에 균형을 유지하는 균형예산편성이다. 원칙적인 면에서 해석한다면, 운영수익 초과분이 발생하였다는 것은 대학의 경우 자랑이 아니라 그만큼 경영면에서 문제가 있다는 것을 의미하는 것이다. 그리고 반대로 지출이 과대하여 수익을 초과하는 경우에는 대학이 더 이상 유지할 수 없게 되며, 이는 더욱 심각한 문제가 된다.

그러나 오늘날과 같이 운영수익과 운영비용 간의 단순한 균형만 유지하여 가지고는 경쟁우위 내지는 생존하기 어려운 상황에서는 균형의 개념을 새로이 정립하여야 한다. 다음과 같은 경우에는 수지균형이 예산상 이루어졌다고 하여도 정상적인 경우라고는 보기 어렵다.

① 기금모금운동을 통한 수지균형 : 일시적인 기금모금운동을 통해 수익증대를 도모하기 위한 계획을 세우고 관련수익과 지출을 반영한 균형예산을 편성한 경우, 실질적인 균형이라고 보기 어렵다. 즉, 대학에서 등록학생에 대하여 부과되는 등록금 수입액은 대표적인 고정성·경직성 자금이지만, 기금모금운동수익이나 기부금수익 등은 비정기적으로 이루어지는 수익이기 때문에 수지균형을 계획하기 위한 정확한 예측이 곤란하다.

② 내외적인 환경변동으로 인해 액면대로 수지균형을 해석하기가 곤란한 경우

③ 기본재산취득으로 인하여 수지균형이 이루어지지 못한 경우

(3) 프로그램적인 예산이다

항목별 예산은 지출의 개별항목을 중심으로 증분(增分)의 방법에 따라 예산을 편성한다. 이에 대해 프로그램예산은 지출로 인하여 이루어질 프로그램 및 프로그램요소에 초점을 맞춘다. 그러나 프로그램예산이라 하여도 그 집계는 지출에 대한 구체적인 항목별로 이루어진다. 프로그램 예산은 의사결정자에게 프로그램의 각 활동에 투입되어야 할 자원액을 쉽게 결정할 수 있도록 함으로써 결과적으로 활동 자체를 강조한다. 대학활동은 그 자체가 대학교육이라는 프로그램의 달성을 목적으로 하는 것이기 때문에 항목별 예산성격보다는 프로그램적인 예산성격이 더 적합하다.

(4) 예산에 의한 업적측정을 중시한다

대학예산에서 또 하나 중요한 사항은 예산을 통해 업적에 대한 측정치를 설정하는 일이다. 대학업적의 비재무적·비계량적 성격으로 인해 사후적으로 이를 측정한다는 것은 상당히 어렵다. 따라서 소비되는 자원에

걸맞은 목표를 예산과정에서 설정하고 이를 실제와 비교할 수 있도록 예산을 활용하게 된다.

(5) 수익과 지출 간에 직접적인 대응관계를 찾기 어렵다

일반기업의 경우에는 비용발생의 대가로 수익이 발생하여 양자 간의 대응관계가 성립하지만, 대학에서는 예산상의 지출이 이루어진다고 하여도 그 대가로 수익이 발생하는 것은 아니다. 즉, 대학에서는 수익비용대응의 원칙이 성립되지 않는다. 따라서 대학의 예산은 제약된 조건하에서 조달할 수 있는 자금 또는 자원을 목적에 맞게 얼마나 효과적으로 지출하는가를 중요시하는 쪽에 비중을 둔다. 그러므로 대학운영의 성패는 예산수립의 단계에서 좌우된다고도 볼 수 있다.

이와 같이 대학의 지출에는 대응되는 수익이 없기 때문에 결산재무제표에서도 수익비용대응의 원칙에 의한 손익계산서는 작성하지 못한다. 특례규칙에서는 당해 회계연도의 운영수입 및 운영비용의 내용을 적절하게 파악할 수 있도록 운영계산서를 작성하도록 규정하고 있으나, 운영비용 부분에 유형고정자산 취득에 해당되는 기본금대체액을 포함하도록 되어 있어 영리조직의 수익비용대응원칙과는 일치하지 않는다. 따라서 수지차액은 당기손익계산서에 나타나는 당기순이익과는 달리 기본금대체액까지 차감한 나머지 액을 의미한다.

(6) 경직성을 가진다

예산은 대부분이 그 용도가 지정되어 있기 때문에 자금활용에 많은 제약이 따른다. 대학의 자금예산서에서 지출은 운영비용부분과 자산취득 및 부채상환부분으로 구분된다. 그리고 각 부분은 다시 관·항·목으로 편성되어 있다. 이들 항목 간 예산을 전용하는 경우에는 추가경정예산을 편성하여 다시 감독청의 승인을 받아 사용하게 된다. 사학기관의 재무회계 규칙 제21조(예산의 목적 외 사용금지)에 따르면 "법인의 업무에 속하는 회계의 세출예산은 목적 외에 이를 사용할 수 없다. 그리고 학교에 속하는 세출예산은 이를 목적 외에 사용하지 못하며, 교비회계에서는 다른 회계에 전출하지 못한다"고 규정하고 있다. 만일, 예산에서 결정한 목적 이외에 지출을 하면 예산기능을 무시하는 중대한 오류를 범하는 결과가 되고, 더 나아가서는 예산제도의 기능이 마비되는 결과가 되기 때문에 목적 외 사용은 철저히 금지되고 있다.

|제3절| 대학의 예산통제시스템

① 예산편성과정의 중요성

교육활동을 포함한 학교의 제반활동은 예산의 내용에 따라 이루어지게 된다. 이는 대학의 수입과 지출이 지니고 있는 특성에서 연유된다. 이와 같이 예산이 대학의 활동을 제약하는 정도는 기업의 경우에 비하여 훨씬 강하다. 그런 만큼 대학활동의 성공 여부는 예산편성절차 및 내용의 적정 여부와 긴밀하게 연결되어 있다. 과거에는 예산의 사후적인 통제 기능을 중시하였으나, 오늘날에 와서는 예산의 사전적인 통제기능, 즉 계획의 단계에서 각 부문의 활동을 상호 균형 있게 달성할 수 있도록 사전적 조정기능을 발휘한다는 것을 강조하는 방향으로 예산관리의 중점이 옮겨지고 있다. 예산편성과정의 합리화는 대학예산이 제기능을 발휘하는 데 가장 기본이 되는 사항이다.

② 예산과 계획의 연계

예산은 대학활동, 즉 교육연구 그리고 공공봉사 등 대학의 제반 활동

계획과 한 몸처럼 편성되어야 한다. 예산은 기초는 구체적인 계획이다. 구체적인 계획이 있어야 효과적인 활동이 이루어질 수 있다. 예산은 계획된 활동이 실현되도록 재무적으로 뒷받침한다. 그런데 재정은 대학의 활동을 제약하는 중요한 제약조건이다. 학사개편계획이나 대학의 발전계획 등도 재정적인 능력 없이는 불가능한 것이다. 그런데 학교의 수입이란 교육을 중심으로 한 제반 활동계획과 불가분한 관계라는 것을 잊어서는 안 된다. 즉, 대학계획의 여하에 따라 새로운 재원의 개척이나 대학수입의 증대가 가능할 수 있는 것이다. 이처럼 대학경영에서 핵심역할을 하는 예산제도의 성공을 위해서는 기본적으로 대학계획을 충실하게 수립하여야 한다. 그리고 예산의 편성과정이란 계획과 예산을 연계시키는 장이라는 의미를 가진다.

③ 예산제도와 교직원관계

대학교육은 교육을 담당하는 사람들의 개인적인 능력에 크게 영향을 받는다. 따라서 대학활동을 효과적으로 전개하려면 인적 능력을 최대한 발휘할 수 있도록 조직문화를 형성하는 것이 중요하다. 그리고 교육활동에는 이를 지원하는 많은 보조적인 활동이 필요하다. 즉, 교육용 자재의 조달과 정비, 실험실습의 지도보조, 문헌정보의 수집 그리고 각종의 대학활동 수행에 필요한 사무활동의 지원 등이 있어야 하는 것이다.

대학생의 수가 늘어나고 교육과정이 복잡하여지면 이와 같은 지원활동은 교육효과에 큰 영향을 미친다. 효과적인 지원활동은 교수들에게 강의나 연구를 수행함에 이를 준비하는데 소요되는 시간과 노력을 절감시킴으로써 교수들의 주체적 인간적 노력을 증진시켜 교육의 질을 향상시키게 된다. 대학경영자의 일차적 과제 중 하나는 대학활동이 제대로 이루어질 수 있도록 효율적인 지원체제를 가동시키는 것이다.

④ 예산제도의 구비요건

대학의 활동성패는 대학구성원의 능력 여하에 의존하는 것이기 때문에 예산제도의 기본목표는 교직원들이 조직에 기여하려는 공헌의욕을 가질 수 있도록 동기를 부여하는 일이라고 할 수 있다. 여기에서 직무 또는 조직에 대한 공헌의욕이란 교직원이 직무를 수행함에 자기의 인간적인 존재를 확충하려고 하는 의식 또는 직무를 통하여 자기의 발전과 향상을 실현하려고 하는 의식을 말한다. 이러한 예산제도가 되기 위해서는 예산제도에 다음과 같은 사항이 고려되어 있어야 한다.

① 예산실행 담당자의 임무, 권한 그리고 책임 범위가 명확히 정해져 임무수행에서 담당자의 자주성이 충분히 발휘될 수 있어야 한다.
② 예산의 편성이 명확한 방침에 입각하여 이루어져야 한다.
③ 예산방침의 기초에는 당해 대학고유의 설립목적, 현재의 문제해결을 위한 기본적인 방침 등이 토대로 되어 있어야 한다.
④ 예산의 편성과정에 대학구성원의 의견이 충분히 반영되어야 한다.
⑤ 예산의 결정은 공정하게 이루어져야 하며 예산결정이유 및 과정이 관계자에게 충분히 전달될 수 있어야 한다.
⑥ 예산의 집행결과에 대한 평가가 공정하게 이루어져야 한다.
⑦ 임무수행에 필요한 지식 및 기술을 습득할 수 있는 기회가 각 담당자에게 주어져야 한다.

⑤ 예산과정과 대학행정

대학의 행정은 예산편성, 예산집행 및 통제, 결산, 결산에 근거한 평가 등 네 가지 단계로 구분된다.

대학행정의 단계	핵심경영요점
예산편성	합리적 예산편성
예산의 집행 및 통제	적절하고 정당한 예산집행을 위한 통제
결산	체계적이고 정확한 결산
결산에 근거한 평가	결산에 근거한 사후 평가 및 피드백

(1) 예산편성단계

대학의 운영은 실질적으로 예산제도가 바탕이므로, 대학운영의 청사진인 예산이 합리적으로 편성되어야 한다. 만약, 예산이 비현실적·비합리적이라면 예산이 전혀 제기능을 발휘하지 못한다는 것은 말할 나위가 없다. 기초가 튼튼해야 건물은 무너지지 않는다. 또한, 예산에는 조직구성원의 이해관계가 제대로 반영되어야 한다. 그렇지 못하고 일방적으로 예산이 편성된다면, 구성원들의 조직적인 반발로 인해 예산이 제대로 집행되지 못한다. 그러므로 예산편성과정은 투명하여야 하며, 예산배정에서도 구성원과 합의된 배정우선순위가 마련되어야 한다.

(2) 예산의 집행 및 통제

합리적으로 편성된 예산은 정해진 용도와 금액, 시기에 제대로 집행되어야 한다. 실천되지 못한 계획이란 무의미한 것이나 마찬가지로 예산만 세워놓고 집행도 하지 못한다면, 예산의 근본취지는 사라지게 된다. 적어도 예산은 구성원들과 합의한 일종의 합의서이므로, 정당한 절차에 따라 집행되어야 하며, 이러한 과정이 이루어질 수 있도록 내부통제장치를 가동시킬 필요가 있다.

(3) 결산

집행된 예산은 그 결과에 대한 파악과 사후평가를 위해 체계적으로 정리되어야 한다. 결산은 바로 집행에 대한 정리절차이다. 당초에 의도한 대학행정이 제대로 수행되었는지 여부에 관련되는 근거자료는 결산을 통해 제공되는 것이다.

(4) 사후평가

계획의 다른 얼굴이라고 할 수 있는 예산의 집행결과를 예산과 비교하여, 유리한 결과, 불리한 결과, 통제가능한 결과, 통제불능한 결과 등을 파악하여 이를 피드백과정에 적용함으로써 대학이 제대로 방향을 잡아나갈 수 있도록 유도한다. 사후평가는 경영의 핵심이다.

⑥ 예산감사의 실시

우리 나라의 국립대학은 교육부 또는 감사원의 감사, 사립대학에서는 내부감사인에 의한 감사 및 외부 공인회계사에 의한 감사가 이루어지고 있다. 앞으로는 외부감사인에 의한 감사가 더욱 일반화되어 갈 것으로 보인다. 그런데 이러한 감사가 효과적으로 이루어지려면 업무에 관한 단순한 감사만이 아니라 일차적으로 대학의 전반적인 활동에 대한 내용을 담고 있는 예산에 대한 감사가 이루어지는 것이 바람직하다.

대학의 예산제도 핵심은 예산의 편성과저에 있다 함은 전술한 바와 같다. 따라서 감사는 예산집행 이후에 대해서뿐만이 아니라 예산 그 자체 그리고 예산의 편성과정을 대상으로 하여 이루어질 때 실효를 거둘 수 있다.

예산집행 이후의 감사를 사후감사 또는 결산감사라고 한다. 이에 대해 예산의 편성과정 및 예산집행 전에 대한 감사를 사전감사 또는 예산감사 라고 한다. 그런데 사전감사는 미래의 계획, 예산편성과정 등이 대상이 되는 것이기 때문에 이들을 과연 어떻게 평가하고 판정할 것인가 하는 것은 앞으로 해결되어야 할 중요한 과제이다. 예산감사를 하는 경우 우선적으로 다루어야 할 사항은 예산제도에 대한 객관적인 기준이 있는가 하는 사항이다. 예산기준에는 예산의 기본적인 체계와 예산보고를 위한 양식 등에 대해 명백하게 규정되어 있어야 한다.

7 총·학장 및 이사장의 보고책임 이행

총·학장 및 이사장은 예산을 결정함에 대학의 미래상황을 합리적으로 예측하고 선량한 계획담당자로서의 의무를 잘 수행하도록 하는 책임이 부여된다. 총·학장 및 이사장은 대학법인과 신탁관계에 놓여 있기 때문에 예산편성과정을 통하여 이러한 관계를 명백하게 규정하고 설명하여야 할 책임이 있다.

이사장의 이러한 보고의무를 확정하는 수단으로서 예산조서를 활용할 필요가 있다. 예산조서는 예산편성경위를 설명하는 입증서류로서의 역할을 한다. 따라서 감사인이 예산을 감사할 때는 우선적으로 이 예산조서를 검토하게 된다. 그러므로 예산조서에 기록되어야 할 사항 등 예산조서의 요건에 대해서는 미리 이를 규정하여야 할 필요가 있다. 그러나 예산의 일부에 대해서는 그 입안권(立案權)이 부문의 관리자에게 위임되는 경우가 있다. 이 때에는 부문관리자가 담당부문의 예산안에 대해 총·학장 및 이사장에게 보고하여야 한다. 그리고 예산안에 대한 예산조서를 작성하여야 한다.

8 예산원칙의 제정

예산원칙은 예산을 감사하는 경우 예산의 적정성을 판단하는 기준이 된다. 예산원칙은 일반적으로 예산제도가 구비하여야 할 요건으로 구성된다. 여기에서 예산제도란 대학에서 활동계획 및 활동에 필요한 예산의 결정, 결정된 예산 및 계획의 실행에 대한 통제 그리고 이를 위한 조직 및 절차를 말한다. 그런데 예산원칙은 주로 대규모의 대학을 대상으로 하고 있으므로 소규모의 대학에서는 각각의 여건에 알맞게 여기에 제시된 원칙을 조정하여야 할 것이다.

예산원칙은 다음과 같은 내용을 바탕으로 하여 제정된다.

① 대학과 법인(또는 교육부)의 예산에 대한 권한, 책임의 배분관계가 명백하여야 하며, 특히 예산원칙에서는 예산의 입안과 실행에 법인 (또는 교육부)이 담당하는 부문과 대학이 담당하는 부문에 대한 책임과 권한이 분명하게 제시되어야 한다.

② 예산책임자와 예산집행자에 대한 정의가 명백하여야 한다.

③ 예산책임자별 예산조서의 작성 및 개별계산서 작성이 될 수 있어야 한다.

〈표 13-2 〉 사립대학의 학교와 법인의 주요 업무

법인의 주요 업무	학교의 주요 업무
법인의 임무는 설치한 학교를 유지하는 데 필요한 행위를 하는 것이다.	학교의 임무는 학교설립 목적에서 규정한 교육 기타 학사업무를 수행하는 것이다.
1. 학교의 설립	
2. 학교기본방침의 결정 및 기타 학교유지를 위한 행위에 관한 기본방침	학사계획의 입안
3. 조직의 편성	
4. 제반 계획의 입안 및 예산의 입안	예산요구
5. 예산결정(학사계획의 승인, 기타 계획의 결정)	
6. 예산의 실행 ① 교직원의 고용 ② 학사에 필요한 자원의 공급 및 당해 자원의 조달 : 학사용 자재획득, 학사용 시설·설비의 취득, 이에 소요되는 자원조달	학사계획의 실행
7. 예산실행결과의 검토	
8. 외부보고	학사실행결과의 보고

④ 중기예산의 편성에서 연도예산과 기중예산의 관계를 명백히 한다. 특히 중기예산은 연도마다 변화된 상황을 반영하여 수정을 가하는 연동예산(rolling budget)방식에 의해 연도예산을 편성하도록 한다. 기간예산에서 운영수지와 자금수지의 예산설정목표 또는 요건을 정해 예산편성상 실무지침으로 제시하여야 한다.

그리고 예산조직에 가장 중요한 문제는 예산에 관한 책임과 권한의 배분에 대한 것이다. 특히 법인에서는 총·학장, 학과장 등을 비롯하여 보직자에게 예산상의 책임과 권한을 여하히 부여할 것인가, 그리고 부여하는 경우 그 범위를 어떻게 할 것인가 등이 해결해야 할 과제에 속한다.

이러한 원칙에 입각하여 사립대학에서 학교와 법인 간의 관계를 구체적으로 나타내면 〈표 13-2〉와 같다.

예산편성

|제1절| 예산편성기법

예산과정을 보다 원활히 하고 예산목적을 효율적으로 달성할 수 있는데 기여할 수 있는 여러 가지의 예산기법이 제안되어 왔다. 그러나 이러한 기법들이 어느 대학에나 무조건 유용하며, 어떠한 프로그램에도 다 적용되는 것은 아니다. 오히려 이러한 예산기법들은 각각 특정시기에 특정대학의 특정한 문제를 해결하는 데 유용한 경영도구라고 보아야 할 것이다. 다음은 여러 가지 예산기법의 내용과 그 장·단점을 소개한다.

1 항목별 예산편성기법(incremental budgeting system or line item budgeting system)

항목별 예산편성기법은 가장 일반적인 예산편성기법으로서 증분예산법이라고도 한다. 여기에서는 인건비·물건비·시설비 등과 같이 예산내용을 항목별로 구분하여 이들을 증감시킴으로써 예산을 편성하는 방법이다. 증분예산은 대부분 물가상승률, 대학의 인건비수준이나 대학이 사용하는 자재가격의 변화 등을 감안하여 전년도 수준에 몇 %를 가산하여 편성한다. 그러나 재무적으로 어려운 시기에는 각 항목을 유지 또는 감액시켜 대응한다. 증분예산기법에서 가정하고 있는 것은 현재의 예산배정기준이 적정하며, 현재의 교육프로그램이 계속된다는 것이다. 이 예산기법은 이해하기가 쉽고, 정부 기관에서 광범위하게 이용하고 있다. 그리고 단지 제한적인 범위이지만, 내적인 자원의 재배분을 통하여 대학의 기존 프로그램을 고무하거나, 반대로 비생산적인 프로그램은 삭제하는 기능도 수행한다.

이 항목별 예산기법은 우리 나라 대학이 적용하고 있는 대표적인 예산기법이다. 그리고 이 방법은 시크(Allen Shick)가 말하는 이른바 초기의 통제지향적(control oriented) 예산시스템이다. 대학예산이 이와 같이 통제지향적이 된 이유는 다음과 같다.

첫째, 대학원가의 대부분이 고정원가이어서 대학활동별로 적정한 상한선을 결정할 수 없으므로 정치적인 협상과정(political negotiation process)을 통해 예산이 결정된다.

둘째, 대학은 자원이 한정되어 있으나 지출해야 할 분야는 상대적으로 무한하기 때문에 지출을 엄격하게 통제할 필요가 있다.

셋째, 대학활동은 투입과 산출 간에 명확한 인과관계를 찾기 어렵고 계량적인 객관화된 업적측정을 할 수 없다.

그런데 항목별 예산편성기법은 예산집행의 성과를 중시하지 않고 결과적으로 형식주의, 절차주의 그리고 관료주의 사고의 만연을 초래하여 비효율적인 자원운영을 자초할 가능성을 많이 내포하고 있다.

항목별 예산편성기법에서 항목별(by item)로 지출을 분류하는(classification by object of expenditure) 방법으로서, 첫째 지출의 대상과 성격에 따라 지출항목으로 구분하고, 둘째 세출에 대해 엄격한 통제를 가하며, 셋째 담당자의 자유재량권을 최대한 억제한다는 데 근본목적을 두고 있다.

항목별 예산편성기법에서는 세출을 봉급·여비·수용비 등 항목으로 구분표시하여 예산집행을 통제함으로써 경비를 규정 내에서 지출하고자 한다. 전통적인 예산이 이와 같은 항목별 예산편성기법을 따르고 있는 근본이유는 행정상의 자원남용을 방지하기 위한 집중인 통제의 필요성 때문이라고 할 수 있다. 그런데 이 항목별 예산편성기법은 본래의 의도와는 달리 누가(어떤 조직체 또는 단위 부서), 무엇을(지출항목), 얼마나(지출한도) 사용해도 좋다는 의미로 해석되어 이른바 '관료주의적 소비위주예산'이라는 비판을 받는다.

항목별 예산편성기법의 특성과 장단점을 정리하면 다음과 같다.

(1) 항목별 예산편성기법의 특성

① 지출통제 지향적이다.

② 투입에 초점을 맞춘다.

③ 전통적인 예산기법이다.

④ 예산편성의 방법이 점증적(incremental)·주먹구구식(rule of thumb)이다.

⑤ 정치적인 협상과정을 통해 예산이 결정된다.

⑥ 예산이 1년 단위로 단기간이다.

⑦ 계획지향적(planning oriented)이거나 성과지향적(output oriented)이 아니다.

(2) 장점

① 회계계정과 예산계정을 일치시킨다.

② 지출에 대한 통제가 용이하다.

③ 예산의 편성이 간편하다.

④ 예산심의 및 회계검사가 쉽다.

⑤ 예산의 집행에 대한 재량권을 최대한 억제한다.

(3) 단점

① 세부적 지출대상에 중점을 두기 때문에 대학 전체의 활동을 파악할 수 없다.

② 세출항목의 지나친 세분은 경영상의 재량을 제한하며 예산상의 신축성발휘를 어렵게 한다.

③ 항목별 예산금액 결정이 '무계획적으로 그리고 부분적 제한 비교방법'에 의해 이루어진다. 따라서 중요한 의사결정에 대해 기대결과 분석이나 의사결정 대체안 간의 평가가 합리적으로 이루어지지 못하므로 각 예산단위의 설정이 조직의 목표달성에 가장 적합한 정책수단인지 여부를 판단하지 못한 가운데 이루어진다.

④ 항목별 예산편성책임자는 이해관계에 얽힌 집단 간의 상호작용에 의한, 그리고 심증을 바탕으로 하여 예산사업을 선정하게 되므로 부문예산을 집계한 결과가 당초의 의사와는 판이해질 수 있다.

(4) 항목별 예산편성기법에 대한 평가

이상에서 언급한 바와 같이 항목별 예산편성기법은 몇 가지 유의해야 할 점이 있다.

첫째, 운영의 성과보다는 자원지출한도의 준수 여부에 치중하므로 예산이 형식주의로 흐를 우려가 크다.

둘째, 1년 중심의 단기예산이므로 장기성이 결여되어 경영자가 바뀔 때마다 사업이 단절될 가능성이 있다.

셋째, 프로그램별·활동별 원가에 기초하여 예산이 편성되는 것이 아니므로 항목별 예산금액과 실제의 활동 간에 괴리가 발생할 수 있다.

넷째, 예산이 대학활동의 효율적 달성을 위한 제반활동의 전개와 이에 상응한 자원의 합리적 배분보다는 지출통제에 치중하므로 자원의 배분이 왜곡될 가능성이 크다.

다섯째, 대학의 제반활동에 대한 타당성 검토가 없는 상황에서 예산이 편성되므로 자원배분이 비효율적으로 이루어질 수 있다.

② 기획예산제도

기획예산제도(PPBS : planning programming budgeting system)는 1961년 미국의 랜드사(RAND Co.)가 개발한 제도이다. 맥나마라(Robert Mcnamara)는 미국방부에 이 제도를 최초로 도입하였으며, 1965년에는 존슨(Jonson) 대통령의 지시에 의해 다른 연방기관에도 확대적용된 예산기법이다. 기획예산제도는 예산편성에 기획기능을 중시하고 장기적 계획과 단기적 예산편성을 유기적으로 연결시킴으로써 조직체에서 자원배분에 관한 의사결정을 합리적으로 이루어지도록 하고 있다.

기획예산제도는 전략적 목표달성을 위한 비용과 결과를 확인·평가하고(planning), 그 전략적 목표들을 각 조직체 내의 인간과 물자의 요구로 전환하며(programming), 이 요구들을 재무적 필요액으로 계산하는(budgeting) 합리적·체계적인 예산기법이다. 기획예산제도는 문제상황→계획의 책정→계획→사업계획작성→예산편성→예산이라는 과정을 따라 진행된다.

기획예산은 대학의 장·단기 계획목표를 대학운영예산에 통합시킴으로써 계획과정과 예산과정을 결합시키려 하는 방법이다. 교육 또는 연구와 같은 대학의 프로그램은 프로그램예산의 핵심적인 요소이다. 프로그램예산은 이들 프로그램의 자원요구를 명백히 설정하고, 주어진 목적을 성취하는 데 소요되는 원가를 결정한다. 그리고 프로그램예산은 대체적인 프로그램에 대한 의사결정과 관련된 추정원가와 효익의 분석결과를 제시함으로써 의사결정에 기여한다. 프로그램 예산은 대학 프로그램을 획일적으로 다루고 있으며, 복합적인 결과를 가져오는 여러 프로그램들에 대해 특정결과를 설정하여 예산을 편성한다는 것은 현실과 괴리될 소지가 많다고 하여 비판을 받는다.

(1) 기획예산제도의 효용

① 목표의 정의 : 문제 및 대체안에 대한 보다 나은 이해를 유도하며 목표에 대한 재평가를 할 수 있도록 한다.
② 정보 : 프로그램의 투입 및 산출에 관한 개선된 정보를 제공한다.
③ 의사결정에 대체적 수단을 개발분석함으로써 보다 합리적인 판단이 가능하다.
④ 프로그램의 평가 : 성과를 측정하고 확인한다.
⑤ 관리능률의 촉진 : 실제 지출을 확인, 예산된 계획과 비교평가한다.
⑥ 예산과정에의 참여 : 구성원집단의 의견이 정책결정이 의미를 가질 수 있도록 예산으로 전환된다.
⑦ 분석적 토론의 필요성 인식 : 정치적·주관적 요인과 마찬가지로 합리적 분석도 의사결정에 영향을 미친다는 사실을 인식하게 된다.
⑧ 기관 간 관련된 프로그램의 비교 : 프로그램의 목적·내용의 확인은 분석자에게 조직 내의 서로 다른 부문 간 연결된 프로그램을 더 쉽게 확인하고 비교할 수 있도록 한다.

(2) 기획예산제도의 한계점

① 예산과정은 어느 단계에서나 정치과정으로 볼 수 있는바, 기획예산제도는 자원배분에 관한 의사결정에서 정치적인 방법을 배제하고 경제적 합리주의를 따르고 있다.

② 기획예산제도의 적용을 위해서는 목표의 명확한 규명과 계량화가 전제되어야 하는바, 대학의 경우 사실상 곤란하다.

③ 예산을 얼마나 배정하는 것이 적정한가에 관한 최적의 대체안을 선택하기 어렵다.

④ 예산배분에 관한 의사결정에서 기획예산제도는 정치적인 방법을 배제하려는 것이지만 실제로는 기획예산제도에서 분석결과가 정치적인 목적에 이용될 가능성이 크다.

⑤ 제한된 시간에 수많은 사업에 대해 완전하고 포괄적인 분석을 한다는 것은 사실상 불가능하다.

③ 영점기준예산제도(zero-based budget system)

영점기준예산은 전기의 여러 예산기법과는 근본적으로 다른 사고방식에서 출발한다. 즉, 영점기준예산에서는 전년도의 예산항목이나 각 수준에 대해 전혀 전제하지 않고, 매년 모든 항목이나 금액에 대해 영(0)의 상태로부터 신년도의 예산을 편성한다. 영점기준예산하의 각 예산단위 또는 '의사결정단위'는 그 목표와 목적을 평가하기 위해, 그리고 당해 활동에 대해 그것을 실시하는 경우 그 단위에서 얻을 수 있는 혜택과 그 서비스를 제공하지 않는 경우 초래되는 결과 등과 관련하여 그 정당성을 입증하여야 한다. 이는 각각의 예산단위에 대해 일련의 의사결정 패키지(package)를 개발함으로써 이루어질 수 있다. 각각의 의사결정 패키지는 그 단위의 활동, 기능 그리고 목적 등을 기술하며, 대체적인 서비스 수준을 제시한다. 여기에는 반드시 그 단위가 그 이하의 예산수준에서는 도저히 필요한 서비스를 제공할 수 없다고 볼 수 있는 서비스의 최소수준과 그 단위가 동원가능한 자원을 최대한 이용하는 경우 달성할 수 있는 서비스의 최대수준을 결정하여야 한다. 일단 의사결정 패키지가 개발되면, 단위책임자는 이들을 우선순위에 따라 배열한다. 그렇게 되면 의사결정 패키지는 순서에 따라 배열되고 각 단위에 배정되는 자원을 근거로 하여 각 패키지에 대한 자원배정 의사결정이 이루어진다. 그러나 영점기준예산이라 하여도 요구하는 예산의 절감 또는 증가 등이 쉽게 이루어지지 않는 경우가 많으며, 어떤 경우에는 전혀 이루어지지 않는다. 왜냐하면 각 단위가 쉽게 그리고 신속하게 그 원가를 조정하기 어렵기 때문이다. 예를 들면, 단시간 내에 사람을 재배치하거나 해고하기는 어렵다. 이와 같이 수년간 지속되어 온 고정성 비용은 예산을 단기적으로 변동하기 어렵게 만드는 것이다. 영점기준예산이 경영자의 관점에서는 많은 것을 시사해 주지만 영점기준예산이 비탄력적이라는 점은 그 채택을 어렵게 하며, 시행에 제약을 주는 원인이 된다. 이 기법의 또 다른 단점은 그것을 완성하기까지 많은 시간과 각종 표 및 양식 등이 작성되어야 한다는 점이다.

영점기준예산제도는 ① 계획과정 : 목표설정, 계획수립, 기초정책 결정, ② ZBB(zero-based budgeting) 과정 : 계획달성을 위한 모든 활동, 대체안, 비용의 상세한 확인 및 평가과정, ③ 평가과정 : 계획에 대한 예산 검사, 목표와 비용 간의 상호계산(trade-off), ④ 예산 및 업무계획의 결정 등의 과정을 통해 이루어진다.

(1) 영기준예산제도의 장점

① 재정의 경직화를 방지한다.
② 예산과 기획과정에 대한 이해를 증진시킨다.
③ 조직관리효율을 향상시킨다.
④ 의사결정과정을 개선한다.
⑤ 통제기능을 강화한다.

(2) 영기준예산제도의 한계 및 단점

① 주관적이다.
② 많은 시간·비용·노력·서류작업을 필요로 한다.
③ 수백 개의 의사결정군을 검토해야 하는바, 일반적으로 이들을 검토할 수 있는 예산전문가가 없다.

따라서 영기준예산제도의 도입을 위해서는 그 전제로서, 첫째 조직 전체를 보는 시각을 길러야 하며, 둘째 의사결정 패키지를 개발해야 하고, 셋째 영기준예산을 다룰 수 있는 전문가가 양성되어야 할 것이다.

④ 기타의 예산기법

(1) 개방예산(open-ended budgeting)

이 방법은 대학 내에 교육, 연구단위 등과 같은 원가중심점을 설치하고, 각 단위책임자가 적절하다고 생각하는 수준에서 예산을 요구하는 기법이다. 중앙예산책임자와 부문관리책임자는 가용자원에 맞추어 이를 조정한다. 이러한 조정은 일반적으로 타협의 과정을 통하여 이루어진다. 이 예산편성기법의 장점은 보다 많은 구성원들의 참여를 유도한다는 점과 각 프로그램에 대해 계획과 예산을 긴밀하게 연계시킬 수 있다는 점이다. 단점으로는 각 단위가 요구하고 있는 예산과 이를 지원할 수 있는 자원일치를 위한 조정에는 상당히 많은 협의과정이 있어야 한다는 점이다.

(2) 쿼터예산(quata budgeting)

이 기법에서는 각 단위의 원가중심점에 통제해야 할 수치를 부여하고 여기에 기초하여 각 단위가 예산을 편성하도록 하는 방법이다. 통제수치는 현재의 수입액 분석에 기초한 증감비율 추정치일 수 있다. 쿼터예산의 장점은 각 원가중심점이 조기에 자기 부문의 총예산을 알 수 있으며, 각 구성원들도 쿼터수치를 토대로 하여 대학의 전반적인 예산규모를 미리 알 수 있다는 점이다. 단점으로는 과거의 예산을 분석적으로 검토하지 않고, 이를 거의 그대로 옮겨 신년도 예산이 배정될 가능성이 많다는 점이다. 왜냐하면 쿼터예산은 프로그램에 기초한 것이 아니라 항목에 기초하여 이루어지기 때문이다.

(3) 대체적 수준예산(alternative level budgeting)

이 방법에서는 몇 가지 대체적인 수준(2~3개)을 정하여 각각 예산을 준비한다. 예를 들면, 과거예산수준보다 3%, 5%, 10% 이상 등과 같이 편성하도록 관리책임자가 지정할 수 있다. 대체수준예산편성기법은 프로그램평가와 프로그램 우선순위의 결정 등에 대하여 보다 상세한 정보를 제공해 줄 수 있다.

이 기법의 단점은 다양한 수준의 예산을 편성함에 따라 작업량이 많아진다는 점과 어떤 수준에 대해 자금이 지원되어야 하는가에 관하여 분명한 것이 없기 때문에 야기되는 불확실성이 내포되어 있다는 점이다. 또한, 이러한 예산편성기법은 거의 전년도의 예산에 기초하여 금년도의 예산을 편성하는 것이기 때문에 증분예산기법이나 쿼터예산기법이 안고 있는 문제점들을 그대고 가지고 있다.

(4) 공식기준예산(公式基準豫算 : formula-based budgeting)

이 기법에서는 대학의 총재무소요액이나 운영상의 경상적 필요액 등을 공식을 적용하여 산정한다. 대부분의 공식은 학생등록자료 또는 총학점시간 등을 토대로 만들어진다. 공식기준예산은은 사립대학의 내적인 예산절차로서 보다는 국공립대학의 통일적인 기준으로 적용된다. 국공립대학의 경우에는 교육·도서·시설·장학금 등의 예산이 예산공식에 근거하여 지원되기 때문에 공식기준예산을 이해한다는 것은 중요하다. 교육부 관계자들은 대부분 대학에 배정하는 예산을 공식에 의해 산정하고 있으나, 반드시 공식에서 산정된 금액을 전부 배정하는 것은 아니다. 공식기준예산에 관련된 장점으로는 각 대학을 차별 없이 균등하게 취급한다는 점이다. 그리고 공식을 적용하게 되면 예산대상이 계량화되어 자원의 배분의 합리성과 객관성을 부여할 수 있다는 점이다. 그러나 공식기준예산은 자금의 소요기준을 결정하는 방법은 아니다. 따라서 공식은 계속 수정되어야 하며, 새로운 공식이 또한 개발되어야 한다. 경우에 따라서는 실제의 예산배정액이 공식에 의해 산정된 금액보다 훨씬 적을 수 있다. 또 하나의 단점은 등록률이 변동하는 경우에는 단지 지출의 한계적인 감소밖에 할 수가 없다는 점이다. 이렇게 되어 공식기준예산은 현실과 맞지 않는 부적절한 것이 될 수 있다. 또한, 공식기준예산은 각 대학이 가진 특수성을 전혀 반영하지 못할 소지가 많다.

예산의 편성은 이상에서 언급한 예산기법이나 이 기법들을 혼합한 형태들이 많이 적용되고 있다. 그리고 성과예산이라든지 인센티브예산 등은 근래에 이르러 적용되는 사례가 생기고 있다. 선택한 예산기법이 무엇이든지 간에 예산기법이 당해 대학의 경영상 욕구와 일치해야 한다는 점을 인식하는 것이 가장 중요하다.

|제2절| 운영예산의 편성

운영예산은 대부분 1년의 회계기간을 대상으로 하여 승인된 학사 및 기타 대학서비스를 재무적으로 지원할 수 있도록 편성된 상세한 예산이다. 이 예산은 가용자원의 범위 내에서 학사프로그램 및 지원서비스 계획을 근거로 하여 결정된다. 개별 단위예산은 구성원 집단의 참여과정을 바탕으로 사립대학의 이사회 또는 국립대학의 예산기구 등에서 승인된 기관별 예산편성 지침을 근거로 하여 각 부의 책임자에 의해 편성된다. 일반적으로 운영예산은 모든 단위기관의 운영예산을 통합해서 작성한다. 총장, 교무처장, 사무국장 등은 운영예산의 편성에 대해 책임이 있다. 사립대학의 이사회는 주요 정책에 대한 검토와 승인의 책임을 지고 있으며, 전체 예산에 대한 최종적인 승인권을 가지고 있다. 예산의 구체적인 편성과정은 다음과 같은 단계를 거쳐서 이루어진다.

① 예산편성지침의 결정 및 제시
② 당기자금수익 및 지출에 대한 추정
③ 학사 및 지원기관의 예산요구
④ 예산서 초안의 작성
⑤ 국공립대학의 예산기구 또는 사립대학의 이사회(기성회예산은 기성회의 이사회)에 예산(안)제출 및 예산의 승인

이와 같은 운영예산의 편성절차는 각 대학의 경영스타일과 대학에 영향을 미치는 기타 요인에 따라 달라질 수 있다. 또한, 예산의 과정이 상향식인가 아니면 하향식으로 편성되는가에 따라 차이가 있게 된다. 여기에서는 예산의 편성이 예산편성지침서의 제시에서부터 출발하는 하향식의 과정을 전제하고 있다. 각 예산단위에 대한 예산요구서의 작성은 물론 상향식으로 이루어진다.

① 예산편성지침서의 결정과 전달

예산편성지침서는 예산서의 작성에 영향을 미치며, 급여의 인상, 학생보조에 관한 여러 형태의 지원수준, 특정프로그램의 확대, 새로운 프로그

램의 시행, 기존프로그램의 축소 내지는 삭제 등의 항목에 대한 대학의 입장을 제시하여 준다. 총장·학사 및 행정의 실무책임자, 기획 예산위원회 및 예산담당자는 일반적으로 예산편성지침서의 작성에 참여한다. 구성원집단 역시 이 과정에 참여할 수 있다. 일단 예산편성 지침서가 완성되면 예산책임자는 이 지침서를 학장·국장·과장·부속기관장 등 단위책임자에게 문서형식으로 전달해야 할 책임이 있다.

② 수익 및 지출의 추정

기관에 따라서는 사무국(처)장이 이러한 책임을 담당하기도 하지만 대부분의 경우 예산책임자가 수익추정액을 집계해야 하는 책임을 진다. 여러 수익항목에 대한 추정은 여타 관리자들이 제공한 정보를 기초로 하여야 한다. 예를 들면, 수업료나 기타 학생부담금의 추정수익액은 학적담당관 또는 입학에 관한 책임을 지고 있는 담당관이 제시한 등록추정자료를 토대로 하여 이루어진다. 이러한 추정에는 당연히 일반적인 경제적 요인과 대학 내 또는 유사한 대학에서의 등록추이 그리고 자퇴율 등이 고려되어야 한다. 전입기부금수익, 발전기금수입, 예금이자수익 등의 추정은 과거의 경험, 기금모금운동 계획, 동창회의 활동 등을 고려하여 이루어지게 된다.

스폰서가 있는 프로그램은 별도로 구분하여 수익과 지출을 추정할 필요가 있다. 이러한 프로그램의 대규모화는 시설공간 및 기타의 모든 운용분야에 영향을 미친다. 따라서 스폰서프로그램에 대한 예산은 정규예산 내에서 별도로 구분표시되어야 하며, 새로운 프로그램이 추가되거나 기존의 프로그램이 삭제되는 경우에는 이에 따라 스폰서프로그램도 조정되어야 한다. 또한, 국립대학의 수입대체사업에 관련된 세입세출예산도 스폰서프로그램예산이나 마찬가지로 본 예산서에 포함시키되 이를 구분·표시하게 된다.

보조사업에 대한 수익의 추정은 등록에 관한 자료와 이들 사업의 운영에 대한 과거의 경험을 토대로 하여 이루어져야 한다. 수익에 대한 추정은 교직원에 대한 무료급식, 여러 사업분야에 고용된 스태프에 대한 임시지출과 같은 항목을 포함하여 총액기준으로 추정되어야 한다. 보조사업 관리책임자는 예산담당관이 검토할 수 있도록, 그리고 사무국장으로부터 승인을 받을 수 있도록 예산을 작성하는 것이 필요하다.

기타 원천으로부터의 수익은 과거의 경험에 기초하여 추정되어야 하며, 가능한 상태를 고려하여 조정되어야 한다. 추정치를 작성하는 데는 여러 가지의 기법들이 있다. 예를 들면, 예상 기부금액은 현재까지 들어온 기부약속액의 크기로서 추정할 수 있으며, 기타 잡수익의 크기도 현재의 추세에 기초하여 추정할 수 있다. 전년도의 예산집행 잔액추정액·시설지원기부금, 사용기간이 정해진 기부금, 그리고 기타 자금에 대한 잔액 추정액은 운영목적의 자금으로 대체될 수 있으며, 이들은 당기총비제한 자금의 이용가능액 규모를 추정하는 데 고려되어야 한다.

교육부나 지방자치단체로부터의 보조금배정액은 이러한 보조금이 궁극적으로 입법기관의 행동에 의존하는 것이기 때문에 신청기준이 아니라 실현기준으로 인식되어야 한다. 만일 이러한 보조금이 교육부나 지방자치단체의 예산에 포함되어 있고 입법기관에서 승인한 다음이라면, 당해 보조금액은 최종적인 것으로 받아들일 수 있다. 그러나 교육부나 지방자치단체의 예산에 대해 아직 입법기관이 승인하지 아니한 상태라면, 사무국(처)장이나 예산관리책임자는 그 프로그램과 관련된 입법기관 담당자와 의견을 나누어 특정 프로그램이 지원될 수 있는지 여부에 대해 파악하여야 한다. 그런데 이러한 보조금은 대부분이 자체 자금으로 대응투자를 하도록 조건을 걸고 있으므로 이에 대한 추가경정예산의 편성이 필수적이다.

지출에 대한 추정을 함에 장기계획이나, 예산편성에 대한 총장의 특별한 지시사항 등에 의하여 수립된 일반적인 목표는 예산요구서를 작성함에 부서책임자나 기타 관련자에게 지침의 역할을 한다. 이러한 목표에는 시설의 확장계획, 기존프로그램의 증진 그리고 새로운 프로그램의 개발 등이 포함된다. 물가의 변동, 급여, 승진 그리고 종업원복지 등의 변화가 미치는 영향에 대해서도 고려하여야 한다. 학생 교수 간의 비율, 분반규모의 크기, 전임교원의 강의부담, 직원의 배치 등에 대한 지침은 부서별 지출액을 추정하는 데 도움이 된다.

연간 운영예산은 우발적인 사항에 대해서도 대비하여야 한다. 우발계정의 금액은 가용자원의 크기, 과거의 경험 그리고 예산이 수립되는 당시의 경제상황 등에 포함된 불확실성의 크기 등에 따라 결정된다. 만일 자원이 장기적인 계획을 성취하기에 부족한 경우에는 지원수준을 낮추거나, 계획 자체를 축소시켜야 한다. 우발적인 상황에 대비하기 위한 예비비 배정액은 총장의 의견에 결정적인 영향을 받는다.

③ 학사 및 지원기관의 예산요구

수익에 대한 추정이 완료되고 지출에 대한 예산지침이 작성되면, 학장이나 부문 관리책임자에게 예산요구서의 상한을 제시할 수 있게 된다. 예산의 공식적인 작성 이전에 대학의 각 부서에 이 예산지침서가 배포된다. 앞에서 강조한 바와 같이 예산편성지침은 국내외적인 경제상황 및 등록의 추세, 작업부하량의 추정치(학생-교수비율 등) 그리고 예산상의 전반적인 가정 등을 토대로 한다. 이러한 지침에 근거하여 각 단위는 지출예산요구서를 작성하며 이들 요구의 정당성을 제시한다.

각 예산요구에 대해 예산주관기구에서는 프로그램의 유효성, 프로그램 수행에 필요한 적정자원의 크기, 예산편성지침과의 합치 여부 등에 대하여 검토한다. 검토과정에서 만일 예산삭감이 고려되는 경우에는 당해 프로그램의 삭제 내지는 축소에 대해 당해 기관과 협의하게 된다.

④ 대학예산초안의 작성

예산요구서에 대해 각 부문의 담당자들과 논의가 끝나면, 각 부서의 예산요구에 기초하여 예산서 초안을 작성한다. 단위기관의 예산요구서는 표준화된 양식을 사용하도록 하며 예산요구서상의 항목에 대한 내용과 배열은 특례규칙의 내용을 따르도록 한다. 또한 회계기록 및 연차의 재무보고서 작성에서 사용하는 계정과목을 그대로 활용하는 것이 편리하다.

예산요구서 및 예산서초안의 양식은 사업별 예산서와 함께 사업별 예산을 세 가지의 주요 항목별 분류, 즉 인건비성의 항목, 물건비성의 항목 그리고 자본적인 지출에 관한 항목 등으로 구분하여 작성된다. 예산의 편성에 부수하여 작성되는 보충명세서들은 주요 계정과목에 대해 보다 상세한 내용을 포함하고 있다. 예를 들면, 인건비관련항목은 보충명세서를 통하여 전임교수 및 시간강사 등에 대한 급여 및 연구비, 직원에 대한 급여, 겸임교수, 명예교수, 초빙교수 등에 대한 급여 등으로 세분한다. 또한 물건비는 다시 여비·전화료·통신비·인쇄비 등과 같이 세부적인 항목으로 구분한다. 이러한 부차적인 항목은 주요 항목 및 선정된 세부항목에 대한 예산통제와 관련하여 경영정보로서 활용된다.

각 부문예산은 당해 연도의 예산과의 차액과 금년도의 예산과 전년도의 실제세출액을 비교하여 요약표시할 수 있도록 도표화하여야 한다. 이러한 예산요약서는 최소의 노력으로 각 부문의 예산을 검토할 수 있도록 하여 준다.

⑤ 예산의 제출 및 채택

대학관리자들이 국·공립대학의 예산기구 또는 사립대학의 이사회에 예산서(안)를 제출할 때는 프로그램제공의 원가와 효익, 시설의 운영 및 유지와 같은 지원서비스를 축소함에 따른 결과, 인구변동이 등록에 미치는 영향, 그리고 본절에서 기술한 기타의 요인들이 미치는 제반 영향 등에 대해 제시할 수 있어야 한다. 예를 들면, 등록률이나 교육프로그램 서비스요구에 대한 자료는 추가적인 자원의 필요를 홍보하는 데 유용하다. 또한, 시설의 사용 유지원가라든지, 인플레이션, 대학의 재무상태에 영향을 미치는 기타 요인을 명백히 나타낼 수 있도록 도표를 활용하는 것이 좋다. 이사회 등에 제출하는 예산에는 전년도와의 예산비교 그리고 주요 변화에 대한 설명, 추가된 또는 없어진 프로그램에 대한 기술, 급여정책 등이 포함되어 있어야 한다. 일단 국·공립대학의 예산기구나 이사회가 예산을 승인하면, 각 단위의 승인된 예산이 각각 단위부서장에게 전달되고 대학 이해관련인들에게 공시하는 절차를 밟게 된다.

⑥ 예산과정에 영향을 미치는 특수조건

예산의 편성과 시행에는 여러 가지 특수조건에 대해 고려하여야 한다. 예를 들면, 정부의 긴축재정 운용방침에 따라 예산의 10%를 무조건 절감하도록 요구받는 경우, 국·공립대학은 예산을 중도에서 절감할 수밖에 없게 된다. 마찬가지로 사립대학도 수업료나 수수료수익, 재단전입금 수입, 운용자금에 대한 이자수익 등의 감소는 세출예산의 삭감으로 연결될 수 있다.

만일, 대학이 부득이한 이유로 예산을 감축해야 한다면, 대학예산 전반에 걸쳐 일정 수준만큼 감축할 것인가, 아니면 특정분야를 선정하여 감축시킬 것인가를 결정하여야 한다. 대학예산의 전 부분을 같은 비율로 감축하는 경우에는 모든 기관이 동등하게 취급된다는 느낌을 주게 된다. 그러나 이러한 비례적인 감축방법은 대학이 강조하고 있는 중점 사업 분야나 그렇지 않은 분야를 동일하게 취급함으로써 결과적으로 대학의 미래활력을 손상시킬 우려가 있다. 이러한 상황을 극복하기 위해, 프로그램의 우선순위에 입각하여 예산에 대한 감축을 단행하는 것이 바람직하다. 이러한 전략하에서는 각각의 프로그램에 대하여 투입되는 원가와 이 프로그램이 산출하는 대학목적에 대한 기여도를 비교하여 평가가 이루어진다. 이 방법이 비록 자원의 최대한의 활용을 도모하고는 있지만 대학산출 자체의 계량화곤란으로 인하여 상당한 혼란이 발생할 가능성도 무시할 수 없다.

외적인 보고요구도 또한 예산과정에 영향을 미친다. 국·공립대학의 예산과정은 교육부의 직접적인 통제를 바탕으로 편성되고 있다는 점에서 사후보고하는 사립대학의 경우와 차이가 있다. 또한, 예산절차의 적시성과 융통성의 정도는 예산요구서를 작성하는 데 소요되는 인력과 대학구성원 간 합의과정의 용이성 여부, 등록률추정 등 기본자료의 준비 여부 등에 의해 영향을 받을 수 있다. 이들 자료는 예산사이클을 통하여 정규적으로 요구될 수도 있다. 결과적으로 국·공립대학의 예산과정에서 적시성은 당기의 예산뿐만 아니라 신입생에 대한 등록금액의 고지, 기타 다음 회계연도의 예산집행에 대해 중요한 사항이다.

|제3절| 예산편성에 영향을 미치는 요인

대학의 내외적인 여러 요인들이 예산의 편성에 심각한 영향을 미친다. 예산은 이들 제반영향을 고려하여 편성되어야 한다. 이러한 요인들에는 다음과 같은 것이 있다.

① 내적인 요인

(1) 대학헌장

대학헌장의 내용은 당해 대학의 계획수립 및 예산편성과정 모두에 관련된다. 대학을 구성하고 있는 교직원 및 학생에 대한 봉사, 어떤 분야에 대학활동의 우선순위를 둘 것인가 하는 문제, 그리고 교육·연구·공공봉사활동의 구체적 내용 등은 모두 대학의 설립취지를 바탕으로 하여 결정되는 것이다. 예산편성과정에서 대학의 설립취지는 자원의 조달원천을 결정하고 자원의 배분방법을 결정하는 데 중요한 역할을 한다.

(2) 경영유형

대학의 경영유형은 예산의 편성에 많은 영향을 미친다. 대학의 조직이 분권화되어 있거나 중앙집권화되어 있거나에 관계없이 경영의사결정방식은 예산의 편성에 영향을 미칠 뿐만 아니라 예산통제의 정도와 형태에도 크게 작용한다. 예를 들어, 경영스타일이 참여적인 경우에는 예산의 편성과정에 보다 많은 시간을 할당할 것이다. 또한, 참여적 유형은 자율성을 보장하되 예산통제를 중시하는 방향으로 대학경영을 유도할 것이다.

(3) 재무정책

각 단과대학의 교육활동, 교육프로그램 지원활동, 그리고 학내의 각종 보조사업이나 특수사업 등에 대하여 요구되는 재무적 지원능력의 정도는 예산에 대하여 결정적인 영향을 미친다. 이는 핵심적인 대학프로그램에 대한 대학자원의 활용가능성과 연결되며, 이들 활동에 대한 검토의 초점을 단순히 자원의 배분에만 둘 것인가, 아니면 대학의 기존 재원수입을 증대시킬 것인가, 아니면 추가적으로 새로운 대학재원을 발굴하는 데 역점을 둘 것인가를 결정하게 한다.

(4) 보고의 형태와 정도

개별예산단위는 구체적인 활동내용에 대하여 일정한 양식에 따라 보고하여야 할 책임이 있다. 단과대학 및 외부지원을 받는 특별프로그램, 수입대체사업 등은 각각 하나의 예산단위로서 책임중심점이 되어 관련 교직원의 급여에 관한 사항, 소모품비 및 시설에 관한 지출, 기타 관련 프로그램의 진행에 관계되는 제반비용 등에 대하여 보고해야 한다. 대학은 각 예산단위가 최대한 예산을 절감하여 이를 각 예산단위가 필요로 하는 시설의 추가취득, 교직원의 연구활동을 위한 출장비용 등과 같은 기타의 목적에 활용하도록 함으로써 건전한 계획의 수립과 예산편성에 대한 자극을 주는 시스템을 설계하여 운용하는 것이 바람직하다. 그러나 비반복적이 되어야 할 절감액이 반복적인 예산증대의 원인이 되는 일이 없도록 유의하여야 한다. 위험부담에 대한 대학의 정책은 학외 교육프로그램의 제공이나, 특수대학원 교육과 같은 평생교육 및 계속교육 기회의 제공과 같은 새로운 프로그램의 개발을 적극적으로 추진할 것인가의 여부에 대해서 영향을 미칠 뿐만 아니라 예산편성 및 통제 그리고 각 대학에 부여하는 자율권수준에도 영향을 미치게 된다.

(5) 부채정책

대학의 경상적인 운영비용에 충당하기 위해 또는 자본시설의 취득을 위해 차입한 자금의 활용에 대한 대학의 정책은 자본예산과 운영예산의 편성에 대해 지대한 영향을 미친다. 대학의 부채정책은 ① 어떠한 상황에서 추가적으로 더 차용을 할 것인가, ② 부채의 적정한 수준을 결정하는 기준은 무엇인가 등 두 가지에 대해 명확하게 제시할 수 있어야 한다. 국·공립대학은 법규상 결손상태에서 운영하는 것이 금지되어 있으며, 시설투자를 위한 외부로부터의 차입이나 공채발행은 사실상 불가능하다. 이에 대해 사학기관의 경우에는 학교채의 발행, 한국사학진흥재단 또는 금융기관 등 외부로부터 차입이 가능하지만, 당기의 운영이나 자본시설의 취득을 위한 차입금의 사용에 대해서는 계획수립 및 예산편성과정에서 비판적으로 검토되어야 한다.

(6) 보상목표 및 정책

예산의 편성에서 대학경영자가 여러 가지 수준의 보상(rewards)방법을 제공하는 경우, 이러한 정책의 장·단점에 대해 검토할 필요가 있다. 당해 대학과 경쟁적인 관계에 있는 연구소 연구원들이나 같은 지역 내의 타 대학이 제공하는 급여수준만큼을 제공할 수 있는 능력이 있는지 여부에 대해 평가가 이루어져야 한다. 또한, 대학은 대학의 종사원에 대한 공로, 승진 그리고 근속연수 등과 관련된 인사고과제도, 기타 직원을 유지할 수 있는 적정한 급여제공능력에 대해 평가할 필요가 있다. 종사원에 대한 수혜폭을 증진시키는 것의 장점에 대해서도 검토되어야 한다. 노동조합이 결성된 대학에서는 단체교섭이 종사원에 대한 급여수준과 정책을 결정짓는 주요 요인이 된다.

(7) 가격정책

등록금의 수준 및 각종 수수료, 그리고 소비조합의 식대 및 물건값, 기숙사비 등 궁극적으로 학생이 부담하는 각종의 재화 및 서비스요율 등은 대학경영의 차원에서 반드시 검토되어야 한다. 예를 들면, 등록금을 결정할 때에 시설투자액이나 교수의 증원에 따른 비용을 부담시킬 것인가, 그렇지 않으면 부담시키지 않을 것인가, 기숙사의 원가는 요금을 통하여 충분히 보상받을 것인가 아니면 이들 사업에 대해 대학이 일정률을 지원하는 방법으로 운영할 것인가 등을 결정해야 하는 것이다.

② 외적인 요인

(1) 제공되는 자금원천

대학에 지원되어 오던 기존의 자금원천에 변화가 생기는 경우 이는 예산편성에 중요한 영향을 미치므로 반드시 고려하여야 한다. 예를 들어, 고등교육에 대한 교육부 당국의 재정지원정책의 변화는 국·공립대학에 대하여 심각한 영향을 미친다. 또한 사립대학에 대한 교육부의 보조금 지원정책의 변화도 마찬가지로 사립대학에 대해 영향을 미친다. 그 밖에 기부금액의 크기, 기부채납(寄附採納) 등 시설의 기부 및 기타 수수료 수입액의 변화 등은 국·공립이건 사립이건 예산을 편성할 때 고려해야 할 중요한 요인이다.

(2) 인플레이션

총·학장은 인플레이션이 각종 물건비, 시설비 그리고 교직원의 인건비나 연구비 등에 미치는 영향을 검토하고 예산의 편성과정에서는 인플레이션을 상쇄시킬 수 있도록 에너지보존계획, 대량구매, 대학단위 간 또는 다른 부서 간 기능의 통합 등 다양한 방안의 강구가 필요하다.

(3) 각종 관련법규

예산에 영향을 미치는 각종 법규의 요구사항은 대단히 많다. 교육부가 사립대학에 대해 자금 지원을 해 주지 못하고 있는 형편이지만, 대학의 공공성을 내세워 대학운영 전반에 걸쳐 수많은 규제를 하고 있다. 재무 및 회계에 관한 보고, 예·결산서의 제출, 남녀평등에 관한 법규, 장애인을 평등하게 대하도록 하는 규정, 기타 특정사항에 대한 교육부 및 지방자치단체에의 보고, 증원 및 증과에 대한 규제, 특수교육프로그램에 대한 교육부의 통제 등도 예산편성에서 반드시 고려해야 할 중요한 요인이다.

(4) 학생유치경쟁

국·공립과 사립 간에 학생을 유치하고 보존하려는 경쟁의 정도는 교육 및 지원프로그램의 운영 등에도 영향을 미치는 요인이 된다. 우수한 학생의 확보는 장기적으로 볼 때 당해 대학의 재무적인 문제를 해결해 갈 수 있는 중요한 요인이 되기 때문이다.

|제4절| 예산편성절차

예산편성을 위해서는 기본적으로 다음과 같은 예산관련자료가 효율적으로 제공될 수 있어야 한다.
① 예산편성 및 예산보고에 필요한 자료내용과 그 양식
② 예산의 실행경과 및 그 결과의 보고, 검토를 위한 필요자료의 내용과 양식
③ 원시자료(전기 가)와 나)에서 필요로 하는 자료를 작성하기 위한 기초자료)의 내용과 양식

또한 이상의 자료를 효과적으로 생산할 수 있도록 다음과 같은 사항이 명료하게 규정되어 있어야 할 것이다.
① 원시자료로부터 필요자료를 산출하기 위한 자료의 분류, 집계, 기타 자료의 처리방법

② 원시자료의 획득, 획득절차 및 획득 시기

③ 필요자료의 제공처, 제공방법 및 제공시기

④ 회계자료를 그 목적과 실정에 적합하도록 유지할 수 있도록 하는 조직 자체의 정기적인 검토제도

① 계속사업예산과 신규사업예산의 편성

① 예산은 신규의 계획(당해 연도에 새로이 시작된 또는 임시로 하기로 결정된 계획)에 관한 예산(신규사업예산)과 기존의 계속사업(과거부터 계속적으로 수행하는 사업)에 관련된 예산(계속사업예산)으로 구별하여 편성한다.

② 과거에 이미 결정된 계획으로서 당해 연도에 처음 실행되는 것은 신규사업예산에 포함한다.

(1) 계속사업예산의 입안

① 계속사업예산의 입안에서는 예산항목별로 불변요인과 변동요인을 구분하여 접근하여야 한다.

② 불변요인이란 예산의 산출에 관련되는 기초요인 중에서 전년도의 실적이 예산연도에도 그대로 반영될 것으로 생각되는 요인을 말한다.

③ 변경요인이란 계속사업예산 산출의 기초가 되는 요인 중에서 전년도의 예산실적이 당해 예산연도에도 그대로 유지될 것으로 생각되지 않기 때문에 당해 예산기간에 새로운 견적이 필요한 요인이다.

④ 변경요인에 대해서는 그 견적과정 및 견적에 사용된 자료가 명백하게 제시되어야 한다.

⑤ 불변요인의 견적에서는 전년도의 예산실적을 그대로 예산연도에도 적용한다.

⑥ 계속사업예산에 대해서는 자금계산과 운영계산을 명백히 해야 한다

⑦ 전항의 수지계산은 이에 관련된 사학기관의 재무회계에 관한 특례규칙상의 자금계산서 양식을 준용한다.

(2) 신규사업예산의 입안

① 신규사업예산의 입안에서는 당해 사업의 목적 및 방침을 우선 명백히 하여야 한다.

② 신규사업계획이 완성에 이르기까지 2년 이상이 소요되는 경우에는 연도별 완성목표를 제시하여야 한다.

③ 다음과 같은 결과를 가져오는 신규사업예산은 중요한 신규사업계획이라고 볼 수 있다. 이러한 신규의 중요한 계획에 대해서는 그 목적달성의 가능성, 계획의 효과, 목적달성방법의 능률성 및 수지의 경제성을 검토하기 위해 필요한 실행가능한 방법을 강구함과 함께, 이들을 검토하는 데 사용되는 자료, 예산액을 산정하는 데 사용된 견적의 비교, 그리고 검토과정 등이 명백하여야 한다.

  ㉠ 업무 또는 인원구성의 중요한 변경을 가져오는 계획

  ㉡ 중요한 금액의 새로운 자원지출을 가져오는 계획

  ㉢ 완성될 때까지 매년 계속적으로 경상적인 지출을 수반하는 계획

  ㉣ 중요한 금액의 새로운 수입을 수반하는 계획

  ㉤ 완성되기까지 매년 새롭게 지출을 감소시키는 계획

④ 신규의 중요한 계획을 제안하는 예산책임자는 그 계획의 검토에 필요한 다음과 같은 입수가능한 자료를 최대한 이용할 수 있어야 한다.

  ㉠ 계획안에서 명시하고 있는 목적의 달성방법과 계획과정에서 이를 비교 검토하면서 제시한 대체적인 기타의 목적달성방법

  ㉡ 각 방법의 효과와 영향을 설명하는 자료

  ㉢ 각 방법의 목적달성에 대한 능률을 나타내는 자료 및 그 측정에 사용된 기초자료

ⓒ 각 방법의 실시에 필요한 예산액, 각 방법의 수지경제성을 비교
하는 자료, 그 산출액에 사용된 기초자료 및 산출과정

ⓜ 이상에서 언급한 이른바 '방법'이란 계획의 목적을 달성하는 데
필요한 인원과 임무, 자원(장소・시설・설비 및 소모자재의 사
양・수량・전력・수도 등의 서비스) 및 자금을 말한다. 그리고 여
기에는 그 사용방법도 포함된다.

ⓑ 신규계획안의 입안에서 대체적인 기타의 목적달성방법을 비교한
다는 것은 각 달성방법이 법인 전체의 인원과 자원에 대해서 미치
는 각각의 영향을 비교하는 것을 말한다.

ⓢ 전항에서 학교법인에 이미 재직하고 있는 인원 또는 현재의 자원
을 전용하는 경우에는 그 인원의 현직에 대한 조치 및 자원의 현
재용도에 대한 조치에 대해 계획안에서 설명하도록 한다.

ⓞ 전항의 계획안에서 법인이 새로이 인원을 고용하거나 자원의 취
득을 필요로 하는 경우에는 이를 앞의 ⓢ항에 따라 명백히 기술
한다.

② 예산책임자의 예산조서

① 예산책임자는 예산입안의 임무를 수행하는 과정을 입증하기 위해 예
산조서를 작성한다.

② 전항의 예산조서는 예산의 입안경과 및 결과를 명백히 설명할 수 있
도록 작성되어야 한다.

③ 예산조서에는 다음과 같은 사항이 기록된다.

㉠ 계속사업의 예산안과 신규사업예산안을 구별한다. 다만, 구별이
곤란한 예산은 신규사업의 예산안에 포함한다.

㉡ 계속사업의 예산안에 대해서는 다음과 같이 작성한다.

ⅰ) 불변요인과 변동요인의 구별

ⅱ) 각 요인 각각에 대한 최근 연도의 실적과 산출근거

ⅲ) 변경요인에 대해서는 변경이유 및 견적에 사용한 자료제시

ⓒ 신규사업의 예산안에 대해서는 원칙적으로 다음 자료를 제시한다.

ⅰ) 계획의 목적, 그 계획에 관한 방침

ⅱ) 계획의 완성에 이르기까지 2개 연도가 소요되는 경우 각 연도에 달성해야 할 목표

ⅲ) 계획을 성취하기 위한 목표달성방법과 계획입안의 과정에서 이들을 비교검토하는 데 사용된 다음 자료 및 검토 방법과 내용

ⓐ 필요한 장소, 자산의 명칭·수량·용도(시설 및 기기에 대해서는 필요한 운용의 구체적인 내용) 등, 이들 중 기존의 것을 전용할 것인지, 아니면 새로이 이러한 기기나 시설을 취득하여야 하는 것인가에 대한 구별

ⓑ 기존의 자산을 전용하는 경우에는 그 자산의 현재의 용도에 대한 조치 또는 그 조치가 새로운 자산의 취득, 새로운 임차계약의 체결 등 새로운 지출을 수반하는 경우에는 그 예산과 견적에 사용한 자료

ⓒ 필요한 인원과 그 임무, 현재 재직하고 있는 인원과 신규고용 예상인원의 구분, 새로이 고용하는 인원의 고용형태

ⓓ 현재 재직하고 있는 인원을 재배치하는 경우에는 그 인원의 현직에 대한 조치, 새로운 인원의 고용이 필요한 경우에는 그 인원 및 고용형태·업무를 외주로 전환하는 경우에는 그 예산 규모와 관련 자료

ⓔ 필요로 하는 주요 소비자료 명세 및 수량

ⓕ 필요한 증분지출의 시기와 금액 및 그 계산근거·증분지출이란 각 항목에 대해 증가된 신규의 지출을 의미한다.(자산지출 및 기타의 지출). 전항 ⓑ 및 ⓒ의 신규지출을 포함한

다. 증분지출의 금액과 계산근거 그리고 여기에 관련된 자료

ⓖ 각 방법의 실시에 수반되는 예산수입의 시기, 금액 및 산출
근거와 이에 관련되는 자료

ⓗ 각 방법의 예상되는 효과 및 영향 : 효과 및 영향에 대해서
다른 의견이 있는 경우에는 소수의견이나 의견의 조잡성 여
부에 관계없이 이를 기록한다.

ⓘ 각 방법에 대한 능률 및 경제성의 비교, 그 비교방법과 여
기에 사용한 자료

ⓙ 계획안에 채용한 특정 달성방법을 선택한 경우 그 이유와
관련되는 자료

③ 기간예산의 편성

① 기간예산이란 계속사업의 예산안 및 신규사업의 예산안을 통합조정
하여 편성한 일정기간의 대학 전체의 예산을 말한다.
② 기간예산에 포함된 계속사업의 예산을 결정하기 전에 다음과 같은
사항에 대해 예산조서를 참조하여 검토하여야 한다.
㉠ 계속사업의 계획에 따른 예산안에서 벗어난 것은 아닌가?
㉡ 불변요인에 변경요인이 포함된 것은 아닌가?
③ 기간예산에 포함되는 신규사업의 예산을 결정함에 있어서 다음의 사
항을 예산조서를 참고로 하여 검토하여야 한다.
㉠ 신규사업의 예산안은 이에 관련된 예산편성지침에 적합한 것인
가?
㉡ 신규사업의 예산안에 포함된 계획안은 목적의 달성이 가능한가,
관계자들은 이 계획안을 지지하고 있는가?
㉢ 신규사업예산안의 각 산출요소에 대한 견적은 계속사업의 예산안

및 기타 신규사업 예산안의 각 산출요소의 금액과 수미일관되고 있는가?

ㄹ 신규사업계획안에 명시된 목표달성의 방법은 능률 및 수지의 경제성면에서 수정할 여지는 없는가?

ㅁ 신규사업의 예산안이 운영수익으로부터 기본금전입을 필요로 하는 자산지출을 포함하고 있는 경우, 운영수익이 되는 자금의 조달 및 기본금전입에 대한 연차계획이 그 예산안에 포함되어 있는가?

④ 기간예산의 편성에서 예산기초의 재정상태를 명백히 하기 위해 예산 직전연도의 운영수지실적을 정확하게 추정하여 전기말 대차대조표를 작성한다.

⑤ 기간예산이란 중장기예산의 당년도 해당분에 대한 예산이다.

⑥ 중장기 예산이란 예측가능한 2년 이상의 기간을 대상으로 하여 편성된 기간예산을 말한다. 당기예산은 매년도 중장기예산을 현실에 맞게 수정하는 방식으로 편성된다(rolling budget).

⑦ 중기예산은 그 예산기간에 관련되는 운영예산과 자금예산이 전기말의 재정상태를 이어서 다음과 같은 원칙을 충족시키도록 작성되어야 한다.

ㄱ 중기운영예산은 당기예산기말에 있어 차년도 이월운영차액을 발생케 하지 말 것

ㄴ 중기자금운용예산은 당해 예산기간의 각 연도 말에 있어 항상 보유하여야 할 지급자금 잔액이 부족하지 않도록 예산을 편성할 것

⑧ 중기예산에서 연도예산은 예산연도의 초년도에 해당되는 부분으로서 다음과 같이 편성한다.

ㄱ 연도운영예산은 중기운영예산과 수미일관되어야 한다.

ㄴ 중기운영예산에서 초년도의 차년도 이월운영차액이 운영지출초과로 나타나는 경우에는 당해 연도예산을 편성할 때 차년도 이월운영차액으로서 이 금액을 넘지 않는 금액의 운영지출초과액을 계

상할 수 있다.

ⓒ 중기운영수지예산의 초년도에 차년도 이월운영차액이 영 또는 운
영수입초과액을 나타내는 경우에는 차년도 이월운영지출초과액을
계상해서는 안 된다.

⑨ 연도자금예산은 당해연도의 각 4분기말 또는 각 월말에 있어 지급자
금으로서 계속해서 유지하여야 할 잔액에 너무 부족하게 지급잔액을
유지하지 않도록 이를 편성한다.

⑩ 재정적인 이유로서 신규사업에 대한 예산안을 채택하지 않고 연기
또는 일부를 수정하기로 한 경우에는, 계속사업의 예산안 등에 대해
각 예산안의 목적, 그 효과 및 필요예산액 등을 비교하여 전반적·장
기적인 관점에서 제반활동에 대한 자원의 배분이 타당성을 가지고
있는가를 검토하여야 한다.

⑪ 기간예산의 결정에 있어 계속사업 예산안의 일부를 수정하는 경우에
는 그 이유를 명시하고 그 수정된 수입 또는 지출의 예산책임자 및
관계되는 학사대표자의 양해를 받도록 하여야 한다.

⑫ 신규사업의 예산안을 기간계획의 결정에서 연기 또는 채용하지 않기
로 한 경우에는 그 이유를 명백히 하고 그 예산안을 제안한 예산책임
자 및 입안자가 이를 충분히 납득할 수 있도록 하여야 한다.

⑬ 기간예산에 포함되는 신규사업 예산을 결정하는 경우나 예산안의 일
부를 수정하는 경우에는 그 이유를 명백히 하고 수정된 수입 또는 지
출의 예산책임자 및 관련되는 학사의 대표자에게 충분히 양해를 얻
어야 한다.

4 기간예산의 예산조서

① 총·학장 또는 이사장은 기간예산의 결정과정을 입증하기 위해 기

간예산의 예산조서를 작성하여야 한다.

② 기간예산의 예산조서는 기간예산의 결정과정 및 결과를 명료히 설명하여 주기 위해 작성되는 것이다.

③ 기간예산의 예산조서에는 원칙적으로 다음과 같은 사항이 기재된다.

ㄱ 기간예산편성 및 활동의 방침

ㄴ 계속사업예산과 신규사업예산의 구별

ㄷ 계속사업예산에 대해서는

  i) 당해 예산에 관한 견적과 전년도 실적 간의 계속성의 유무 및 당해 예산연도 각종 견적상호 간의 통일성 유무를 검증한 자의 성명과 직위

  ii) 불변요인과 변경요인의 구별

  iii) 각 요인 각각에 대한 최근 년도의 실적

  iv) 변경요인에 대해서는 변경의 이유, 그 견적에 사용한 기초자료

  v) 계속사업 예산안의 일부를 수정하여 결정하는 경우에는 그 수정의 내용, 수정의 이유, 예산책임자 및 예산실행책임자의 이에 대한 의견

  vi) 신규사업예산에 대해서는 이것을 기간예산으로서 결정한 이유, 특히 신규의 중요한 계획에 대한 예산에 대해서는 다음과 같은 사항을 명백히 한다.

    ⓐ 예산 각 산출요소의 견적상호간 통일성 유무를 검증한 자의 성명직위

    ⓑ 그 검증에 사용한 방법 및 자료

    ⓒ 예산안의 실현가능성·능률 및 수지의 경제성에 대해 검토를 행한 자의 성명직위, 검토방법 및 자료

    ⓓ 예산안을 수정한 경우 그 이유와 수정절차수정에 사용한 자료, 이에 대한 예산책임자 또는 예산실행 책임자의 의견

제 **15** 장

예산의 실행과 통제

|제1절| **예산의 실행**

① 실행예산의 시달

① 기간예산을 실행함에서는 일단 실행예산이 편성되어 있어야 한다.
   실행예산이라 함은 예산의 실행권한을 가지고 있는 자가 예산연도에
   대학의 운영을 위해 자원을 조달·공급하고 경비를 지급하는 등 업
   무의 구체적 내용을 바탕으로 승인된 연도예산에 기초하여 편성한
   예산을 말한다.
② 예산책임자 및 실행책임자에 시달하는 실행예산은 각각의 실행권한
   에 속하는 금액으로 한정하게 된다.
③ 총·학장 또는 이사장이 스스로 실행권한을 보유하고 있는 예산금
   액 및 예산책임자에게 시달한 실행예산금액의 각 예산과목 총계는
   승인된 연도예산상의 당해 과목 예산총계와 일치하여야 한다.

④ 전항에서 언급한 실행예산의 유효한 실행을 위해 필요한 경우에는 실행예산과목을 연도예산과는 다른 이름으로 사용할 수 있다. 이러한 경우에는 양자의 관계를 분명하게 명시하여 주어야 한다.

⑤ 실행예산은 원칙적으로 자금예산으로 편성된다. 그러나 필요에 따라서는 운영예산을 포함하는 것으로 한다. 실행예산은 반기 · 분기 및 월별로 그 내역을 명시한다.

⑥ 기간예산을 각 책임자에게 실행예산으로서 시달하는 방법, 용어 및 양식은 각 책임자의 권한 및 책임의 범위에 변경이 없는 한 변경시켜서는 안 된다. 만일, 변경하는 경우에는 사전적으로 책임자의 충분한 이해가 있어야 한다.

② 예산의 실행

① 예산책임자는 예산을 초과하여 지출을 하여서는 안 된다. 부득이 예산액을 초과하여 지출할 필요가 발생한 경우에는 소정의 절차를 취하도록 규정되어 있다.

② 예산에서 정하고 있는 예산과목 이외의 과목으로 예산을 지출하여서는 안 된다.

③ 기능별 또는 목적별로 지출이 결정된 예산에 대해 그 실적액을 계산할 때는 지출의 요소별 내역금액을 명백히 하여 대비가 가능하도록 한다.

④ 예산은 그 실행과정에서 다소에 관계없이 자원의 낭비가 발생하지 않도록 적절한, 실행가능한 관리가 이루어져야 한다.

⑤ 예산사무국은 계속하여 예산실적을 측정하고 그 결과를 지체없이 예산책임자 및 기타 관련자에게 통지한다.

⑥ 학교법인은 회계연도를 종료할 때마다 예산의 실행결과를 검토 · 평

가하여야 한다. 이를 위해 학교법인은 적절한 보고시스템 및 공정한 평가시스템을 구비하여야 한다.

⑦ 이사장은 예산의 실행결과에 대한 검토평가에서 밝혀진 장려사항 및 개선해야 할 사항을 신속하게 관계자에게 통지하고 이에 대한 조치를 결정함과 동시에 차년도 이후의 계획 및 예산에 이를 반영하여야 한다.

③ 예산책임자별 계산서

① 학교법인은 예산의 실행결과의 검토평가를 위해 예산책임자별 자금계산서를 작성한다.

② 예산책임자별 자금계산서에는 실행예산과 실적결과를 비교할 수 있도록 기재되어 있어야 한다.

③ 실행운영예산이 시달되어 있는 예산책임자에 대해서는 당해 예산책임자별로 운영계산서를 작성한다. 운영계산서에는 당해 예산책임자의 운영수지 실행예산과 그 실적을 비교할 수 있도록 작성한다.

④ 내부 기금운영에 대한 책임을 담당하는 예산책임자에 대해서는 운영계산서 이외에 이에 관한 대차대조표를 작성하도록 한다.

|제2절| 예산통제

예산의 핵심적인 요소는 효과적인 예산통제제도의 수립에 있다. 적절한 통제가 없게 되면 예산의 유용성은 현저하게 감소된다. 예산통제의 첫째 목적은 지출이 예산배정액을 초과하지 않도록 하는 것이다. 대학이 구사하는 통제의 정도나 형태 등은 대학의 외적인 요인, 즉 인플레이션,

대학의 조직구조(중앙집권적 또는 분권적), 예산과정에서의 통제메커니즘의 통합정도 등에 달려 있다.

계획을 토대로 하여 운영예산이 편성되고 예산이 대학기능별로 제시되면 여기에는 이에 적합한 예산통제시스템이 미리 설계되어야 한다. 예산통제서 가장 중요한 보고서는 월별 운영수지계산서와 사업보고서이다. 사무국장은 총장과 이사회에 재무적인 사실에 관련되는 정보에 초점을 맞추어 보고하여야 할 책임이 있다. 여기에는 기능항목별로 요약 보고서를 작성하여 첨부하는 것이 유용하다. 그 내용으로서는 현재까지의 수익이나 지출의 예상액 그리고 실제액 및 전년도와의 대비액 등이 제시되어야 한다. 각 운영부문에서는 목적별로 당월까지의 지출누계액을 운영예산과 비교하여 상세하게 제시하여야 한다. 부문의 장은 그들의 예산에 대한 운영책임을 갖는 것이며, 예산담당 실무책임자는 운영에 있어 오류가 발생하지 않도록 주의를 기울려야 한다. 이 담당자는 월별 운영예산서를 검토하여 지출액을 검토하고 예산과의 차이 유무 등 관련 문제점 등에 대해 분석하여야 한다. 예산을 초과소비하는 부서에 대해서는 바로 이를 알려 정상화시켜야 한다. 조기에 그리고 적시에 이러한 사실들을 인식하는 것이 문제를 원만히 해결할 수 있는 좋은 방법이다.

예산통제가 원활하게 가동되기 위해서는 통제시스템이 공정하여야 하며, 확고하게 추진되어야 한다. 통제시스템을 유지하려면 각 부문 간의 긴밀한 협조가 필수적이다. 책임은 모든 부문이 공통적으로 부담한다는 것을 인식하여야 한다. 즉, 대학 전체가 대학자원의 효율적인 활용과 절약에 서로 협조하여야 하는 것이다.

적용하고 있는 회계 및 보고시스템은 이사회와 각 기관의 관리자에게 운영예산이 성공적으로 집행되고 있으며, 대학의 계획이 잘 수행되고 있다는 것을 확인하여 줄 수 있는 적절한 정보를 제공하여 주어야 한다.

예산통제에는 두 단계가 있다.

첫째 단계는 예산에 의해 설정된 사전적인 통제이며, 두 번째 단계는 지출과 동시에 이루어지는 집행통제이다. 첫번째 단계인 사전적인 통제는 예산편성과정에서 예산표준을 적용하는 방법으로 통제가 이루어진다. 예산표준이란 교수의 노력과 같은 투입 또는 제공된 서비스단위에 대해 학점수와 같은 산출량 간의 비율로써 정의된다. 이러한 비율은 학생의 요구에 부응하기 위해 예산에 반영되어야 할 신규교수의 수를 산정하는 데 종종 사용된다. 다른 형태의 사전적인 통제로는 시설의 활용과 그들의 운용 및 유지 등을 제곱미터당 지출로 표시하여 대응시키는 경우이다. 사전적인 통제에는 구매통제와 같이 대학단위의 활동을 통제하는 정책기준 같은 것도 포함한다. 또한, 예산통제는 예산을 장애인 학생에 대한 배려 또는 에너지 절감프로그램과 같은 특정분야에 관련시킴으로써 대학 방침을 반영할 수도 있다.

두 번째 단계의 예산통제는 예산의 집행과 동시에 이루어진다. 대학예산담당관 또는 콘트롤러는 예산배정액과 실적 간에 차이가 많이 나는 부분에 대한 지적과 적절한 사후적인 조치를 취하는 등 대학 내의 예산통제에 대한 전반적인 책임을 지고 있다. 그리고 단위책임자는 예산단위자체에 대한 일차적인 예산통제책임을 지고 있으며, 직원의 임용이나 급료 등이 예산배정액을 초과하지 않는다는 것을 분명히 하여야 한다. 또한 소모품과 시설에 대한 지출이 이러한 목적을 위해 할당된 금액을 초과하지 않아야 한다. 예산단위책임자는 그들 단위에서 이루어지는 지출이 전체 회계연도에 걸쳐 계속될 수 있도록 지출에 대한 계획을 세워야 한다. 이러한 점에서 예산을 월별 또는 분기별로 배정하는 것이 바람직하다. 예산통제를 실행함에 직위에 따른 통제를 실시하는 것이 도움이 되는 경우가 있다. 대부분의 경우 관리자는 자원의 이용가능성 여부를 결정하기 위해 모든 예산요구에 대하여 여유항목이 있는지 유무를 검토한다. 어떤 대학에서는 여유항목에 대한 예산을 기관별 예산할당분에서 인출하여, 예비기금으로 한군데로 모아서 관리하거나 대학 전반에 적용되는 기준을 적용하여 재배정한다. 또 어떤 대학의 경우를 보면, 관련부서는 이러한 절감액을 중앙부서에 반환하지 않고 승인된 절차에 따라 다른 목적으로 사용한다. 국·공립대학에서는 국비 중 이러한 절감액은 정부에 반환된다.

① 예산보고서

예산통제는 일반적으로 기관단위의 예산보고서를 활용하여 이루어진다. 예산보고에는 두 가지 수준이 있다. 하나는 예산단위수준의 보고이며, 다른 하나는 대학 전체 수준의 보고이다. 예산상의 금액과 실제액과의 비교·보고는 적어도 월단위로 준비되어야 하며, 그 평가결과는 적시에 개별예산단위에 통보될 필요가 있다. 전체 대학수준에서의 운영보고서와 차이분석보고서는 최소한 분기별로 1회씩은 준비하는 것이 바람직하다.

② 예산회계

경영 및 통제도구로서 예산의 유용성은 예산이 회계보고서의 통합된 한 부분일 때 더욱 커진다. 회계제도와 예산통제계정이 통합되면 미실현수익과 미소비예산배정액이 연계되어 회계통제가 가능해진다. 그런데 예산통제시스템은 공식적인 회계기록의 한 부분으로 이용되는 지출원인회계처리로부터 분권화되어 각 예산단위부서에서 실시하는 비공식적인 예산메모기록방식에 이르기까지 아주 다양하다. 선택된 예산통제방법은 유효한 통제와 유용한 정보를 제공하는 것이어야 한다. 그리고 통제내용에 융통성이 있고 시스템의 운영에 원가가 많이 소요되지 않도록 시스템이 구축되는 것이 바람직하다.

예산·회계통제시스템에서는 예산을 직접 활용하는 장소별로 기록을 유지해야 하는 경우가 있다. 이러한 경우에는 당해 장소의 기록이 중앙부서의 요약기록과 중복이 되지 않는 범위 내에서 연계성을 갖도록 설계되어야 할 것이다.

그리고 오늘날에는 적시에 의사결정정보를 제공할 수 있는 통합정보망이 구축되고 있으므로, 이 통합정보망에 예산 및 예산집행에 관한 정보를 교무, 학생, 학교운영분야 등과 연계시킴으로써 대학경영의 핵심적인 정보가 제공될 수 있도록 설계하는 것이 필요하다.

③ 예산수정

예산은 예산이 관련되는 회계연도의 수개월 전에 작성되며 따라서 예산은 수많은 추정으로 이루어진다. 시간의 경과에 따라 변화가 발생하게 되므로 예산추정 당시에 이용한 자료들은 계속해서 수정이 이루어져야 한다. 즉, 예산은 주기적으로 수정됨으로써 항상 최근의 수익추정치와 지출추정치를 토대로 한 현실적인 계획이 될 수 있도록 하여야 한다. 책임의 배분, 권위의 위양(委讓), 그리고 예산의 수정절차는 문서화되어 대학의 예산결정기구 또는 이사회 승인을 얻어야 한다. 채택된 정책은 승인된 방침과 목표에 부합되고, 적절한 관리책임을 유지할 수 있도록 하여 대학별 자치수준에 대해 최대한 융통성을 발휘할 수 있어야 한다.

수익에 대한 수정된 추정은 당초의 추정에 대하여 책임을 지고 있는 동일한 단위기관에서 이루어져야 하며, 이들이 승인되고 계정에 기록되기까지 일반적으로 적용한 전과 동일한 절차를 밟게 된다.

증액을 요구하는 지출에 대해서는 단위기관에서 발의되며, 총장에게 제출되기 전에 관련되는 학장이나 기관장 또는 예산담당관에 의하여 검토된다. 만약, 요구액이 예비비범위 이내인 경우 또는 증대된 수익이나 감소된 지출에 힘입어 실현가능한 것이라면, 총장은 일반적으로 그러한 요구사항에 대한 승인권을 가진다. 그러나 요구금액이 당초의 예산범위를 훨씬 벗어날 정도로 큰 경우에는 추가경정예산 승인과정의 사전 단계로서 예산결정기구 또는 이사회의 공식적인 승인절차를 밟아야 한다. 예산에 대한 지원사항이나 대체에 대한 것은 적절한 관리적인 승인절차를 밟아 기록한다.

예산과정의 통합은 모든 예상가능한 지출욕구가 같은 시기에 같은 과정 속에서 경합될 것을 필요로 한다. 당초의 예산편성과정에서 요구되었으나 우선순위에서 밀린 예산사항은 가능하다면, 다음 연도의 예산과정에 포함될 수 있도록 배려하는 것이 바람직하다.

④ 사후업적검토

예산에 대한 사후업적검토는 완결된 예산기간에 대한 비판적인 분석과 다음과 같은 항목에 대한 집중적 검토 등을 통해 이루어진다.
① 당기의 예산대비수익 및 지출의 실적
② 기간 중 예산수정
③ 당기의 목표성취

사후업적검토 결과는 요약되어 총장에게 제출되어야 하며, 최종적으로 이사회에 제출되어야 한다. 이러한 결과는 차년도의 예산편성이나 기타의 계획을 수립하는 데 유용하다.

(1) 예산대비 수익 및 지출실적

예산과 대비하여 실제의 수익 및 지출을 검토하는 목적은 예산차이가 발생한 분야를 식별해 내고 나아가서 그 원인을 알아내는 데 있다. 이러한 정보는 대학의 계획자료상 재무추정치를 평가하는 데, 그리고 다음

연도의 예산을 편성하기 위한 보다 실질적인 예측을 하는 데 아주 유용하다. 예산과 실제수익 간의 차이는 대학경영자에게 수익에 대한 과대 내지는 과소추정에 대한 평가를 가능하게 한다. 예를 들면, 등록금수익이 전통적인 등록추정에 근거하여 과소추정되었다면, 즉 등록이 예상보다 초과한 경우에는 수업분위기는 혼잡성을 띠게 되고 기숙사, 식당 등과 같은 보조서비스도 불충분하게 된다. 반대로 예상에 비해 등록이 저조하여, 등록금수입이 저조한 경우에는 불필요한 교수요원의 고용 및 과다한 운영원가의 발생이라는 결과를 가져오게 된다.

지출면의 차이도 비현실적인 추정으로 인하여 발생한다. 유리한 지출차이는 예산상의 지출보다도 실제의 지출이 적은 경우를 말한다. 유리한 차이란 예산단위가 효율적인 운영을 통하여 원가를 절감시켰거나, 예산기간에 달성하고자 하여 당초에 설정하였던 목표를 이행하지 못한 경우에 발생한다고 볼 수 있다. 불리한 지출차이란 실제의 지출이 예산상의 지출액보다 더 많은 경우를 말한다. 만일 추가적인 수익을 통하여 예산상의 균형이 이루어지지 못한다면 그 대학은 당해 연도를 적자로 운영하는 결과가 된다. 따라서 좋은 계획과 예산은 모든 예산 차이에 대한 철저한 분석이 이루어지고, 그 결과가 차기의 계획수립과 예산편성에 적용될 수 있어야 할 것이다.

(2) 예산수정에 대한 평가

예산기간에 많은 예산수정이 필요할 수 있다. 예산수정은 예산편성시 예상했던 상황과 실제의 상황 간에 차이가 발생함에 따라 이루어진다. 예산검토에서는 이러한 예산수정을 정당화하는 이유를 검토하고, 차기의 계획 및 예산에 미치는 영향을 평가하는 것은 유용하다.

수정예산을 검토할 때, 예산단위가 여러 항목에 대해 여유예산을 편성하거나 가공항목을 두어 예산을 편성하고 그 절감액을 다른 목적에 사용하기 위해 남겨두는 경우에 속하는지 유의할 필요가 있다. 이러한 행위를 한 데는 각각 그만한 이유가 있을 수 있다. 그러나 그들은 장래의 예산편성에 영향을 미칠 수 있는 것이므로 반드시 이러한 수정예산이 편성되지 않도록 하고, 만일 편성된다면 적절한 규제조치가 따라야 한다.

예산수정이 예산연도에 대한 잘못된 예측결과로써 발생한 것으로서 사전통제가 가능한 사유인지, 아니면 통제가 불가능한 외적인 환경변화 때문인지를 찾아내서 대처할 필요가 있는 것이다. 이와 같은 사유로 오늘날에는 수정전의 원예산과 수정예산 간의 비교, 수정예산과 실적 간의 비교에서 도출되는 정보의 중요성이 강조되고 있다.

(3) 목표의 성취

예산 검토의 다른 측면은 예산기간에 대학과 각 예산단위가 설정한 목표를 성취하였는가를 명백히 하는 것이다. 이를 위해 대학수익추정액은 실제의 수익액과 비교하여 추정수익과 현격한 차이를 보이는 경우 그 이유가 무엇인가에 대해 분석하게 된다. 또한, 특정한 서비스에 대해 적정수준이 과연 제공되었는가 등도 검토한다. 예를 들어, 대학이 학생들에게 소정의 학점을 제공하려고 계획하였으나 이 목표를 성취하지 못한 경우, 그렇게 된 이유는 무엇인가를 규명하는 것은 장래의 계획과 예산을 편성하는 데 도움이 된다.

만일 대학이 긴급한 경우에 대처하기 위하여 우발계정(contingency account)을 관리하고 있는 경우에는 이 기금이 어느 정도 모금되었고 활용되었는가를 검토하는 것이 유용하다. 이러한 우발계정이 우발적인 상황에 대처하기에 부족했다면, 장래기간에는 보다 이 기금을 증액시켜야 할 것이다. 그러나 이 기금에 여유가 발생했다면 이 기금 중 상당액을 다른 용도에 전용하는 것이 오히려 바람직하다고 볼 수 있다.

대부분의 대학이 각각 나름대로의 예산편성방법을 가지고 있고 그 실시절차를 구비하고 있으나, 예산에 대한 검토와 업적감사에 대한 공식적인 절차를 구비하고 있는 경우는 드물다. 그런데 이러한 검토는 계획과 예산과정에 아주 유용한 정보를 제공하여 주는 것이기 때문에 반드시 이루어져야 할 것이다.

|제3절| 예산감사

1 예산감사의 목적

예산감사는 대학의 예산이 그 적정성을 확보하기 위해 필요하고 또 가능한 조직 및 절차에 따라 설정되어 있는가, 예산서가 일반적으로 공정타당하다고 인정되는 회계기준 및 예산원칙에 따라 작성된 것인가 등에 대해 감사인이 전문가로서 의견을 표명하고, 이에 따라 대학의 예산제도를 개선함으로써 예산의 신뢰성을 향상시키는 데 목적을 두고 있다.

(1) 예산감사의 필요성

대학의 운영은 모두가 예산에 기초하여 이루어져야 한다. 따라서 대학의 활동실적은 예산에 의한 강력한 규제를 통하여 이룩되는 것이며, 회계상의 실적도 그 대부분은 예산에 의해 이미 확정된다는 관계를 가진다. 다른 한편으로 예산은 대학운영을 지탱하는 제반 제도와 재정적 판단과의 합작물이며, 또한 예산의 기초인 활동계획이 대학의 주관적인 판단에 따라 선택된 미래에 대한 행동이기 때문에 예산의 내용은 계획상의 판단 및 재정적인 판단에 의해 좌우되는 것이다.

회계보고 및 예산제도에 대한 신뢰성을 높이고 대학의 운영에 대한 관계자의 이해와 협력을 높이기 위해서는 공정한 처지에서 사전적으로 판단행하는 것은 의미가 크다. 예산감사는 이를 위해 시행되는 것이다.

(2) 예산감사의 기능 및 감사인의 책임범위

① 감사인이 하는 예산감사는 대학의 예산이 그 결정과정에서 소정의
방침에 따라 적합하게, 그리고 계획의 실현, 계획에 포함된 목적 달
성방법의 능률성, 자금 기타 자원의 경제적인 확보, 자금의 유동성
및 운영수지의 지속적인 균형을 유지하기 위한 필요조직과 절차에
기초하고 있는지 여부에 대해 의견을 표명하는 것이다. 그런데 이 감
사는 예산 및 예산의 기초인 계획 등 각각의 타당성을 판정하기 위해
또는 그 달성을 보증하기 위해 하는 것은 아니다.

② 감사인이 하는 예산감사는 "예산서에 예산이 적정하고 또 명료하게
표명되어 있는가?"에 대해 의견을 제시한다. 그러나 이 감사는 예산
에 포함된 예측과 예상의 진실성을 증명하는 것은 결코 아니다.

③ 감사인은 예산편성의 조직 및 절차에 대한 의견 및 예산서에 대한
의견에 대해서 책임을 지고 있다. 그러나 이에 의해 감사인이 예산
및 계획의 설정, 예산서의 작성 등에 대해 책임을 지는 것은 아니다.

④ 감사인은 예산감사의 실시에 예산 및 그 기초가 되는 계획상의 부정
이나 오류를 발견하기 위해 노력하고 중대한 허위, 착오 등을 간과해
서는 안 된다. 그렇다고 하여 감사인의 예산 및 그 기초인 계획이 부
정이나 오류가 하나도 없다는 것을 보증하는 것은 물론 아니다.

⑤ 감사인은 재산의 품질 및 기능, 성능을 감정하고, 재산과 기술의 현
재 및 장래의 가치에 대한 평가, 법률적 판단 등을 하는 것은 아니다.

② 예산감사의 절차

예산감사의 절차는 크게 나누어 다음과 같은 세 가지이다.
① 예산제도의 감사절차
② 예산항목의 감사절차

③ 예산서의 감사절차

예산제도는 대학의 활동에 대한 계획 및 통제시스템이다. 예산편성의
조직과 절차가 설령 타당하다고 하여도 그 실행을 확보하고 실행결과에
대한 피드백(feedback) 등이 적절히 따르지 않는 다면 예산과정의 적정성
은 확보될 수 없다. 따라서 예산제도의 감사는 예산편성과정에 대한 조
직과 절차뿐만이 아니라 결정된 예산의 실행과정에 관한 절차에 대해서
도 이루어진다. 결국 예산제도의 감사는 전술한 바와 같이 예산원칙에
기초한 조직·절차 등이 정비되어 있는 것인가에 초점을 맞추는 것이다.

(1) 예산제도감사의 기본요점

① 예산의 결정과정에서 절차 및 방침에의 적합성, 계획의 달성가능성,
   계획에 포함된 목표달성방법의 능률성, 자금 기타 자원확보의 경제
   성, 자금의 유동성 및 운영수지의 지속적인 균형성 여부 등에 관하여
   대학의 조직·절차에 허점은 없는 것인가?
② 예산의 결정 및 그 실행에서 교직원과 학생 등 대학구성집단의 적극
   적인 협력을 얻어내는 일에 관해 대학의 조직이나 절차에 미비점은
   없는가?
③ 예산편성의 과정 및 결과를 명백하게 설명하고 입증하여야 하는 총
   장 또는 이사장의 보고책임에 대해 대학의 조직과 절차상에 미비점
   은 없는가?

(2) 조직에 관한 조사

① 예산책임자가 결정되고 또 그 책임과 권한이 명백하게 규정되어 있
   는지 여부에 대해 관계서류를 열람하고 책임자에게 질문한다.
② 예산제도를 위한 조직(예산책임자·예산사무국·기획예산위원회·

기타 회계조직 등)이 확립되어 있는지 여부에 대해 관계서류를 열람하거나 책임자에게 질문하여 조사한다.

(3) 편성절차에 관한 조사

① 예산의 편성절차에 대한 조사란 다음과 같은 제반 항목이 제대로 이행되고 있는지 여부에 대해 검토하는 것이다.
  ㉠ 활동방침 및 예산편성지침의 적합성
  ㉡ 자금배분의 타당성
  ㉢ 계획된 목적의 달성가능성
  ㉣ 자금조달방법의 능률성
  ㉤ 수지의 경제성
  ㉥ 계속사업의 일관성 및 망라성
  ㉦ 회계기준에의 준거성
② 예산편성의 제반가정, 예산의 견적기초 등이 예산조서에 명확히 기록되어 정리·보존되고 있는지 여부에 대해 조사한다.
③ 예산에 관한 규정이 정비되고 예산원칙 및 회계기준에 준거하고 있는지 여부를 조사한다.
④ 조직 및 절차에 대해 감사인이 이전부터 그 개선을 권고한 사항 및 예산의 실행결과에 기초하여 그 개선이 필요한 예산단위에 제안한 사항에 대해 어떠한 결정이 이루어진 것인가, 그것은 관계자에게 철저히 전달된 것인가에 대해 조사한다.

(4) 예산과목의 감사절차

예산과목의 감사는 각 예산과목을 계속사업예산과 신규사업예산으로 분류하고 그 설정절차 및 예산의 표명이 적정한지의 여부에 대하여 감사한다.

1) 계속사업의 예산과 신규사업예산의 감사

각 예산과목은 대학이 작성한 예산조서에 계속사업예산과 신규사업예산으로 분류되어 있는지 그리고 그 분류는 타당한지 여부에 대해 검토한다.

(가) 계속사업예산의 감사절차

① 계속사업예산은 기존의 활동을 빠뜨린 것이 없이 포함시키고 있는지를 검토한다.

② 불변요인(不變要因)에 대해서는 증거자료와 대조하고, 불변요인 중 변경요인이 없는가를 검토한다.

③ 변경요인에 대해서는 그 추정과정이 명확하고 그 과정이 합리적인지 여부에 대해 검토한다.

(나) 신규예산의 감사절차

① 신규계획의 선택·결정 및 이를 위한 예측과정이 명백하고 그 것이 합리적인지에 관해 검토한다. 특히 신규의 중요한 계획에 속하는 것은 예산조서의 열람 및 관련책임자에 대한 질문을 통하여 다음과 같은 사항을 확인한다.

　㉠ 대학의 방침은 적합한가?

　㉡ 상기의 목적 및 방침에 비추어 계획의 내용이 명백하게 차이가 나는 점은 없는가?

　㉢ 계획은 관계자 특히 실행담당자의 합의를 얻은 것인가?

　㉣ 계획한 목표달성방법의 능률성 및 수지의 경제성에 대해 검토가 된 것인가, 검토의 방법, 검토에 사용한 자료·비교방법 등이 불합리한 것은 없는가?

② 전년도에 결정된 계획으로서 당년도 예산에 착수하여야 하는 것은 신규사업에 누락됨이 없이 포함되어 있는가?

③ 예측의 방법 및 예측에 사용한 자료가 계속사업의 예산 및 신규의

타예산과 사이에 상호모순되는 것은 없는가?

④ 예측의 결과에 두드러진 불합리성은 없는가? 특히, 수입지출의 견적에 기정(旣定)의 수입지출이 혼합되어 있지는 않는가?

⑤ 신규의 예산이 기본금의 전입을 가져오는 자산지출을 수반하는 경우에는 이에 대해 기본금전입의 예산조치가 강구되어 있는가, 그 조치는 상호모순된 것은 아닌가?

⑥ 신규의 예산안으로서 일부를 수정하여 결정된 것, 결정을 연기한 것, 채택하지 아니한 것 등은 그 이유를 명백히 밝히고, 그것을 예산안의 입안자에게 철저히 전달하는 조치가 이루어진 것인가?

예산의 결정과 그 실행은 교직원의 적극적인 협력을 확보한다고 하는 관점으로부터 이상의 검토가 이행되어야 할 것이다.

(5) 예산과목의 감사절차 예시

예산과목에는 동일의 감사절차를 적용하는 것이 원칙이다. 그리고 자금계산과목에 대한 감사절차에 약간의 절차를 추가함으로써 운영계산 상의 당해 과목에 대한 감사절차로 운영할 수 있다. 여기에 속하는 것으로서는 등록금수입·기부전입금수입·교육부대수입·교육외수입·보수·관리운영비·연구학생경비·교육외비용 등이다. 그런데 운영계산과목 중에는 고유의 감사절차를 적용하지 못하는 기본금전입액이 있다.

그리고 감사실시의 시기가 문제가 되는 예산항목에 대한 감사에서는 예산집행에 차질이 없도록 적기에 감사를 종료하여야 한다. 예를 들면, 대학은 대학이 매 1월말까지에 신년도예산의 잠정원안을 작성하고 2월 중에 감사가 이루어지며 그 결과에 따라 수정된 예산원안에 대해 2월 말에 예산심의기구 또는 사학법인의 이사회를 통과하는 것이 바람직하다.

1) 등록금수입의 감사

(가) 계속사업의 예산

변경요인으로서 학년별 학생 1인당 등록금액의 변경, 등록학생수의 변화를 들 수 있다. 이를 보다 분명히 하기 위해서 다음과 같이 한다.

① 신입생에 대해서는 교무처의 입학정원에 대해 등록금 단가를 곱하여 산정한다.

② 제2학년 이상에 대해서는 각각의 진급예정수를 경험자료에 따라 추정하고 이를 기초로 하여 등록금 수입예상액을 산정한다.

③ 각 학년도에 유급·휴학·편입학 등은 과거의 실적 및 예산 연도의 상황을 감안하여 인원수를 추정하고 이를 계산기초로 삼는다.

④ 등록금의 단가를 학생수에 곱하여 산정된 금액은 등록금 총예상수입액을 나타내는 것이므로 자금계산서상 미수금에 대해서는 자금조정계정으로 계상하여야 한다.

(나) 신규예산

학과나 대학의 신설로 인하여 학생수가 증가되는 경우에는 그 근거를 검토하여 수입예상액을 추정한다.

2) 전입기부금수입의 감사

(가) 계속사업의 예산

① 경상전입금, 법정부담전입금, 자산전입금, 부속병원전입금, 특별회계전입금, 교내전입금, 수익자산전입금과 같은 각종 전입금에 대해서는 수년간의 전입금액을 바탕으로 예산연도에 대한 전입금규모를 추정한다.

② 원우회(院友會), 동창회(同窓會) 기타 특정의 기부자 등으로부터 매기 계속적으로 수입되는 기부금은 과거의 실적을 토대로 하여 기부금액을 추정한다.

(나) 신규예산

① 수입의 재원을 신규의 기부금에 의한 경우, 그 이유 및 모금계획의 결정과정을 이사회 회의록 등을 토대로 검토한다. 이 경우, 수입의 계속가능성을 검토하고 그 금액이 수입예산액의 부족액을 보전할 수 있는지 여부에 대해 확인한다.

② 기념기부금 등의 모금에서는 이에 대한 학무회의 또는 이사회의 의사록 등에 의해 모금방법, 기간 및 당해 예산연도에 예상되는 수입액의 근거를 확인한다.

③ 현물기부금에 대해서는 그것이 신규의 중요한 예산에 속하는 경우에는 신규예산에 대한 감사절차를 준용하여 그 실현시기, 가능성 및 금액산정의 기초를 확인한다. 또 기부된 현물의 유지관리 등이 합리적으로 예산화되어 있는지 여부를 검토한다.

④ 기부금 수입계상의 내용을 검토하고 그 중 기부자의 의사에 의해 보존·유지해야 할 특정의 기부금자산으로서 기본금전입액이 있는 경우, 이것이 운영계산서에서 처리하였는지 여부에 대해 확인한다.

3) 인건비의 감사

(가) 계속사업의 예산

① 교직원의 구분, 예산편성 예상시점의 인원수와 실제지급액의 타당성 : 급여규정, 임금대장 등에 근거하여 파악

② 예산년도의 변경요인인 인원의 증감·승급·급여인상·퇴직 등 변경대상에 대한 합리적인 추정 유무

③ 장기적으로 노사간의 협약이 진행중인 경우의 처리에 대한 타당성

(나) 신규예산

① 신설대학이나 신설학과 등의 증설에 따른 예산은 중요한 예산사항이기 때문에 이에 관한 예산조서 등을 전반적으로 검토한다.

② 신설대학이나 신설학과와 관련된 신규시설부분에 대해서도 철저히

검토한다.

4) 학생·연구비의 감사

(가) 계속사업의 예산

① 할당형 예산, 즉 계속적인 교육연구활동을 유지하기 위해 각 연도 거의 일정한 기준에 따라 지출되는 일반적인 연구비에 대해서는 과거의 실적에 물가상승률을 변경요인으로 하여 예산화하였는지를 검토한다.

② 연구비 중에 인건비가 포함되어 있는지 여부 등 양자의 구분에 대해서 예산편성지침상 이를 명백하게 표명하고 있는지를 확인한다.

(나) 신규예산

① 어떠한 연구프로젝트에 관한 예산요구에 대해 연구비를 배정하는 과정이 적정하였는가를 신규예산의 감사절차에 따라 검토한다.

② 대형의 연구프로젝트에 대해 정부기관에 보조금을 신청하는 경우, 전항 이외에 그 신청서와 예산조서를 검토하여 경비의 부담관계, 금액의 기초 등을 확인한다.

5) 시설관계비의 지출

(가) 계속사업의 예산

① 각 연도에 걸쳐 거의 일정한 시설보완을 목적으로 한 시설관계비 예산은 과거의 실적을 토대로 하여 검토한다.

② 기부자의 의지, 보조금의 목적 등에 의해 시설확충지출이 명백한 경우에는 이 근거 및 금액의 적정성을 확인한다.

③ 미검수공사의 잔금을 지불하는 것이 해당 연도에 해당하는 경우 또는 특정의 시설예산에 대해 연도 이월이 인정된 경우 등 전년도와의 관계로서 예산이 명백한 것에 대해서는 계약서 등에 따라 그 근거를 확인한다.

④ 시설관계의 예산금액에 대해서는 산정자료, 전기(前期) 공사실적 등
을 참조하여 타당성을 확인한다. 이 경우 공사의 발주방법(發注方法),
수주업자명(受注業者名) 등을 예산요구서에서 검토할 필요가 있다.
또 설계변경, 추가공사 등의 변경요인이 포함되어 있는지 유무도 확
인한다.

(나) 신규예산

신규의 예산이 속하는 시설·장비가 예정되어 있는 경우에는 신규예
산의 감사절차를 준용한다. 특히 다음과 같은 사항에 유의한다.

① 신설학과 신설대학인 경우 이에 관련된 신청서의 검토
② 시설지출재원을 기부금에 의한 경우, 모금취지서의 확인
③ 시설의 완공에 필요한 제반사항의 누락 여부 확인
④ 완공 이후의 운영지출예상액에 대한 예산상의 반영 여부
⑤ 시설의 기본금전입에 대한 사항의 확인

6) 기본금대체액의 감사

기본금대체액이란 대학이 교육과 연구 등 고유활동을 지속적으로 유
지하기 위해 반드시 있어야 할 자산에 대한 전입액을 말한다. 현재의 특
례규칙에서는 운영비용으로 처리하도록 규정되어 있다. 이 부분이 정당
하게 운영비용에서 처리된 것인지, 적정한도 이내의 것인지 또 정당한
기본금대체액인지 여부 등에 대해 감사할 필요가 있다.

(6) 예산서의 감사

예산감사는 내부감사와 외부감사를 통하여 대학에 최초로 적용되는
감사절차이다. 예산감사를 통해 예산의 편성과 관련된 제반 사항이 제대
로 수행되었는지 여부를 파악하게 된다. 이는 예산편성의 잘못에 의해
일어날 수 있는 시행착오를 줄일 수 있다. 그런데 예산감사는 대학의 예
산제도가 정비되어야 가능한 사항이다. 우리 나라의 경우 1997년 1월 13

일 개정된 사립학교법 제31조의 제4항(동법 시행령 제14조 제3항)에서는 입학정원 2,000명 이상의 사학기관은 반드시 공인회계사 또는 회계법인의 감사증명서를 첨부하도록 규정함으로써 사학기관의 외부감사가 제도화되었다고 할 수 있다.

제 **16** 장

대학예산 및 결산실무

|제1절| 사학기관의 예산

대학과 학교법인(이하 사학기관이라 함)의 예산은 대학활동의 공공성 확보, 재무활동의 계획화, 수탁관계의 명확화, 동기부여, 부문 간의 책임 명시 및 조정을 통하여 대학자원의 효율적 활용과 배분을 도모한다. 이러한 예산목적이 적절히 수행되려면 먼저 전통적인 대학예산이 지니고 있는 항목별 예산시스템의 제반문제점을 명백히 인식하고, 이를 해결하는 방향에서 대학예산에 대한 개선노력이 기울여져야 할 것이다. 특히, 대학의 원가가 대부분 고정원가, 즉 대학활동 자체가 경직성을 지닌다는 특성을 감안하여 해결방안을 모색하는 것이 필요하다.

전통적인 품목별 예산제도에서는 실무담당자들이 예산한도까지 반드시 지출하여야 하는 것으로 이해한다. 예산을 경영관리의 도구로 보는 것이 아니라 단순히 지출한도를 표시해 주는 지출통제의 수단으로 보는 데서 근본적인 문제가 발생한다. 또한, 품목별 예산제도는 장기적인 관점에서 예산의 유용성을 추구하기보다는 단기적인, 즉 1년이라는 학년도에 한정되는 것으로 보고, 예산을 자원획득과 소비의 합리화도구로 이해하는 것이 일반적이어서 대학운영에 핵심적인 경영도구로서의 예산기능이 발휘되지 못하고 있다. 결과적으로 품목별 예산제도는 예산목적과 무관하게 자원만 낭비한다는 소지를 안고 있는 시스템이라 할 수 있다. 품목별 예산시스템과 함께 대학예산의 경영도구적인 기능을 저해하고 있는 또 하나의 요인으로는 대학의 비영리성을 들 수 있다. 즉, 대학은 비영리조직체로서 그 업적이 이익과 같은 단일척도에 의해 측정되는 것이 아니기 때문에 예산과정에서 부문책임자들은 대학의 전체적인 관점보다는 자기 부문의 이익을 위해 무조건 절대액의 증대만을 요구하게 된다. 이러한 근본적인 문제점들이 해결되지 않으면 대학의 한정된 부족 자원의 효율적 이용이란 기대하기 어렵다.

우리 나라의 사립대학예산회계제도는 사립학교법과 동법 시행령, 사학기관의 재무회계규칙, 사학기관의 재무회계에 관한 특례규칙 등에 의해 그 내용이 규정되고 있다.

먼저 사립학교법인데, 이 법은 사립학교의 기본법으로서 사립학교의 특수성에 비추어 자주성을 확보하고 공공성을 높임으로써 사립학교의 건전한 발전을 도모하기 위해 제정된 법이다. 사립학교법에서는 제29조의 제4항에서 예산의 편성과 집행, 제31조의 제1항에서 예산서 및 결산서의 제출, 제33조에서 예산편성요령을 규정하고 있다.

예산에 관련되는 주요 조항은 다음과 같다.

① 사립학교법 제29조의 4 : 예산의 편성과 집행
② 위의 법 제31조의 1 : 예산서 및 결산서의 제출
③ 위의 법 제33조 : 예산편성요령

그리고 동법 시행령은 학교법인의 설립허가신청, 재산의 구분, 교비회계의 세입과 세출, 예산과 결산의 제출시기 등을 세부적으로 규제하고 있는 법으로 제14조에는 예산·결산서의 제출시기가 규정되어 있다.

또한 사학기관의 재무·회계규칙(1969. 7. 19. 문교부령 제246호, 7차 개정, 1999. 1. 4. 령 제734호)이 있는데, 이 규칙은 사립학교법 제32조, 제33조 및 제51조의 단서규정에 의해 제정된 규칙으로 제2장 예산과 결산에서는 학교법인·공공단체 이외의 법인과 이들이 설치·운영하는 학교 및 사인(私人)이 설치·운영하는 학교의 재무와 회계의 운영에 관하여 필요한 사항의 규정을 목적으로 하고 있다.

이 규칙은 1969. 7. 19. 교육부령 제246호로 제정되었으며 그 이후 일곱 차례의 개정(1999. 1. 4.)을 거쳐 교육부령 제734호로서 시행되고 있다. 예산과 결산에 관한 사항은 본 규칙의 제2장에 수록되어 있다.

끝으로 사학기관의 재무회계규칙에 관한 특례규칙 (1981. 2. 28. 문교부령 제489호, 전면 개정 1996. 2. 29. 교육부령 제679호, 1999. 1. 29. 교육부령 제735호로 부분개정)이 있는데, 이 특례규칙은 사립대학과 학교법인의 재무회계에 관하여 보다 구체적인 지침을 제시하고 있는 것으로 예산에 관해서는 제2장 제4~14조에 규정되어 있다. 특례규칙은 우리 나라 사학기관에 적용되는 실질적인 회계기준이다.

① 예산의 편성 및 집행과 내부통제

우리 나라의 국·공립대학은 예산회계법과 비국고회계관리규정(기성회비 회계)에 따라, 사립대학은 사학기관의 재무회계규칙에 대한 특례규칙에 따라 학교예산이 편성된다. 사학기관의 재무·회계에 관한 특례규칙 제11조는 학교법인과 그가 설치 운영하는 학교의 예산에 대해 그 편성부서와 집행부서를 분리·운영하게 함으로써 내부통제를 확립하고 한정된 재무적 자원의 최적배분으로 당해 법인과 학교의 발전을 도모하도록 규정하고 있다.

② 예산의 목적외 사용금지

특례규칙 제12조는 "이사장 및 학교의 장은 자금예산을 초과하여 지출하거나 자금예산이 정한 목적 이외에 이를 사용할 수 없다"고 규정하고 있다. 예산에서 정한 목적 이외에 지출·사용을 금지하는 것은 대학교육이 국가의 백년지계(百年之計)이므로 사립대학이라 하여도 교육이 임의성과 자의성에 빠지지 않도록 한다는 취지에서 비롯된 것이다. 이와 같이 예산에서도 대학교육이 어떠한 정치적·파당적 내지는 기타 개인적인 편견의 선전을 위한 방편으로 이용되어서는 안 되며, 국립 또는 사립학교가 어느 특정 종교를 위한 종교교육을 해서도 안 된다는 것을 분명히 하고 있다.

③ 예산의 편성과 운용

특례규칙에서는 다음과 같이 예산편성과 운용에 대해 규정하고 있다.

(1) 예산편성요령(특례규칙 제4조)

각 학교법인과 그 법인이 설치·운영하는 학교는 규모나 형편 및 재정능력에 여러 가지면에서 차이가 있기 때문에 학교법인마다 매년 계획하는 법인의 사업과 학교의 운영계획이 서로 다를 수밖에 없다. 그러므로 이와 같이 다양한 각 학교법인의 사정을 고려하지 아니하고 일률적인 방침으로 예산을 편성하도록 하는 것은 각 학교법인과 학교의 자율성을 저해하는 것이라고 할 수 있다. 따라서 각 법인은 원칙적으로 자율성을 바탕으로 하여 예산은 편성하도록 규정하고 있다. 다만, 대학이 국가의 공기(公器)에 해당하는 역할을 하고 있으므로 현행 특례규칙에서는 다음과 같이 최소한의 예산편성 요령을 제시하여 준수할 것을 규정하고 있다.

① 법인의 이사장(이하 이사장이라 함)과 학교의 장은 매회계연도 개시 2월 전까지 각각 법인회계와 학교회계 예산편성요령을 정해야 한다.
② 교육부 장관은 법인회계와 학교회계의 예산편성에 관하여 특히 필요한 사항이 있을 때에는 늦어도 당해 회계연도 개시 70일전까지 그 사항을 시달하여야 한다.

(2) 예산총계주의(특례규칙 제5조)

특례규칙 제5조에서는 "수입예산 및 지출예산은 모두 예산에 포함시켜야 하며, 수입예산과 지출예산을 상계하거나 그 일부를 예산에서 제외하여서는 아니된다"는 예산총계주의 원칙을 분명히 하고 있다. 예산총계주의란 모든 거래를 예산에 나타내야 하며 상계해서는 안 된다는 원칙을 말한다. 총계주의는 회계학에서의 총액주의와 유사한 개념이다.

(3) 예산의 확정 및 제출(특례규칙 제6조)

이 조항은 예산의 결정과 그 제출기한에 관한 사항이다. 이는 대학 그 자체가 사회적인 공기(公器)이기 때문에 교육부 장관이 정한 기일 이내에 예산을 편성·제출하게 함으로써 대학의 고유목적이 실현될 수 있도록 간접적인 통제를 가하는 제도이다. 특례규칙상의 제출기일은 다음과 같다.

① 대학예산은 학교의 장이 편성하여 대학 예결산심의위원회의 자문과 이사회의 심의·확정을 거쳐 학교의 장이 이를 집행·결산한다. 즉, 예산편성(학교의 장)→자문(예결산심의위원회)→심의·승인(이사회)→집행·결산(학교의 장)으로 이루어진다.
② 학교법인은 매회계연도 개시 전 5일까지 예산서를 교육부에 제출한다. 또한, 심의·확정된 예산을 교육부가 정한 공개 범위 및 방법에 따라 법인회계 및 학교회계의 예산을 공개한다.

이러한 일련의 절차를 그림으로 나타내면 〈그림 16-1〉과 같다.

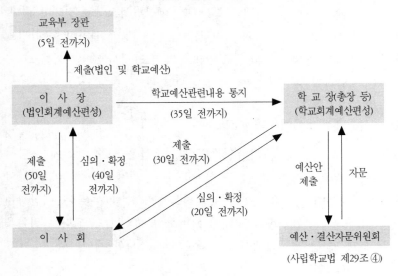

〈그림 16-1〉 사학기관의 예산편성 흐름도(특례규칙 제6조)

③ 예산편성에는 예산총계주의 원칙이 적용된다.

④ 예산은 예산총칙과 자금예산으로 구성된다. 예산총칙에는 자금예산
의 규모, 예산편성기본방침, 주요사업계획개요, 장기차입금한도액, 일
시차입금잔액의 최고한도액, 기타 예산집행에 필요한 사항이 포함된
다. 한편, 자금예산은 자금예산서서식에 따라 작성하되 계산근거를
명백히 제시한다.

⑤ 예산의 부속서류 : 학교법인예산서에는 이사회회의록 사본, 전기말
추정미수금명세서, 전기말 추정차입금명세서 및 기타 예산부속명세
서가 첨부되며, 학교예산서에는 학년별·학과별 학생수명세서, 전기
말 추정미수금명세서, 전기말 추정차입금명세서, 등록금명세서, 인건
비명세서 및 기타 예산부속명세서가 있다.

⑥ 예산은 목적외 사용이 금지되며, 제한이 없는 경우에 한하여, 동일
항내의 목 간 또는 세목 간 예산의 과부족이 있을 때는 상호전용할
수 있다.

⑦ 특별사업으로 2회계연도 이상에 걸쳐 그 재원을 조달할 필요가 있을 때에는 회계연도마다 일정액을 예산에 계상하여 특정목적사업적립금으로 적립할 수 있다.

(4) 준예산(특례규칙 제7조)

준예산은 학교법인이 부득이한 사정으로 인하여 소정기일 이내에 예산을 편성·확정하지 못하는 경우에 대비한 처리규정이다. 즉, 예산편성이 지연되는 때에는 우선 전년도 예산에 준하여 집행하도록 하고 당해 회계연도의 예산이 편성되면 이 예산에 의해 집행된 것으로 간주하는 제도이다. 그 내용은 다음과 같다.

① 이사장과 학교의 장은 회계연도 개시 전일까지 예산이 확정되지 아니한 때에는 그 사유를 감독청에 보고하고 예산이 성립될 때까지 다음 각 호의 경비를 전년도에 준하여 집행할 수 있다.

　㉠ 교원 및 직원의 보수

　㉡ 학교시설의 유지관리비

　㉢ 법령에 의해 지급의무가 있는 경비

　㉣ 기타 학교교육에 직접 사용되는 필수적 경비

② 제1항의 규정에 의해 집행된 예산은 당해 연도의 예산이 확정되면 그 예산에 의해 집행된 것으로 본다.

(5) 추가경정예산(특례규칙 제8조)

추가예산이란 이미 성립한 본예산의 부족분을 보충하기 위해 편성되는 것이며, 본예산의 세출을 삭감하거나 세출금액 범위 내에서 수정하기 위하여 편성하는 경정예산과는 구분된다. 예산은 당초에 편성된 금액이 당해 회계연도의 유지발전에 적합해야 하지만 회계연도 중에 발생한 사회 경제적인 변화, 학생수의 변화 등 예기치 못한 변화로 인한 사항이 추가경정예산에 반영된다. 이에 대한 특례규칙의 내용은 다음과 같다.

① 이사장과 학교의 장은 예산확정 이후에 생긴 사유로 인하여 이미 확정된 예산의 변경이 필요한 경우에는 추가경정예산을 편성하여 이사회에 제출할 수 있다.
② 학교의 장은 학교회계의 추가경정예산이 확정될 때에는 지체없이 이를 이사장에게 제출하여야 하며 이사장은 법인회계 또는 학교회계의 추가경정예산이 확정된 날로부터 15일 이내에 교육부 장관에게 제출하여야 한다.

④ 예산의 내용(특례규칙 제9조)

특례규칙 제9조는 예산의 내용을 예산총칙, 자금예산으로 나누고 각각에 대해 그 작성방법을 명시하고 있다. 예산총칙에 따르면, 대학예산은 중요성의 원칙에 따라 주요한 사업계획과 그 기본방침을 기술한다. 그리고 자금예산 및 추가경정예산의 경우는 소정의 양식에 따라 기재하게 된다. 중요 내용을 보면 다음과 같다.
① 예산의 내용은 예산총칙과 자금예산으로 한다.
② 예산총칙에는 다음 각 호의 사항을 명시하여야 한다.
　　㉠ 자금예산의 규모　　　　㉡ 예산편성의 기본방침
　　㉢ 주요사업계획의 개요　　㉣ 장기차입금의 한도액
　　㉤ 일시차입금의 한도액
　　㉥ 기타 예산집행에 관하여 필요한 사항

⑤ 예산의 부속서류(특례규칙 제10조)

예산의 부속서류는 법인회계예산과 학교회계예산으로 구분하여 작성한다.

(1) 법인회계예산의 부속서류는 다음과 같다.

① 이사회회의록 사본
② 예산부속명세서
   ㉠ 전기말추정차입금명세서 : 차입금이 발생하였으나 당해 회계연도 말인 2월 말일까지 이를 변제 또는 상환하지 못한 모든 부채를 추정하여 기록·계상함으로써 당해 회계실체의 재정상태를 파악하기 위해 작성한다.
   ㉡ 전기말추정미수금명세서 : 추정미수금명세서도 부채명세서와 마찬가지로 회계연도 말일이 되는 2월 말일까지 실현된 채권으로서 회수하지 못한 미수금액을 기록·계상함으로써 재정상태를 올바르게 파악하기 위한 것이다.
③ 이사회회의록 사본
④ 예산부속명세서
   ㉠ 전기말추정미수금명세서   ㉡ 전기말추정차입금명세서
   ㉢ 등록금명세서   ㉣ 인건비명세서
   ㉤ 기타 예산목별 명세서

(2) 학교회계예산서의 부속서류는 다음과 같다

① 이사회회의록 및 예산·결산자문위원회회의록 사본
② 학년별·학과별 학생명세서 : 이 양식은 전년도와 당해 연도로 비교 구분하여 편제정원과 등록정원을 설치한 학과별로 작성하는 것으로 학생현황을 한눈에 알아볼 수 있다.
③ 기타 예산부속명세서
   ㉠ 전기말추정미수금명세서   ㉡ 전기말추정차입금명세서
   ㉢ 등록금명세서   ㉣ 인건비명세서
   ㉤ 기타 예산목별 명세서

⑥ 예산의 전용(특례규칙 제13조)

예산의 전용이란 이미 확정된 예산을 학교기관이 규정에 따라 또는 이미 승인받은 범위 내에서 변경하여 집행하는 절차를 말한다. 특례규칙 제13조는 예산의 전용에 관하여 동일한 항 간 또는 목 간에 예산의 과부족이 있을 때에는 상호전용할 수 있으나, 예산총칙에서 예산의 전용을 제한하는 과목과 예산성립과정에서 삭감된 과목으로는 전용을 하지 못하게 되어 있다. 예를 들면, 운영관리비 내에서 항별 또는 목별로 전용을 할 수는 있으나 운영관리비가 부족하다고 하여 인건비의 여유분을 전용할 수는 없는 것이다.

예산의 집행과정에서 많은 과부족이 발생하여 예산전용이 생긴다는 것은 예산을 신중하게 편성하지 않은 결과라고 할 수 있다. 예산이란 미래의 계획이므로 실제와 반드시 부합되는 것은 아니라고 할지라도 전용을 마음대로 하게 되면 예산에 의한 통제는 의미가 없어지게 된다.

⑦ 특정목적 사업예산

이는 학교회계가 경직성이 있어 기업회계에서와 같이 당장 필요하다고 하여 단기간 내에 여기에 맞추기는 어렵기 때문에 학교 시설확장의 일환인 교사·부속병원·연구소 등의 건립이나 기계장치·공작기구의 제조를 등을 위해 2회계연도 이상에 걸쳐 그 재원을 조달하여야 할 경우에는 회계연도마다 일정액을 예산에 적립하여 소정의 목적에 사용할 수 있도록 한 것이다. 즉, 여유자금을 특정목적사업 적립금으로 적립하여 특정목적 사업의 예산수요에 대응시키기 위한 예산제도이다.

|제2절| 대학결산

① 결산의 목적 및 일정

(1) 결산목적

결산의 목적은 다음과 같이 세 가지로 요약할 수 있다.

첫째, 사학기관이 설치한 각 회계단위에 대하여 실제자금수입과 자금지출의 내용을 자금예산서에 대비함으로써 과부족금액과 그 원인을 파악한다.

둘째, 각 회계단위의 재무상태와 운영성과를 파악하고 평가한다.

셋째, 결산 결과를 분석하여 앞으로의 예산편성 및 재정운영에 피드백 정보로 활용한다.

(2) 결산일정

사립학교법, 재무회계규칙 및 특례규칙에 규정하고 있는 결산일정을 보면 〈표 16-1〉과 같다.

결산 일정에서 거쳐야 할 과정 중 중요한 내용은 다음과 같다.

① 학교에 속하는 회계의 결산은 매회계연도 종료 후 예산·결산자문위원회의 자문을 거쳐야 한다(사립학교법 제31조).

② 이사장 또는 학교의 장은 심의·확정된 결산을 공개하여야 한다(특례규칙 제42조의 제2항).

③ 입학정원 2,000명 이상의 대학 또는 개방대학을 설치·경영하는 학교법인은 공인회계사 또는 외부회계법인의 감사증명서를 첨부하여 제출하여야 한다(사립학교법 제31조의 제4항·제5항, 동법 시행령 제14조의 제1항).

일자	내용	근거규정		비고
		특례규칙	회계규칙	
2.28.	회계연도 종료일			
4.19.	학교 및 법인결산서 제출 (감사보고서 첨부)	제42조 제3항 (50일 이내)	제23조 제1항 제1호 (종료 후 40일 이내) 4. 9.일까지	
4.30.	학교 및 법인결산서 이사회 심의·확정	제42조 제2항 (2월 이내)	제23조 제1항 제3호 (55일 이내) 4.24.일까지	기성회이사회 심의·확정
5.31.	학교 및 법인결산서 교육부 제출	제42조 제3항 (3월 이내)	제24조(사립학교법 시행령 제14조 근거) 5.31.일까지	결산공고

② 결산의 절차

결산절차는 결산예비절차·결산본절차·재무제표의 작성 등으로 구분된다.

(1) 결산예비절차

여기에서는 장부기록의 정확성을 검증하는 절차로서 계산의 정확성과 내용의 정확성을 검증한다.

① 계산의 정확성 : 복식부기의 특징인 대차평균의 원리와 자기검증기능에 바탕을 둔 시산표를 작성하여 검증한다.

② 내용의 정확성 : 정확한 결산을 목적으로 원장 각 계정의 금액을 결산시점에서 실제재고를 조사(가치·수량)하여 검증한다.

(2) 결산본절차

원장의 정확성을 확인한 후 실시되는 절차로서 결산정리·원장마감의

일자	업무	내용	관련부서
2월초순	결산협의회의	1) 결산에 관한 기본방침 결정 2) 결산업무분담 3) 결산일정표 확정	관재부서 구매부서 전산부서
2월중순	정리준비	1) 교육부 결산지침 전달 2) 미결산계정 정리준비(가지급금·가수금계정)	
2월하순	결산정리사항준비	계정별 발생내용 검토	
2월말일	재고조사 (회계연도 종료일)	고정자산 및 소모품 재고조사	관재부서
3월초순	예금·현금·받을어음 유가증권의 실사	결산일 현재 기준으로 계정별 장부금액과 잔액증명 서 대조 및 실물확인	
3월중순	결산정리전표 작성	1) 투자유가증권의 평가 2) 외화자산·부채의 평가 3) 미결산계정의 정리 4) 기본금계정의 정리 5) 고유목적사업 준비금설정 6) 각 계정내용 중 오류분 수정분개 7) 특별회계마감(기숙사·연구소 등)	
3월하순	원장의 마감	각 계정마감	
4월초순	재무재표의 작성 및 부속명세서 작성	1) 시산표작성 2) 대차대조표 및 운영계산서 작성 3) 자금계산서 작성 4) 자산·부채계정의 명세서 작성 5) 특례규칙 제40조에 규정하는 대차대조표·운영 계산서 부속명세서 작성	
4월중순	예·결산자문과 외부 회계감사 실시	1) 예·결산자문위원회 소집(재무제표 및 부속명세 서 심의후 회의록 작성) 2) 외부회계감사 실시(감사보고서작성)	
4월19일	결산서 제출	법인이사회에 제출	

순서로 진행된다.

1) 결산정리

결산예비절차에서 작성된 재고조사표를 중심으로 원장의 기록을 보정한다. 예를 들면 다음과 같다.

① 현금계정 : 과부족 정리   ② 제예금 : 잔액증명서와 대조

③ 미결산계정 정리 : 가지급금, 가수금 계정의 정리

④ 투자유가증권의 평가　　　⑤ 외화자산·부채에 대한 평가

2) 원장마감

자산·부채·기본금 등의 대차대조표 계정은 '차기이월'을 기입하여 대·차를 일치시켜 마감한다. 그리고 수익·비용 등 운영계산서는 그 발생액을 누계한 차액을 표시하여 마감한다. 법인과 학교가 전산시스템을 도입하여 운영하고 있는 경우에는, 컴퓨터 자체에서 이러한 절차를 수행하므로 별도의 절차가 필요없다.

(3) 일자별 결산절차

<표16-2> 참조

③ 결산서작성방법 및 유의사항

(1) 작성순서

1) 다음과 같은 순서로 기본재무제표를 작성한다

① 합계잔액시산표 작성

② 대차대조표 및 운영계산서 작성. 이 때, 각 계정과목에 대한 부속명세서를 함께 작성한다.

③ 자금계산서 작성

2) 합산재무제표를 작성한다

3) 해당되는 법인은 종합재무제표를 작성한다

(2) 작성시 유의사항

① 대학 또는 법인의 운영과 관련하여 편의상 별도회계 등으로 관리하는 별도의 자금(예 : 장학기금·시설기금·대학발전기금·연구용역비 등)이 있다 하더라도 결산시에는 이들 자료를 교비회계(또는 법인회계)의 재무제표에 포함시켜야 한다.

② 대학캠퍼스가 2개 이상이고, 각 캠퍼스 간에 내부편의상 독립채산제로 예산 및 결산을 하고 있다고 하여도, 캠퍼스 전체를 합친 결산서를 작성하여 기본재무제표로서 교육부에 제출한다. 이 때, 각 캠퍼스의 예산서 및 결산서는 기본재무제표의 부속명세서로 간주된다.

③ 대학의 교비회계 또는 부속병원회계에 포함시키지 않고 별도로 관리 운영되는 기숙사회계 등의 회계는 특별회계로 분류하고, 각 특별회계는 교비회계의 자금계산서와 같은 내용으로 자금계산서를 작성하여 제출하여야 한다.

(3) 자금계산서의 작성

1) 작성방법

자금계산서는 특례규칙 제18조와 제21조의 규정에 따라 다음과 같이 작성한다.

① 예산항목과 비예산항목을 명확히 구분한다.

② 미사용이월자금(전기이월자금 및 차기이월자금)을 명확히 계산한다.

③ 자금계산서는 합계잔액시산표 또는 대차대조표와 운영계산서를 기초로 하여 작성한다.

2) 자금계산서 작성시 유의사항

① 자금계산서는 자금예산서와 대비하여 작성한다.

② 운영계산서 항목 중 예산항목이 아닌 것은 자금계산서에 표시하여서

는 안 된다.

> ㉠ 외화환산손익, 외환차익·차손, 고정자산처분이익, 고정자산처분손실
> 등

③ 예산항목 중 대차대조표 항목과 관련한 자금수입과 자금지출은 실제
자금수입액 및 실제자금지출액을 자금계산서에 표시한다.

> ㉠ 토지매각은 대차대조표 상의 토지장부가액으로 표시하는 것이 아니라,
> 토지매각으로 인하여 실제수령한 입금총액으로 표시한다.

④ 미사용전기이월자금과 미사용차기이월자금은 정상적인 자금불용액
을 의미한다.

⑤ 당기 자금수입총계와 당기 자금지출총계는 일치하여야 한다.

⑥ 장학금과 학비감면은 서로 다른 것이므로 구분되어야 한다. 즉, 장학
금과 학비감면은 그 효과면에서는 학생의 장학을 위하고 결과적으로
등록금의 일부 또는 전부를 학생으로부터 받지 않는다는 면에서는
같다. 그러나 학비감면은 등록금의 전부 또는 일부를 감액하거나 수
납한 등록금을 반환하는 소극적인 의미이지만, 장학금은 외부로부터
장학기부를 받거나 내부 장학기금을 재원으로 하여 등록금의 일부나
전부 또는 등록금액을 초과형 지급하는 적극적인 장학지원비(도서구
입비, 생활보조비 포함)라는 면에서 차이가 있다.

⑦ 학비감면의 경우와 등록금액 자체가 일반학생 등록금보다 적은 경우
와는 서로 다르다. 즉, 이전 학기 등록자가 휴학 또는 복학하여 등록
하는 경우, 정상적인 학생보다 적은 액수로 등록하는 경우가 생긴다.
또한, 수업연한을 초과하여 등록을 하는 학생, 특히 학점미달로 졸업
이 안 된 학생이 등록하는 경우, 정상학생에 비해 적은 금액으로 등
록하게 되며, 이 경우는 등록금수납액이 적다 하여도 학비감면과는
의미가 다른 것이다.

⑧ 연구비 중 인건비성 연구보조비는 교원급여 및 상여금에 포함하여
표시하도록 한다.

(4) 대차대조표의 작성

1) 작성방법

대차대조표는 특례규칙 제22~26조의 규정에 따라 작성한다.

① 유동자산 및 비유동자산, 유동부채와 고정부채의 구분을 1년주의(one year rule)에 따라 명확히 분류한다.

② 특정기금과 적립금의 대응을 명확하게 표시함으로써 기금회계의 기본개념을 도입한다.

③ 고정자산 등과 기본금의 대응을 분명하게 표시한다.

2) 대차대조표 작성시 유의사항

① 가지급금이나 가수금 계정과목은 회계연도 중의 임시계정이므로 결산시점에는 가지급금을 회수하거나 가수금의 반환하는 경우, 그 내용을 해당 계정과목으로 대체 또는 재분류함으로써 결산시점의 대차대조표상에는 가지급금이나 가수금계정이 나타나지 않도록 해야 한다.

② 법인이나 학교의 예금이자 등에 대한 원천세액 중 차후환급이 되는 법인세를 대차대조표의 선급법인세에 표시하며, 이를 잡수입이나 기타 자산수입 등에 포함시키지 않도록 하여야 한다.

③ '자산'란의 특정기금 금액과 '기본금'란의 해당 적립금금액은 상호일치되어야 한다.

④ 대차대조표상의 당기운영차액 금액과 운영계산서상의 당기운영차액 금액은 일치되어야 한다.

⑤ 대차대조표상의 각 계정과목에 대한 금액은 해당 부속명세서 상의 금액과 일치하여야 한다.

⑥ 대차대조표 각 계정과목에 대한 부속명세서의 금액과 내용은 결산을 정확히 한다는 측면에서 예·결산부서가 아닌 타 관련부서의 확인 또는 검토를 받도록 하는 것이 바람직하다.

(5) 운영계산서의 작성

1) 작성방법

운영계산서는 특례규칙 제27~29조의 규정에 따라 작성한다.

① 운영수익과 운영비용은 총액으로 표시한다.

② 기본금 대체액은 운영비용에 포함시켜 표시한다.

2) 유의사항

① 합계잔액시산표의 계정과목 중에서 수익 및 비용항목만 집계한다.

② 기본금명세서의 대체증가금액을 지출란에 반영하여 표시한다.

③ 운영계산서상의 당기운영차액과 대차대조표상의 당기운영차액은 그 금액이 서로 일치하여야 한다.

(6) 합산재무제표의 작성

대학에서 학교회계(교비와 기성회계합산분)의 재무제표를 작성하여 법인에 제출하고, 법인에서는 학교회계(교비와 기성회계합산분)와 법인 일반업무회계를 합산하여 합산재무제표를 작성한다.

1) 합산자금계산서

합산자금계산서는 법인 일반업무회계 자금계산서와 교비회계의 자금계산서를 합산하여 작성한다. 합산자금계산서를 작성할 때에는 같은 자금이 중복계산되는 것을 막기 위해 양 회계 간의 내부거래를 제거하여야 한다.

　　　예 내부거래 제거대상

① 경상비의 전입금과 전출금

② 법정부담금의 전입금과 전출금

③ 자산의 전입금과 전출금

④ 특별회계의 전입금과 전출금

2) 합산대차대조표

합산대차대조표는 법인과 대학의 대차대조표를 합산하여 작성한다. 여기에서도 자산과 부채가 이중으로 계상되는 것을 막기 위해 양 회계 간의 내부거래 채권 및 채무를 제거하여야 한다.

⟨예⟩ 제거대상 내부거래 채권 및 채무 : 대학(1211)과 법인(3112)

3) 합산운영계산서

합산운영계산서는 법인과 대학의 운영계산서를 합산하여 작성한다. 여기에서도 이중계상되는 것을 막기 위해 합산자금계산서에서 예시한 내부거래를 같은 방법으로 제거하여야 한다.

(7) 종합재무제표

종합재무제표는 합산재무제표를 작성하는 방법에 준하여 작성한다.

|제3절| 주요 문제점 및 개선방안

우리 나라 대학예산제도의 근본적인 문제점은 대학예산이 품목별 예산제도라는 데 있다. 현재의 대학예산제도상의 주요 문제점을 들면 요약해 보면 다음과 같다.

첫째, 우리 나라의 대학예산제도는 품목별예산제도이다.

둘째, 법인예산과 학교의 예산이 별도로 구분되어 있다.

셋째, 예산원칙, 예산편성요령, 예산통제 등 예산감사에 대한 명확한 규정이 제정되어 있지 않아 예산이 제 기능을 발휘하지 못하고 있다.

넷째, 현재의 예산제도는 다음과 같은 면에서 미흡하다.

① 운영보고 책임의 공시

② 부문별 예산의 편성
③ 효과적 예산차이 분석
④ 운영수지예산의 편성

① 품목별 예산제도의 개선

대학예산회계에서 품목별 예산제도가 채택된 이유는 다음과 같다.

첫째, 대학원가의 대부분이 고정원가이어서 활동별로 적절한 상한치를 결정할 수 없으므로 예산이 상호간의 정치적 협상과정(political negotiation process)을 거쳐 결정된다.

둘째, 대학의 한정된 자원에 비하여 사용해야 할 부분이 상대적으로 많아 지출통제의 필요성이 크다.

셋째, 대학예산은 투입과 산출 간에 명확한 대응관계를 찾기 어렵고 또한 업적측정이 곤란하다.

넷째, 예산편성이 용이하다.

다섯째, 전통적으로 사용하여 온 예산제도이다.

그러나 품목별 예산제도는 다음과 같은 근본적인 문제점이 있어 예산이 그 기능을 제대로 발휘하고 있지 못한다는 비평을 받고 있다.

첫째, 운영의 성과보다는 지출한도의 준수 여부 및 지출의 적법성에 치중하므로 예산이 형식주의에 흐르고 만다.

둘째, 예산이 장기계획과 연계되지 아니하며 경영자가 바뀔 때마다 사업이 단절되거나 변경될 소지가 많다.

셋째, 프로그램별・활동별 원가에 기초하여 예산이 편성되는 것이 아니므로 금액과 실제활동 사이에 괴리가 발생할 우려가 크다.

넷째, 예산이 대학활동의 효율적인 달성을 위한 제반활동의 전개와 이에 상응한 자원의 배분보다는 지출통제에 치중하므로 자원의 배분이 왜곡될 우려가 있다.

다섯째, 대학의 각 활동에 대한 근본적인 타당성 검토가 없는 상황에서 예산이 편성되므로 자원의 배분이 비효율적으로 이루어질 수 있다.

이러한 문제점들을 해결하려면 대학회계도 단순한 예산액과 세출결산액 간의 일치에 관한 회계책임(dollar accountability)만을 공시할 것이 아니라, 예산을 제대로 운영하였는지 여부에 대한 운영보고책임(operating accountability)의 공시가 이루어져야 한다. 그리고 운영보고책임의 공시를 위해서는 예산회계시스템의 설계는 다음과 같이 이루어지는 것이 바람직하다.

첫째, 장기계획과 예산이 연계될 수 있도록 기획예산제도(planning programming budgeting system)를 도입한다.

둘째, 발생주의 회계에 따라 예산을 편성한다. 즉, 감가상각이나 대손상각 등을 인식함으로써 현금주의에 입각한 지출기준에서 발생주의에 바탕을 둔 비용주의로 전환하여야 한다. 그리고 활동별·프로그램별 원가회계시스템을 도입하여 예산편성의 합리화를 기해야 한다.

셋째, 현재 시행하고 있는 예산상의 대학활동 각각에 대해 우선순위 및 활동목적에 대한 타당성을 검토하기 위해 영기준예산제도(zero base budgeting system) 또는 영기준검토제도(zero base review system)를 적용할 필요가 있다.

② 법인예산과 학교예산의 통합

특례규칙에서는 법인회계를 중심으로 학교회계를 통합하여 예산을 편성하도록 규정하고 있다. 이렇게 함으로써 학교의 수입이 부당하게 법인으로 유출되는 것을 방지하고, 나아가서 합산재무제표 규정을 둠으로써 양 회계를 구분함으로써 발생할 수 있는 문제를 해결하려 하고 있다. 그러나 현재의 규정에는 합산재무제표에 포함되지 않고 있는 기타의 회계에 관한 부분이 누락되어 있어 학교법인의 전체적인 재정을 파악하기 어렵게 되어 있다. 사학기관의 모든 활동이 포괄되는 종합재무제표의 작성은 현재 임의적인 것이어서 이해관계자들이 접하기 곤란한 것일 뿐만 아니라 종합재무제표를 작성함에 서로 다른 회계기준이 적용되고 있는 회계단위 간에 어떤 방식으로 연결을 시킬 것인가에 대한 구체적인 기준이 아직 없어 실익이 없는 상태이다.

③ 예산원칙, 예산편성요령, 예산감사에 대한 명확한 규정의 제정

특례규칙에서는 매회계연도 개시 전 70일 전까지 법인의 이사장 및 학교의 장은 법인회계와 학교회계에 관한 예산편성요령을 제정하도록 규정하고 있다. 이와 같이 특례규칙에서는 예산편성요령을 획일적으로 규정하지 아니하고 각각의 대학과 법인에 맡긴 것은 각 대학의 자율성을 보장하기 위한 것이라고 생각할 수 있다. 그러나 현실적으로는 기본적인 예산원칙, 예산편성요령 그리고 예산감사에 대한 지침이 없으므로 인하여 대학예산 본래의 기능이 제대로 발휘되지 못하고 있으며, 예산이 일관성이 없어 낭비의 소지를 많이 보이는 등 문제점을 노출하고 있다. 따라서 세부적인 사항은 대학이나 법인의 자율에 일임하는 것이 타당하지만 예산원칙, 예산편성요령 그리고 예산감사 등에 관한 기본사항은 규정으로 제정하는 것이 바람직하다고 생각된다.

④ 기타의 문제점 및 개선방안

(1) 운영보고책임의 공시

전통적인 예산은 1년단위로 편성되고 있으며 재산보전책임 예산금액에 대한 수탁책임보고(budgetary dollar accountibility)에 초점을 맞추고 있다. 그런데 이러한 회계방식에서는 감가상각을 인정하지 않으며 비용기준보다는 지출지준을 지지하게 되므로 계획을 무시한 예산의 편성 또는 예산한도액에 대한 형식적인 준수 등으로 인하여 예산의 기능은 왜곡될 수밖에 없다.

대학이 아무리 비영리조직체이지만 유한한 자원을 효율적으로 사용해야 한다는 사회적 책임은 동등하게 적용되는 것이므로 자원의 활용에 대한 운영책임이 필수적으로 주어진다고 볼 수 있다. 따라서 이러한 운영책임을 보고할 수 있도록 발생주의에 바탕을 둔 비용기준의 적용과 원가회계시스템의 확립 그리고 활동별 프로그램별 예산의 편성이 실현되어야 한다. 이것을 운영보고서(operating statement)로서 보고하는 것이 바람직하다.

(2) 부문별 예산의 편성

예산은 전통적으로 각부문의 사업내용 등이 충분히 반영되지 못한다. 전체적인 조화를 기하기 위해 중앙예산부서에서 종합적으로 예산을 편성하는 것이 원칙이지만 부문별·활동별 내용을 예산에 포함시킬 수 있도록 하여야 한다. 부문별·활동별로 예산이 편성되지 않는 경우에는 예산금액이 실제와 일치하지 않을 가능성이 커지며, 지출통제위주의 예산편성이 이루어지므로 예산본래의 최적자원배분효과를 얻어내기 힘들다.

이러한 문제를 해결하려면 현재와 같은 항목별·형태별 예산편성방식에서 대학의 구체적 활동별·교육프로그램별로 예산이 편성되어야 한다.

이렇게 될 때, 예산의 기능은 더욱 발휘될 수 있는 것이며, 예산회계제도는 책임회계제도로까지 발전할 수 있게 된다. 대학의 규모가 커지고 활동내용이 갈수록 복잡해지고 있는 오늘날의 대학환경에 비추어 볼 때, 부문별·활동별 예산편성은 대학 경영의 효율을 더욱 높일 수 있을 것으로 전망된다.

(3) 예산차이분석의 철저한 이행

예산과 실적 간의 차이분석은 유용한 피이드백정보를 제공한다. 예산차이분석이 보다 유용하게 이루어지려면 다음과 같은 사항이 예산에 반영되어야 한다.

첫째, 수입은 원천별로, 지출은 기능별·부문별 또는 프로그램별로 비교가 이루어질 수 있도록 되어야 한다.

둘째, 월별·분기별·반년별·연도별로 수입과 지출 각각에 대해 비교가 가능하도록 하여야 한다.

셋째, 보조활동은 구분·표시하여 쉽게 알아볼 수 있도록 한다.

넷째, 금액단위는 1,000원 단위로 하여 능률을 높인다.

다섯째, 불리한 차이는 괄호 내에서로 표시하여 쉽게 알아볼 수 있도록 한다

이와 같은 예산양식을 바탕으로 산출된 차이에 대해서는 다음과 같은 관점에서 분석한다.

① 예산상의 추정금액보다 수익이 적은 경우에는 비용을 삭감할 것인가, 아니면 새로운 수익원천을 개발할 것인가, 또는 두 가지의 전략을 동시에 추구할 것인가를 결정한다.

② 예상치 못한 기부액으로 인하여 정상적인 상태에서 발생할 수 있는 수익부족액이 은폐되는 것은 아닌가를 파악한다.

③ 비용차이가 발생하고 있으나 연말에는 조정이 가능하다고 추정되는 경우 이를 합리적으로 설명할 수 있는가?

④ 비용초과의 경우에 대해 합리적인 설명이 가능한가?

⑤ 비용과소의 경우 제공한 서비스가 계획된 수준인의지 여부를 검토한다.

⑥ 동기부여와 관련하여 차이분석의 결과가 여하히 예산관련자들이 주지되고 있는지를 검토한다.

(4) 운영수지의 계산

종래의 학교법인회계는 자금회계중심으로 운영되어 왔는데, 이는 학교재정의 중심과제가 1개년 동안 조달가능한 자금의 적정한 활용이라고 보았기 때문이다. 이에 따라 학교법인 전체의 활동에 대한 수지를 나타내는 자금운용회계를 중심으로 하여 회계가 이루어지게 된 것이다. 그러나 자금운용예산의 편성서는 비록 당해 회계연도의 수입예정액과 지출예정액과의 균형이 이루어졌다고 하여도 학교법인 재정의 건전성 내지는 안전성을 보증해 준다고 볼 수는 없다는 문제점이 있다. 왜냐하면 자금수지의 균형은 차입이나 지급의 연기 또는 기부금수입 등에 의해서도 달성될 수 있기 때문이다.

이와 같이 자금수지계산만으로는 법인 전체의 영속적인 유지를 보증해 줄 수 없기 때문이 반드시 운영수지를 계산해야 한다는 결론이 도출된다. 그리고 운용수지의 균형은 예산단계에서 실현되는 것이 바람직하다. 예산단계에서 운영수입예상액이 운영지출예상액보다 적은 경우에는 지출을 삭감하거나, 활동의 축소 또는 적극적인 수익의 증대노력 등의 구체적인 계획이 예산에 반영되어야 할 것이다.

한편, 특례규칙에서는 "예산의 내용은 예산총칙과 자금운용예산으로 한다"고 되어 있어 운영수지예산을 인정하지 않고 있으나, 자체적으로라도 운영수지예산을 편성하여 학교법인 내지는 대학의 실질적인 재무적 활동능력 유무를 항상 검토해야 한다.

(5) 예산의 조기편성

예산의 조기편성을 위해서는 입학시험과 개학시기 등이 겹치지 않는 때를 택하여 예산작업이 이루어져야 한다. 업무적으로 바쁘게 되면, 예산 편성이 법정기일에 쫓기게 되며, 이에 따라 예산의 내용이 부실하여질 우려가 있다. 예산을 조기에 편성하려면, 학생등록금과 세출규모 등이 사전에 결정되어야 하며 다음과 같은 제반관련부분 또는 영역이 긴밀하게 협조하여야 한다.

1) 감독관청

① 대학등록금의 대학별 자율화를 적극지원한다.
② 등록금의 적기결정을 유도한다.
③ 학생입학 정원의 자유화 및 조기결정을 유도한다.
④ 대학회계제도, 예산제도 등을 지속적으로 보완한다.

2) 대학

① 대학구성원의 참여를 바탕으로 하여 장기발전계획을 수립한다.
② 장기계획, 단기계획 그리고 예산과의 연계가 가능하도록 하는 장·단기목표, 프로그램별·활동별 목표 등을 명확히 한다.
③ 예산관련자에 대한 교육을 통하여 조직에 기여할 수 있도록 한다.
④ 예·결산을 공개한다.
⑤ 예산감사를 통하여 예산기능이 제대로 이루어지도록 한다.
⑥ 공정한 등록금산정을 위한 원가회계시스템을 구축한다.

3) 예산담당부서

① 예산과목별로 부서 간의 책임한계가 명확하도록 편성한다.
② 대학의 주요활동과 기본방침이 예산요구부서에 분명히 전달되도록 한다.
③ 예산요구부서에는 요구에 따른 권한과 책임을 분명히 한다. 즉, 자율

권과 재량권을 인정한다.

④ 예산의 편성이 관련자의 참여를 바탕으로 하여 이루어짐으로써 동기 부여의 효과를 얻을 수 있도록 한다.

4) 예산요구부서

① 예산편성지침을 준수한다.

② 대학의 목적을 분명하게 인식하는 가운데 각 부서 간의 활동이 조화를 이룰 수 있도록 노력한다.

③ 예산의 요구는 합리적인 원가에 바탕을 두어 이루어지도록 한다.

④ 자기 부서의 성과만을 생각하지 말고, 조직 전체의 효율성이 높아질 수 있는 방향에서 예산을 요구한다.

5) 추가경정예산(追加更正豫算)의 명시(明示)

현재의 관련법규는 추가경정예산에 대하여 명백하게 규정하고 있지 않아 예산의 본래의 기능을 저해하는 하나의 요인이 되고 있다. 즉, 예산의 편성과는 관계없이 일단 형편에 맞추어 예산을 집행하고 나중에 가서 추가경정예산을 편성하여 합리화만 시키면 된다는 편법적인 사고방식이 적용될 수 있는 소지가 있기 때문이다. 이러한 모순을 없애기 위해서는 추가경정예산에 대하여 구체적으로 그 편성절차, 제약, 한계 등을 명시하여야 할 것이다.

6) 예산편성을 위한 자료의 수집

① 전년도 예산에 대한 의견 : 각종 전년도 예산관련 피드백정보의 수집(편성과정에 대한 의견, 집행과정에서의 건의 사항, 기타)

② 학년별 등록추세표 : 등록률, 자퇴률, 휴학률 등(과거 5년 및 향후 3년에 대한 추계)-등록금수입추계표 작성

③ 교수, 직원 및 기성회직원에 대한 직급별 현황 및 인건비 명세 : 정년퇴직, 신규채용 등 반영-(연구비를 포함하여 직급별·직종별로

구분하여 예산전전년도, 예산전년도 및 예산연도 이후의 3년간 추계
액 작성)

④ 예산의 대학별 배분기준

⑤ 장기발전계획의 계량화 및 장기계획 중 예산연도에 반영되어야 할
사항

⑥ 당해 연도에 확정된 각종의 대학정책

⑦ 전년도 및 당해 연도 예산 중 예산연도로 이월예상액

⑧ 대학설립취지, 대학에 대한 지역사회의 요구, 총장공약사항 ,총장의
신년사에서 표명된 사항 등으로서 예산에 반영되어야 할 사항

⑨ 예산편성과정의 제도화 및 예산편성시점을 앞당기기 위한 예산일정
의 확정

⑩ 대학별 교육원가, 전공별 교육원가

⑪ 시설현황 재고기록 및 수요추정표

⑫ 예산의 합리적 편성을 위한 내적 및 외적인 환경에 대한 가정개발

⑬ 전년도 예산에 대한 분석

⑭ 예산의 컴퓨터프로그램 이용방안

⑮ 학과단위 예산집행방안

⑯ 교비, 기성회비 통합예산편성방안

⑰ 과거의 예산 및 결산내용의 기능별 비교분석자료

제 **17** 장

대학예산의 통합정보화

|제1절| 예산통합정보화의 개념

대학예산은 대부분 접근가능한 소수의 의사결정을 바탕으로 수작업(手作業)에 의해 편성되어 왔다. 이로 인해 예산(안)의 작성에서 예산조정 및 예산승인에 이르기까지, 또 승인된 예산을 바탕으로 실행예산을 편성하고 이를 인쇄하여 배포하기까지 많은 노력과 시간이 소요되고 많은 비용이 들어야 했다. 또한 수작업은 예산의 분기별 자금배정, 월별 평균보유자금 또는 당월 운용자금부족액 등의 산정이 어렵고, 사업별로 예산대비실적, 예산의 항목별 구성내용 파악, 전년대비 예산규모비교, 결산서의 작성 등에 많은 원가가 소모될 뿐만 아니라, 예산정보의 적시성과 정확성이 상대적으로 뒤떨어질 수밖에 없다. 예산은 대학 경영정보 중에서 가장 중요한 성격의 정보임에도 불구하고 의사결정정보화하지 못한 상태인 것이다.

예산의 통합정보화작업은 위와 같은 문제점을 해결할 수 있는 가장 핵심적인 방법이다. 예산을 인터넷상에서 처리할 수 있고, 대학의 모든 활동정보와 통합되는 정보화가 이루어진다면 예산편성작업 및 예산 정보의 이용에 관련된 모든 과정이 신속·정확하게 이루어질 수 있다. 물론 대학예산은 항목이 지나치게 다양하고 투입과 산출 간의 인과관계가 성립되지 않으며, 항목의 내용 자체도 매년 변경될 가능성이 많을 뿐만 아니라, 외부로 공개하기를 꺼리는 풍토 등으로 인하여 대학의 다른 어떤 활동보다도 정보화가 어렵다는 한계를 지니고 있다. 특히 정보의 공개로부터 얻을 수 있는 이익보다는 조직정보의 외부유출에 따른 손실이 더 크다고 생각하는 풍토가 가장 큰 문제가 된다고 볼 수 있다.

그러나 대학재정문제 해결의 걸림돌이 되고 있는 대학당국에 대한 불신의 해소를 도모하기 위해서는 다른 어느 분야보다도 예산과정을 민주적인 절차로 수행하고 예·결산의 공개 및 예산을 정보화하는 작업이 선행되어야 할 것이다. 예산절차의 민주화와 정보화에 의해 얻을 수 있는 효익은 투입되는 비용보다도 클 것으로 예상된다. 그리고 이 방향은 대학경영에 발전적·미래지향적인 대학상을 정립하는 데 부합되는 것으로 볼 수 있다.

학생등록금수입이나 전입기부금수입, 국고보조금수입, 교육부대수입, 교육외수입 등 각종 자금수입정보와 함께 이렇게 조달된 자원의 효율적인 배분에 관한 정보는 대학경영의 핵심적인 사항이다. 그런데 정보화가 되어 있는 대학이라 할지라도 예산만은 통합정보시스템에 포함시키지 않고 있다. 그 이유는 예산정보가 외부에 공시되었을 때 생길 수 있는 부정적인 면을 지나치게 의식한 결과로 풀이된다. 그러나 합리적·효율적인 대학경영, 즉 한정된 자원의 적정한 배분에 관한 경영의사결정을 위해서는 예산에 관련된 제반정보가 적시에 경영정보로서 활용될 수 있어야 한다.

대학예산을 통합정보화하기 위해서는 기본적으로 다음과 같은 전제가 해결되어야 한다.

① 대학예산이 민주적인 절차, 즉 대학구성원의 합의를 토대로 하여 편성될 수 있는 풍토가 조성되어야 한다. 즉, 각 대학의 민주적 수준이 첫째의 관건이 된다.

② 대학 예·결산의 공개가 대학과 법인에 대한 학생들 내지는 구성원의 불신을 없애는 데 첩경이라는 것에 합의하여야 한다.

③ 대학경영에 대해 최종적인 책임을 지고 있는 이사장과 총장이 예산의 공개 및 정보화에 대해 굳은 의지를 가지고 있어야 한다.

④ 예산을 포함한 통합정보화 콘텐츠 개발을 위해서는 충분한 시간을 두고 당해 대학의 상황을 최대한 반영할 수 있도록 구축되어야 한다.

⑤ 예산정보화가 실질적으로 수행되기 위해서는 예산의 편성작업이 적어도 학기 개시 전 수 개월 전에 시작되어야 한다. 이렇게 될 때, 신학기가 개강하면 바로 실행예산이 집행될 수 있게 된다.

⑥ 계획수립 및 예산편성작업에 대해 구체적으로 합의된 규정이 마련되어야 한다.

⑦ 예산항목의 변경을 최소화해야 한다.

⑧ 사립대학교에서는 학교법인과 대학의 통합예산시스템이 적용되어야 한다.

⑨ 대학의 모든 자원에 대한 통합예산성격이 되어야 한다.
　(例 국립대학교 국비예산과 기성회비예산의 통합)

⑩ 예산실무작업을 담당하는 직원과의 의사소통이 원활하여야 하며 적극적인 상호협조가 있어야 한다.

⑪ 대학회계 및 예산에 대한 전문가를 확보하여야 한다.

|제2절| 통합예산정보시스템의 기대효과

정보화시대를 맞이하여 예산정보를 의사결정정보화하는 작업은 어떤 작업보다도 중요하다고 할 수 있다. 각 대학이 최우선과제로 추진하고 있는 통합정보화작업에 예산, 회계시스템은 모든 대학활동의 기본이 되는 부분이므로 이 시스템이 제대로 구축되어야 여타 구매관리, 자산관리, 현금관리, 학사관리, 연구관리, 인사관리 등도 합리성과 효율성을 높일 수 있게 된다. 통합예산정보시스템이 구축된다면 지금까지 가장 중요한 정보임에도 불구하고 실질적인 의사결정정보로 활용되지 못하고 있는 예산, 회계관련정보가 적시에 의사결정정보로 제공되는 것이 가능하게 된다. 또한, 대학의 교육연구 등 발전을 위한 자원으로 공통적으로 사용되고 있음에도 불구하고 재원별·사업별로 구분되어 있는 대학총자원을 통합함으로써 예산의 비효율성 내지는 중복편성가능성이라는 현재의 문제 발생소지를 없애면서 사업별·기관별·예산기능별 통합정보를 얻어낼 수 있게 된다.

그리고 지금까지 수작업으로 이루어지던 예산편성 및 집행, 보고서 작성 등이 전산화됨으로써 예산관련정보에 대해 원하는 정보를 원하는 때에 제공할 수 있게 될 것이다. 그리고 예산회계관련 제반 분야, 즉 구매관리시스템, 자산관리시스템 등도 본 통합예산시스템과 연계됨으로써 보다 합리적이고 유용한 정보를 제공할 수 있게 된다. 또한, 의사결정에 직접 도움이 되는 경영진단관계정보, 각종 원가정보를 제공함으로써 대학경영의 정보화전략을 확실하게 실현시킬 수 있을 것으로 기대된다.

이러한 효과를 정리하면 다음과 같다.

① 기관별·회계별로 다음과 같은 통합정보를 제공하게 된다.

   ㉠ 기관별(예산단위별, 분임관서별 : 예산편성과 집행의 중심점별)·재원별·항목별 예산정보(전년도 예산총액, 당년도 예산총액, 예

산배정액, 예산집행액, 예산잔액, 차이정보, 지출원인행위 등)

ⓛ 사업별(교육사업, 연구사업, 지원사업 등)·재원별·항목별 예산
정보(전년도 예산총액, 당년도 예산총액, 예산배정액, 예산집행액,
예산잔액, 지출원인행위 등)

② 수작업으로 처리되고 있는 예산요구서의 작성, 예산배정, 예산집행
결과보고, 결산, 예산서 및 결산서의 작성 등이 컴퓨터로 출력된다.

③ 재원별·사업별·기관별로 예산정보를 통합함으로써 예산의 중복편
성을 방지할 수 있도록 한다.

④ 수작업으로 이루어지고 있는 예산안작성, 예산조정, 예산서작성 등
을 전산화함으로써 부정과 오류의 소지를 없애고, 적시에 정확하고
필요한 정보를 적절하게 제공한다.

⑤ 예산관련업무를 일괄적(non-stop)으로 처리하며 실시간(real time)정보
를 제공할 수 있다.

⑥ 예산관련정보를 정확성·효율성·적시성·투명성 있게 제공함으로
써 대학총자원의 효율적 배분을 도모할 수 있다.

⑦ 경영진단 관련정보, 기타 의사결정 관련 정보 시스템을 구축할 수
있다.

⑧ 적시에 예산을 통제하며 예산단위별 책임경영을 강화할 수 있다.

⑨ 행정비용을 절감하고 처리속도를 증가시킴으로써 대학원가절감을
기할 수 있다.

|제3절| 시스템의 설계

1 시스템의 내용

① 전산프로그램은 사립대학의 경우 사학기관의 재무회계에 관한 특례 규칙상의 규정을, 국립대학에서는 국고 및 비국고회계관리규정을 토대로 하여 작성한다.

② 수입은 이를 다시 수입원별(등록금수입, 전입기부금수입, 국고보조금 수입, 교육부대수입, 교육외수입, 기타 수입 및 수입대체경비 등)로 구분하여 입력하도록 하고 수입원별로 자동집계되도록 한다.

③ 지출은 대학의 예산단위(각 기관)별·사업별·항목별로 구성한다. 예산단위의 설정은 각 대학의 여건에 따라 서로 달라질 수 있다. 예를 들어 교무처, 학생처, 사무국, 대학원, 경영대학원, 교육대학원, 행정대학원, 보건대학원, 산업대학원, 문과대학, 자연대학, 경상대학, 공과대학, 농과대학, 법과대학, 약학대학, 의과대학, 가정대학, 예술대학, 사회과학대학, 도서관, 박물관, 전자계산소, 보건진료소, 학생생활연구소, 어학연구소, 신문사, 방송국, 체육부, 기타 연구소 등을 예산단위로 설정할 수 있다.

④ 항목별이란 인건비, 관리운영비, 연구·학생경비, 교육외비용, 전출금, 예비비 등과 같이 구분하는 것을 뜻한다. 그리고 각 예산항목은 다시 세부항목별(예 : 인건비에 대해서는 교원인건비, 직원인건비 등)로 구분되며, 이들은 자동으로 세부항목별·대항목별로 누계가 산출될 수 있도록 한다.

⑤ 사업별이란 각 예산단위별 목적수행을 위한 사업활동별로 예산을 구분하는 것을 뜻한다. 즉, 예산단위의 경상적 유지활동, 특수사업 활동 등으로 구분할 수 있다.

⑥ 기관별로 입력된 지출예산들은 각각 대학 총지출예산의 부속예산을 구성하며 이들은 자동적으로 기관별·항목별·사업별로 집계되어 최종적으로는 하나의 총괄표로서 산출되도록 한다.

⑦ 예산총괄표에 집계된 학교의 총예산은 막대그래프 및 파이그래프를 통하여 항목별·기관별로 관련예산금액 및 구성비를 그림으로 나타낼 수 있도록 한다.

⑧ 자금의 분기별·기관별 자금배정을 위하여 분기별 자금배정처리 프로그램을 첨부하고, 프로그램에서는 분기별·기관별 자금기배정액, 금차배정액 그리고 배정잔액을 표시한다. 또한 예산배정액 대비 실제의 결과에 대한 차이가 산정될 수 있도록 하며, 실제의 현금 정보를 입력하면 대학의 총현금시재액이 표시될 수 있도록 함으로써 대학자금의 수익적 및 합리적인 운영을 기하도록 한다.

⑨ 이상의 모든 내용은 이용자의 필요에 따라 기관별·예산항목별·특정 예산과목별·특정사업별 등으로 출력시킬 수 있도록 한다.

⑩ 새로운 예산항목의 추가 또는 예산항목의 명칭변경이 있는 경우 손쉽게 기존 모 프로그램을 수정하여 사용할 수 있도록 한다.

⑪ 전문가가 아니어도 입력할 수 있도록 입력방법이 쉬어야 한다. 즉, 전부를 메뉴방식으로 프로그램화한다.

⑫ 예산 전항목에 대해 일련번호를 부여하고 이를 코딩한다. 예를 들면, 세입과 세출 각각에 대해 1차로 구분하고 각 부문에서 일련번호를 부여하되 각 기관에 들어 있는 동일한 항목에 대해서는 특례규칙상의 코드하부번호(sub-number)에 의해 코딩한다.

⑬ 입력을 여러 장소에서 다수인이 동시에 할 수 있도록 인터넷 웹을 활용할 수 있도록 개발한다. 즉, 각 예산단위에서(각 기관) 직접 인터넷으로 제출하면 이를 예산기관에서 바로 총예산프로그램에 통합할 수 있게 하여야 한다. 예산편성과정에서는 일정의 촉박으로 인하여 많은 제약을 받는 것이 일반적이기 때문에 신속하게 입력할 수 있도

록 하는 것이 필요하다.

② 시스템의 구축

통합예산시스템은 입·출력을 고려한 코드체계를 바탕으로 구축된다. 이 시스템에는 교비회계나 기성회회계는 물론 기숙사회계, 소비조합회계, 각종 장학·학술재단회계, 분교회계 등이 모두 포함된다. 국립대학의 경우에는 정부회계가 아직 복식부기체제가 아니며, 기존의 재정경제부 중심의 살리미 프로그램(일반회계)이 활용되고 있으므로 살리미 프로그램과 통합가능한 예산시스템이 구축되어야 할 것이다. 그러나 사립대학의 경우에는 사학기관의 재무회계에 관한 특례규칙이 제정되어 있으므로 이에 근거하여 예산시스템을 구축하면 된다. 또한, 사학기관의 통합예산시스템은 한국사학진흥재단의 결산보고서 집계시스템과 호환성이 있어야 할 것이다. 따라서 통합예산정보시스템은 다음과 같은 내용으로 구축된다.

① 대학의 총자원(교비, 국비, 기성회비, 기타 재원)을 통합한 기관별·항목별·사업별 예산관련 정보를 제공하는 시스템의 구축

② 경영진단 및 기타 의사결정 관련 원가정보를 제공할 수 있는 시스템의 구축

③ 이상의 정보시스템에 수반되는 예산항목의 코드체계 구축 및 보고서 양식설계

④ 모든 대학활동과 연계되는 통합예산시스템의 구축

|제4절| 코딩 및 양식의 설계

① 통합예산정보시스템에 포함되어야 할 의사결정정보

① 기관별(예산단위별 : 예산편성과 집행의 중심점별) · 재원별 · 항목별 예산정보(전년도 예산총액, 당년도 예산총액, 예산배정액, 예산집행액, 예산잔액, 차이정보 등)

② 사업별(교육사업, 연구사업, 지원사업, 부대사업, 기타 사업 등) · 재원별 · 항목별 예산정보(전년도 예산총액, 당년도 예산총액, 예산배정액, 예산집행액, 예산잔액 등)

③ 당초 및 추경예산정보 제공

④ 예산단위별 세출예산요구서 작성 및 예산요구통합정보
   ㉠ 기관별 운영예산신청서 : 재원별 · 기능별 · 항목별 예산신청서
   ㉡ 기관별 사업예산신청서 : 재원별 · 사업별 · 항목별 예산신청서

⑤ 교육원가산정을 위한 기본정보의 출력 : 대학별 학생 1인당 교수인건비 부담액, 대학별 학생 1인당 대학운영원가부담액 등

⑥ 각종 경영진단관련 지표 정보

② 통합예산통제시스템의 설계방향

① 사학기관의 경우에는 사학기관의 재무회계에 관한 특례규칙을 기초로, 국립대학의 경우에는 일반회계 및 비국고회계관리규정을 토대로 작성한다.

② 각 대학의 예산단위(단과대학, 학부, 학과, 부속기관 등)를 예산통제중심점으로 하되, 현재 개발되어 운영되고 있는 시스템과 통합을 이

룰 수 있도록 작성한다. 국립대학의 경우에는 재정경제부의 살리미 프로그램에서 활용한 분류법 및 계정과목별 코드 등과의 호환성을 목표로 개발한다.

③ 예산단위는 대학, 학부, 학과, 단위기관까지로 한다.

④ 예산단위수준의 원가정보 및 각종 경영지표의 생산이 가능하도록 한다. 그리고 전년도와의 비교가 가능하도록 설계한다.

⑤ 필요한 때에는 기타 회계도 통합하도록 한다. 기타회계는 비제도회계로서 기숙사회계, 소비조합회계, 각종 학술장학재단회계, 발전기금회계, BK21국책사업관련회계 등을 말한다.

⑥ 기타 : 다음과 같은 사항이 통합예산정보시스템에 반영되어야 할 것이다.

　㉠ 각종 예산관련정보의 최대한 공유도모

　㉡ 저비용에 의한 시스템운영

　㉢ 회계나 예산에 대한 기초지식만으로도 활용이 가능한 시스템(메뉴방식)

　㉣ 각종 데이터베이스와 연계되는 시스템 : 교학, 구매, 관리, 기타 대학의 모든 하부정보시스템과 연결

　㉤ 부서별 예산처리

　㉥ 각종 외부보고서도 출력

　㉦ 예산집행의 적시성, 예산관련정보의 적시제시 : 원인행위부터 수표발급까지 걸리는 기간, 예산상의 시기로부터 초과 또는 미달되었는지 여부

③ 예산코드체계 구축

(1) 예산구조

1) 예산의 기본구조
① 재원별 세입예산 총계=항목별 세입예산총계=기관별 세출예산총계
   =항목별 세출예산총계=재원별 세출예산총계=사업별 세출예산총계
② 재원별 세입예산총계=재원별 세출예산총계
③ 항목별 세입예산총계=항목별 세출예산총계

2) 현행 예산항목의 구조
① 세입 : 등록금수입, 전입금·기부금수입·국고보조금수입, 교육부대
   사업수입, 교육외 사업수입, 기타 수입
② 세출 : 기관별 세출예산 총계=재원별 세출예산총계=예산단위별 세
   출예산총계(교비+기성회비회계)+기타회계 세출예산총계=항목별 세
   출예산총계
   ㉠ 기관별
   ㉡ 재원별·항목별 : 특례규칙상의 자금운영계산서 참조

(2) 코드체계 구축

1) 재원별 코드부여

2) 항목별 통합코드부여

3) 주요 목적별 코드부여

4) 기관별 통합코드부여

5) 사업별 통합코드부여

① 기관별－사업별－재원별－항목별로 부여한다.

② 기관별 코드는 위에서 규정한 기관코드를 활용한다.

　＊ 기관분류지정을 하게 되면 본부단위사업, 대학단위사업, 기타 기
　　관단위사업으로도 구분이 가능하게 된다.

③ 사업코드부여 : 예시

　㉠ 회계별 사업예산에 해당되는 것은 소정의 코드(기호 또는 숫자)
　　를 부여하여 사업예산임을 인식하도록 한다.

　㉡ 사업예산(신청 시도 동일)은 그것이 신규사업인지, 계속사업인지
　　여부와 기관 단독사업인지 타기관과의 공동사업인지 여부, 일반회
　　계사업인지 특별회계사업인지 또는 두 회계에 걸친 사업인지가 표
　　시될 필요가 있다. 따라서 사업예산은 신규사업, 계속사업, 기관단
　　독사업, 기관공동사업, 일반회계, 특별회계, 일반회계와 특별회계
　　의 합동사업 등으로 구분하여 코딩한다.

　㉢ 사업예산은 다시 6구분으로 나누어 코딩한다. 사업별 구분코드는
　　교육사업, 연구사업, 지원사업, 교육부대사업, 사회봉사사업, 기타
　　사업으로 한다.

　　ⅰ) 교육사업 : 직접 교육활동(강의)과 관련되는 사업
　　　(예 : 교책사업 운영, 특수대학원 강의지원)

　　ⅱ) 연구사업 : 직접 연구활동에 관련되는 사업
　　　(예 : 연구소육성(기획실), 논문발간사업(기획실), 학내연구비사
　　　업, 학외연구비사업, 연구업적집 발간사업)

　　ⅲ) 지원사업 : 교육과 연구활동을 지원하는 사업
　　　(예 : 교원공채사업, 정보화사업, 국제교류사업, 홍보사업, 우수
　　　고교초청사업, 장학사업, 각종 졸업작품발표회, 신입생오리엔테
　　　이션, 대학입시사업)

iv) 교육부대사업 : 교육연구활동에 부대해서 전개하는 사업

　　(예 : 영어청취력경시대회, 발굴사업, 임해수련원운영, 전국수
　　학경시대회, 수익대체사업, 방송언론사업, 기숙사사업, 소비조합
　　사업)

v) 사회봉사사업 : 사회봉사에 관련되는 대학차원의 사업

vi) 기타 사업 : 어떤 사업에도 소속시키기 어려운 사업

④ 사업구분코드 다음에는 각 기관에서 예산신청시 사용한 사업 일련번
호를 그대로 활용한다.

　　따라서 예산코드는 기본적으로 항목별 코드가 바탕이 되며, 재원구
분코드(일반회계, 특별회계), 기관구분코드, 목적별 코드가 부여된다.
그리고 사업에 대해서는 사업인식코드－신규계속여부－기관단독, 공
동여부－일반회계, 특별회계 단독 또는 합동사업 여부－사업예산신
청 일련번호로 부여된다.

④ 각종 경영진단지표 생산 및 보고서양식 설계

(1) 경영진단관련지표의 생산

① 산출할 정보의 내용 및 공식 : 〈표 17－1〉

② 재원별 및 재원 전체를 대상으로 하여 예산 및 결산수치 각각에 대
해 각 지표를 생산하고 파이차트 및 추세그래프를 작성한다.

③ 결산결과에 대한 분석표의 작성 및 분석

　　㉠ 각종 경영지표의 작성 및 전년도와 비교

　　㉡ 각종 경영지표의 전국평균, 집단별 평균치와 비교

구분	분류	지표별	평가	산출공식
대학	등록금비율	운영수입등록금구성비율		등록금/운영수입×100
	학생 1인당	등록금	▽	수납등록금/등록학생수¹⁾
		국비(수업료 및 입학금)	▲	수업료등국비수납액/등록학생수
		기성회비납부액	▲	기성회비수납액/등록학생수
		국비	▲	국비총액/등록학생수
		기성회비	▲	기성회비총액/등록학생수
		내부장학금	▲	내부장학금/등록학생수
		외부장학금	▲	외부장학금/등록학생수
		근로장학금	▲	근로장학금/등록학생수
		대여장학금	▲	대여장학금/등록학생수
		총장학금	▲	총장학금/등록학생수
		도서구입비	▲	도서구입비/등록학생수
		인건비부담액	▽	인건비총액/등록금총수납액
		전임교원인건비	▽	전임교원인건비²⁾/등록금총수납액
		교원총인건비	▽	교원총인건비(비전임포함)/등록금총수납액
		관서운영비부담액	▽	관서운영비총액/등록금총수납액
		기부금	▲	총기부금/등록금총수납액
		직원인건비	▽	직원인건비/등록금총수납액
	대학별	운영원가	-	대학별운영비총액³⁾/대학별등록금수납액
		학생 1인당공헌액	▲	1인당대학별평균등록금-1인당강의직접비⁴⁾
		재정기여도(%)	▲	대학별총납부금/대학교총납부금
		교수인건비	-	대학별전임교원인건비/대학별등록금수납액
		1학점당 전임교원인건비	-	대학별전임교원인건비/대학별설강학점수
	1학점당	평균교원인건비	-	교원총인건비/설강총학점수
	전임교원 1인당	인건비	-	인건비(시간강사제외)/전임교원수
		연구비(내부연구비)	-	내부연구비/전임교원수
		연구비(외부연구비)	-	외부연구비/전임교원수
		총연구비(대학별)	-	총연구비/전임교원수
		비전임교수(대학별)④	▽	비전임교수수⁵⁾/전임교원수
	시간강사 1인당	시간강사보수	-	시간강사보수/시간강사수
	직원 1인당금액	보수	-	직원보수/직원수
국가	국가지원정도	국비의 대학재정기여도	▲	(국비수입/총수익)×100
경영	경영수지내용	등록금비율	▽	등록금/운영수익×100
		인건비비율	▽	인건비/운영수익×100
		기부금비율	▲	기부금/운영수익×100
		관서운영비비율	▽	관서운영비/총비용⁶⁾×100
		인건비의존율	▽	보수=인건비)/학생등록금×100

주 : 1) 학생수는 (1학기등록생수+2학기등록생수)/2, 1학기 5.1 2학기 11.1기준
    2) 전임교직원수는 급여가 지급되는 평균교직원수=1, 2학기 교직원수합계/2
    3) 대학별운영비는 대학별 직원 및 조교인건비+학장, 학과장 및 보직자 수당+판공비등 +관서운영비+대학건물, 시설의 감가상각비+대학별 사업비 등
    4) 대학별 1인당 강의직접비는 1인당 전임교수인건비 부담액+1인당 실험실습비+1인당 대학운영비
    5) 비전임교수는 시간강사, 겸임교수, 명예교수, 6) 총비용은 대학이 집행한 제반 현금지출액+감가상각비(비현금지출액)+기본금대체액, 총수익은 당기 운영수익+기타의 수익, ▽는 낮을수록 좋은 지표, ▲는 높을수록 좋은 지표임.

(2) 사용양식의 종류

각종 보고서양식은 의사결정에 유용성, 이해용이성, 간결성 및 대학의 특성 등을 바탕으로 설계한다.

1) 재원별·항목별 예산서 및 결산보고서

2) 기관별 재원별 항목별 예산서 및 결산보고서

3) 사업예산서 및 결산서
  ① 기관별·재원별·항목별 사업예산서 및 결산서
  ② 단위기관별·재원별 항목별 사업예산서 및 결산서
  ③ 단위기관의 개별사업별 예산서 및 결산서

4) 항목별·사업별 예산 및 결산차이분석보고서

5) 기타의 보고서
  * 예산신청서는 예산서의 양식을 활용하여 작성하며, 예산대비 실적 보고서는 세출결산서를 활용한다. 따라서 월별 예산대비 실적보고 서는 월별 세출결산서로 가름된다.

현재 예산을 제외한 기타의 행정서비스만을 중심으로 설계된 통합정 보시스템으로서는 제대로 된 의사결정정보를 제공하지 못한다. 예산은 실질적으로 가장 중요한 대학정보에 속한다. 예산관련정보가 의사결정 정보로서 지원되지 못하는 통합정보시스템이란 불완전한 것이며, 구성원 간 상호신뢰를 바탕으로 한 공감대의 조성에 기여하지 못한다. 이른바 상생경영(相生經營)을 위해서는 가장 핵심적인 경영정보이며 불신의 핵 심원인이 되고 있는 예·결산관련정보를 공유할 수 있는 시스템의 구축 은 오늘날 우리 나라 대학실정에 비추어 볼 때 가장 절실한 과제라 할 수 있다. 이러한 정보가 제공됨으로써 예산정보가 통합되어 중복편성을

막고 적시 · 적정한 정보를 기관별 · 항목별 · 사업별로 제공할 수 있게
될 것이다. 또한, 대학원가정보 및 경영진단관련 정보가 함께 제공됨으로
써 대학의 실상에 대한 보다 정확한 정보를 파악할 수 있게 될 것으로
기대할 수 있다.

부록 1

사학기관 재무·회계규칙에 대한 특례규칙

◆ 관련1마 1-0132·33·51, 1마 1-06
◆ 1981. 2. 28 문교부령 제 489호,
◆ 전면개정 1996. 2. 29. 교육부령 제 679호
◆ 1차개정 1999.1.29. 교육부령 제735호

제1장 총 칙

제1조(목적)

　이 규칙은 제2조의 규정에 의한 사립학교 및 이를 설치·경영하는 학교법인의 특성에 맞는 예산·회계 및 결산에 관한 사항을 정하기 위하여 사학기관재무·회계규칙에 대한 특례를 규정함을 목적으로 한다.

제2조(적용범위)

① 이 규칙은 사립의 대학·산업대학·전문대학 및 이에 준하는 각종 학교(이하 "학교"라 한다)와 이를 설치·경영하는 학교법인 (이하 "법인" 이라 한다)에 적용한다.

② 학교의 교비회계(이하 "학교회계"라 한다)와 법인의 일반업무회계 (이하 "법인회계"라 한다)에 관하여 이 규칙에 규정한 것을 제외하고는 사학기관 재무·회계규칙을 적용한다.

③ 학교의 부속병원회계는 일반적으로 인정되는 의료법인의 병원회계 에 준하여 계리하고, 법인의 수익사업회계는 일반적으로 인정되는 기업 회계에 준하여 계리한다.

제3조(정의)

이 규칙에서 사용하는 용어의 정의는 다음과 같다.

1. "자금"이라 함은 현금·예금·수표 및 우편환 등을 말한다.

2. "대차대조표기준일"이라 함은 일정시점의 재무상태를 파악하기 위한 기준일을 말한다. 이 경우 대차대조표에서 기준일을 따로 정한 때를 제외하고는 회계연도의 말일을 말한다.

3. "전기 말"이라 함은 당해 회계연도의 말일을 말한다.

4. "기말"이라 함은 당해 회계연도의 말일을 말한다.

5. "자금수입"이라 함은 자금의 증가를 말한다.

6. "자금지출"이라 함은 자금의 감소를 말한다.

7. "운영수익"이라 함은 자산의 감소나 부채의 증가를 수반하지 아니하는 자산의 증가를 말한다.

8. "운영비용"이라 함은 자산의 증가나 부채의 감소를 수반하지 아니하는 자산의 감소를 말한다.

9. "자금예산"이라 함은 1회계연도의 모든 자금수입의 원천과 모든 자금지출의 용도를 명시한 자금수지예정계산서를 말한다.

10. "기본금"이라 함은 총자산에서 총부채를 뺀 순자산으로서 법인 및

학교에 계속적으로 투입·운용되는 기본적 자산의 가액을 말한다.

11. "적립금"이라 함은 재평가적립금 등 특정한 경영목적을 달성하기 위하여 예치하는 자금으로서 기금 등에 대응하는 적립액을 말한다.

제 2 장 예 산

제4조(예산편성요령)

① 법인의 이사장(이하 "이사장"이라 한다) 학교의 장은 매 회계연도 개시 2월 전까지 각각 법인회계 및 학교회계의 예산편성요령을 정하여야 한다.

② 교육부 장관은 법인회계 및 학교회계의 예산편성에 관하여 특히 필요한 사항이 있는 경우에는 당해 회계연도 개시 70일 전까지 그 사항을 통보하여야 한다. 이사장 및 학교의 장은 전년도 추정결산 등의 합리적 자료를 기초로 하여 예산을 편성하여야 한다.

제5조(예산총계주의)

수입예산 및 지출예산은 모두 예산에 포함시켜야 하며 수입예산과 지출예산을 상계하거나 그 일부를 예산에서 제외하여서는 아니된다.

제6조(예산의 확정 및 제출)

① 이사장은 법인회계의 예산안을 편성하여 매 회계연도 개시 50일 전까지 이사회에 제출하여야 하고, 이사회는 매 회계연도 개시 40일 전까지 이를 심의·확정하여야 한다.

② 이사장은 매 회계연도 개시 35일 전까지 학교전출금 등 학교회계에 관계되는 예산내역을 학교의 장에게 통지하여야 한다.

③ 학교의 장은 학교회계의 예산안을 편성하여 매 회계연도 개시 30일 전까지 이사회에 제출하여야 하고, 이사회는 매 회계연도 개시 20일 전

까지 이를 심의·확정하여야 한다.

④ 이사장 또는 학교의 장은 제1항 및 제3항의 규정에 의하여 심의·확정된 법인회계 및 학교회계의 예산을 공개하여야 한다. 이 경우 공개의 범위 및 방법은 교육부장관이 정한다.

⑤ 이사장은 매 회계연도 개시 5일 이전까지 확정된 법인회계 및 학교회계의 예산을 교육부 장관에게 제출하여야 한다.

제7조(준예산)

① 이사장은 회계연도 개시 전까지 법인회계 및 학교회계의 예산이 확정되지 아니한 때에는 그 사유를 관할청에 보고하고, 법인회계의 예산은 이사장이, 학교회계의 예산은 학교의 장이 예산이 성립될 때까지 다음 각 호의 경비를 전년도 예산에 준하여 집행할 수 있다.

1. 교원 및 직원의 보수
2. 학교시설의 유지 관리비
3. 법령에 의하여 지급의무가 있는 경비
4. 기타 학교교육에 직접 사용되는 필수적 경비

② 제1항의 규정에 의하여 집행된 예산은 당해 연도의 예산이 확정되면 그 확정된 예산에 의하여 집행된 것으로 본다.

제8조(추가경정예산)

① 이사장 및 학교의 장은 예산이 확정된 후에 발생한 사유로 인하여 이미 확정된 예산의 변경이 필요한 경우에는 추가경정예산을 편성하여 이사회에 제출할 수 있다.

② 이사장은 법인회계 또는 학교회계의 추가경정예산이 확정된 날부터 7일 이내에 이를 교육부 장관에게 제출하여야 한다.

제9조(예산의 내용)

① 예산의 내용은 예산총칙과 자금예산으로 한다.

② 예산총칙에는 다음 각 호의 사항을 명시하여야 한다.

1. 자금예산의 규모

2. 예산편성의 기본방침

3. 주요사업계획의 개요

4. 장기차입금의 한도액

5. 일시차입금의 한도액

6. 기타 예산집행에 관하여 필요한 사항

③ 자금예산은 별지 제1호서식의 자금예산서(추가경정자금예산의 경우에는 별지 제2호서식의 추가경정자금예산서)에 의하여 자성하되 제10조 제1항 제2호 및 동조 제2항 제3호의 규정에 의한 예산부속명세서에 의하여 목별 계산의 기초를 명백히 하여야 한다.

제10조(예산의 부속서류)

① 법인회계의 예산부속서류는 다음 각 호와 같다.

1. 이사회회의록 사본

2. 예산부속명세서

　가. 별지 제 1의 1호서식에 의한 전기말추정미수금명세서

　나. 별지 제 1의 2호서식에 의한 전기말추정차입금명세서

　다. 기타 예산목별 명세서

② 학교회계의 예산부속서류는 다음 각 호와 같다.

1. 이사회회의록 및 예산·결산자문위원회회의록 사본

2. 별지 제 1의 3호서식에 의한 학년별·학과별 학생수명세서

3. 예산부속명세서

　가. 별지 제 1의 1호서식에 의한 전기말추정미수금명세서

　나. 별지 제 1의 4호서식에 의한 등록금명세서

　다. 별지 제 1의 5호서식에 의한 인건비명세서

　라. 기타 예산목별 명세서

제12조(예산집행의 내부통제)

이사장 및 학교의 장은 예산을 편성하는 자와 집행하는 자를 분리하여 운영하고, 적정한 내부통제에 따라 예산을 집행하여야 한다.

제13조(예산의 전용)

① 이사장 및 학교의 장은 동일 관내의 항간 또는 목간에 예산의 과부족이 있는 경우에는 상호전용할 수 있다. 다만, 예산총칙에서 전용을 제한한 과목 및 예산편성과정에서 삭감된 과목으로는 전용하여서는 아니된다.

② 이사장 및 학교의 장이 제1항의 규정에 의하여 예산을 전용한 경우에는 이사회에 이를 보고하여야 한다.

제14조(예산편성의 예의)

법인의 수입사업회계 및 학교의 부속병원회계는 변동예산으로 편성할 수 있다.

제 3 장 회 계

제1절 회계원칙 및 재무제표

제15조(회계원칙)

이사장 및 학교의 장은 다음의 원칙에 따라 회계를 처리하고, 재무제표를 작성하여야 한다.

1. 회계처리는 복식부기원리에 따라야 한다.

2. 회계처리는 신뢰할 수 있도록 객관적인 자료와 증거에 의하여 공정하게 처리하여야 한다.

3. 재무제표의 양식 및 과목과 회계용어는 이해하기 쉽도록 표시하여야 한다.

4. 회계처리의 방법은 기간별 비교가 가능하도록 매기 계속하여 적용하고, 정당한 사유없이 이를 변경하여서는 아니된다.

5. 회계처리 및 재무제표작성에 있어서 과목은 그 중요성에 따라 실용

적인 방법에 의하여 결정하여야 한다.

제16조(재무제표)

① 재무제표는 자금계산서·대차대조표 및 운영계산서로 한다.

② 재무제표는 이를 이용하는 자에게 충분한 회계정보를 제공할 수 있도록 필요한 부속명세서를 작성하고, 주기 및 주석을 하여야 한다.

제17조(계정과목)

① 법인회계 및 학교회계의 계정과목 및 그 내용은 별표 1의 자금계산서 계정과목명세표, 별표 2의 대차대조표계정과목명세서표 및 별표 3의 운영계산서계정과목 명세표로 한다.

② 별표 1 내지 별표 3에서 규정한 계정과목 외에 그 성질이나 금액이 중요한 경우에는 계정과목을 추가할 수 있다. 이 경우 계정과목의 추가는 해당 관·항·목 체계의 범위 안에서 하여야 한다.

제2절 자금계산서

제18조(자금계산의 원칙)

이사장 및 학교의 장은 당해 회계연도의 활동에 따른 모든 자금수입예산 및 자금지출예산이 실제의 자금수입 및 자금지출예산이 실제의 자금수입 및 자금지출의 내용과 명백하게 대비되도록 자금계산을 하여야 한다.

제19조(자금계산서)

제18조의 규정에 의한 자금계산은 별지 제3호서식의 자금계산서에 의한다.

제20조(자금계산의 방법)

① 자금계산은 자금수입란과 자금지출란을 구분하여 계정과목별로 계산하며, 자금수입 및 자금지출은 이를 상계하여서는 아니된다.

② 제1항의 규정에 의한 자금수입의 계산은 당해 회계연도에 실현된 자금수입을 예산항목과 미사용전기이월자금으로 구분하여 작성한다.

③ 제1항의 규정에 의한 자금지출의 계산은 당해 회계연도에 실현된 자금지출을 예산항목과 미사용차기이월자금으로 구분하여 작성한다.

제21조(미사용이월자금)

① 제20조 제2항의 규정에 의한 미사용전기이월자금의 계산은 전기말 대차대조표상의 유동자산금액 및 유동부채중 예산항목을 제외한 금액과의 차이로 한다.

② 제20조 제3항의 규정에 의한 미사용차기이월자금의 계산은 당기말 대차대조표상의 유동자산금액 및 유동부채 중 예산항목을 제외한 금액과의 차이로 한다.

제3절 대차대조표

제22조(대차대조표 작성의 원칙)

이사장 및 학교의 장은 법인 및 학교의 대차대조표를 기준일 편재의 재무상태가 적정하게 파악될 수 있도록 대차대조표를 작성하여야 한다.

제23조(대차대조표)

제22조의 규정에 의한 대차대조표의 작성은 별지 제4호서식에 의한다.

제24조(대차대조표의 작성방법)

① 대차대조표는 자산·부채 및 기본금으로 구분하고, 자산은 유동자산·투자와 기타 자산 및 고정자산으로, 부채는 유동부채 및 고정부채로, 기본금은 출연기본금·적립금 및 운영차액으로 각각 구분한다.

② 기간이 1년 미만인 자산 및 부채는 이를 각각 유동자산 및 유동부채로 구분하고, 기간이 1년 이상인 자신 및 부채는 이를 각각 고정자산 및 고정부채로 구분함을 원칙으로 한다.

③ 자산·부채 및 기본금은 그 과목을 상계하거나 그 일부를 대차대조표에서 제외하여서는 아니된다.

제25조(기본금의 증감)

① 이사장 및 학교의 장은 고정자산 등 기본재산이 증가한 때에는 그

증가한 자산가액만큼의 운영차액을 기본금의 증가로 대체한다.

② 이사장 및 학교의 장은 재정운영의 필요에 의하여 고장자산 등 기본재산을 매각 또는 폐기처분한 때에는 그 자산의 장부가액과 동일한 금액의 기본금을 전기이월운영차액수정으로 대체한다.

제26조(적립금의 적립 및 사용)

① 이사장 및 학교의 장은 자금예산서 및 자금계산서의 지출란에 자금의 지출로 계상하여 연구적립금·건축적립금·장학적립금 및 퇴직적립금 등 각종 적립금을 적립할 수 있다.

② 적립금은 그 상당액을 기금으로 예치하여 관리하여야 한다.

③ 이사장 및 학교의 장은 적립금을 사용하고자 하는 때에는 자금예산서 및 자금계산서의 수입란에 당해 적립금에 대응된 각종 기금의 인출액을 인출수입으로 계상하여 사용하되, 적립목적에 한하여 사용해야 한다.

제4절 운영계산서

제27조(운영계산의 원칙)

이사장 및 학교의 장은 당해 회계연도의 운영수익 및 운영비용의 내용이 적정하게 파악될 수 있도록 운영계산을 하여야 한다.

제28조(운영계산서)

제27조의 규정에 의한 운영계산은 별지 제5호서식의 운영계산서에 의한다.

제29조(운영계산의 방법)

① 운영수익의 계산은 당해 회계연도의 운영수익을 계정과목별로 구분하여 계산한다.

② 운영비용의 계산은 당해 회계연도의 운영비용·기본금대체액 및 당기운영차액으로 구분하여 계산한다. 이 경우 운영비용은 계정과목별로 표시한다.

③ 제2항의 규정에 의한 기본금대체액은 당해 회계연도 중의 고정자산

구입 등 비운영지출에 대응한 설립자기본금대체액·법인대체액·제적립금대체액 및 기타 기본금대체액으로 표시한다.

④ 제2항의 규정에 의한 당기운영차액은 운영수익과 운영비용을 일치시키기 위한 차액을 말한다.

제5절 자산·부채의 평가

제30조(자산의 평가기준)

① 대차대조표에 표시하는 자산의 가액은 당해 자산의 취득원가를 기초로 하여 계상함을 원칙으로 한다.

② 당해 자산의 취득을 위하여 통상적으로 소요되는 가액과 비교하여 현저하게 저렴한 가액으로 취득한 자산 또는 증여받은 자산의 평가는 제1항의 규정에 불구하고 취득하여 증여받은 때의 시가로 평가한다.

③ 제2항의 규정에 의한 시가는 지가공시 및 토지 등의 평가에 관한 법률에 의한 감정평가액에 의함을 원칙으로 하되, 토지의 경우에는 동법 제4조의 규정에 의한 당해 토지의 공시지가(당해 토지의 공시지가가 없는 경우에는 동법 제10조의 규정에 의하여 산정한 개별토지의 가격)에 의할 수 있다.

제31조(자산재평가에 대한 특례)

① 이사장 및 학교의 장은 보유자산의 장부가액을 시가에 적합하게 하기 위하여 자산의 재평가를 할 수 있다.

② 자산의 재평가방법 및 재평가차액 등의 회계처리에 관한 사항은 자산재평가법의 규정을 준용하되, 토지는 제30조 제3항의 규정에 의한 공시지가 또는 개별토지의 가격에 의하여 자체적으로 평가할 수 있다.

제32조(대손상각 등)

이사장 및 학교의 장은 법인회계 및 학교회계의 자산 중 회수 불가능한 것으로 추정되는 부실채권이나 사용이 불가능한 고정자산이 있는 경우에는 이사회의 승인을 얻어 대손상각하거나 폐기할 수 있다.

제33조(투자유가증권의 평가)

① 대차대조표 기준일 현재의 투자유가증권의 시가가 취득가액의 2분의 1 이하로 된 경우에는 시가로 평가하여야 한다.

② 제1항의 규정에 의하여 시가로 평가하는 경우에 발생하는 평가손실은 투자유가증권평가충당금을 설정하여 유가증권에서 차감하는 형식으로 기재한다.

③ 제2항의 규정에 의하여 투자유가증권평가충당금을 계상한 후에 시가가 회복된 경우에는 시가가 회복된 만큼 투자유가증권평가충당금을 환입한다.

④ 제1항 내지 제3항의 규정은 유동자산에 속하는 유가증권의 경우에 이를 준용한다.

제34조(감가상각)

① 법인회계 및 학교회계에 속하는 유형고정자산에 대하여는 감가상각을 하지 아니한다.

② 법인회계 및 학교회계에 속하는 무형고정자산에 대하여는 해당 법률의 규정에 의한 유효기간 중에 매기 균등액을 상각한다.

제35조(외화자산 및 외화부채의 환산 등)

① 외화자산 및 외화부채는 대차대조표 기준일 현재 한국은행이 고시한 환율로 환산한다.

② 제1항의 경우에 발생하는 환산차액은 외화환산손실 또는 외화환산이익의 과목으로 운영계산서에 계상한다.

③ 외화자산 및 외화부채의 회수 또는 상환으로 인하여 발생하는 장부가액과 실제회수액 또는 실제상환액과의 차액은 외환차익 또는 외환차손의 과목으로 운영계산서에 계상한다.

제6절 종합재무제표 등

제36조(종합재무제표 등의 작성원칙)

종합재무제표 및 합산재무제표는 법인회계 및 학교회계를 하나의 회계단위로 하여 종합적인 자금수지·재무상태 및 운영수지가 적정하게 파악되도록 작성하여야 한다.

제37조(종합재무제표 등의 구성)

① 종합재무제표는 법인 및 학교의 모든 회계를 합한 것으로 다음 각호의 서류로 구성된다.

1. 별지 제6호서식(1)에 의한 종합자금계산서
2. 별지 제6호서식(2)에 의한 종합대차대조표
3. 별지 제6호서식(3)에 의한 종합운영계산서

② 합산재무제표는 법인회계 및 학교회계만을 합한 것으로 다음 각호의 서류로 구성된다.

1. 별지 제7호서식(1)에 의한 합산자금계산서
2. 별지 제7호서식(2)에 의한 합산대차대조표
3. 별지 제7호서식(3)에 의한 합산운영계산서

제38조(종합재무제표 등의 작성방법)

종합재무제표 및 합산재무제표는 법인 및 학교의 개별 재무제표를 합산한 후 내부의 수입 및 지출과 내부의 채권 및 채무를 각각 상계하여 작성한다.

제 4 장   결 산

제39조(결산의 내용) 결산은 다음 각 호의 서류에 의한다.

1. 자금계산서

2. 대차대조표 및 대차대조표 부속명세서

3. 운영계산서 및 운영계산서 부속명세서

4. 별지 제8호서식의 합계잔액시산표

5. 결산 부속서류

제40조(대차대조표 부속명세서등)

① 대차대조표의 부속명세서는 다음 각 호와 같다.

1. 별지 제4의 1호서식(가)에 의한 현금 및 예금명세서

2. 별지 제4의 1호서식(나)에 의한 수표수불명세서

3. 별지 제4의 2호서식에 의한 선급금명세서

4. 별지 제4의 3호서식에 의한 가지급금명세서

5. 별지 제4의 4호서식에 의한 선급법인세명세서

6. 별지 제4의 5호서식에 의한 받을어음명세서

7. 별지 제4의 6호서식(가)에 의한 투자와 기타자산 명세서

8. 별지 제4의 6호서식(나)에 의한 투자유가증권명세서

9. 별지 제4의 7호서식에 의한 고정자산 명세서

10. 별지 제4의 8호서식에 의한 단기(장기)차입금 명세서

11. 별지 제4의 9호서식에 의한 미지급금명세서

12. 별지 제4의 10호서식에 의한 가수금명세서

13. 별지 제4의 11호서식(가)에 의한 지급어음명세서

14. 별지 제4의 11호서식(나)에 의한 어음수불명세서

15. 별지 제4의 12호서식에 의한 차관(외화장기차입금)명세서

16. 별지 제4의 13호서식에 의한 학교채명세서

17. 별지 제4의 14호서식에 의한 기본금명세서

18. 기타 필요한 명세서

② 운영계산서의 부속명세서는 다음 각 호와 같다.

1. 별지 제1의 4호서식에 의한 등록금명세서

2. 별지 제5의 1호서식에 의한 전입금명세서

3. 별제 제5의 2호서식에 의한 예비비사용액명세서

4. 기타 필요한 명세서

③ 이사장 및 학교의 장은 결산에 관한 상세한 정보의 제공을 위하여 제1항 및 제2항에 규정된 서류 외에 모든 계정과목에 관한 부속명세서를 작성·비치하여야 한다.

제41조(결산부속서류) 제39조 제5호의 규정에 의한 결산부속서류는 결산과 관련한 다음 각 호의 서류로 한다.

1. 이사회회의록 사본

2. 예산·결산자문위원회회의록

3. 별지 제9호서식에 의한 감사보고서

4. 합산재무제표

5. 기타 결산과 관련하여 필요한 서류

제42조(결산서의 작성·제출)

① 이사장 및 학교의 장은 매 회계연도 종료 후 50일 이내에 결산서를 이사회에 제출하여야 한다.

② 이사회는 매 회계연도의 종료 후 2월 이내에 제1항의 규정에 의한 결산을 심의·확정하여야 한다.

③ 이사장 또는 학교의 장은 제2항의 규정에 의하여 심의·확정된 법인회계 및 학교회계 결산을 공개하여야 한다. 이 경우 공개의 범위 및 방법은 교육부 장관이 따로 정한다.

④ 이사장은 제39조 각 호의 내용 및 제37조 제2항의 합산재무제표를 매 회계연도 종료 후 3월 이내에 교육부 장관에게 제출하여야 한다.

부   칙 (1981.2.28. 문교부령 제489호)

① (시행일) 이 규칙은 1981년 3월 1일부터 시행한다.

② (경과조치) 이 규칙 시행당시의 법인과 학교의 1980회계연도의 결

산에 대하여는 종전의 예에 의한다.

부   칙 (1987.2. 6. 문교부령 제554호)
이 규칙은 공포한 날로부터 시행하되, 제13조 제1항·제25조 제1항 및 별표 1 내지 별표 3의 개정규정은 1987년 3월 1일부터 적용한다.

부   칙 (1991.3.16. 교육부령 제594호, 각종학교에 관한규칙)
이 영은 공포한 날부터 시행한다.

부   칙 (1996.2.29. 교육부령 제679호)
① (시행일) 이 규칙은 1996년 3월 1일부터 시행한다.
② (경과조치) 이 규칙 시행당시의 법인 및 학교의 1995회계연도의 결산은 종전의 규정에 의한다.

부   칙 (1999.1.29. 교육부령 제735호)
이 규칙은 공포한 날로부터 시행한다. 다만, 제2조 제1항의 개정규정은 2001년 3월 1일부터 시행한다.

부록 2

일본 학교법인 회계기준

◆ 1971.4.1.문부성령 제18호 공포
◆ 平成 6年 1994.7.4. 개정 문부성령 제31호

제1장 총 칙

(학교법인회계의 기준)

제1조

　1. 사립학교진흥조성법(昭和 50년 법률 제61호.이하 법이라 함) 제14조 제1항에 규정하는 학교법인(법부칙 제1항에 규정하는 학교법인 이외의 사립학교 설치자에 대해서는 동 조항 제3항에서 규정하고 있는 특별회계의 경리를 하는 것에 한하며, 이하 학교법인이라 함)은 이 省令에서 규정하고 있는 바에 따라 회계처리를 하고 재무계산에 관한 서류(이하 계산서류라 함)를 작성하여야 한다.

2. 학교법인은 이 성령(省令)에서 규정하지 아니한 사항에 대해서는 일반적으로 공정타당하다고 인정되는 학교법인회계원칙에 따라 회계처리를 하고 계산서류를 작성하여야 한다.

(회계원칙)

제2조 학교법인은 다음에 열거하는 원칙에 따라 회계처리를 행하고 계산서류를 작성하여야 한다.

1. 재정 및 경영상황에 대해 진실한 내용을 표시한다.

2. 모든 거래에 대해 복식부기원칙에 따라 정확하게 회계장부를 작성한다.

3. 재정 및 경영상황을 정확히 판단할 수 있도록 필요한 회계 사실을 명백히 표시한다.

4. 채용하는 회계처리 원칙과 수속 및 계산서류의 표시방법은 매회계연도 계속해서 적용하고 함부로 이를 변경하지 않는다.

(수익사업회계)

제3조

1. 사립학교법(昭和 24년 법률 제270호) 제26조 제1항에 규정하는 사업에 관한 회계(이하 수익사업회계라 함)에 관한 회계처리 및 계산서류의 작성은 일반적으로 공정타당하다고 인정된 기업회계원칙에 따라 행하여야 한다.

2. 수익사업회계에 대해서는 前 2조 및 前項의 규정을 제외하고는 이 省令의 규정을 적용하지 않는다.

(계산서류)

제4조 학교법인이 작성하여야 할 계산서류는 다음에 열거하는 것으로 한다.

1. 자금수지계산서 및 이에 부속되는 다음 열거의 내역표
  가. 자금수지내역표
  나. 인건비지출내역표
2. 소비수지계산서 및 이에 부속되는 소비수지내역표
3. 대차대조표 및 이에 부속되는 다음 열거의 명세표
  가. 고정자산명세표
  나. 차입금명세표
  다. 기본금명세표

(총액표시)
제5조 계산서류에 기재하는 금액은 총액으로 표시한다. 다만, 예금에 관한 수입과 지출 기타 경과적인 수입과 지출 및 식당에 관한 수입과 지출, 기타 교육활동에 부수적인 활동에 관계되는 수입과 지출에 대해서는 순액(純額)으로 표시할 수 있다.

제2장　자금수지계산 및 자금수지계산서

(자금수지계산의 목적)
제6조 학교법인은 매 회계연도, 당해 회계연도의 제반활동에 대응하는 모든 수입과 지출의 내용 및 당해 회계연도에 있어 지급자금(현금 및 수시로 인출이 가능한 예금·저금을 말함. 이하 같은 의미임)의 수입 및 지출의 顚末을 명백히 하기 위해 자금수지계산을 한다.

(자금수지계산 방법)
제7조
1. 자금수입의 계산은 당해 회계연도에 지급자금의 수입 및 당해회계

연도의 제반 활동에 대응하는 수입으로 전회계연도 이전의 회계연도에 지급자금의 수입으로 되는 것(제11조에서 전기말선수금으로 지칭함) 및 당해 회계연도의 제반 활동에 대응하는 수입으로 차회계연도 이후의 회계연도에 지급자금의 수입이 되는 것(제11조에서 기말미수금으로 지칭함)에 대해 하는 것으로 한다.

2. 자금지출의 계산은 당해 회계연도에 있어 지급자금의 지출 및 당해 회계연도의 제반 활동에 대응하는 지출로서 전 회계연도 이전의 회계연도에서 지급자금의 지출이 되는 것(제11조에서 전기말선급금으로 지칭함) 및 당해 회계연도의 제반 활동에 대응하는 지출로 차회계연도 이후의 회계연도에서 지급자금의 지출이 되는 것(제11조에서 기말미지급금으로 지칭함)에 대해 하는 것으로 한다.

(계정과목)
제8조 학교법인은 이 장의 규정의 취지에 따라 자금수지계산을 행하기 위해 필요한 계정과목을 설정한다.

(자금수지계산서 기재방법)
제9조 자금수지계산서에는 수입의 부 및 지출의 부를 설정하고 수입 또는 지출의 과목 각각에 해당 회계연도의 결산액을 예산액과 대비해서 기재한다.

(자금수지계산서의 기재 과목)
제10조 자금수지계산서에 기재하는 과목은 별표 제1과 같이 한다.

(전기말선수금 등)
제11조
1. 당해 회계연도의 자금수입 중 전기말선수금 및 기말미수금은 수입

의 부의 차감과목으로서 자금수지계산서의 수입의 부에 기재한다.

2. 당해 회계연도의 자금지출 중 전기말선급금 및 기말미지급금은 지출의 부의 차감과목으로서 자금수지계산서의 지출의 부에 기재한다.

(자금수지계산서 양식)
제12조 자금수지계산서 양식은 제1호 양식과 같다.

(자금수지내역표의 기재방법 등)
제13조

1. 자금수지내역표에는 자금수지계산서에 기재된 수입과 지출으로 당해 회계연도의 제반 활동에 대응하는 사항의 결산액을 다음에 열거하는 부분 각각에 구별해서 기재한다.

(1) 학교법인(다음 호부터 제5호까지 열거하는 것은 제외함)

(2) 각 학교(전수학교 및 각종학교를 포함하고 다음 호부터 제5호까지 열거하는 것은 제외함)

(3) 연구소

(4) 각 병원

(5) 농장,연습림 기타 전 2호에 열거한 시설의 규모에 상당하는 규모를 갖춘 각 시설)

2. 전항 제2호에서 열거한 부문의 기재에서는 2개 이상의 학부를 설치한 대학에서는 학부 (당해 학부의 전공에 대응하는 대학원의 연구과, 전공과 및 별과를 포함함)에, 2개 이상의 학과를 설치한 전문대학에서는 학과(당해 학과의 전공에 대응하는 전공과 및 별과를 포함함)에, 2 개 이상의 과정을 설치한 고등학교에 있어서는 과정(당해 과정에 대응하는 전공과 및 별과를 포함함)에 각각 세분해서 기재한다. 이 경우, 학부의 전공에 대응되지 않는 대학원의 연구과는 대학의 학부로 본다.

3. 학교교육법(昭和 22년 법률 제26호) 제68조에서 규정하는 대학에

관련하여 전항의 규정을 적용하는 경우에는 당해 대학에 설치된 대학원의 연구과를 대학의 학부로 본다.

4. 통신에 의한 교육을 하는 대학에 대해 전항의 규정을 적용함에서는 당해 교육을 담당하는 기관을 대학의 학부 또는 전문대학의 학과로 본다.

5. 자금수지내역표의 양식은 제2호 양식에 따른다.

(인건비지출내역표의 기재방법 등)
제14조

1. 인건비지출내역표에는 자금수지계산서에 기재된 인건비지출의 결산액의 내역을 전조 제1항에 열거하는 부문 각각으로 구분해서 기재한다.

2. 전조 제2항 및 제3항의 규정은 전항의 규정에 의한 기재방법을 준용한다.

3. 인건비지출내역표의 양식은 제3호 양식에 따른다.

제3장 소비수지계산 및 소비수지계산서

(소비수지계산의 목적)
제15조 학교법인은 매회계연도, 당해 회계연도의 소비수입 및 소비지출의 내용 그리고 균형상태를 명확히 하기 위해 소비수지계산을 한다.

(소비수지계산 방법)
제16조

1. 소비수입은 당해 회계연도의 귀속수입 (학교법인의 부채가 되지 않는 수입을 말함. 이하 동일함)을 계산하고, 당해 귀속수입액에서 당해 회계연도에 있어 제29조 및 제30조의 규정에 의한 기본금 전입액을 차감해

서 계산한다.

2. 소비지출은 당해 회계연도에 소비하는 자산의 취득가액 및 당해 회계연도에 있어 용역의 대가에 기초하여 계산한다.

3. 소비수지계산은 전항의 규정에 의해 계산한 소비수입과 소비지출을 대조해서 한다.

(계정과목)

제17조 학교법인은 이 장의 규정의 취지에 따라 소비수지계산을 하는데 필요한 계정과목을 설정한다.

(소비수지계산서의 기재방법)

제18조

1. 소비수지계산서에는 수비수입의 부 및 소비지출의 부를 설정하고, 소비수입 또는 소비지출의 과목 각각에 당해 회계연도 결산액을 예산액과 대비해서 기재한다.

2. 소비수입의 부에 기재하는 소비수입은 당해 회계연도의 귀속수입 금액으로부터 제29조 및 제30조의 규정에 의한 당해 회계연도에 있어 전입되는 기본금을 차감하는 형식으로 표시한다.

(당년도 소비수입초과액 등의 기재)

제20조 당해 회계연도의 소비수입초과액(소비수입이 소비지출을 초과한 금액을 말함) 또는 소비지출초과액(소비지출이 소비수입을 초과한 금액을 말함)은 당년도 소비수입초과액 또는 당년도 소비지출초과액으로서 소비지출의 부의 다음에 당해 금액을 예산과 대비해서 기재한다.

(차년도 이월소비수입초과액 등)

제21조

1. 당해 회계연도에 있어 다음에 열거하는 금액이 있는 경우에는 당해

금액을 상호가감한 액을 차년도이월소비수입초과액 또는 차년도이월소비지출초과액으로서 차회계연도에 이월시킨다.

　(1) 당년도소비수입초과액 또는 당년도소비지출초과액

　(2) 전년도이월소비수입초과액 또는 전년도이월소비지출초과액

　(3) 소비지출준비금(특정 회계연도의 소비지출에 충당하기 위해 留保한 準備金을 말함. 이하 동일함)으로서 당해 회계연도에 있어 유보한 금액

　(4) 소비지출준비금의 당해 회계연도에 있어 사용액

　(5) 제31조 규정에 의해 당해 회계연도에 사용한 기본금액

　2. 전항 제3호의 소비지출준비금의 유보는 차년도이월소비지출초과액을 이월해야 하는 경우에는 행할 수 없는 것으로 한다.

(차년도 이월소비수입초과액 등의 기재)

제22조 차년도이월소비수입초과액 또는 차년도이월소비지출초과액은 당년도 소비수입초과액 또는 소비지출초과액의 다음에 전조 제1항의 규정에 의한 가감 계산과 함께 당해 금액을 예산액과 대비하여 기재한다.

(소비수지계산서의 양식)

제23조 소비수지계산서의 양식은 제4호 양식에 의한다.

(소비수지내역표의 기재방법 등)

제24조

　1. 소비수지내역표에는 소비수지계산서에 기재하는 소비수입 및 소비지출의 결산액을 제13조 제1항 각호에 열거하는 부문 각각에 구분해서 기재하는 것으로 한다.

　2. 소비수지내역표의 양식은 제5호 양식에 따른다.

제4장 대차대조표

제1절 자산

(자산의 평가)
제25조 자산의 평가는 취득가액을 기준으로 한다. 다만, 당해 자산의 취득을 위해 통상적으로 필요로 하는 가액과 비교해서 현저하게 낮은 가액으로 취득한 자산 또는 증여된 자산의 평가는 취득 또는 증여 당시에 있어 당해 자산의 취득을 위해 통상적으로 요구되는 가액으로서 한다.

(감가상각)
제26조

1. 고정자산 중 시간의 경과에 따라 그 가치가 감소하는 것(이하 감가상각자산이라 함)에 대해서는 감가상각을 실시한다.
2. 감가상각자산의 감가상각 방법은 정액법에 의한다.

(유가증권의 평가)
제27조 유가증권에 대해서는 제25조의 규정에 따라 평가한 가액과 비교하여 그 시가가 현저히 낮은 경우에는, 그 회복이 가능하다고 인정되는 경우를 제외하고는 시가에 의해서 평가한다.

(징수불능액의 충당)
제28조 금전채권에 대해서 징수불능위험이 있는 경우에는 당해 징수불능예상액을 징수불능충당금에 전입시킨다..

제2절 기본금

(기본금)

제29조 학교법인이 그 제반활동의 계획에 따른 필요 자산을 계속적으로 보지(保持)하기 위해 유지해야 하는 것으로서 그 귀속수입 중 전입된 금액을 기본금으로 한다.

(기본금 전입)

제30조

1. 학교법인은 다음에 열거하는 금액에 상당하는 금액을 기본금에 전입한다.

(1) 학교법인이 설립 당초에 취득한 고정자산(법부칙 제2조 제1항에 규정하는 학교법인 이외의 사립학교 설치자에 있어서는 동조 제3항의 규정에 의한 특별회계를 설치할 당시 보유한 고정자산)으로 교육에 사용하기 위해 제공되는 것의 가액 또는 신설학교(전수학교 및 각종학교를 포함함, 이하 이 호 및 다음 호는 동일함)의 설치 또는 이미 설치된 학교규모를 확대 또는 교육의 충실향상을 위해 취득한 고정자산의 가액

(2) 학교법인의 새로운 학교의 설치, 이미 설치한 학교의 규모확대 또는 교육의 충실향상을 위해 장래 취득하는 고정자산의 취득에 충당하는 금액 기타 자산의 가액

(3) 기금으로서 계속적으로 보지하고 또 운용하는 금액 기타 자산의 가액

(4) 항상적으로 보지해야 자금으로서 별도로 文部大臣이 정한 금액

2. 학교법인이 전항 제2호 및 제3호에 규정하는 기본금의 전입은 고정자산의 취득 또는 기금의 설정에 관계되는 기본금전입계획에 따라 하도록 한다.

3. 학교법인이 제1항 제1호에서 규정하는 고정자산을 차입금(학교채를 포함, 다음 항도 마찬가지임) 또는 미지급금(지급어음을 포함함, 다음 항

도 마찬가지임)에 의해 취득한 경우에는, 당해 차입금 또는 미지급금에 상당하는 금액에 대해서는 당해 차입금 또는 미지급금의 상환 또는 지급 (새로운 차입금 또는 미지급금에 의한 경우를 제외함)한 회계연도에 상환 또는 지급한 금액에 상당하는 금액을 기본금으로 전입한다.

(기본금의 감소)

제31조 학교법인이 그 제반 활동의 일부 또는 전부를 폐지하는 경우에는 그 폐지한 제반 활동에 관계되는 기본금에 대한 전입액 범위 내에서 기본금을 감소시킬 수 있다.

제3절 대차대조표의 기재방법 등

(대차대조표의 기재방법)

제32조 대차대조표에는 자산의 부, 부채의 부, 기본금의 부 및 소비수지 차액의 부를 설치하고 자산, 부채, 기본금 또는 소비수지차액의 과목 각각에 당해 회계연도 말의 금액을 전회계연도 말의 금액에 대비시켜 기재한다.

(대차대조표의 기재과목)

제33조 대차대조표에 기재하는 과목은 별표 제3과 같다.

(감가상각자산 등의 기재방법)

제34조

1. 감가상각자산에 대해서는 당해 감가상각자산에 관계되는 감가상각액의 누계액을 차감한 잔액을 기재하고 감가상각액 누계액의 합계액을 각주(주기사항을 계산서류의 끝에 기재하도록 함. 이하의 조항에서도 동일함)로서 기재한다. 다만, 필요한 경우에는 당해 감가상각자산에 속하는

과목 각각에 감가상각 누계액을 차감하는 형식으로 기재할 수 있다.

2. 금전채권에 대해서는 징수불능충당금액을 차감한 잔액을 기재하고 징수불능충당금 합계액을 각주로서 기재한다. 다만, 필요가 있는 경우에는 당해 금전채권이 속하는 과목 각각에 징수불능충당금액을 차감하는 형식으로 기재할 수 있다.

3. 담보로 제공된 자산에 대해서는 그 종류 및 가액을 각주로서 기재한다.

4. 차회계연도 이후의 회계연도에 기본금에의 전입대상이 되는 금액에 대해서는 당해 금액을 각주로서 기재한다.

(대차대조표의 양식)
제35조 대차대조표의 양식은 제6호 양식과 같다.

(부속명세표의 기재방법 등)
제36조 고정자산명세표, 차입금명세표 및 기본금명세표에는 당해 회계연도에 고정자산, 차입금 및 기본금의 증감상황, 사유 등을 각각 제7호 양식, 제8호 양식에 따라 기재한다.

제5장 지사 관할 학교법인에 관한 특례

(징수불능충당의 특례)
제37조 도도부현(都道府縣) 지사를 소관청으로 하는 학교법인(고등학교를 설치하는 것을 제외함. 다음 조에서는 지사관할 학교법인이라 함)은 제28조의 규정에 관계없이 징수불능의 예상액을 징수불능충당금에 전입하지 않을 수 있다.

(기본금 전입에 관한 특례 등)

제38조

1. 지사관할 학교법인은 제30조 제1항의 규정에 관계없이 동항 제4호에 게제하는 금액에 상당하는 금액의 전부 또는 일부를 기본금에 전입하지 않을 수 있다.

2. 지사관할 학교법인은 제4조의 규정에 관계없이 기본금명세표를 작성하지 않을 수 있다.

부   칙

1. 이 성령은 공포일부터 시행한다.

2. 법제 제14조 제1항의 규정이 최초로 적용되는 학교법인(문부대신을 관할청으로 하는 학교법인 및 법에 의한 개정 전의 사립학교법 제59조 제8항의 규정의 적용을 받는 학교법인을 제외함. 다음 항에서도 동일함)에 대해서는 법 제14조 제1항의 규정이 최초로 적용된 회계연도에 있어서 자금수지계산에 관계되는 회계처리 이외의 회계처리 및 자금수지계산서(여기에 부속되는 내역서를 포함함) 이외의 계산서류의 작성은 종전의 예를 따라 작성할 수 있다.

3. 학교법인이 전항에서 규정하는 회계연도의 말일에 보유하고 있는 자산에 관한 평가 및 감가상각방법에 대해서는 제25조 및 제26조 제2항의 규정에 따르지 않을 수 있다.

4. 당분간 학교법인 중 법부칙 제2조 제1항의 규정에 의한 학교법인 이외의 사립학교의 설치자에 대한 제26조 제2항의 규정의 적용에 대해서는 동항 중 '정액법'이라고 한 것은 '정액법 또는 정률법'으로 한다.

　　　(별표와 양식은 생략한다)

찾아보기

(ㅈ)

이동규

경력	충남대학교 경상대학 교수, 회계학(현) 충남대학교 기획예산위원(장) 충남대학교 부설 회계연구소 소장(현) 대한회계학회 회장(현) 충남대학교 종합평가위원(한국대학교육협의회 주관) 충남대학교 경영계열인증평가 준비위원장 경영계열평가위원(한국대학교육협의회) 교육부 자문위원(현) 교육부 전문대학 재정지원 평가위원
저서	『비영리회계』, 형설출판사, 1993 『대학경영위기』, 선학사, 1995 『IMF하의 대학 경영』, 선학사, 1998 『사학기관의 재무제표분석』, 선학사, 1999 『정부 및 비영리조직의 회계』, 선학사, 2001. 2 『사립대학의 경영과 회계』, 선학사, 2001. 2 『한국사학진흥재단 10년 : 위상과 진단』한국사학진흥재단, 2000. 12 『원가회계의 기초』, 형설출판사, 1999 『지방자치의 경영학』, 선학사, 1999 외 12권
논문	「대학 원가분석 모델」 「대학의 결산서 분석모델」 「원가정보를 활용한 대학경영」, 1998 「사립대학의 재무구조 특성 분석」, 1998 「사립대학의 특성이 회계정보에 미치는 영향」, 1999 「정부출연연구기관의 SEA보고」, 1997 「초중등학교의 SEA보고」, 1998 「비영리조직의 SEA보고, DEA적용 등에 관한 연구」
강의	전국 4년제 대학 기획실장 세미나 사학기관 경영자문 종합병원의 경영진단 기업원가관리 자문 사립대학 경리실무자 및 책임자에 대한 예산, 회계 및 원가교육

이 메 일 : dklee@cnu.ac.kr
홈페이지 : //www.business.chungnam.ac.kr/~dklee
전　　화 : 042-821-5548(사무실), 017-401-5548(핸드폰)
팩　　스 : 042-823-9512
주　　소 : ③⓪⑤-⑦⑥④ 대전시 유성구 궁동 220 충남대학교 경상대학 회계학과

사립대학의 경영과 회계

1판 1쇄 인쇄 / 2001년 3월 10일
1판 1쇄 발행 / 2001년 3월 15일

지은이 / 이동규
펴낸이 / 이찬규
펴낸곳 / 선학사
등록 / 제10-1519호
주소 / 140-230 서울시 용산구 동빙고동 251-1번지 201호
대표전화 / (02) 795-0350
팩시밀리 / (02) 795-0210
인터넷 / sun363@unitel.co.kr

값 25,000원

ISBN 89-8072-088-2   93320